Law and Economics of International
Telecommunications

Under the Auspices of the
Max Planck Institute for Foreign and
International Private Law
edited by Prof. Ernst-Joachim Mestmäcker
and Prof. Christoph Engel

Volume 32

Martin Schellenberg

Rundfunk-Konzentrationsbekämpfung zur Sicherung des Pluralismus im Rechtsvergleich

Rundfunkstaatsvertrag 1997 und Landesmediengesetze im Vergleich mit den Kontrollsystemen in Frankreich, Italien und Großbritannien

 Nomos Verlagsgesellschaft
Baden-Baden

Die Deutsche Bibliothek – CIP-Einheitsaufnahme

Schellenberg, Martin:
Rundfunk-Konzentrationsbekämpfung zur Sicherung des Pluralismus im Rechtsvergleich : Rundfunkstaatsvertrag 1997 und Landesmediengesetze im Vergleich mit den Kontrollsystemen in Frankreich, Italien und Großbritannien / Martin Schellenberg. – 1. Aufl. – Baden-Baden : Nomos Verl.-Ges., 1997
(Wirtschaftsrecht der internationalen Telekommunikation ; Vol. 32)
Zugl.: Hamburg, Univ., Diss., 1997
ISBN 3-7890-4904-2

ISSN 0935-0624

1. Auflage 1997
© Nomos Verlagsgesellschaft, Baden-Baden 1997. Printed in Germany. Alle Rechte, auch die des Nachdrucks von Auszügen, der photomechanischen Wiedergabe und der Übersetzung, vorbehalten.

Gedruckt auf alterungsbeständigem Papier.

Inhaltsübersicht

Inhaltsverzeichnis 7
Abkürzungen 16

Einführung 17

Teil 1: Länderberichte

A Deutschland 21
    I   Rundfunkgeschichte und aktuelle Regelungssituation 21
    II   Verfassungsrechtlicher Hintergrund 26
    III Das Regelungssystem der Konzentrationsbekämpfung 38
    IV Zusammenfassung der aufgeworfenen Probleme, bei deren Klärung
         die ausländischen Rechtsordnungen herangezogen werden sollen 75

B Frankreich 76
    I   Rundfunkgeschichte und aktuelle Regelungssituation 76
    II   Verfassungsrechtlicher Hintergrund 87
    III Das Regelungssystem der Konzentrationsbekämpfung 98

C Italien 115
    I   Rundfunkgeschichte und aktuelle Regelungssituation 115
    II   Verfassungsrechtlicher Hintergrund 120
    III Das Regelungssystem der Konzentrationsbekämpfung 134

D Großbritannien 142
    I   Rundfunkgeschichte und aktuelle Regelungssituation 142
    II   Verfassungsrechtlicher Hintergrund 155
    III Das Regelungssystem der Konzentrationsbekämpfung 163

Teil 2: Konzentrationsbekämpfung im Rechtsvergleich — 186

1. Die verfassungsdogmatische Verankerung des Pluralismusprinzips — 186
2. Wettbewerbsrecht und Medienrecht — 196
3. Dem Marktanteilsmodell vergleichbare Ansätze in den ausländischen Rechtsordnungen — 203

Teil 3:
Sicherung des Pluralismus durch eine europäische Konzentrationsbekämpfungsregelung — 224

I   Initiativen — 224
II Geeignetheit — 227
III Zulässigkeit — 234

Zusammenfassung — 250

Literaturverzeichnis — 252

Inhaltsverzeichnis

Einführung 17

Teil 1: Länderberichte

A Deutschland 21

I Rundfunkgeschichte und aktuelle Regelungssituation 21
   1. Erste Phase: Privatrechtliche Unterunehmen unter staatlichem Einfluß (1923-1932) 21
   2. Zweite Phase: Staatliche Steuerung im Monopol (1932 - 1945) 22
   3. Dritte Phase: Binnenpluralismus im öffentlichrechtlichen Rundfunk (1945 - 1981) 22
   4. Vierte Phase: Das duale System aus öffentlichrechtlichen und privaten Veranstaltern 23

II Verfassungsrechtlicher Hintergrund 26
   1. Der staatstheoretische Pluralismusbegriff 26
      a) Wurzeln 26
      b) Der Pluralismusbegriff bei Carl Schmitt 27
      c) Neopluralismus 28
      d) Der Pluralismusbegriff bei Roman Herzog 28
   2. Der Pluralismusbegriff in der Rechtsprechung des Bundesverfassungsgerichts 29
      a) Entwicklungslinien 29
      b) Sonderstellung des Rundfunks 31
      c) Charakteristika eines pluralistischen Systems 32
      d) Pluralismusschutz und Individualrecht 32
      e) Ausgestaltung der Rundfunkordnung als gesetzgeberische Aufgabe 34
      f) Insbesondere: Konzentrationsbekämpfung 36

III Das Regelungssystem der Konzentrationsbekämpfung 38
    1. Die medienrechtliche Konzentrationsbekämpfung 38
       a) Regelungsziel 38
       b) Überblick über das System der Konzentrationsbekämpfung im Rundfunkstaatsvertrag 40

	c)	Anwendungsbereich des Rundfunkstaatsvertrages und der Landesmediengesetze	42
	d)	Anteil am Zuschauermarkt als Vermutungstatbestand	43
	e)	Einbeziehung medienrelevanter verwandter Märkte	44
	f)	Bestimmung des Zuschauermarktanteils	45
		aa) Relevanter Zuschauermarkt	45
		bb) Marktanteilsmessung	45
	g)	Zurechnung	46
	h)	Folgen vorherrschender Meinungsmacht	47
	i)	Sendezeit für unabhängige Dritte	49
		aa) Anwendungsbereich	49
		bb) Adressat der Verpflichtung	50
		cc) Der Begriff der Unabhängigkeit	50
		dd) Umfang	51
		ee) Finanzierung	52
		ff) Auswahl des Fensterprogrammveranstalters	52
	k)	Organisation der Aufsicht	54
		aa) Defizite der alten Regelung	54
		bb) Die geltende Rechtslage	55
	l)	Auskunftspflichten und Ermittlungsbefugnisse	56
		aa) Auskunftspflichten	56
		bb) Ermittlungsbefugnisse	57
	m)	Konzentrationsbekämpfung im lokalen, regionalen und landesweiten Rundfunk	57
		aa) Anzahl der Programme	58
		bb) Beteiligungsschranken	59
		cc) Intermediäre Beschränkungen	60
		dd) Zurechnungsregelungen	61
		ee) Kompetenzen der Aufsichtsbehörde bei Durchsetzung der Vorschriften	62
2.		Die kartellrechtliche Konzentrationsbekämpfung	66
	a)	Anwendbarkeit	66
	b)	Regelungsziel des Kartellrechts	68
	c)	Aufgreifkriterien	68
	d)	Eingreifkriterien	72
IV		Zusammenfassung der aufgeworfenen Probleme, bei deren Klärung die ausländischen Rechtsordnungen herangezogen werden sollen	75

B	Frankreich	76

I Rundfunkgeschichte und aktuelle Regelungssituation 76
   1. Erste Phase: Inhaltliche Einflußnahme auf privatwirtschaftliche
      Unternehmen (1903 - 1926) 76
   2. Zweite Phase: Staatliches Monopol im Inland und finanzielle
      Beherrschung der "périphériques" (1926 - 1982) 77
   3. Dritte Phase: Einführung privaten Rundfunks als Service-Public
      (1982 - 1986) 78
   4. Vierte Phase: Reduzierung der internen und externen Steuerung
      im privaten Bereich (seit 1986) 82

II Verfassungsrechtlicher Hintergrund 87
   1. Betroffene Verfassungsnormen 88
   2. Entwicklungslinien der Rechtsprechung 89
   3. Verhältnis Pluralismus - Individualrecht 91
   4. Rolle des Gesetzgebers bei der Gewährleistung des Pluralismus 92
      a) Regelungsgrenzen 92
      b) Regelungsauftrag 93
      c) Gesetzgeberischer Freiraum 94
   5. Das Pluralismusbild des Conseil Costitutionnel 96
   6. Sicherung der Medienvielfalt durch Konzentrationsbekämpfung 96
      a) Rundfunk 96
      b) Übergreifend 97
   7. Rezeption der Rechtsprechung 97

III Das Regelungssystem der Konzentrationsbekämpfung 98
   1. Konzentrationsbekämpfung innerhalb des Rundfunks (intramediär) 99
      a) Terrestrisches Fernsehen (Art. 39 Abs. 1) 99
      b) Terrestrischer Hörfunk 100
      c) Kabelfernsehen und -hörfunk 103
      d) Satellitenfernsehen und -hörfunk (Art. 39 Abs. 2) 103
   2. Medienübergreifende Konzentrationsbekämpfung (intermediär) 103
      a) Landesweite Verbreitung (Art. 41 Abs. 1) 104
      b) Regionale und lokale Verbreitung (Art. 41 Abs. 2) 104
   3. Kontrolle (Art. 41 Abs. 2 Abschn. 2) 105
   4. Behandlung ausländischer Personen (Art. 40) 107
   5. Transparenzpflichten 107
      a) Namensaktien 108
      b) Wesentliche Änderung der Gesellschafterzusammensetzung 108
      c) Strohmannverbot 109

		d)	Information der Öffentlichkeit	109
		e)	Information der Aufsichtsbehörde	110
	6.	\multicolumn{2}{l}{Kompetenzen der Aufsichtsbehörde bei Verstößen gegen Konzentrationsvorschriften}	110
		a)	Vor der Zulassung	110
		b)	Nach der Zulassung	110
	7.	\multicolumn{2}{l}{Beispiel: Leitungswechsel bei La Cinq}	111
	8.	\multicolumn{2}{l}{Das Verhältnis der wettbewerbsrechtlichen zur medienrechtlichen Kontrolle}	113
		a)	Konzentrationskontrolle durch das Wettbewerbsrecht	113
		b)	Verhältnis zum Medienrecht	113

C Italien 115

I Rundfunkgeschichte und aktuelle Regelungssituation 115
  1. Erste Phase: Inhaltliche Einflußnahme auf privatwirtschaftliche
     Unternehmen (1910 - 1945) 115
  2. Zweite Phase: Staatliches Monopol (1945 - 1976) 115
  3. Dritte Phase: Binnenpluralismus im staatlichen Rundfunk
     steuerungslose Zeit im privaten Sektor (1974 - 1990) 116
  4. Vierte Phase: Die aktuelle Gesetzeslage (seit 1990) 118

II Verfassungsrechtlicher Hintergrund 120
  1. Betroffene Verfassungsnormen 120
  2. Entwicklungslinien der Rechtsprechung 122
  3. Verhältnis Individualrecht - Pluralismus 124
     a) Individualrecht 124
     b) Verhältnis zum Pluralismus 128
  4. Rolle des Gesetzgebers bei der Pluralismussicherung 128
     a) Anforderungen an den Rundfunk 128
     b) Gleichbehandlung mit der Presse? 130
  5. Pluralistische Medienlandschaft 131
  6. Vorgaben des Gerichts für die Konzentrationsbekämpfung 131
  7. Rezeption der Rechtsprechung 132

III Das Regelungssystem der Konzentrationsbekämpfung 134
  1. Konzentrationsbeschränkungen für den Rundfunk (intramediär) 135
  2. Medienübergreifende Konzentrationsbeschränkungen (intermediär) 135
     a) Beschränkungen zwischen Presse und Rundfunk (Art. 15 Abs. 1) 136
     b) Werbeunternehmen (Art. 15 Abs. 7; Art. 24 Abs. 2 u. 3) 136
     c) Ressourcenakkumulation (Art. 15 Abs. 2) 137

		3.	Kontrolle	138
			a) Kontrolle nach Art. 2359 Codice Civile	138
			b) Kontrolle nach Art. 37 Rundfunkgesetz	139
		4.	Transparenzpflichten	139
		5.	Kompetenzen der Aufsichtsbehörde bei Verstößen gegen Konzentrationsvorschriften	140
			a) Vor der Zulassung	140
			b) Nach der Zulassung	140
		6.	Das Verhältnis der wettbewerbsrechtlichen zur medienrechtlichen Kontrolle	140
			a) Konzentrationsbekämpfung durch das Wettbewerbsrecht	140
			b) Verhältnis zum Medienrecht	141
D	Großbritannien			142
I	Rundfunkgeschichte und aktuelle Regelungssituation			142
		1.	Erste Phase: Staatlicher Rundfunk und private Konkurrenz	142
		2.	Zweite Phase: Einführung von Independent Television	142
		3.	Dritte Phase: Vorbereitung der neuen Regelung (1981- 1990)	145
			a) Der Peacock-Report	145
			b) White Paper	148
			c) Gesetzgebungsverfahren	148
		4.	Vierte Phase: Das aktuelle Gesetz Broadcasting Act 1990	148
			a) Aufgabe der Behörden	148
			b) Programmstruktur	150
			aa) Channel 3	150
			bb) Channel 4	151
			cc) Channel 5	152
			dd) Satelliten-Fernsehen	152
			ee) Programmstruktur im Hörfunk	153
			ff) Local Delivery Services und Kabel	154
			gg) BBC	154
II	Verfassungsrechtlicher Hintergrund			155
		1.	Verfassungsrechtliche Sonderstellung	155
		2.	Entwicklungslinien	157
			a) Pluralismus durch Wettbewerb	158
			b) Pluralismus durch staatliche Intervention	159
		3.	Subjektives Recht auf die Tätigkeit als Verleger und Rundfunkveranstalter	163

III	Das Regelungssystem der Konzentrationsbekämpfung			163
	1.	Doppellizenzen		165
		a)	Fernsehen	165
		b)	Hörfunk	166
		c)	Channel 3 Newscaster	167
		d)	Channel 3-Network	167
	2.	Beteiligungen		168
		a)	Fernsehen	168
		b)	Hörfunk	170
	3.	Cross-Ownership (Intermediäre Konzentration)		170
	4.	Non-Domestic-Direct-Satellite-Broadcasting		171
	5.	Kontrolle (Lizenzfiktion für "control" und "associate")		172
	6.	Kompetenzen der Aufsichtsbehörde bei Verstößen gegen Konzentrationsvorschriften		172
		a)	Vor der Zulassung	172
		b)	Nach der Zulassung	173
	7.	Das Verhältnis der wettbewerbsrechtlichen zur medienrechtlichen Kontrolle		173
		a)	Konzentrationsbekämpfung im Wettbewerbsrecht	173
		b)	Verhältnis zum Medienrecht	175
			aa) Alte Rechtslage	175
			bb) Neue Rechtslage	176
		c)	Originäre Aufgaben des Wettbewerbsrechts im Rundfunkrecht	176
		d)	Delegative Aufgaben des Wettbewerbsrecht im Medienrecht	178
			aa) Competition Test	178
			bb) Anwendung von Art. 85 Abs. 3 EWGV	179
			cc) Ratio legis	183
			dd) Der Netzwerk-Vertrag	183
		e)	Dual-Control	184

Teil 2:
Konzentrationsbekämpfung im Rechtsvergleich 186

1. Die verfassungsdogmatische Verankerung des Pluralismusprinzips 186
   - a) Bedeutung des Pluralismusprinzips 186
   - b) Dogmatische Sonderstellung des Rundfunks bei der Pluralismussicherung 187
   - c) Charakteristika eines pluralistischen Mediensystems 189
   - d) Verhältnis zwischen Pluralismus und Individualrecht 192
     - aa) Problem 192
     - bb) Lösungen in Frankreich und Italien 193
2. Wettbewerbsrecht und Medienrecht 196
   - a) Positive Ordnung oder Eingliederung in den allgemeinen Wirtschaftsbereich 196
     - aa) Lösungsansätze in den untersuchten Rechtsordnungen 196
     - bb) Stellungnahme 198
   - b) Verhältnis der wettbewerbsrechtlichen zur medienrechtlichen Kontrolle 200
     - aa) Lösungen in den untersuchten Rechtsordnungen 201
     - bb) Stellungnahme 202
3. Dem Marktanteilsmodell vergleichbare Ansätze in den ausländischen Rechtsordnungen 203
   - a) Frankreich 203
   - b) Italien 204
   - c) Großbritannien 204
4. Beschränkungen bezüglich der Anzahl der Programme 205
   - a) Vergleich 205
   - b) Stellungnahme 206
5. Beschränkungen, die an die Beteiligungshöhe anknüpfen 207
   - a) Rechtslage in den untersuchten Rechtsordnungen 208
   - b) Stellungnahme 208
6. Bedeutung intermediärer Beschränkungen 210
   - a) Verflechtung zwischen Presse und Rundfunk auf landesweiter Ebene 210
   - b) Verflechtung zwischen Rundfunk und Presse auf regionaler und lokaler Ebene 212
   - c) Stellungnahme 213
   - d) Gesetzgebungsvorschlag 214
7. Erfassung gesellschaftsrechtlich vermittelter Kontrolltatbestände 214
   - a) Stimm-, Kapitalmehrheit oder vertragliche Beherrschung 214
   - b) Negativvermutungen für die Zurechnung 216

	c)	Indirekte Beherrschung durch Treuhand	216
8.	Erfassung faktischer Kontrolltatbestände		217
	a)	Programmzulieferung	217
	b)	Erfassung familiärer Bindungen	218
9.	Erfassung von Konzentrationstendenzen im Gesamtmedienbereich durch eine Ressourcenakkumulation		219
	a)	Regelungen in den untersuchten Rechtsordnungen	220
	b)	Stellungnahme	220
10.	Transparenzbestimmungen		221

Teil 3: Sicherung des Pluralismus durch eine europäische Konzentrationsbekämpfungsregelung   224

I   Initiativen   224
    1.   Grünbuch der EU-Kommission und Studie des Europarates   224
    2.   Regelungsziele: Sicherung des Pluralismus und Schutz des Binnenmarktes   225
II   Geeignetheit   227
    1.   Sicherung des Pluralismus   227
       a)   Sicherung eines europäischen Pluralismus   227
       b)   Sicherung des Pluralismus zum Schutz vor kultureller Überfremdung auf nationaler Ebene   228
       c)   Sicherung des Pluralismus zum Schutz vor einseitiger Beherrschung nationaler Medienmärkte   229
    2.   Sicherung der Niederlassungsfreiheit   232
    3.   Schutz vor Wettbewerbsbeschränkungen   233
    4.   Zwischenergebnis   233
III   Zulässigkeit   234
    1.   Kompetenzgrundlage   234
       a)   Kompetenz zur Rechtsangleichung zur Sicherung des Pluralismus   234
       b)   Kompetenz zur Rechtsangleichung der nationalen Konzentrationskontrollbestimmungen aus Art. 59 Abs. 1, 66 i.V.m. Art. 57 Abs. 2 EGV   236
    2.   Subsidiarität   237
    3.   Erforderlichkeit   238
       a)   Art. 85, 86 EGV   238
       b)   Fusionskontrollverordnung   240
          aa)   BSB/Sky   241
          bb)   ABC/Generale des Eaux/Canal+/W.H. Smith TV   242
          cc)   Sunrise   242
          dd)   Kirch/Richemont/Telepiù   243
          ee)   Media Service GmbH   243
       c)   Beurteilung   248
    4.   Verhältnismäßigkeit   248

Zusammenfassung der Ergebnisse   250

Literaturverzeichnis   252

Besondere Abkürzungen

AfP	Archiv des Presserechts
B.A.	Broadcasting Act 1990
BayMG	Bayerisches Mediengesetz
BayVGH	Bayerischer Verwaltungsgerichtshof
BLM	Bayrische Landeszentrale für neue Medien
CCF	Conseil Constitutionnel (französisches Verfassungsgericht)
CCI	Corte Costituzionale (italienisches Verfassungsgericht)
CSA	Conseil Supérieur de l'Audiovisuel
DAJV	Deutsch- Amerikanische Juristenvereinigung
Decl.	Deklaration der Menschenrechte von 1789
DLM	Direktorenkonferenz der Landesmedienanstalten
DSF	Deutsches Sportfernsehen
HmbMedienG	Hamburgisches Mediengesetz
HPRG	Hessisches Privatrundfunkgesetz
TPRG	Thüringer Privatrundfunkgesetz
ITC	Independent Television Commission
KDLM	Konferenz der Direktoren der Landesmedienanstalten
KEK	Kommission zur Ermittlung der Konzentration im Medienbereich
LMedienG BaWü	Landesmediengesetz Baden-Württemberg
LMedienG Bre	Landesmediengesetz Bremen
LRG-NW	Landesrundfunkgesetz Nordrhein-Westfalen
LRG-NS	Landesrundfunkgesetz Niedersachsen
LRG-RhlPf	Landesrundfunkgesetz Rheinland-Pfalz
LRG-Saarl.	Landesrundfunkgesetz Saarland
LRG-SchlH	Landesrundfunkgesetz Schleswig-Holstein
OFT	Office of Fair Trading
PRG SaAnh	Privatrundfunkgesetz Sachsen-Anhalt
Rec. Cost.	Recueil Costitutionnel
Rev. fr. Droit adm.	Revue francaise de droit administratif
RfG	Rundfunkgesetz
RuF	Rundfunk und Fernsehen
RfG MeVoPo	Rundfunkgesetz Mecklenburg-Vorpommern
RStV	Staatsvertrag über den Rundfunk im vereinten Deutschland
RStV Berlin-Bra	Rundfunk Staatsvertrag Berlin - Brandenburg
SächsPRG	Sächsisches Privatrundfunkgesetz
Verf.	Verfassung
ZUM	Zeitschrift für Urheber- und Medienrecht

Einführung

Bei der Bekämpfung der Konzentration im Rundfunkbereich verfolgt der Gesetzgeber zwei Ziele: Rundfunkunternehmen sind einerseits Wirtschaftsunternehmen, die am Markt agieren und auf Gewinnerzielung ausgerichtet sind. Konzentrationsbekämpfung hat daher im Bereich des Rundfunks, wie in anderen Wirtschaftsbereichen auch, das Ziel, Marktstrukturen zu sichern und wirksamen Wettbewerb zu gewährleisten[1]. Andererseits wird dem Rundfunk regelmäßig eine verfassungsrechtliche Funktion im Rahmen der Kommunikationsgrundrechte zugeschrieben, die ihn aus den übrigen Wirtschaftsbereichen heraushebt. In der Literatur, Rechtsprechung und Gesetzgebung hat sich für die Beschreibung dieser Funktion der Begriff "Pluralismus" bzw. "Vielfalt" etabliert[2].

So stehen die Landesmediengesetze regelmäßig unter dem Regelungsziel der Pluralismussicherung[3]. Auch der neue Rundfunkstaatsvertrag[4] stellt die konzentrationsbekämpfenden Maßnahmen ausdrücklich unter das Ziel der Vielfaltssicherung. Doch was mit Begriffen wie Pluralismus, Pluralität, Meinungs- oder Medienvielfalt genau gemeint ist, geht aus den Gesetzestexten nicht hervor und bleibt auch in Rechtsprechung und Literatur meist unklar[5]. So krankt die Diskussion um die Regelungsinhalte nicht zuletzt an dieser Unklarheit. Denn wer das Regelungsziel nicht definiert hat, wird sich mit der

---

1 Mestmäcker, Ernst-Joachim, Kommentierung vor 23, in: Immenga, Ulrich, Mestmäcker, Ernst-Joachim, GWB Kommentar zum Kartellgesetz, München 2. Aufl. 1992 Rn. 3ff; Paschke Marian, in: Glassen u.a., Frankfurter Kommentar zum GWB, Vorbemerkungen zu den §§ 23-24c, Rn. 1f.

2 Vgl. nur Deck, Markus, Siefarth, Christof, Sicherung des Pluralismus durch Medienkonzentrationskontrolle?, DAJV-Newsletter 1993, 37ff; Frank, Götz, Die administrative Substituierung des Außenpluralismus im Landesmediengesetz Baden-Württemberg, ZUM 1986, 187ff; Rager, Günther, Weber, Bernd, Publizistische Vielfalt zwischen Markt und Politik, Media Perspektiven 1992, 357ff; Schmidt, Walter, Rundfunkvielfalt, Frankfurt 1984; Frank, Angela, Vielfalt durch Wettbewerb. Organisation und Kontrolle privaten Rundfunks im außenpluralen Modell, Frankfurt/Main 1987; Mestmäcker, Ernst-Joachim, Medienkonzentration und Meinungsvielfalt, Baden-Baden 1978; Piette, Klaus-Walter, Meinungsvielfalt im privaten Rundfunk - Eine rechtsvergleichende Untersuchung der Privatfunkgesetzgebung in der Bundesrepublik Deutschland, München 1988.

3 Vgl. z.B. § 14 Landesmediengesetz BaWü; § 23 Landesmediengesetz Bremen; § 6 Hamburgisches Mediengesetz; § 12 Hessisches Privatrundfunkgesetz; § 17 Rundfunkgesetz MeVoPo; § 11f Landesrundfunkgesetz NW; § 5 Landesrundfunkgesetz Saarland; § 15 Landesrundfunkgesetz SchlH; § 14 Privatrundfunkgesetz Thüringen; zu den Gesetzen in den neuen Ländern s. H. Kresse, Die Rundfunkordnung in den neuen Bundesländern, 1992.

4 Dritter Staatsvertrag zur Änderung rundfunkrechtlicher Staatsverträge, abgedr. in Media-Perspektiven - Dokumentation, 1996, 1.

5 Eine Einordnung des Begriffes Pluralismus findet sich u.a. bei H.H. Klein, Die Rundfunkfreiheit, 1978, S. 53ff; W. Hoffmann-Riem, Rundfunkrecht neben Wirtschaftsrecht, 1991, S. 15f; Schmidt, a.a.O.; s. insb. jüngst die umfassende Darstellung bei R. Ricker/Schivy, Handbuch des Rundfunkverfassungsrechts 1995, S. 28ff.

Schaffung geeigneter Regelungsinstrumente schwer tun. Ein Ziel dieser Arbeit war es daher, diesen Begriffen genauere Konturen zu verleihen, um darauf aufbauend die gesetzlichen Regelungen zu beurteilen. Eine zweite Frage, die sich bei der Bearbeitung des Themas stellte, war die nach der grundrechtsdogmatischen Einordnung des Regelungsziels Pluralismussicherung. Das Bundesverfassungsgericht fordert in ständiger Rechtsprechung, daß der Gesetzgeber bei der Gestaltung einer Rundfunkordnung den Pluralismus zu sichern habe[6] und stützt dies auf seine Auslegung des Art. 5 Abs. 1 S. 2 GG als institutionelle Garantie. In der Literatur ist es umstritten, wie das Ziel der Pluralismussicherung in den Kommunikationsgrundrechten verankert ist und in welcher Beziehung der Pluralismus zu den anderen Rechten des Art. 5 GG steht[7]. Ein weiterer Streitpunkt liegt in der Frage, ob die Konzentration im privaten Rundfunk ausreichend durch das allgemeine Wirtschaftsrecht bekämpft wird oder ob darüber hinaus ein spezifisches Medienrecht erforderlich ist, das gezielt die Sicherung des Pluralismus verfolgt. Hierüber ist bisher in Deutschland keine Einigung erzielt worden, auch wenn sich die verfassungsgerichtliche Rechtsprechung und die Gesetzgeber für die zweite Lösung entschieden haben. Auch hierzu nimmt diese Arbeit Stellung.

Daher verwundert es nicht, daß auch die von den Gesetzgebern gewählten Regelungsmodelle und Kontrollmechanismen heftig umstritten sind. So konzentrierte sich die Diskussion bei der Schaffung des neuen Rundfunkstaatsvertrages nahezu ausschließlich auf die Konzentrationsbekämpfung. Am Ende steht ein Modell, das nach seiner Art bisher einmalig in der Welt ist. Die vorliegende Arbeit stellt dieses Modell vor und untersucht seine Eignung zur Pluralismussicherung. Schließlich findet sich der Konflikt um die Regulierung und seine Ausgestaltung auf europäischer Ebene wieder. Initiativen zur Schaffung einer europäischen Medienkonzentrationskontrolle werden von unterschiedlichen Seiten immer wieder vorgeschlagen, konnten sich jedoch bisher nicht durchsetzen. Ob eine solche europäische Regelung zur Sicherung des Pluralismus erforderlich ist, wird ebenfalls untersucht.

In der deutschen Diskussion wird zuweilen beklagt, daß ausländische Erfahrungen bei der Konzentrationsbekämpfung des privaten Rundfunks bisher nicht ausreichend berücksichtigt wurden[8]. Ein Vergleich mit den europäischen Nachbarländern Frankreich, Italien und Großbritannien bietet sich an, da sich innerhalb der letzten Jahrzehnte auch in diesen Staaten ein duales System aus privaten und öffentlichrechtlichen Rundfunkveranstaltern etabliert hat. In allen drei Staaten wurden in den letzten Jahren neue Rundfunkgesetze erlassen, die insbesondere auch neue Regelungen zur Konzentrationskontrolle enthalten. Vergleichbar sind die genannten

---

6   BVerfGE 12, 113, 125; 31, 315, 326, 338; 57, 295, 320; 73, 118, 160; 74, 297, 330; 83, 238, 296.
7   Vgl. die Nachweise bei Hesse, Albrecht, Rundfunkrecht, München 1990, S. 65f; Paschke, Marian, Medienrecht, Berlin 1993, S. 75ff.
8   Dies kommt z.B. in der Antwort der Bundesregierung auf die Große Anfrage der SPD zur Konzentrationskontrolle zum Ausdruck: BT-Drucksache 12/4622 v. 24.3.93; vgl. auch Schmidt, Anette, Konzentrationstendenzen im Bereich des Rundfunks und ihre Rechtsprobleme - Diskussionsbericht der gleichlautenden Arbeitssitzung am 9. Okt. 1992, ZUM 1993, 19, 21.

Rechtsordnungen auch insoweit, als dem Rundfunk eine besondere verfassungsrechtliche Bedeutung zugewiesen wird. Von besonderer Relevanz ist dabei, daß Gerichte, Gesetzgeber und Literatur in diesem Zusammenhang den Begriff des Pluralismus gebrauchen. Die vorliegende Arbeit soll Anregungen für die deutsche Gesetzgebung aufzeigen. Der Gang der Untersuchung gestaltet sich wie folgt:

Teil 1 enthält den Länderbericht für Deutschland (A), Frankreich (B), Italien (C) und Großbritannien (D). Der deutsche Landesbericht soll in die Thematik einführen. Er zeichnet zunächst die Geschichte des Rundfunks nach, verfolgt sodann die Wurzeln des Pluralismusbegriffes in der Staatstheorie, seine medienrechtliche Adaption und die dogmatische Verankerung in den Kommunikationsgrundrechten. Darauf folgt ein Überblick über das System der Konzentrationskontrolle und des Verhältnisses zwischen Rundfunk- und Wettbewerbsrecht. Hierbei werden die Fragestellungen aufgeworfen, zu denen in Teil 2 im Vergleich mit den ausländischen Rechtsordnungen Stellung genommen wird (IV).

Die Berichte über die ausländischen Rechtsordnungen sind jeweils gegliedert in einen Abriß der Geschichte und aktuellen Regelungslandschaft (I), eine Darstellung des verfassungsrechtlichen Hintergrundes (II) und des Systems der Konzentrationsbekämpfung (III). Der verfassungsrechtliche Teil beschreibt für Frankreich, und Italien die Herleitung, das Verständnis des Pluralismus und die daraus geschlossenen Regelungsvorgaben. Für das gänzlich anders geartete Verfassungssystem Großbritanniens stellt er die besondere verfassungsrechtliche Ausgangssituation dar und verfolgt die Spuren des Pluralismus in der Verfassungsliteratur. Die Darstellung des Systems der Konzentrationsbekämpfung unterscheidet zwischen den Regelungen innerhalb des Rundfunks, worunter regelmäßig Hörfunk und Fernsehen verstanden wird (intramediäre Kontrolle), und Regelungen, die das Verhältnis des Rundfunks zu anderen Medien wie Presse oder Werbeunternehmen regeln (intermediäre Konzentration). Teil 2 beantwortet aus rechtsvergleichender Sicht die im deutschen Teil des Länderberichts aufgeworfenen Fragestellungen und geht auf Anregungen der ausländischen Rechtsordnungen ein. In Teil 3 wird schließlich auf die Frage eingegangen, ob es einer europäischen Regelung zur Rundfunkkonzentrationskontrolle bedarf.

Ganz herzlich möchte ich mich bei allen bedanken, die mich bei dieser Arbeit unterstützt haben. Herrn Prof. Dr. Marian Paschke danke ich für die Betreuung und die Überlassung des Themas, Herrn Prof. Dr. Dr. h.c. Ernst-Joachim Mestmäcker für die Zweitkorrektur sowie für Aufnahme in diese Reihe. Daneben möchte ich noch einigen der vielen Gesprächspartner danken, die mich auf den Erkundungspfaden durch das Dickicht der ausländischen Rechtssysteme begleitet und geführt haben.
Hier wäre in erster Linie Herr Prof. Eric Barendt, University College London zu nennen, der mich in Großbritannien betreut hat, sowie Frau Dr. Florence Chambon, Paris II, für die Betreuung in Frankreich. Schließlich sei Herrn Dr. Stefan Lehr, Frau Ana Maria

Montuya, Frau Dr. Ludovica Nicolosi, Herrn Dr. Kim Yong Sup, Frau Dr. Silvia Sangiovanni, Herrn Dr. Christian Scherer und Herrn Dr. Georg Ziamos für viele interessante Gespräche gedankt. Die Arbeit ist meiner Frau Verena und meiner Tochter Celine gewidmet.

A   Deutschland

I   Rundfunkgeschichte und aktuelle Regelungssituation

1. *Erste Phase: Privatrechtliche Unternehmen unter staatlichem Einfluß (1923-1932)*

Privatrechtlich organisierte Veranstalter gab es bereits in der Anfangsphase des Rundfunks. Die ersten, 1923 gegründeten Unternehmen waren als Aktiengesellschaften organisiert und wurden hauptsächlich von der Rundfunkempfangsgeräteindustrie getragen[1]. Eine Konzentrationskontrolle gab es in dieser ersten Phase der Rundfunkregulierung jedoch nicht. Auch verfassungsrechtliche Aspekte spielten bei der Schaffung eines rechtlichen Rahmens für den jungen Rundfunk keine Rolle. Zwar war in der Weimarer Reichsverfassung die Meinungs- und Pressefreiheit garantiert, der Rundfunk wurde jedoch offensichtlich nicht als grundrechtsrelevant eingestuft.

Geprägt war die Entwicklung vielmehr durch das Bemühen des Staates inhaltlichen Einfluß auf den Rundfunk zu nehmen. Die ersten Aktiengesellschaften zur Veranstaltung regionalen Rundfunks waren von Anfang an starkem staatlichen Einfluß unterworfen. Sowohl das Innenministerium als auch die Reichspostverwaltung hielten Anteile und Aufsichtsratssitze der Rundfunkunternehmen. Die 1926 gegründete Reichsrundfunkgesellschaft, war bereits von der Post beherrscht. Sie besaß 51 v. H. der Stimmrechte. Ihren Einfluß übte sie durch den sog. Rundfunkkommissar des Reichspostministers aus. Für die Ausstrahlung von Nachrichten war seit dem 24. Juli 1926 die *"Drahtlose Dienst AG"* konzessioniert. An diesem Unternehmen war zu 51 v. H. das Reich beteiligt. Die Länder hatten zwar keine Kapitalbeteiligungen, besaßen jedoch Aufsichtsratssitze. Der Rest der Anteile wurde von einem Verlegerkonsortium gehalten[2]. Darüber hinaus wurde bei jeder Rundfunkgesellschaft ein sog. Überwachungsausschuß eingesetzt. Dieses aus einem Reichs- und zwei Landesvertretern zusammengesetzte Organ hatte weitreichenden Einfluß auf die Personalpolitik und die Programmgestaltung. Die Gesellschaft hatte die Pflicht, sich in allen politischen Fragen der Programmplanung mit dem Überwachungsausschuß abzustimmen[3].

---

1   Herrmann, Günther, Fernsehen und Hörfunk in der Verfassung der Bundesrepublik Deutschland, S. 133ff; Lerg, Winfried, B., Bausch, Hans (Hrsg.), Rundfunkpolitik in der Weimarer Republik, Rundfunk in Deutschland Bd. 1., München 1980, S. 24ff.
2   Lerg, a.a.O., S. 124, 208.
3   Wieland, Joachim, Die Freiheit des Rundfunks - Zugleich ein Beitrag zur Dogmatik des Artikel 12 Absatz 1 GG, Berlin 1984, S. 111.

2. Zweite Phase: Staatliche Steuerung im Monopol (1932-1945)

Bereits 1931 waren Bestrebungen im Gange, die private Struktur des Rundfunks abzuschaffen und auf die Beteiligung privater Kapitalgeber zu verzichten[4]. Am 4. August 1932 wurde den Rundfunkgesellschaften die Konzession gekündigt. Der Reichspostminister ernannte Staatskommissare, die die Umwandlung der Aktiengesellschaften in staatliche Gesellschaften zu betreiben hatten. Ab dem 22. März 1933 war das Reichspropagandaministerium für den Rundfunk zuständig.

Diese Phase war geprägt von der inhaltlichen und organisatorischen Beherrschung des Rundfunks durch den Staat. Die nationalsozialistische Ideologie ging von einem einheitlichen Volkswillen aus, der seinen Ausdruck in der Stimme des Führers findet. In einer nach dieser Vorstellung[5] in sich homogenen Gesellschaft sollte der Wille des Volkes mit dem Willen der Regierung identisch sein (vgl. u. der Pluralismusbegriff von Carl Schmitt, II 1 b). Die verfassungsrechtliche Bedeutung des Rundfunks lag daher nicht in einem grundrechtlich verbürgten Freiheitsrecht. Er hatte vielmehr die Funktion, durch den Führer den einheitlichen Staatswillen zu dokumentieren. Organisatorisch zuständig war hierfür der Reichspropagandaminister Joseph Goebbels. Er besetzte in Personalunion alle wichtigen Ämter und entmachtete unmittelbar nach der Machtergreifung der Nationalsozialisten die zuvor Verantwortlichen[6]. In Goebbels Ministerium konzentrierten sich alle den Rundfunk und die Presse betreffenden Kompetenzen. Das Innenministerium büßte seine Kompetenzen ein und die einzelnen Rundfunkgesellschaften wurden zu bloßen Zweigstellen der Reichsrundfunkgesellschaft. Die Geschäftsanteile gingen an das Reich, vertreten durch den Propagandaminister über[7].

3. Dritte Phase: Binnenpluralismus im öffentlichrechtlichen Rundfunk (1945-1981)

Aufgrund der Erfahrungen mit der Instrumentalisierung des Rundfunks im Nationalsozialismus für staatliche Interessen, legten die Alliierten bei dem Aufbau eines Rundfunksystems im Nachkriegsdeutschland vor allem Wert auf die Unabhängigkeit des Rundfunks vom Staat[8]. So wurde der Einfluß der Post bei der Rundfunkproduktion eingeschränkt, in der amerikanischen und in der britischen Zone wurden die Postsender durch Verordnung 1949 entschädigungslos enteignet[9].

Andererseits sollte der Rundfunk auch nicht, wie in den USA, in private Hände gegeben werden. Vor allem Großbritannien und Frankreich fürchteten das Entstehen einer

---

4 Lerg, a.a.O., S. 439.
5 Schmitt, Carl, Staat, Bewegung, Volk, Hamburg 1933, S. 7f.
6 Schuster, Detlev, Meinungsvielfalt in der dualen Rundfunkordnung, Berlin 1990, S. 25 f.
7 Schuster a.a.O., S. 26.
8 Hesse, Albrecht, Rundfunkrecht, München 1990, S. 9.
9 Bausch, Hans, ders (Hrsg.), Rundfunkpolitik nach 1945 Teil 1, München 1980, S. 34.

einseitigen privaten Vorherrschaft im Rundfunkbereich, die zu ähnlichen Konsequenzen führen könnte, wie eine staatliche Beherrschung des Mediums. Die Kontrolle des gebührenfinanzierten Rundfunks wurde daher Gremien anvertraut, die sich aus Vertretern gesellschaftlich relevanter Gruppen zusammensetzten[10]. Trotz seiner staatlichen Organisation sollte damit staatlicher Einfluß auf die Programmgestaltung ausgeschlossen werden. Darüber hinaus hatten diese Gremien die Aufgabe, dafür zu sorgen, daß alle gesellschaftlichen Strömungen im Rundfunk zur Geltung kommen können und daß das Programm einen Querschnitt von Information, Bildung und Unterhaltung enthält. Für diese Organisationsstruktur hat sich seit der dritten Rundfunkentscheidung des Bundesverfassungsgerichts der Begriff *"Binnenpluralismus"* etabliert[11].

Der Einfluß des Bundesverfassungsgerichts auf die rechtliche und organisatorische Gestaltung der deutschen Rundfunkordnung war bereits in der ersten Entscheidung zum sog. *"Adenauer-Fernsehen"* deutlich geworden. Neben der föderalen Struktur betonte das Gericht hier zum ersten Mal das Prinzip der Staatsfreiheit und leitete es aus Art. 5 Abs. 1 S. 2 GG her[12]. Außerdem weist das Gericht seither in immer neuen Konkretisierungen auf die Bedeutung der Meinungsvielfalt hin (vgl. hierzu u. II 2). Daher ist der öffentlichrechtliche Rundfunk bis heute binnenpluralistisch kontrolliert und föderal organisiert. Sowohl das seit 1954 bestehende Gemeinschaftsprogramm der Landesrundfunkanstalten ARD als auch das 1961 durch Staatsvertrag von Ländern gegründete ZDF ist diesen Prinzipien verpflichtet (vgl. Präambel des Rundfunkstaatsvertrages vom 31.08.1991[13]).

4. Vierte Phase: Das duale System aus öffentlichrechtlichen und privaten Veranstaltern

Lange vor der Einführung privaten Rundfunks wurden Stimmen in der Literatur laut, die eine Zulassung privater Unternehmen zur Rundfunkveranstaltung forderten[14]. Die in Art. 5 Abs. 1 S. 2 GG normierte Rundfunkfreiheit begründe ein Individualrecht auf Rundfunkveranstaltung. Die technische Entwicklung sei inzwischen so weit fortgeschritten, daß das öffentlichrechtliche Monopol mit Art. 5 GG nicht mehr vereinbar sei. Einer einseitigen Vermachtung könne durch eine wirksame Konzentrationskontrolle vorgebeugt werden[15].

---

10 Paschke, a.a.O., S. 81.
11 BVerfGE 57, 295ff; 325ff; vgl. Scholz, Rupert, Das dritte Fernsehurteil des Bundesverfassungsgerichts, JZ 1981, 561ff.
12 BVerfGE 12, 205, 260ff.
13 Abgedruckt in Bauer, Ory, Recht in Hörfunk und Fernsehen.
14 Vgl. die Nachweise bei Klein, Hans Hugo, Die Rundfunkfreiheit, München 1978, S. 41; Pestalozza, Christian, Der Schutz vor der Rundfunkfreiheit in der Bundesrepublik Deutschland, NJW 1981, 2158ff.
15 Pestalozza, a.a.O.

Die Länder hatten bereits 1978 beschlossen, vier Kabelpilotprojekte als Testphase für den privaten Rundfunk durchzuführen, die ab 1984 ihren Betrieb in Ludwigshafen, München, Berlin und Dortmund aufnahmen. Ungeachtet des Ausgangs der Pilotprojekte, begannen jedoch einzelne Länder seit 1984 mit der Verabschiedung von Landesmediengesetzen für privaten Rundfunk. Diese Gesetze wurden wesentlich von den Vorgaben des Bundesverfassungsgerichts geprägt. So urteilte das Gericht 1986 über das Landesrundfunkgesetz Niedersachsen, daß die dort getroffenen Vorkehrungen gegen Konzentrationstendenzen nicht ausreichend seien[16]. Der Gesetzgeber mußte die Regelungen nachbessern. Ein Jahr später erklärte das Gericht auch das Landesmediengesetz Baden-Württemberg für verfassungswidrig[17], das daraufhin novelliert werden mußte.

In den folgenden Jahren haben alle Bundesländer zur Regelung des privaten Rundfunks Landesmediengesetze geschaffen[18]. Die Gesetze regeln die Voraussetzungen für die Zulassung privaten Rundfunks und richten Aufsichtsbehörden, die sog. Landesmedienanstalten[19] ein, die durch die Beteiligung gesellschaftlicher Gruppen eine staatsfreie Kontrolle gewährleisten sollen. Darüber hinaus sehen sie eine Konzentrationskontrolle vor, die auf die im jeweiligen Land zugelassenen Veranstalter Anwendung findet.

Die Landesgesetzgeber bedienen sich bei der Sicherung der Meinungsvielfalt innerhalb des privaten Rundfunks unterschiedlicher Regelungsansätze. Die meisten Gesetze mischen die vom Bundesverfassungsgericht gebilligten binnen- und außenpluralistischen Mechanismen. Besteht eine ausreichende Anzahl konkurrierender Veranstalter, so muß das einzelne Programm für sich gesehen nicht die Vielfalt der Meinungen wiedergeben. Bleibt die Zahl der konkurrierenden Veranstalter unter der vom Bundesverfassungsgericht geforderten Zahl von vier voneinander unabhängigen Veranstaltern in einem Verbreitungsgebiet[20], so muß das einzelne Programm spezifischen Vielfaltsanforderungen genügen. Hierfür muß der Programmveranstalter eine binnenpluralistische Struktur erhalten. Das Bundesverfassungsgericht hielt hier folgende Möglichkeiten für verfassungsgemäß: Entweder richtet der Veranstalter einen Programmbeirat nach öffentlich-rechtlichem Muster aus Vertretern gesellschaftlich relevanter Gruppen ein. Oder der Veranstalter stellt durch seine gesellschaftsrechtliche Struktur sicher, daß kein Beteiligter einen vorherrschenden Einfluß auf den Programminhalt ausüben kann[21].

In der Praxis hat sich letzteres Modell zum Regelfall entwickelt. Abgesehen von der Situation auf dem bundesweiten Fernsehmarkt konnten sich nur in wenigen Großstadtregionen vier unterschiedliche Veranstalter etablieren. Versuche, ein solches System im lokalen Hörfunk einzuführen, wie sie z.B. in Baden-Württemberg vorgenommen

---

16 BVerfGE 73, 118ff, 172.
17 BVerfGE 74, 297ff.
18 Vgl. Ricker, Reinhart, Rechtliche Grundlagen und Harmonisierung der Landesmediengesetze, ZRP 1986, 224ff; Kresse, Hermann, Die Rundfunkordnung in den neuen Bundesländern, Stuttgart 1992.
19 Vgl. Wagner, Christoph, Die Landesmedienanstalten, Baden-Baden 1990; Paschke, a.a.O., S. 145.
20 BVerfGE 74, 297ff, 319.
21 BVerfGE 73, 118ff, 174.

wurden, sind gescheitert[22]. Auch die Kontrolle des Programmes durch einen Programmbeirat konnte sich nur vereinzelt (z.B. in Baden-Württemberg) durchsetzen. Die meisten Länder besitzen ein bis zwei landesweite Hörfunkveranstalter, deren Gesellschafterstruktur eine einseitige Beherrschung des Programmes verhindern soll[23]. Einige Länder gingen einen Sonderweg bei der Einführung privaten Rundfunks. So ist in Bayern aus landesverfassungsrechtlichen Gründen die Veranstaltung von Rundfunk nur in öffentlichrechtlicher Trägerschaft möglich. Daher fungiert dort die Aufsichtsbehörde formell als Veranstalter. In Nordrhein-Westfalen ist eine Zweiteilung des Rundfunkveranstalters vorgeschrieben. Die sog. Betriebsgesellschaft ist für die Finanzierung und die technische Ausstattung zuständig. Sie kann einseitig beherrscht werden. Für den Programminhalt ist dagegen die sog. Programmgesellschaft verantwortlich. Sie setzt sich aus Vertretern gesellschaftlich relevanter Gruppen zusammen. Dieses *"Zwei-Säulen-Modell"* hat das Bundesverfassungsgericht 1989 für verfassungsgemäß erklärt[24]. Zwei weitere Urteile des Bundesverfassungsgerichts 1992[25] und Anfang 1994[26] befaßten sich vor allem mit der Frage der staatsfreien Organisation des öffentlichrechtlichen Rundfunks und bestätigten nochmals die Verfassungsmäßigkeit des dualen Systems[27].
1987 einigten sich die Länder erstmals auf einen Staatsvertrag[28], der dem öffentlichrechtlichen Rundfunk zwei Satellitenkanäle zuwies und eine Rechtsgrundlage für die privaten Satellitenprogramme schuf. Außerdem sah er für die bundesweiten privaten Rundfunkprogramme gemeinsame Regelungen vor. Bestimmungen zur Konzentrationsbekämpfung waren hier zwar bereits vorgesehen, sie wurden jedoch wegen mangelnder Präzision der Tatbestände kritisiert[29] und kamen in den folgenden Jahren kaum zur Anwendung.
Der am 31. August 1991 von den Ministerpräsidenten aller 16 Bundesländer geschlossene Staatsvertrag[30] löst den Staatsvertrag von 1987 ab[31]. Die in § 21 enthaltenen Regelungen zur Konzentrationsbekämpfung waren von Beginn an umstritten und wurden insbesondere vor dem Hintergrund der Digitalisierung und der damit einhergehenden Möglichkeit Programmpakete anbieten zu können, als unzureichend empfunden.

---

22 Landesanstalt für Kommunikation, Bericht, an die Landesregierung gemäß § 88 Landesmediengesetz Baden-Württemberg, Stuttgart 1989, S. 14.
23 Vgl. die Nachweise in: DLM-Jahrbuch 1992, München 1993.
24 BVerfGE 83, 238ff.
25 BVerfGE 87, 87, 197 ff.
26 BVerfG, Urteil v. 22.02.1994 - 1 BvL 30/88.
27 Vgl. Ricker, Reinhart, Staatsfreiheit und Rundfunkfinanzierung, NJW 1994.
28 Veröffentlicht bspw. in Gesetzblatt für Baden-Württemberg 1987, 511ff.
29 Ricker, Reinhart, Der Rundfunkstaatsvertrag - Grundlage einer dualen Rundfunkordnung in der Bundesrepublik Deutschland, NJW 1988, S. 453ff.
30 Staatsvertrag über den Rundfunk im vereinten Deutschland vom 31.8.1991, veröffentlicht z.B. in Gesetzblatt für Baden-Württemberg 1991, 745ff.
31 Media Perspektiven Dok. II/87 S. 81ff.1

Von den zahlreichen unterschiedlichen Modellen für eine Reform des § 21, hat sich schließlich das "Marktanteilsmodell" durchgesetzt. Die entsprechenden Änderungen des Rundfunkstaatsvertrages traten am 01.01.1997 in Kraft.

II Verfassungsrechtlicher Hintergrund

Durchgehender Grundgedanke der verfassungsrechtlichen Diskussion im Medienbereich ist die Sicherung des Pluralismus. Dieser Begriff ist jedoch keine medienrechtliche Erfindung, sondern in der Staatstheorie seit langem etabliert. Einige Aspekte sind auch für die medienrechtliche Diskussion von Interesse (vgl. u. 2). Daher sei im folgenden ein kurzer Überblick über den staatstheoretischen Pluralismusbegriff gegeben, bevor auf den für das deutsche Medienrecht prägenden Pluralismusbegriff des Bundesverfassungsgericht eingegangen wird.

1. Der staatstheoretische Pluralismusbegriff

In der Staatstheorie ist *"Pluralismus"*[32] stets mit dem Begriff der Gruppenbildung verbunden. Die Pluralismustheorien sind zum einen Erklärungsmodelle für das gesellschaftliche Phänomen der Organisation von Individuen in Gruppen. Pluralismus aus deskriptiver Sicht ist die Erkenntnis, daß das Individuum nicht in *"robinsonartiger Vereinzelung"*[33] dem Staat gegenübertritt, sondern in erster Linie Gruppenmitglied ist. Die Beziehungen in Familie, Arbeitsstelle, Verbänden und Parteien prägen den Einzelnen mehr als seine Verbindung zum Staat. In normativer Hinsicht erkennen die Pluralismustheorien dieses Phänomen als Realität an und entwickeln daraus Vorgaben für die rechtliche Ordnung.

a) Wurzeln

In Anlehnung an die Theorie von der realen Verbandsperson bei Otto v. Gierke entwikkelten die englischen Frühpluralisten Mitte des neunzehnten Jahrhunderts ein Erklärungsmodell für die kirchliche und arbeitsrechtliche Autonomie innerhalb der Gesellschaft. Sie lehnten die Hegelsche Trennung von Staat und Gesellschaft ab und sahen die

---

32 Einen Überblick geben: Fraenkel, Ernst, Der Pluralismus als Strukturelement der freiheitlich-rechtstaatlichen Demokratie, Verhandlungen des 45. deutschen Juristentages Bd. 2, B., München 1964; Steffani, Wilhelm, Pluralistische Demokratie, Opladen 1980; neuere Entwicklungen sind beschrieben in: Detjen, Joachim, Hartmann, Jürgen (Hrsg.), Pluralistische Demokratie oder pluralistische Republik, Pluralismus und Parlamentarismus in Theorie und Praxis - Winfried Steffani zum 65. Geburtstag, Opladen 1992, S. 27ff.

33 Herzog, Roman, Stichwort *"Pluralismus"* in: ders. u.a. (Hrsg.), Evangelisches Staatslexikon, Stuttgart 1987, S. 2539.

Individuen im Staat primär als Mitglieder von Gruppen. Auch bestritten sie den Souveränitätsanspruch des Staates und definierten den Staat als eine besonders geartete Gruppe, die der Schlichtung von Gruppeninteressen diente, ein über das Gruppeninteresse hinausgehendes Gemeininteresse verfolgte und dem aus diesen Zielen besondere Autorität zufloß. Der *"pluralistic state"* Harold Laskis[34] gibt auch diese Funktion des Staates auf. Bei ihm steht der Staat nur noch gleichrangig neben den anderen Gruppen, Laski vertraute ganz auf die selbständigen Ausgleichskräfte zwischen den verschiedenen Gruppen.

b)   Der Pluralismusbegriff bei Carl Schmitt

Carl Schmitt hat diesen Begriff in den 20iger Jahren in Deutschland eingeführt. Unter dem Eindruck der staatlichen Zersplitterung in Partikularinteressen während der Endphase der Weimarer Republik wendet er sich gegen den Pluralismus und sieht ihn als Hauptgrund für die Auflösung staatlicher Ordnung. Die parlamentarische Demokratie habe den Gegensatz zwischen Staat und Gesellschaft des 19. Jahrhunderts durchbrochen. Das Parlament, das die Gesellschaft in der Vergangenheit repräsentiert habe, sei damit selbst zum Staatsträger geworden. Da es sich jedoch aus Parteien und Interessengruppen zusammensetze, hätten sich in Wirklichkeit Partikularinteressen des Staates bemächtigt, die sich gegenseitig bekämpften und damit blockierten. Die Funktionshypothese des parlamentarischen Staatssystems, nämlich *"daß ein fortwährender Prozeß des Übergangs und Aufstiegs von egoistischen Interessen und Meinungen auf dem Weg über den Parteiwillen zu einem einheitlichen Staatswillen führt"*[35], sei durch die Weimarer Staatspraxis widerlegt. Ein pluralistisches System könne einen einheitlichen Staatswillen nicht hervorbringen, da das Individuum lediglich der einzelnen Gruppe zu Treue verpflichtet sei[36]. Die Pluralismustheorie sei daher als normatives Modell gesellschaftlicher Existenz ungeeignet[37]. Als Ausweg aus diesem zerstörerischen System sah Schmitt zunächst noch das Modell eines *"neutralen Staates"*, einer keinen Partikularinteressen verpflichteten Beamtenschaft, an dessen Spitze als *"Hüter der Verfassung"* der Reichspräsident stehen sollte[38]. Später hielt er die *"Artgemeinschaft"* nationalsozialistischer Prägung für den geeigneten Ausweg[39].

---

34   Laski, Harold, The early History of the corporation in England, Harvard Law Review 30, 1916-1917, S. 561ff.
35   Schmitt, Carl, Der Hüter der Verfassung, Berlin 1931, S. 87.
36   Schmitt, a.a.O. S. 90.
37   Schmitt, Carl, Der Begriff des Politischen, Berlin 1963, S. 42.
38   Schmitt, Carl, Der Hüter der Verfassung, Berlin 1931, S. 100f.
39   Schmitt, Carl, Staat, Bewegung, Volk, Hamburg 1933, S. 7f.

c) *Neopluralismus*

Mit seinem Festvortrag auf dem 45. Deutschen Juristentag 1964 in Karlsruhe hat Ernst Fraenkel[40] den Pluralismus rehabilitiert und mit seiner Theorie des *"Neopluralismus"* allgemeine Zustimmung gefunden. Er entwickelte seine Theorie vom *"Pluralismus als Strukturelement der freiheitlich-rechtstaatlichen Demokratie"* in Abgrenzung zu Rousseau und Schmitt. Zur Durchsetzung des *"volonté générale"* bei Rousseau und der homogenen Gesellschaft bei Schmitt gehöre auch die Vernichtung des Heterogenen. Dies beruhe auf dem pessimistischen Verdacht, daß ein gesellschaftlicher Konsens über das Gemeinwohl in der Regel zu schwach sei, um heterogene Kräfte gewähren zu lassen, während der Neopluralismus im Vertrauen auf die Integrationsfähigkeit des Konsenses diesen Kräften freien Raum lasse. Während die Staatstheorie Rousseaus davon ausgehe, daß die Fixierung auf Partikular- und Gruppeninteressen wie eine Krankheit heilbar sei und das Individuum durch den Abschluß des Sozialvertrages dauerhaft auf das Allgemeinwohl verpflichtet werden könne, seien die Pluralisten der Ansicht, daß *"die Verfolgung von Eigeninteressen einen essentiellen Bestandteil der menschlichen Natur"* und daß eine homogene Gesellschaft daher auch durch Gewalt nicht zu erreichen sei[41]. Der Neopluralismus leugne jedoch nicht, daß die Gruppen sich einem *"Wertkodex aus Verfahrensnormen und regulativen Ideen"* unterordnen müßten[42], zu deren Durchsetzung auch Sanktionen erforderlich seien. Völlig einheitlich jedoch könne der Staat einer modernen Industriegesellschaft nicht sein, nur über die freie Mitwirkung von Gruppen sei es möglich, das Gemeinwohl und die Grundlagen der Politik zu bestimmen.

Der Neopluralismus Fraenkels unterscheidet sich dadurch von den vorbekannten Pluralismus-Konzeptionen, daß er lediglich von einer Mitwirkung statt von einer ausschließlichen Dominanz staatlicher Entscheidungsfindung durch gesellschaftliche Gruppen spricht[43]. Er setzte sich daher auch dem Vorwurf aus, es handele sich mehr um ein Theorieteilstück als um eine umfassende politische Theorie[44], da er keine Antwort auf die Frage gebe, wie die Gruppeninteressen ausgeglichen werden können.

d) *Der Pluralismusbegriff bei Roman Herzog*

In neuerer Zeit wurde[45] wieder auf die Gefahren hingewiesen, der eine pluralistische Gesellschaft ausgesetzt ist. Eine Integration der unterschiedlichen Eigeninteressen

---

40 Fraenkel, Ernst, Der Pluralismus als Strukturelement der freiheitlich-rechtstaatlichen Demokratie, Verhandlungen des 45. deutschen Juristentages Bd. 2, B., München 1964.
41 Fraenkel, a.a.O., B 20.
42 Fraenkel, a.a.O., B 21.
43 Schmidt, Walter, Rundfunkvielfalt, Frankfurt 1984, S. 61.
44 Schmidt, Walter, a.a.O., S. 63.
45 Herzog, Roman in: Herzog, Roman et al. (Hrsg.), Stichwort: Pluralismus, Evangelisches Staatslexikon Bd. 2, Stuttgart 1987.

werde in der modernen Gesellschaft immer schwieriger und es sei zu befürchten, daß sich in verstärktem Maße einzelne Gruppen durch Druck oder durch Täuschung ungerechtfertigte Sondervorteile verschafften. Es wird gewarnt vor einer stärkeren rechtlichen Einbeziehung von Verbandsvertretungen und vor der Gefahr, daß der Staatsapparat zum Instrument der herrschenden Gruppe werden könnte. Im übrigen wird auch hier der Pluralismus als alleiniges Erklärungsmodell gesehen, das mit den Grundgegebenheiten menschlicher Existenz vereinbar sei. Es müßten daher Organisationsstrukturen geschaffen werden, die eine Beteiligung von Gruppen zwar ermöglichten, ihnen jedoch keine staatliche Dominanz erlaube. Negativ wird in diesem Zusammenhang eine verstärkte Einbeziehung von lobbyistischen Gruppen in die politische Entscheidungsfindung beurteilt. Ihr wohne die Gefahr inne, daß *"dunkle Mächte im Hintergrund"* die staatlichen Entscheidungen träfen. Drei Integrationsquellen für eine pluralistische Gesellschaft werden genannt: Die erste und wichtigste sei das *"Staatsvolk"*, da der einzelne Wähler bei seinen Wahl- und Abstimmungsentscheidungen bereits eine Abwägung seiner unterschiedlichen Interessen treffen müsse. Er könne mit seiner Stimme nicht alle seine Interessen in gleichem Maße berücksichtigen und müsse so bereits auf dieser Ebene einen Ausgleich erzielen, der sich bei der Wahl gleichsam potenziere und so zur Herausbildung des Gemeinwohls führe. Die zweite Integrationsquelle sei das Parlament. Zwar könne nicht davon ausgegangen werden, daß jeder Abgeordnete als Vertreter des Gesamtvolkes handele, vielmehr folge aus der Bindung an den Wahlkreis und damit an bestimmte regionale Gruppen, daß er vorwiegend den Interessen dieser Gruppen verpflichtet sei. Das moderne System der Volksparteien habe jedoch zur Folge, daß diese als Gesamtpartei nicht mehr vorwiegend Gruppeninteressen verfolgten, sondern innerhalb der Partei durch Ausgleich der unterschiedlichen Flügel bereits einen Gemeinwohlkonsens erzielen müßten, um nicht ihre Existenzgrundlage aufs Spiel zu setzen. Als dritte Integrationsquelle wird die Institution des Staatsoberhauptes genannt, das eine *"Interessenabwägung innerhalb eines Individuums"* ermögliche. Dies gelte jedoch nur für Staatsoberhäupter mit exekutivischen Funktionen, wie z.B. dem amerikanischen Präsidenten.

2. Der Pluralismusbegriff in der Rechtsprechung des Bundesverfassungsgerichts

a) Entwicklungslinien

Der Begriff "pluralistisch" tauchte in der Rechtsprechung des Bundesverfassungsgericht zum ersten Mal im Spiegel-Schmidt-Beschluß auf[46]. Das Gericht stellte hier fest, daß das Grundrecht der Meinungsfreiheit aus Art. 5 Abs. 1 GG nicht nur ein Abwehrrecht gegen staatliche Eingriffe in die Freiheitssphäre des Bürgers sei. Daneben sei die Meinungsfreiheit auch *"schlechthin konstituierend"* für die freiheitlich demokratische Grundordnung. Dies begründet das Gericht mit folgender Argumentation: Vorausset-

---

46 BVerfGE 12, 113, 125.

zung für das Funktionieren der demokratischen Ordnung sei die freie Bildung der öffentlichen Meinung. Diese erfolge in einem freiheitlich demokratischen Staat notwendig *"pluralistisch"*, nämlich *"im Wiederstreit verschiedener und aus verschiedenen Motiven vertretener, aber jedenfalls in Freiheit vorgetragener Auffassungen vor allem in Rede und Gegenrede"*[47]. Wird also der Einzelne daran gehindert, seine Meinung frei zu äußern, so wird damit auch die demokratische Ordnung geschädigt. Die Garantie der Meinungsfreiheit besteht demnach nicht nur zum Schutz des Einzelnen sondern auch zum Schutz des demokratischen Staates. Das Bundesverfassungsgericht hat diese Funktion des Grundrechtes als die *"institutionelle Garantie"*[48] bezeichnet.

Diese Garantie erstrecke sich auch auf die Medien, da sie die wichtigsten Instrumente zur Bildung der öffentlichen Meinung seien. Sowohl der Rundfunk als auch die Presse, ermöglichen die öffentliche Diskussion und hielten sie in Gang, indem sie Kenntnis von den verschiedenen Meinungen vermittelten und Gelegenheit gäben, meinungsbildend zu wirken[49]. Rundfunk und Presse seien sowohl Medium als auch Faktor[50] in diesem Prozeß der Meinungsbildung, denn sie transportierten die vorhandenen Meinungen in der Gesellschaft und verbreiteten gleichzeitig eigene Meinungen.

Das Bundesverfassungsgericht folgert daraus, daß sich in den Medien die Vielfalt der Meinungen wiederspiegeln muß[51]. Dahinter steht die Vorstellung, daß die rein privat und nicht über die Medien geäußerte Meinung nicht oder nur ungenügend in den Prozeß der politischen Meinungsbildung einfließen kann. Sind jedoch einzelne Meinungsströmungen gehindert, sich in den Medien zu äußern, so ist der Meinungsbildungsprozeß nicht frei. Dies wiederum behindert die Funktionsfähigkeit der demokratischen Gesellschaft.

Pluralismus in den Medien, so kann vorläufig festgehalten werden, ist für das Bundesverfassungsgericht ein Zustand, der aufgrund seiner Bedeutung für die Funktionsfähigkeit der demokratischen Ordnung unerläßlich ist.

Diese Funktion der Medien ist, soweit ersichtlich, auch in der Literatur allgemein anerkannt[52]. Für die rechtsvergleichende Betrachtung wird sich die Frage stellen, wie dies in den untersuchten ausländischen Rechtsordnungen gesehen wird. Sollte sich eine gemeinsame Grundlage bei der Bestimmung der Funktion der Medien feststellen lassen, so wäre dies eine Basis für eine rechtsvergleichende Heranziehung einzelner Regelungen (vgl. u. Teil 2 Nr. 1).

---

47 BVerfGE a.a.O.
48 BVerfGE 12, 205, 260ff; 31, 315, 326f.
49 BVerfGE 35, 202, 223.
50 BVerfGE 12, 205, 260ff; 83, 238, 296.
51 BVerfGE 57, 295, 319ff, 73, 118, 152f; 74, 297, 320; 83, 238, 320.
52 Vgl. hierzu nur Ricker, Reinhart, Schivy, Peter, Rundfunkverfassungsrecht, München 1997, (im Erscheinen).

b) Sonderstellung des Rundfunks

Bei der Beurteilung der Funktion der Medien und der Herleitung dieser Funktion aus der Verfassung hat das Bundesverfassungsgericht, wie gezeigt, einen einheitlichen Maßstab für Rundfunk und Presse angelegt. Diese Basis verläßt das Gericht, wenn es darum geht, die Rolle des Gesetzgebers bei der Sicherung des Pluralismus zu bestimmen. Während im Pressebereich im wesentlichen die Abwesenheit staatlicher Beschränkungen genügen soll[53], sei für den Rundfunk eine *"positive Ordnung"* erforderlich[54].
Wie begründet das Gericht diesen Unterschied? In den ersten beiden Rundfunkurteilen[55] wird für den Rundfunk eine Sondersituation gegenüber der Presse angenommen. Sie sei durch die Knappheit der Übertragungswege und den hohen finanziellen Aufwand für Herstellung und Ausstrahlung eines Programmes bedingt. Während sich bei der Presse im Rahmen eines freien Marktsystems zumindest im überregionalen Bereich historisch Vielfalt herausgebildet habe, sei dies im Rundfunk nicht ohne weiteres zu erwarten[56]. Vielmehr müsse befürchtet werden, daß ein Verzicht staatlicher Regulierung zu einer einseitigen Beherrschung des Rundfunks durch private Kräfte führe. Würde jedoch der Rundfunk durch einen oder wenige Privatpersonen oder Unternehmen beherrscht, so sei der Rundfunk nicht mehr pluralistisch und könne auch die Vielfalt der Meinungen nicht mehr wiedergeben.
Das Bestehen einer Sondersituation hat das Gericht auch unter den veränderten technischen Voraussetzungen im vierten Rundfunkurteil nochmals bestätigt und mit der Gefahr einseitiger Vermachtung begründet[57]. In späteren Entscheidungen verzichtete das Gericht dagegen auf eine Rechtfertigung der unterschiedlichen Behandlung von Rundfunk und Presse[58].

In anderem Zusammenhang wurde der besondere Stellenwert des Fernsehens gegenüber den übrigen Medien hervorgehoben: Ihm sei *"wegen der stärkeren Intensität des optischen Eindrucks und der Kombination von Bild und Ton, vor allem aber aus der ungleich größeren Reichweite ... eine Sonderstellung eingeräumt"*[59]. Dies würde aber lediglich eine Unterscheidung zwischen dem Fernsehen einerseits und den übrigen Medien auf der anderen Seite rechtfertigen.
Es ist festzustellen, daß hier zumindest ein Begründungsdefizit in der Rechtsprechung des Bundesverfassungsgerichts liegt, das unten anhand der Dogmatik in den ausländischen Rechtsordnungen zu überprüfen ist (vgl. u. Teil 2, 1b).

---

53 BVerfGE 20, 162, 175.
54 BVerfGE 57, 295, 320.
55 BVerfGE 12, 205, 261; 31, 315, 326.
56 BVerfGE 31, 315, 326.
57 BVerfGE 73, 118, 154.
58 BVerfGE 74, 295; 83, 238ff.
59 BVerfGE 35, 202, 227; BVerfG 90, 60, 88.

c) Charakteristika eines pluralistischen Systems

Wie der Pluralismus im Medienbereich aussehen sollte, hat das Gericht ebenfalls nur für den Rundfunk konkretisiert. Aus der historischen Erfahrung im Nationalsozialismus heraus, war der Grundsatz der Staatsfreiheit ein besonderes Anliegen des Gerichts[60]. Nicht besser als eine staatliche Beherrschung sei eine einseitige Beherrschung von privater Seite[61]. Beides führe dazu, daß die Bildung der öffentlichen Meinung nicht mehr frei erfolgen könne und habe daher unmittelbar schädliche Auswirkungen auf das Funktionieren der demokratischen Ordnung. Neben diesen negativen Merkmalen fordert das Gericht als Zielwert die gleichgewichtige Berücksichtigung der Meinungsvielfalt im Rundfunk. Hinzu kommt die Forderung nach der Berücksichtigung der Vielfalt der Themen, Programmformen und Regionen, die im Rundfunk zur Geltung kommen müsse[62].

Der Einfluß der staatstheoretischen Wurzeln des Pluralismusbegriffes klingt immer wieder durch: Zum einen spricht das Gericht beständig von dem Einfluß von Gruppen oder Strömungen auf den Rundfunk: Alle Meinungsströmungen müßten im Rundfunk zu Wort kommen können. Der Rundfunk dürfe nicht einer einzelnen Gruppe ausgeliefert werden[63]. Sichtlich liegt dieser Wortwahl die staatstheoretische Maxime zugrunde, daß die Gesellschaft in Gruppen organisiert und daß Gruppen und nicht Individuen nach außen in Erscheinung treten.

Auch wenn es um die binnenpluralistische Organisation des Rundfunks geht, spielen Gruppen eine Rolle. Allerdings hat das Bundesverfassungsgericht hier klargestellt, daß die Rundfunkräte nicht als Interessenvertreter ihrer Gruppe, sondern als Sachwalter der Allgemeinheit berufen seien. Insofern handele es sich hierbei gerade nicht um ein Gremium, in welchem die unterschiedlichen gesellschaftlichen Interessen zum Ausgleich gebracht werden sollen, sondern lediglich um eine Form der Treuhänderschaft für die staatliche Kontrolle um die Staatsfreiheit zu gewährleisten[64].

Auch hier ist bei der Untersuchung der ausländischen Rechtsordnungen zu klären, welche Charakteristika einem pluralistischen System zugeschrieben werden (vgl. u. Teil 2, 1c)

d) Pluralismusschutz und Individualrecht

Auch auf der Ebene der Grundrechtsdogmatik macht das Bundesverfassungsgericht Unterschiede zwischen Presse und Rundfunk. Zwar unterscheide sich die Rundfunkfreiheit trotz der engeren Fassung des Wortlauts (*"Berichterstattung"*) nicht wesensmäßig von

---

60 BVerfGE 12, 205, 260.
61 BVerfG a.a.O.
62 Hoffmann-Riem, Wolfgang, Rundfunkrecht neben Wirtschaftsrecht, Baden-Baden 1991, S. 17ff.
63 BVerfGE 12, 205, 260ff; 31, 315, 337.
64 BVerfGE 83, 238ff; vgl. bereits Schmidt, Walter, Rundfunkvielfalt, Frankfurt 1984; S. 64.

der Pressefreiheit[65]. Während die Pressefreiheit seit jeher auch als Individualrecht des Bürgers auf Herausgabe einer Publikation anerkannt ist, hat es das Gericht es jedoch bisher abgelehnt, ein solches Recht auch für den Betreiber eines Rundfunkprogrammes anzuerkennen. Ob es ein Individualrecht auf Rundfunkveranstaltung gebe, könne dahinstehen[66], heißt es noch im sechsten Rundfunkurteil. In der siebten Entscheidung führt das Gericht dann aus: *"Im Unterschied zu den anderen Freiheitsrechten des Grundgesetzes handelt es sich bei der Rundfunkfreiheit allerdings nicht um ein Grundrecht, das seinem Träger zum Zweck der Persönlichkeitsentfaltung oder Interessenverfolgung eingeräumt ist. Die Rundfunkfreiheit ist vielmehr eine dienende Freiheit ... Der Rundfunk bedarf ... einer gesetzlichen Ordnung, die sicherstellt, daß er den verfassungsrechtlich vorausgesetzten Dienst leistet"*[67].

Es bleibt festzuhalten, daß nach der Sichtweise des Bundesverfassungsgerichts die Rundfunkfreiheit, im Gegensatz zur Pressefreiheit, ausschließlich dem Pluralismusschutz dient und als Individualrecht nicht geschützt ist. In der Literatur wird diese Sichtweise zum Teil akzeptiert[68], zum Teil jedoch auch angegriffen[69]. Diese Frage ist über ihren rechtsdogmatischen Wert auch für die Beurteilung der Konzentrationskontrolle im privaten Rundfunk relevant. Eine Anerkennung des subjektiven Rechts auf Rundfunkveranstaltung würde den Spielraum des Gesetzgebers zum Erlaß von Regelungen einschränken. Denn konzentrationsverhindernde Maßnahmen zum Schutz des Pluralismus stellen sich immer auch als Einschränkung des einzelnen Veranstalters dar. Ist er daher in einem Individualrecht auf Rundfunkveranstaltung betroffen, so ist seine Position bei der Abwehr der gesetzlichen Regelungen stärker, als wenn ein solches Recht nicht existiert und der Gesetzgeber ausschließlich auf das Pluralismusprinzip verpflichtet ist.

---

65 BVerfGE 35, 202, 222.
66 BVerfGE 83, 238, 315.
67 BVerfGE 87, 181, 196.
68 Lerche, Peter, Rundfunkmonopol, Frankfurt 1970, S. 98; Schmidt, Walter, Rundfunkvielfalt, Frankfurt 1984; Hoffmann-Riem, Wolfgang, Benda, Ernst et al. (Hrsg.), Massenmedien, Handbuch des Verfassungsrechts der Bundesrepublik Deutschland., Berlin u.a. 1983.S. 389ff; Jarass, Hans D., In welcher Weise empfiehlt es sich, die Ordnung des Rundfunks und sein Verhältnis zu anderen Medien-auch unter dem Gesichtspunkt der Harmonisierung-zu regeln?, Verhandlungen des 56. Deutschen Juristentages, Bd. 1 Teil G., München 1986; Wieland, Joachim, Die Freiheit des Rundfunks - Zugleich ein Beitrag zur Dogmatik des Artikel 12 Absatz 1 GG, Berlin 1984, S. 121ff; Ruck, Silke, Zur Unterscheidung von Ausgestaltungs- und Schrankengesetzen im Bereich der Rundfunkfreiheit, AöR (117) 1992, 543ff.
69 Fink, Udo, Wem dient die Rundfunkfreiheit, DÖV 1992, 806ff; Pestalozza, Christian, Der Schutz vor der Rundfunkfreiheit in der Bundesrepublik Deutschland, NJW 1981, 2158ff; Kull, Edgar, Kommunikationsfreiheit und neue Medien, AfP 1977, 251, 254.

e) Ausgestaltung der Rundfunkordnung als gesetzgeberische Aufgabe

Für die Rundfunkordnung hat das Gericht im Laufe seiner Rechtsprechung zwar immer wieder die gesetzgeberische Freiheit betont[70], bei der Beurteilung konkreter Gesetze wurden jedoch zahlreiche konkrete Vorgaben für die Ausgestaltung der Rundfunkordnung gemacht.
Den Bestand und die Entwicklung des öffentlichrechtlichen Rundfunks hat das Gericht auf Dauer festgeschrieben. Er habe die Aufgabe, die Grundversorgung zu sichern. Hierunter versteht das Gericht zum einen die flächendeckende Versorgung der Bevölkerung mit Rundfunk. Darüber hinaus sei unter Grundversorgung die Erfüllung des *"klassischen Rundfunkauftrages"*[71] zu verstehen. Der öffentlichrechtliche Rundfunk habe umfassend zu informieren und dabei alle wesentlichen Meinungsrichtungen gleichgewichtig zu Wort kommen zu lassen. Außerdem müsse sich die Vielfalt der Regionen, Sparten und Themen widerspiegeln[72]. Der Gesetzgeber habe die Pflicht, durch strukturelle Maßnahmen sicherzustellen, daß staatlicher Einfluß auf den Rundfunk unterbleibt[73]. Die derzeit praktizierte binnenpluralistische Kontrolle der Programme durch Vertreter gesellschaftlich relevanter Gruppen sei hierzu geeignet. Das Prinzip der Staatsfreiheit müsse jedoch auch bei der Finanzausstattung des Rundfunks, also bereits im Vorfeld der Programmplanung berücksichtigt werden[74].
Erfülle der öffentlichrechtliche Rundfunk diese Funktion, so sei es zulässig, an den privaten Sektor geringere Anforderungen bezüglich des Vielfaltsstandards zu stellen[75]. Unter gewissen Umständen verdichtet sich dies sogar zu einer Pflicht, denn, so das Gericht, es sei nicht zulässig, die Gesetzgebung für den privaten Rundfunk derart zu gestalten, daß der Betrieb unmöglich gemacht werde. Da die privaten Veranstalter aufgrund der Werbefinanzierung und der dadurch bedingten Ausrichtung am Massengeschmack nicht in der Lage seien, ein dem öffentlichrechtlichen Rundfunk vergleichbar vielfältiges Programm zu gestalten, genüge ein Grundstandard an Vielfalt[76]. Dieser umfaßt nicht das gesamte Spektrum an inhaltlicher und Spartenvielfalt, wohl aber das gesamte Meinungsspektrum, das von der Gesamtheit der privaten Programme wiedergegeben werden muß.
Der Gesetzgeber dürfe daher den privaten Rundfunk nicht dem freien Wirtschaftsmarkt überlassen[77], denn den verfassungsrechtlichen Anforderungen des Art. 5 Abs. 1 S. 2 GG werde nicht genüge getan, wenn neben einem pluralistischen öffentlichrechtlichen

---

70 BVerfGE 57, 295, 321; 83, 238, 316.
71 BVerfGE 73, 118, 157; 74, 295, 325.
72 BVerfGE 87, 181, 198.
73 BVerfGE 73, 118, 182f; 90, 60, 88.
74 BVerfG E 90, 60, 88.
75 BVerfGE 83, 238, 297.
76 BVerfGE 73, 118, 153.
77 BVerfGE 73, 118, 158.

Rundfunk ein einseitiger privater Sektor bestehe[78]. So sei der Gesetzgeber verpflichtet, ein Zulassungssystem einzurichten, das von einer unabhängigen Kontrollbehörde überwacht wird. Auch diese müsse staatsfrei organisiert sein. Ein Gremium aus Vertretern gesellschaftlich relevanter Gruppen sei hierzu geeignet[79].

Für die Sicherung des Pluralismus im privaten Rundfunk hat das Bundesverfassungsgericht drei Modelle vorgeschlagen: Zum einen sei das außenpluralistische Modell, ein System konkurrierender Veranstalter, zulässig. Hierzu sei jedoch eine Mindestzahl von vier voneinander unabhängig veranstalteten Programmen im gleichen Verbreitungsgebiet erforderlich[80] um ausreichende Meinungsvielfalt zu gewährleisten. Zum zweiten könne die Vielfalt auch durch eine binnenpluralistische Organisationsweise nach öffentlichrechtlichem Muster gesichert werden. Hierfür sei erforderlich, daß das Kontrollgremium aus Vertretern gesellschaftlich relevanter Gruppen wirksamen Einfluß auf das Programm erhalte[81]. Schließlich hält das Gericht eine dritte Variante für zulässig, die es ebenfalls als binnenpluralistische Kontrolle bezeichnet. Hier wird durch die gesellschaftsrechtliche Struktur des Veranstalterunternehmens sichergestellt, daß kein Beteiligter vorherrschenden Einfluß auf das Programm nehmen kann[82].

Auch diese Rechtsprechung ist in der Literatur umstritten. Dies gilt bereits für die Grundfrage, ob es überhaupt spezifische Regelungen geben sollte, die den Pluralismus sichern. Eine Strömung ist der Ansicht, die Rolle des Staates im Medienbereich sei generell auf ein Minimum zu reduzieren[83]. Der Markt der Meinungen bilde sich ebenso wie der Wirtschaftsmarkt am besten dann, wenn der Staat auf externe Steuerung verzichte. In beiden Bereichen bilde sich eine spontane Ordnung, die durch konkrete Regelungsvorgaben behindert werde[84]. Die andere Richtung fordert im Einklang mit

---

78 BVerfGE 57, 295, 324; 83, 238, 297.
79 BVerfGE 73, 118, 161.
80 BVerfGE 74, 295, 329.
81 BVerfGE 73, 118, 174.
82 BVerfGE 73, 118, 174.
83 Klein, Hans Hugo, Die Rundfunkfreiheit, München 1978, S. 53f; ebenso Kull, Edgar, Kommunikationsfreiheit und neue Medien, AfP 1977, 251, 254; Bullinger, Martin, Elektronische Medien als Marktplatz der Meinungen, AöR 83, 206, 188ff; Harms, Wolfgang, Rundfunkmonopol und Marktkonkurrenz - Auswirkungen auf Medienstruktur und Medienwirtschaft, AfP 1981, 244ff; Möschel, Wernhard, Fusionskontrolle im Rundfunk, in: Erdmann, Willi et al. (Hrsg.), Festschrift für Otto-Friedrich Frhr. v. Gamm., Köln u.a. 1990, S. 627ff, 629; Niewiarra, Manfred, Öffentlich-rechtlicher Rundfunk und Fusionskontrolle, AfP 1989, 636ff; ders., Feststellungen zur Medienkonzentration, ZUM 1993, 2ff; Bremer, Eckhard, Freiheit durch Organisation oder Organisation statt Freiheit - "Ausgestaltung" der Rundfunkfreiheit als Problem von Grundrechtstheorie und Grundrechtsinterpretation, Vortrag, gehalten am 23.4.93 in Heidelberg, 1993.
84 Hoppmann, Erich, Meinungswettbewerb als Entdeckungsverfahren. Positive Rundfunkordnung im Kommunikationsprozeß freier Meinungsbildung, in: Mestmäcker, Ernst-Joachim (Hrsg.), Offene Rundfunkordnung, Gütersloh 1988, S. 163, 177; Bremer, Eckhard, Die wettbewerbliche Ordnung des Rundfunks und die Rolle des Staates, unveröffentlichter Vortrag, gehalten auf dem Symposium "Neues Rundfunkrecht für die Russische Föderation" vom 17.-19.2.1993 in St. Petersburg, S. 14.

der Rechtsprechung des Bundesverfassungsgerichts eine positive Ordnung, die den Pluralismus durch aktive staatliche Maßnahmen garantiert[85]. Die Bildung der öffentlichen Meinung laufe nach anderen Gesetzen ab, als denjenigen, die im wirtschaftlichen Bereich gelten. Jedenfalls im Rundfunk sei die Wiedergabe der Vielfalt der Meinungen ohne staatliche Regulierung nicht garantiert[86].

f)   Insbesondere: Konzentrationsbekämpfung

Für die Verhinderung vorherrschender Meinungsmacht im privaten Rundfunk, hat das Bundesverfassungsgericht den Gesetzgebern konkrete Vorgaben gemacht: Wähle der Gesetzgeber das außenpluralistische Modell oder diejenige Variante des binnenpluralistischen Modells, die den Pluralismus gesellschaftsrechtlich innerhalb eines Programmunternehmens zu sichern sucht, so habe er eine wirksame Konzentrationskontrolle zu etablieren. Denn *"Meinungsvielfalt, deren Erhaltung und Sicherung Aufgabe der Rundfunkfreiheit ist, wird in besonderem Maße gefährdet durch die Entstehung vorherrschender Meinungsmacht"*[87]. Daher habe der Gesetzgeber *"Tendenzen zur Konzentration rechtzeitig und so wirksam wie möglich entgegenzutreten, zumal Fehlentwicklungen gerade insoweit schwer rückgängig gemacht werden können"*[88]. Er könne sich dabei der Instrumente des Wirtschaftsrechts bedienen, sei jedoch verpflichtet, gegen das Entstehen vorherrschender Meinungsmacht spezifische Regelungen zu treffen[89]. Er dürfe sich jedoch dabei nicht auf die Erfassung direkter Beteiligungen beschränken, sondern müsse auch indirekte Einflußmöglichkeiten erfassen[90].

Spezielle Vorgaben hat das Gericht für die Verhinderung intermediärer Konzentration aufgestellt. Zwar sei der Ausschluß der Presse vom Rundfunk nicht geboten, denn die publizistische Gewaltenteilung sei kein Verfassungssatz, aber: *"die verfassungsrechtlich gebotene Gewährleistung freier Meinungsbildung erfordert gesetzliche Vorkehrungen auch dagegen, daß sich vorherrschende Meinungsmacht aus einer Kombination der Einflüsse in Rundfunk und Presse ergibt, nicht nur auf überregionaler Ebene sondern*

---

85   Lerche, Peter, Rundfunkmonopol, Frankfurt 1970, S. 98; Schmidt, Walter, Rundfunkvielfalt, Frankfurt 1984; Hoffmann-Riem, Wolfgang, Benda, Ernst et al. (Hrsg.), Massenmedien, Handbuch des Verfassungsrechts der Bundesrepublik Deutschland., Berlin u.a. 1983.S. 389ff; Jarass, Hans D., In welcher Weise empfiehlt es sich, die Ordnung des Rundfunks und sein Verhältnis zu anderen Medien-auch unter dem Gesichtspunkt der Harmonisierung-zu regeln?, Verhandlungen des 56. Deutschen Juristentages, Bd. 1 Teil G., München 1986; Wieland, Joachim, Die Freiheit des Rundfunks - Zugleich ein Beitrag zur Dogmatik des Artikel 12 Absatz 1 GG, Berlin 1984, S. 121ff.
86   Hoffmann-Riem, Wolfgang, Rundfunkrecht neben Wirtschaftsrecht, Baden-Baden 1991, S. 35ff; Heinrich, Jürgen, Ökonomische und publizistische Konzentration im deutschen Fernsehsektor - Eine Analyse aus wirtschaftswissenschaftlicher Sicht, Media Perspektiven 1992, 338ff.
87   BVerfGE 73, 118, 172.
88   BVerfGE 57, 295, 323; 73, 118, 160.
89   BVerfGE 73, 118, 174.
90   BVerfGE 73, 118, 172f.

auch auf lokaler u. regionaler Ebene, wo bereits im Zeitungsbereich viele Monopolstellungen entstanden sind"[91]. Um ein lokales Doppelmonopol zu verhindern, dürfe ein Verleger auch kein Rundfunkfenster in seinem Verbreitungsbereich veranstalten[92].

In der Literatur ist die Frage streitig, wie konzentrationsbekämpfende Maßnahmen beschaffen sein sollen. Dabei finden sich die oben beschriebenen Gegensätze wieder: Wer der Ansicht ist, die Rundfunkfreiheit sei vorrangig als Individualrecht zu bewerten, hält eine spezifisch medienrechtliche Konzentrationskontrolle für überflüssig. Ebenso wie bei der Presse sei das allgemeine Kartellrecht die geeignete Regelungsmaterie, um sicherzustellen, daß eine Machtzusammenballung im Rundfunk unterbunden wird[93], denn wirtschaftlicher Wettbewerb sei mit publizistischem Wettbewerb untrennbar verbunden. Wer dagegen der Ansicht ist, die Rundfunkfreiheit sei in erster Linie dienende Freiheit, institutionelle Garantie, der befürwortet im Rahmen der hierzu notwendigen positiven Ordnung ein spezifisches Medienrecht. Die an die wirtschaftliche Eigentümerstellung anknüpfende Konzentrationsbekämpfung ist nur eines von mehreren unterschiedlichen Mitteln, den Pluralismus im Rundfunk zu sichern. Nach dieser Ansicht gehen auch die medienrechtlichen Regelungen dem allgemeinen Wettbewerbsrecht vor[94].

---

91 BVerfGE 73, 118, 173; 74, 297, 333.
92 BVerfGE 73, 118, 177.
93 Kull, Edgar, Aktuelle Fragen der Rahmenbedingungen für privaten Rundfunk, AfP 1985, 265ff; ders., Für den Rundfunkgesetzgeber fast Pleinpouvoir - Nachlese zum 6. Rundfunkurteil des Bundesverfassungsgerichts, AfP 1991, 716ff; ders., Kommunikationsfreiheit und neue Medien, AfP 1977, 251ff; ders., "Dienende Freiheit" - Dienstbare Medien, in: Badura, Peter (Hrsg.), Wege und Verfahren des Verfassungslebens - Festschrift für Peter Lerche zum 65. Geburtstag, München 1993. S. 663ff; Mestmäcker, Ernst-Joachim, Die Anwendbarkeit des Gesetzes gegen Wettbewerbsbeschränkungen auf Zusammenschlüsse zu Rundfunkunternehmen, GRUR Int. 1983, 553ff; ders., 56. Deutscher Juristentag Band II, O 9; ders., Medienkonzentration und Meinungsvielfalt, Baden-Baden 1978; Möschel, Wernhard, Erdmann, Willi et al. (Hrsg.), Fusionskontrolle im Rundfunk, Festschrift für Otto-Friedrich Frhr. v. Gamm., Köln u.a. 1990; Niewiarra, Manfred, Öffentlich-rechtlicher Rundfunk und Fusionskontrolle, AfP 1989, 636ff; ders., Feststellungen zur Medienkonzentration, ZUM 1993, 2ff; Bremer, Eckhard, Esser, Michael, Hoffmann, Martin, Der Rundfunk in der Verfassungs- und Wirtschaftsordnung in Deutschland, Baden-Baden 1992, S. 14ff.
94 Hoffmann-Riem, Wolfgang, Rundfunkrecht neben Wirtschaftsrecht, Baden-Baden 1991, S. 87ff; ders. in: ders., Rundfunk im Wirtschaftsrecht, Baden-Baden 1988, S. 13, 30; Jarass, Hans, Kartellrecht und Landesrundfunkrecht, Berlin 1991; Kübler, Friedrich, Medienverflechtung, Frankfurt 1982; ders., Die neue Rundfunkordnung: Marktstruktur und Wettbewerbsbedingungen, NJW 1987, 2961ff; Lerche, Peter, Presse und privater Rundfunk, Berlin 1984; Hertel, F., Die Programmkoordinierung der öffentlich-rechtlichen Rundfunkanstalten als kartellrechtliches Problem, Baden-Baden 1989.

III Das Regelungssystem der Konzentrationsbekämpfung

Nicht zuletzt aufgrund der für den Gesetzgeber bindenden Rechtsprechung des Bundesverfassungsgerichts (vgl. § 31 BVerfGG) hat sich bisher diejenige Meinungsströmung durchgesetzt, die eine positive Ordnung für den Rundfunk fordert. Außer der Bestands- und Entwicklungsgarantie für den öffentlichrechtlichen Rundfunk bedeutet dies im Bereich des privaten Rundfunks, daß der Gesetzgeber durch eine spezifisch medienrechtliche Konzentrationskontrolle vorherrschenden Einfluß auf die Programminhalte verhindern muß (vgl. hierzu 1). Daneben finden die wettbewerbsrechtlichen Regelungen Anwendung
(vgl. hierzu 2).

1. Die medienrechtliche Konzentrationsbekämpfung

a) Regelungsziel

Konzentrationsbekämpfende Vorschriften finden sich in den Landesmediengesetzen und dem Rundfunkstaatsvertrag regelmäßig unter der Überschrift "Sicherung der Meinungsvielfalt"[95], "Meinungsvielfalt"[96] oder schlicht "Vielfalt"[97]. Soweit die Gesetze das Regelungsziel beschreiben, lehnen sie sich eng an die Formulierungen des Bundesverfassungsgerichts an. Zum gesetzgeberischen Glaubensbekenntnis ist der folgende Text geworden, der sich sowohl im Rundfunkstaatsvertrag[98] als auch mit einigen Nuancen in den meisten Landesmediengesetzen[99] wiederfindet:

"Im privaten Rundfunk ist inhaltlich die Vielfalt der Meinungen im wesentlichen zum Ausdruck zu bringen. Die bedeutsamen politischen, weltanschaulichen und gesellschaftlichen Kräfte und Gruppen müssen in den Vollprogrammen angemessen zu Wort kommen; Auffassungen von Minderheiten sind zu berücksichtigen. Die Möglichkeit Spartenprogramme anzubieten, bleibt hiervon unberührt.
Ein einzelnes Programm darf die Bildung der öffentlichen Meinung nicht in hohem Maße ungleichgewichtig beeinflussen."

Diese mit § 20 Abs. 1 u. 4 RfStV (alt) wortgleiche und im wesentlichen auch schon in § 8 der 1987 verabschiedeten Fassung enthaltene Formulierung läßt sich in die folgenden Teile aufgliedern:

aa)   Der erste Satz schreibt vor, daß bei einer Gesamtbetrachtung aller privaten Veranstalter Meinungsvielfalt herrschen muß. Was unter Meinungsvielfalt zu verstehen

---

95   § 20 StV Berlin-Bra.
96   Art. 4 BayMG.
97   § 18 LMedienG Bre.
98   § 25 Abs. 1 u. 2 RfStV.
99   § 20 StV Berlin-Bra; § 7 HmbMedienG; § 14 HPRG; § 20 LRG-NS; § 6a LRG-NW; § 12 LRG-RhlPf; § 22 LRG-SchlH; § 14 TPRG.

ist, läßt sich diesem Postulat nicht entnehmen. Das Vielfaltspostulat wird doppelt eingeschränkt: zum einen müssen die Meinungen nicht direkt und ungefiltert sondern nur "inhaltlich" wiedergegeben werden d.h. sie können durchaus auch journalistisch verarbeitet werden. Zum anderen wird die Vorgabe durch "im wesentlichen" abgeschwächt. Dies bedeutet, daß es keines arithmetischen Auszählens von zu Wort gekommenen Meinungen bedarf, um Vielfalt anzunehmen[100].

bb) Konkreter wird der zweite Satz, der auf den einzelnen Vollprogrammveranstalter abhebt und ihn auf Gruppenrepräsentanz verpflichtet. Auch hier gibt es wieder zwei Einschränkungen: zu berücksichtigen sind nur die "bedeutsamen" Strömungen, wobei sich hieran sofort die Frage anschließt, wer über die Bedeutung urteilen kann, ohne staatliche oder private Zensur auszuüben und damit gravierende Grundrechtsverletzungen zu begehen. Das gleiche Problem stellt sich bei dem Attribut "angemessen". Auch hier bedarf es einer Instanz, die beurteilt, ob eine einzelne Gruppe noch angemessen d.h. so zu Wort kommt, wie es ihrer Bedeutung in der politischen Realität entspricht, oder ob sie gegenüber anderen Gruppen unangemessen viel Sendezeit erhält. Stellt man sich die Kontrolle dieser Regelungsvorgabe praktisch vor, so wird man schnell zu dem Ergebnis gelangen, daß eine Umsetzung weder möglich noch wünschbar ist.

cc) Der zweite Halbsatz gibt dagegen mit dem Minderheitenschutz eine konkrete Handlungsanweisung. Hierauf könnte sich eine Organisation, die Minderheitsinteressen verfolgt, gegenüber dem Veranstalter berufen, wenn dieser eine entsprechende redaktionelle Berichterstattung ablehnt. Fraglich ist jedoch, wie ein derartiges Anliegen von der Aufsichtsbehörde durchgesetzt werden könnte. Wäre es zulässig, wenn eine Landesmedienanstalt gegenüber einem Veranstalter einen Bescheid erließe, diese oder jene gesellschaftliche Gruppe stärker im redaktionellen Teil des Programms zu berücksichtigen? Weder der Rundfunkstaatsvertrag noch die Landesmediengesetze enthalten entsprechende Handlungsermächtigungen. Sie wären jedoch erforderlich, um den mit dieser Maßnahme verbundenen Grundrechtseingriff gegenüber dem Veranstalter zu rechtfertigen.

dd) Der letzte Satz enthält eine Klausel für den demokratischen Notstand. Läßt sich feststellen, daß ein Programmveranstalter in der Lage und willens ist, seine publizistische Macht zur konkreten politischen Propaganda für eine Richtung auszunutzen, so verstieße dies gegen § 25 Abs. 2 RfStV. Widerum zweifelhaft ist, wie hieraus eine konkrete rechtliche Sanktion abgeleitet werden kann. Zunächst müßte das Vorliegen einer in hohem Maße ungleichgewichtigen Beeinflussung der öffentlichen Meinung durch ein Programm von der für die Kontrolle des Veranstalters zuständigen Landesmedienanstalt festgestellt werden. Daraufhin stellt sich die Frage, welchen Inhalt ein entsprechender Bescheid haben könnte und ob eine entsprechende Sanktion ohne ausdrückliche gesetzliche Ermächtigung zulässig ist.

---

100   BVerfGE 73, 118, 154 f.

Zusammenfassend läßt sich feststellen, daß die den konzentrationsbekämpfenden Regelungen vorangestellten Grundsätze jedenfalls nicht als konkrete Handlungsanweisungen brauchbar sind. Sind sie lediglich als abstrakte Regelungsziele zu verstehen, so wird dadurch ihre Bedeutung nicht klarer. Sie enthalten insbesondere keine Definition des Regelungsziels. Für die Auslegung der bisherigen Regelungen des § 21 RfStV (alt) haben sie daher auch keine Rolle gespielt.

Von den Landesmediengesetzen sticht lediglich das Gesetz in Baden-Württemberg aus der Reihe der gesetzgeberischen Zitatfetzen des Bundesverfassungsgerichts heraus. Positiv fällt zunächst auf, daß § 15 LMedienG BaWü klar als Regelungsziel bezeichnet ist, d.h. nicht als konkrete Handlungsanweisungen gedeutet werden kann. Die Regelungsziele "Meinungsvielfalt" und "kulturelle Vielfalt" werden in den einzelnen Unterabsätzen des Abs. 2 S. 2 konkretisiert. Dort finden sich durchaus einzelne Formulierungen wieder, die auch in § 25 Abs. 1 u. 2 RfStV enthalten sind. Während sie im Staatsvertrag jedoch ohne konkreten Bezug zu dem Regelungsziel "Meinungsvielfalt" stehen, sind sie hier klar als Bestandteile derselben gekennzeichnet. Zudem wird der Referenzrahmen für die Beurteilung vorherrschender Meinungsmacht präziser umrissen. Hier ist der gesamte Rundfunkmarkt und nicht lediglich deren privater Teil relevant. Auch die Definition der gesellschaftlichen Kräfte in Abs. 2 S. 2 Nr. 2 ist hilfreich.

b)   Überblick über das System der Konzentrationsbekämpfung im Rundfunkstaatsvertrag

Mit dem Dritten Rundfunkänderungsstaatsvertrag haben die Gesetzgeber für das bundesweit verbreitete Fernsehen radikal mit dem bisherigen System der Konzentrationsbekämpfung gebrochen. Die Beteiligungsbeschränkungen des § 21 RfStV 1991 wurden ersetzt durch das sog. Zuschauermarktanteilsmodell. Als Kontrollmaßstab dient nun nicht mehr die Anzahl der veranstalteten Programme und die Höhe der Kapital- und Stimmrechtsbeteiligungen an den Programmveranstaltern, sondern die Anzahl der erreichten Zuschauer.

Zwei Gründe waren für die Novellierung ausschlaggebend: Zum einen bestand weitgehend Konsens darüber, daß das alte System nicht mehr zeitgemäß ist[101]. Ausgehend

---

101 Vgl. Engel, Christoph, Medienrechtliche Konzentrationsvorsorge, in: Die Sicherung der Meinungsvielfalt, Schriftenreihe der Landesmedienanstalten (Bd. 4), 1995, S. 221, 240 ff; Kübler, Friedrich, Konzentrationskontrolle des bundesweiten Rundfunks, in: Die Sicherung der Meinungsvielfalt, Schriftenreihe der Landesmedienanstalten (Bd. 4), S. 287, 306 ff.; Hege, Hans, Konzentrationskontrolle des privaten Fernsehens, AfP 1995, 537, 539; Kiefer, Marie-Luise, Konzentrationskontrolle: Bemessungskriterien auf dem Prüfstand, Media Perspektiven 1995, 58 ff.;Mestmäcker,
Ernst-Joachim, in: Kommunikation ohne Monopole II, 1995, 13, 158 ff; Niewiarra, Manfred, Feststellungen zur Medienkonzentration, ZUM 1993, 2, 5; Kleist, Thomas, Medienmonopoly im Konzentrationsprozeß, ZUM 1993, 503, 506.

von der Prämisse, daß sich aufgrund der Digitaltechnik die Anzahl der verfügbaren Übertragungswege in naher Zukunft vervielfachen wird und die Veranstalter daher dazu übergehen werden, sog. Programmbouquets statt einzelner Programme anzubieten, hielt man die Beschränkung des § 21 Abs. 1 RfStV alte Fassung auf die Veranstaltung von zwei Programmen für zu rigide. Zum anderen war man, wenn auch aus unterschiedlichen Gründen, der Ansicht, daß das alte Modell versagt hatte. Allgemeine Unzufriedenheit herrschte mit der Durchführung der Kontrolle durch die Landesmedienanstalten und mit den mangelhaften Abstimmungsmechanismen zwischen den einzelnen Behörden[102].

Seit ca. 1994 wurden verschiedene konkrete Modelle für eine Reform der Regelungen zur Konzentrationsbekämpfung im Staatsvertrag diskutiert. Auf der materiellrechtlichen Seite reichten die Vorschläge von einer Anpassung der Schwellenwerte auf der Basis des alten Regelungssystems bis hin zur vollständigen Aufgabe dieses Systems zugunsten eines Werbe-, Zuschauermarkt- oder Mediennutzungsmodells[103]. In verfahrensrechtlicher Hinsicht wurden erweiterte Ermittlungsbefugnisse für die Aufsichtsbehörden und eine Übertragung der Kontrollkompetenzen für bundesweites Fernsehen auf eine gemeinsame Stelle aller Landesmedienanstalten gefordert[104].

Das jetzt Gesetz gewordene Regelungswerk ist deutlich umfangreicher als die Vorgängerbestimmung, die im wesentlichen in § 21 RfStV (alt) enthalten war. Es umfasst die §§ 25 - 39 RfStV und gliedert sich inhaltlich in Vorschriften zur materiellen Kontrolle (§§ 26 - 34 RfStV) und in verfahrens- und kontrollorganisationsrechtliche Bestimmungen (§ 35 - 39).

Nach dem Zuschauermarktanteilsmodell besteht für die Anzahl der zulässigerweise von einer Person, einem Unternehmen oder diesen zurechenbaren Personen oder Unternehmen veranstalteten Programme keine zahlenmäßige Obergrenze mehr. Begrenzt ist vielmehr die Anzahl der mit der Gesamtzahl der Programme erreichten Zuschauer in Deutschland in Prozent. Die Obergrenze beträgt 30 v.H. ist jedoch in gewissem Umfang flexibel (vgl. § 26 Abs. 3 RfStV). Zudem müssen Veranstalter Sendezeiten für unabhängige Dritte bereitstellen, wenn sie einen Zuschaueranteil von 10 v.H. erreichen. Beträchtlich erweitert und konkretisiert wurden die Kompetenzen der Aufsichtsbehörden bei der Kontrolle der Einhaltung der Beschränkungen.

---

102 Zur Struktur vgl. Platho, Rolf, Die Grenzen der Beteiligung an privaten Fernsehveranstaltern - Versuch einer Systematisierung von § 21 RuFuStV, ZUM 1993, 278ff; Engel, Christoph, Vorsorge gegen die Konzentration im privaten Rundfunk mit den Mitteln des Rundfunkrechts - eine Analyse von § 21 Rundfunkstaatsvertrag 1991, ZUM 1993, 557ff; Dörr, Dieter, Konzentrationstendenzen im Bereich des Rundfunks und ihre Rechtsprobleme, ZUM 1993, 11ff.
103 Vgl. die Darstellung bei: Paschke, Plog, S. 102.
104 Vgl. Dörr, Dieter, Das für die Medienkonzentration maßgebliche Verfahrensrecht in: Die Landesmedienanstalten (Hrsg.), Die Sicherung der Meinungsvielfalt, Berlin 1995, S. 331 ff.

c) Anwendungsbereich des Rundfunkstaatsvertrages und der Landesmediengesetze

Nachdem die Kontrollsystematik und -intensität des Rundfunkstaatsvertrages nunmehr noch stärker von derjenigen der Landesmediengesetze abweicht, erlangt die Frage nach der Abgrenzung der Anwendungsbereiche praktische Bedeutung. Ob ein Veranstalter den meist restriktiven und immer an die Anzahl der Zulassungen anknüpfenden Konzentrationsschwellen der Landesmediengesetze unterfällt, oder ob er lediglich nachweisen muß, daß er nicht 30 v.H. der deutschen Fernsehzuschauer regelmäßig erreicht, hat entscheidende Bedeutung für das Schicksal eines Zulassungsantrages.

Zunächst ist festzuhalten, daß der Rundfunkstaatsvertrag seine Geltung für Behörden, Veranstalter und Zulassungsbewerber erst mit seiner Inkorporation in das jeweilige Landesrecht erlangt. Zuvor bindet er lediglich die Länderregierungen untereinander dahingehend, daß sie verpflichtet sind, die in dem Staatsvertrag getroffenen Vereinbarungen in ihr jeweiliges Landesrecht umzusetzen. Ob sie dies durch ein separates Gesetzeswerk oder über die Integration der einzelnen Regelungen in das jeweilige Landesmediengesetz bewirken, ist Sache des Ländergesetzgebers und wurde bisher unterschiedlich gehandhabt. So gibt es Landesgesetze, die entsprechende Formulierungen des Staatsvertrages wörtlich in das Landesgesetz aufnehmen. Andere begnügen sich mit einem Verweis auf die Geltung des Vertrages für bundesweite Programme.

Darüber hinaus gilt folgendes:

- Der Rundfunkstaatsvertrag ist zwar grundsätzlich auf Hörfunk und Fernsehen anwendbar. Die Regelungen des Marktanteilsmodells der §§ 26 ff. RfStV gelten jedoch ausschließlich für Fernsehprogramme. Konzentrationsregelungen für Hörfunkprogramme sind demnach den Landesmediengesetzen zu entnehmen. Für die bundesweite Verbreitung unterliegt der Hörfunk keinen zusätzlichen Beschränkungen. Grund hierfür ist wohl die Feststellung, daß der private Hörfunk im Gegensatz zum Fernsehen seit seinem Bestehen stets regional oder lokal geprägt und veranstaltet war. Eine vorherrschende Meinungsmacht auf Bundesebene ist daher nicht zu befürchten.

- Der Rundfunkstaatsvertrag gilt zwar gem. § 1 Abs. 1, der unverändert geblieben ist, für alle Rundfunkprogramme unabhängig davon, ob diese außerhalb der Grenzen eines Bundeslandes empfangbar sind. Die Konzentrationsbekämpfungsbestimmungen des § 26 ff. RfStV gelten jedoch ausschließlich für "bundesweite Programme".

Das Gesetz hebt hierbei auf den Begriff der Veranstaltung und nicht der Verbreitung ab. Damit wird klargestellt, daß es für die Abgrenzung zwischen bundesweit einerseits und lokal, regional oder landesweit andererseits auf den Programminhalt und nicht auf die Verbreitungsweise ankommt. So ist es z.B. denkbar, daß ein Programm mit ausschließlich regionalen oder landesbezogenen Inhalten über einen Satelliten in die Kabelnetze eines Bundeslandes eingespeist wird, jedoch daneben auch mit Individualempfangsanlagen in die Haushalte anderer Bundesländer gelangen kann. Den Individualempfang außerhalb des Zielgebietes könnte der Veranstalter nur durch eine (kostspielige) Ver- und Entschlüsselung verhindern. Derartige Programme unterfallen ausschließlich den Bestimmungen in den Landesmediengesetzen für nicht bundesweite Programme. Nur wenn sich das Programm aufgrund seines Gesamtcharakters an Zielgruppen in ganz Deutschland richtet und zusätzlich auch in ganz Deutschland empfangbar ist oder nach dem Willen des Veranstalters empfangbar sein soll, ist das Kriterium "bundesweit" erfüllt und sind die § 26 ff. RfStV anwendbar.

d) Anteil am Zuschauermarkt als Vermutungstatbestand

Nach § 26 Abs. 1 RfStV darf jedermann eine beliebige Anzahl von bundesweit verbreiteten Fernsehprogrammen betreiben, solange er damit keine vorherrschende Meinungsmacht erhält. Das Gesetz läßt jedoch nicht offen, wann von einer vorherrschenden Meinungsmacht auszugehen ist, sondern nennt in § 26 Abs. 2 RfStV drei Vermutungstatbestände. Vorherrschende Meinungsmacht soll besitzen, wer mit seinen oder mit ihm zurechenbaren Programmen
(1) einen Zuschauermarktanteil von 30 v.H. erreicht (§ 26 Abs. 2 S. 1 RfStV);
(2) den Zuschauermarktanteil von 30 v.H. geringfügig unterschreitet, jedoch auf einem medienrelevanten verwandten Markt eine marktbeherrschende Stellung hat (§ 26 Abs. 2 S. 2, 1. Alt. RfStV) oder
(3) den Zuschauermarktanteil von 30 v.H. geringfügig unterschreitet, jedoch eine Gesamtbeurteilung seiner Aktivitäten im Fernsehen und auf medienrelevanten verwandten Märkten ergibt, daß der dadurch erzielte Meinungseinfluß dem eines Unternehmens mit einem Zuschauermarktanteil von 30 v.H. im Fernsehen entspricht (§ 26 Abs. 2 S. 2, 2. Alt.).
Das Unternehmen kann die Vermutung widerlegen[105]. Für die Anforderungen, die an einen solchen Nachweis zu stellen sind, wird man an die kartellrechtlichen Grundsätze anknüpfen können. Gem. § 24 Abs. 1 S. 1 GWB können die an einem an sich zu untersagenden Zusammenschluß Beteiligten nachweisen, daß dieser auch zu Verbesserungen der Wettbewerbsbedingungen führen kann und daß diese Verbesserungen die Nachteile der Marktbeherrschung überwiegen. Analog zu diesem Grundsatz wird man für den Nachweis gem. § 26 RfStV verlangen müssen, daß eine vorherrschende Meinungsmacht durch das Überschreiten der Schwelle deshalb nicht entsteht, weil hiervon positive Impulse auf die Meinungsvielfalt ausgehen, die die potentielle Gefährdung durch den Schwellenübertritt aufwiegen.
Um dies zu beurteilen, muß zunächst festgestellt werden, wodurch die Schwelle überschritten wird. Handelt es sich dabei um internes Zuschauerwachstum bei bestehenden Programmen oder um den Zuwachs, der durch den Wegfall eines anderen Veranstalters begründet wurde, steigt die Meinungsmacht des die Schwelle überschreitenden Unternehmens, ohne daß hierdurch eine Erhöhung der Vielfalt eintreten könnte. Eine Widerlegung der Vermutung ist in diesem Fall kaum möglich.

---

105 Vgl. Kuch, Das Zuschaueranteilsmodell - Grundlage der Sicherung der Meinungsvielfalt im Fernsehen, ZUM 1997, 12, 14.

Würde die Schwelle dagegen durch den Erwerb einer weiteren Beteiligung überschritten, so wäre eine Prognose darüber anzustellen, ob gerade durch diesen Erwerb Verbesserungen der Meinungsvielfalt eintreten[106]. Ob dies, wie vertreten[107], der Fall wäre, wenn ein die Schwelle überschreitendes Unternehmen die Zulassung für ein Musikspartenprogramm begehrt und damit das Monopol eines anderen Anbieters bei derartigen Programmen brechen würde, erscheint zweifelhaft. Dies wäre nur dann plausibel, wenn man davon ausgehen könnte, daß dadurch die Meinungsvielfalt im Bereich Musikprogramme erweitert würde. Eine solch enge Betrachtungsweise erscheint jedoch dem Regelungsziel des Rundfunkstaatsvertrags nicht angemessen. Einer Einzelbetrachtung der Meinungsvielfalt bei Musikprogrammen bedarf es nicht.

e)   Einbeziehung medienrelevanter verwandter Märkte

Der Berücksichtigung der Stellung des Unternehmens auf "verwandten" Märkten liegt der Gedanke zugrunde, daß ein Veranstalter durch Synergieeffekte mit vor- nach- und nebengelagerten Märkten seine Meinungsmacht verstärken kann. So kann er z.B. durch Cross-Promotion in Presse und Hörfunk seine Wirkung steigern (Diagonale Konzentration[108]) und durch den bevorzugten Zugang zu Programmrechten (Vertikale Konzentration[109]) Wettbewerbsvorteile gegenüber anderen Veranstaltern erringen, die sich wiederum in einem Zuwachs an Meinungsmacht niederschlagen[110].
Die Gesetzesbegründung zählt beispielhaft Werbung, Hörfunk, Presse, Rechte und Produktion als medienrelevante verwandte Märkte auf[111]. Hinzuzufügen wären Übertragungswege wie Kabelnetze oder Satellitenanlagen sowie Onlinedienste. Auch der Betrieb von Plattformen für die Übertragung digitaler Programme sowie die Kontrolle über die hierfür erforderliche Zugangssoftware ist geeignet, die Meinungsmacht eines Unternehmens zu verstärken[112].

Eine marktbeherrschende Stellung im kartellrechtlichen Sinne auf diesen Märkten ist nicht erforderlich. Dies ergibt sich bereits aus Abs. 3 der Regelung, der auf eine Gesamtbetrachtung der Meinungsmacht abstellt. Zudem ist die kartellrechtliche Marktabgrenzung zu eng, um die Meinungsmacht zu beurteilen. Eine Abgrenzung zwischen dem Markt für Zeitschriften und dem Markt für Tageszeitungen, wie sie im

---

106 Vgl. zu Prognose und Kausalität bei der Prüfung der Wettbewerbsverbesserung gem. § 24 Abs. 1 S. 1 GWB: Immenga, Mestmäcker, § 24 GWB Rn. 174 ff.
107 Vgl. Kuch, a.a.O., 14.
108 Vgl. i.E. Paschke, Plog, a.a.O., S. 108; Holznagel, Bernd, Rundfunkrecht in Europa, Tübingen 1996, S. 300 ff.
109 Vgl. Paschke, Plog, sowie Holznagel a.a.O.
110 Vgl. Paschke, Plog, a.a.O., S. 108 f.
111 Media Perspektiven, Dokumentation, 1/1996, Dritter Rundfunkänderungsstaatsvertrag, S. 47.
112 Vgl. Holznagel, a.a.O., 367 ff.

Kartellrecht vorgenommen wird[113], ist für die Kontrolle nach Vielfaltsgesichtspunkten nicht sinnvoll[114].

f)   *Bestimmung des Zuschauermarktanteils*

aa)   *Relevanter Zuschauermarkt*

§ 27 Abs. 1 RfStV legt den relevanten Markt fest. In die Berechnung einbezogen werden alle deutschsprachigen Programme des öffentlich-rechtlichen Rundfunks und des bundesweit empfangbaren privaten Rundfunks[115]. Hiermit sind ausschließlich Fernsehprogramme gemeint (vgl. § 26 Abs. 1 u. 2, sowie § 39 S. 1 RfStV). Während die regionalen öffentlich-rechtlichen Programme in die Berechnung einbezogen werden, bleiben private Ballungsraum-Veranstalter unberücksichtigt.
Bei Programmen, die im Ausland in deutscher Sprache veranstaltet werden und in Deutschland bundesweit empfangbar sind, ist zu differenzieren. Entgegen dem Wortlaut bleiben ausländische öffentlich-rechtliche bzw. staatliche Programme unberücksichtigt. Denn sie dienen der Versorgung des jeweiligen Staates und entfalten keine Meinungsrelevanz in Deutschland. Gleiches gilt für private Programme, soweit sie in erster Linie für ausländische Rezipienten veranstaltet werden. Anders verhält es sich, wenn sich der Veranstalter im Ausland niedergelassen hat, um das deutsche Medienrecht zu umgehen. Indizien hierfür liegen vor, wenn der Programminhalt sich gezielt an Rezipienten und Werbekunden in Deutschland richtet, das Personal im wesentlichen aus dem Inland stammt und kein nennenswerter Marktanteil im Ausland erzielt wird[116]. In diesem Fall ist das Programm des ausländischen Veranstalters im Inland meinungsrelevant und muß daher bei der Berechnung des Zuschauermarktes berücksichtigt werden.

bb)   *Marktanteilsmessung*

Die Messung wird durch ein Unternehmen im Auftrag der Landesmedienanstalten durchgeführt (vgl. § 27 Abs. 2 S. 1 RfStV). Die Auswahl erfolgt durch die KEK. Um zu vermeiden, daß für die Konzentrationsbekämpfung und die Berechnung der Einschaltquoten für die Berechnung der Werbepreise unterschiedliche Maßeinheiten zum Einsatz kommen, favorisiert der Staatsvertrag eine Doppelnutzung. Das Meßunternehmen soll die Zuschauermarktdaten auch an andere Unternehmen verkaufen können (vgl. § 27 Abs. 2 S. 3 RfStV). Hierdurch soll zugleich die Kostenlast reduziert werden (vgl. § 27 Abs. 2 S. 4 RfStV).

---

113   Vgl. Immenga, Mestmäcker, vor § 23, Rn. 51
114   Ebenso Kuch, a.a.O., 15.
115   Clausen, Muradian, Elisabeth, Konzentrationskontrolle im privaten Rundfunk - Der neue Rundfunkstaatsvertrag (RfStV) 1997, ZUM 1996, 934, 943 f.
116   Dies sind die Kriterien des EuGH für die Zulässigkeit der Anwendung innerstaatlichen Medienrechts auf ausländische Veranstalter. Vgl. EuGH v. 5.10.1994 Rs. C-23/93 - TV 10.

Im Vorfeld wurde die Praktikabilität der Messung des Zuschauermarktanteils in Zweifel gezogen[117]. Zudem sei es verfassungsrechtlich bedenklich, daß die zulassungsrelevanten Daten von einem privaten Unternehmen erhoben würden. Auch zeigten die bisherigen Erfahrungen bei der Ermittlung der Einschaltquoten zur Bestimmung des Werbepreises, daß Meßfehler nicht auszuschließen seien. Aufsichtsmaßnahmen, die sich auf solche Meßdaten stützen, seien daher kaum gerichtsfest[118].

Der Meßungenauigkeit wirkt das Gesetz nun durch die Regelung entgegen, daß bei Aufsichtsmaßnahmen der Jahresdurchschnitt der Messungen zugrundegelegt wird (vgl. § 27 Abs. 1 S. 2 RfStV). Die damit erfolgte Mitteilung, verbunden mit den anhand der Wahlforschung überprüften statistischen Methoden[119], erscheint ausreichend, um die Meßsicherheit zu gewährleisten[120]. Bei der gerichtlichen Überprüfung der Meßergebnisse wird sich die Rechtsprechung an den vergleichbaren Problemlagen im Verkehrsstrafrecht bei der Messung der Blutalkoholkonzentration und der Geschwindigkeitsmessung durch Radargeräte orientieren. Hierbei wird sie eine gewisse Sicherheitsmarge berücksichtigen[121].

g) Zurechnung

In der Praxis wurde bisher eine Rundfunkzulassung regelmäßig an eine juristische Person vergeben, die bis dahin über keine Zulassung verfügte[122]. Ebenso regelmäßig sind an diesen Gesellschaften jedoch andere juristische Personen beteiligt, die widerum über weitere Beteiligungen im Medienbereich verfügen. Ein System der Konzentrationsbekämpfung kann die Meinungsmacht nur dann erfassen, wenn es Zurechnungsregeln enthält. Diese müssen sicherstellen, daß die Steuerungsmöglichkeiten bei Rundfunkveranstaltern durch beteiligte Unternehmen so erfaßt werden, daß sie die wahre Meinungsmacht eines Unternehmes abbilden.

Bei direkten Beteiligungen sieht der Rundfunkstaatsvertrag eine Zurechnungsschwelle von 25 v.H. der Kapital- oder Stimmrechte vor (vgl. § 28 Abs. 1 S. 1 RfStV). Ab dieser Beteiligungshöhe werden die Marktanteile eines Veranstalters einem beteiligten Unternehmen zugerechnet. Indirekte Beteiligungen sucht das Gesetz, wie bereits der

---

117 Vgl. z.B. Lehr, Gernot, Verfassungs- und verwaltungsrechtliche Fragen der Novellierung der rundfunkrechtlichen Konzentrationskontrolle unter besonderer Berücksichtigung des Zuschaueranteilsmodells, ZUM 1995, 667 ff.
118 Vgl. Lehr a.a.O., 671 ff; Clausen - Muradian, Elisabeth, a.a.O., 943 f.
119 Vgl. zur Methodik ausf. Engel, Christoph, Die Messung der Fernsehnutzung als Voraussetzung eines Marktanteilsmodells zur Kontrolle der Medienkonzentration, ZUM 1995, 653, 656.
120 Ebenso: Engel, a.a.O., 661; Kuch, a.a.O., 14;
121 Vgl. Kuch, a.a.O., 14; Engel, a.a.O., 666, der eine Marge von 3 v. H. vorschlägt.
122 Dies hat weniger medienrechtliche als betriebswirtschaftliche Gründe, da ein Programm leichter als eigenständige wirtschaftliche Einheit geführt werden kann, denn als unselbständige Abteilung. Eine Änderung dieser Situation tritt mit Einführung digital verbreiteter Programmbouquets ein. Hier bedarf der Bouquetbetreiber für seine selbstveranstalteten Programme jeweils einer eigenen Zulassung.

Rundfunkstaatsvertrag 1991 zum einen durch einen Verweis auf das Konzernrecht (§ 15 AktG) zu erfassen (vgl. § 28 Abs. 1 S. 2 RfStV). Zum anderen nennt es als spezifisch medienrechtliche Zurechnungskriterien die regelmäßige Zulieferung von Programmteilen und das Verfügen über eine programmbestimmende Stellung. Diese kann sowohl vertraglich als auch faktisch bestehen (vgl. § 28 Abs. 2 S. 2 Nr. 1 u. 2 RfStV). Da in der Praxis Satzungen von Rundfunkveranstalterunternehmen regelmäßig eine Mehrheitsentscheidung in der Gesellschafterversammlung für programmbestimmende Maßnahmen wie die Berufung von Programmdirektoren o.ä. enthalten, erscheint die Schwelle von 25 v.H. angemessen, um die Meinungsmacht zu erfassen. Die Erfassung von Einflußverhältnissen, die ein Veranstalterunternehmen zu verschleiern versucht, ist den Aufsichtsbehörden dagegen in der Vergangenheit nie geglückt. Die im wesentlichen inhaltsgleichen Bestimmungen des § 21 RfStV 1991 führten nicht dazu, daß Zurechnungen erfolgten, die aufgrund der Kapital- und Stimmrechtsbestimmungen nicht vorgenommen werden konnten[123]. Möglicherweise ändert sich diese Situation mit den erweiterten Ermittlungsbefugnissen, der Landesmedienanstalten, die es ihnen ermöglichen könnte, die erforderlichen Unterlagen zum Nachweis eines "vergleichbaren Einflusses" zu erhalten.

Darüber hinaus sieht das Gesetz die Möglichkeit einer durch Verwandtschaft vermittelten Zurechnung vor (vgl. § 28 Abs. 4 RfStV).

In der Praxis ist die Art und Weise der Zurechnung von Anteilen umstritten. Insbesondere die Anwendung der gesellschaftsrechtlichen Zurechnungstatbestände innerhalb der medienrechtlichen Regelungen hat Anlaß zu Kontroversen gegeben[124]. Dies soll unter Heranziehung ausländischer Erfahrungen im rechtsvergleichenden Teil näher erörtert werden.

h)   Folgen vorherrschender Meinungsmacht

Stellt die KEF im Rahmen eines Lizenzantragsverfahrens fest, daß der Antragsteller die zulässige Schwelle bei Erteilung der Zulassung erreichen würde, so führt dies zur Ablehnung des Antrags. Würde die Schwelle durch den Erwerb oder die Änderung einer Beteiligung erreicht, so darf die zuständige Landesmedienanstalt hierfür keine Unbedenklichkeitsbestätigung ausstellen (§ 26 Abs. 3 RfStV). Eine solche Bestätigung muß vor dem Vollzug der Beteiligungsveränderung bei der zuständigen Landesmedienanstalt beantragt werden (vgl. § 21 Abs. 6 RfStV).

---

123   Vgl. die Übersicht bei Ring, Wolf-Dieter, Medienrecht, Bd. II, Kommentar, zu § 21 RfStV, Rn. 7f ff. Ergänzungslieferung April 1995; Engels, Stefan, Verfassungsrechtliche Strukturvorgaben für Rundfunkkonzentrationsregelungen, ZUM 1996, 537, 540.

124   Engel, Christoph, Vorsorge gegen die Konzentration im privaten Rundfunk mit den Mitteln des Rundfunkrechts - eine Analyse von § 21 Rundfunkstaatsvertrag 1991, ZUM 1993, 557ff; Platho, Rolf, Die Grenzen der Beteiligung an privaten Fernsehveranstaltern - Versuch einer Systematisierung von § 21 RuFuStV, ZUM 1993, 278ff.

Etwas anderes gilt, wenn das Unternehmen die Schwelle erreicht, ohne daß ihm ein weiteres Programm zugerechnet wird. Eine solche Situation entsteht entweder, weil das Unternehmen besonders erfolgreiche Programme veranstaltet, oder weil ein Wettbewerber aus dem Markt ausgeschieden ist. Auf diese Situation reagiert das Gesetz flexibler, als auf das Erreichen der Schwelle durch Zulassung oder Beteiligungsveränderung. Grundsätzlich bestehen fünf Möglichkeiten um die Vermutung vorherrschender Meinungsmacht zu entkräften:

(1) Zum ersten kann das Unternehmen den Nachweis führen, daß trotz Erreichen der Schwelle keine vorherrschende Meinungsmacht begründet wird (vgl. hierzu o. d);

(2) außerdem kann es eine Reduzierung von Beteiligungen oder die Aufgabe von Zulassungen an Rundfunkveranstaltern erwirken, bis die Schwelle wieder unterschritten ist;

(3) Ensprechendes gilt für die Stellung auf verwandten Märkten (§ 26 Abs. 4 Nr. 1 u. 2 RfStV vgl. hierzu o. e);

(4) weiterhin kann es bei ihm zurechenbaren Veranstaltern die Einrichtung eines Programmbeirates erwirken (vgl. § 26 Abs. 4 Nr. 3 i.V.m. § 30 Nr. 1 RfStV);

(5) schließlich kann es bei ihm zurechenbaren Veranstaltern erwirken, daß diese unabhängigen Dritten Sendezeit zur Verfügung stellen (vgl. § 26 Abs. 4 Nr. 3 i.V.m. § 30 Nr. 2 RfStV).

Das Verfahren gestaltet sich wie folgt: Nachdem die Landesmedienanstalt festgestellt hat, daß die Vermutung vorherrschender Meinungsmacht eingetreten ist, teilt sie dem Unternehmen mit, daß die obengenannten Alternativen bestehen. Dann setzt sie dem Unternehmen eine angemessene Frist, um eine einvernehmliche Einigung herbeizuführen. (vgl. § 26 Abs. 4 S. 2 RfStV).

Bedenkt man die Implikationen, die eine derartige Entscheidung für den Adressaten bringt, so kann eine Frist unter sechs Monaten nicht als angemessen gelten. Denn das Unternehmen hat nicht nur den gesellschaftsinternen Entscheidungsprozeß herbeizuführen, sondern muß sich auch mit den Beteiligungsunternehmen bzw. deren Gesellschaftern abstimmen. Gegebenenfalls müssen Beteiligungen veräußert werden. Die fristgebundene Suche nach Käufern wird sich hierbei mit fortschreitender Zeit auf den Kaufpreis und die Verhandlungsposition des Unternehmens auswirken. Eine kurze Frist würde diesen ohnehin bereits bestehenden Druck auf das Unternehmen noch verstärken. Vor diesem Hintergrund kann es der Verhältnismäßigkeitsgrundsatz erfordern, die Frist gegebenenfalls zu verlängern.

Denn die Rechtsfolgen, die das Gesetz bei Scheitern der Einigungsverhandlungen zwischen dem Unternehmen und der Landesmedienanstalt vorsieht, sind starr und ohne jeden Ermessensspielraum gefaßt: Die Behörde hat die Zulassungen von so vielen dem Unternehmen zurechenbaren Programmen zu widerrufen, bis keine vorherrschende Meinungsmacht durch das Unternehmen mehr gegeben ist. Auch die Auswahl ist dem Unternehmen nicht freigestellt. Sie wird von der KEK "unter besonderer Berücksichtigung des Einzelfalls" getroffen.

Welche der obengenannten Alternativen das Unternehmen präferieren wird, ist abhängig von seiner Fähigkeit, tatsächlich das Verhalten der ihm zugerechneten Programmveranstalter zu steuern. Es ist anzunehmen, daß die erste Alternative bereits deshalb ausscheidet, weil das Unternehmen den Nachweis der Unbedenklichkeit seiner potentiellen Meinungsmacht nicht wird führen können (vgl. o. d). Am wenigsten lästig ist für den Veranstalter sicherlich die Einrichtung eines Programmbeirates (4), da dieser mit seinen im wesentlichen konsultativen Befugnissen einen schwachen Eingriff in die unternehmerische Freiheit des Veranstalters darstellt. Das Einräumen von Sendezeit an unabhängige Dritte (5), stellt bereits einen stärkeren Eingriff dar. Denn Erfahrungen mit dem derzeitigen System der Lizenzierung selbständiger Programmveranstalter in Fensterprogrammen bundesweiter Veranstalter zeigen, daß der wirtschaftliche Erfolg eines werbefinanzierten Hauptprogrammes durch ein gänzlich anders ausgerichtetes Fensterprogramm nennenswert beeinträchtigt werden kann. Ist das Unternehmen jedoch nicht in der Lage die Geschäftspolitik der Rundfunkveranstalter, an denen er beteiligt ist, soweit zu bestimmen, daß er die Einrichtung eines Programmbeirates oder eines unabhängigen Fensterprogrammveranstalters durchsetzen kann, so bleibt ihm im Ergebnis nur die Aufgabe oder die Reduktion von Beteiligungen. Damit wäre jedoch gleichzeitig der Beweis erbracht, daß die Zurechnung der entsprechenden Programme unzutreffend war. Denn wenn das Unternehmen nicht in der Lage ist, bei einem Veranstalter einen Programmbeirat einzurichten, so wird es ihm auch nicht möglich sein, die journalistische Tendenz zu bestimmen. Vorherrschende Meinungsmacht wird damit jedenfalls über dieses Programm nicht vermittelt.

Die Landesmedienanstalt besitzt zwar nach dem Wortlaut der Vorschrift die Möglichkeit, eine Einigung dadurch zu blockieren, daß sie die Entscheidung des Unternehmens für eine der obengenannten Alternativen ablehnt und darauf beharrt, daß eine andere Alternative durchgeführt wird. Es ist jedoch zu beachten, daß alle Alternativen einen Eingriff in die Rundfunkveranstalterfreiheit aus Art. 5 Abs. 1 GG darstellen[125]. Da das Gesetz sie gleichwertig nebeneinander stellt, gebietet das Verhältnismäßigkeitsprinzip, daß die Behörde dem Unternehmen die Wahl läßt.

i)   Sendezeit für unabhängige Dritte

aa)   Anwendungsbereich

Die Auflage, unabhängigen Dritten Sendezeiten zur Verfügung zu stellen, spielt nicht nur als eine der obengeschilderten Alternativen (vgl. o. h) bei Überschreitung der die Vermutung vorherrschender Meinungsmacht begründenden Schwellen eine Rolle. Wesentlich praxisrelevanter wird sie im Rahmen der Verpflichtung nach § 26 Abs. 5 RfStV werden: Hiernach sind alle Veranstalter von Voll- und Informationsspartenprogrammen, die im Jahresdurchschnitt einen Zuschaueranteil von 10 v.H. erreichen,

---

125   ... die für zugelassene Veranstalter unbestritten besteht, vgl. nur BVerfGE 87, 153, 197.

verpflichtet, unabhängigen Dritten Sendezeit einzuräumen. Während diese Verpflichtung im Rahmen der Sanktionen bei Schwellenübertritt die vorherrschende Meinungsmacht eindämmen sollte, dient sie hier der Erweiterung der Vielfalt. Denn Veranstalter, die einen Zuschauermarktanteil von 10 v.H. besitzen, sind von vorherrschender Meinungsmacht, die erst bei 30 v.H. vermutet wird, weit entfernt[126]. Nach der amtlichen Begründung soll sie im Vorfeld sicherstellen, daß es nicht zur Konzentration von Meinungsmacht kommt[127].

bb)   *Adressat der Verpflichtung*

Adressat der Verpflichtung ist hier im Gegensatz zu den Unternehmen, bei denen vorherrschende Meinungsmacht vermutet wird, nicht jedes Unternehmen, das bei Zurechnung die entsprechenden Schwellen übersteigt, sondern lediglich das Veranstalterunternehmen selbst. Unklar ist, in welchem Verhältnis die Sendezeitverpflichtung bei Überschreitung der 30 v.H.-Schwelle zu der Sendezeitverpflichtung für Voll- und Informationsprogramme mit 10 v.H. Marktanteil steht. Es ist davon auszugehen, daß Programmveranstalter, die einem Unternehmen, das 30 v.H. Marktanteil auf sich vereinigt, zuzurechnen sind, bereits über Fensterprogramme verfügen, die die 10 v.H. Schwelle überschritten haben. Möglicherweise wird bereits durch die in diesem Rahmen eingeräumte Sendezeit für Dritte, die Vermutung vorherrschender Meinungsmacht beseitigt.

Denkbar wäre jedoch auch, daß die jeweiligen Verpflichtungen unabhängig voneinander bestehen, und der Veranstalter die zur Verfügung zu stellende Sendezeit verdoppeln kann. Jedenfalls ist nicht davon auszugehen, daß der Veranstalter verpflichtet ist, einen zweiten unabhängigen Dritten aufzunehmen, wenn die 30 v.H. - Schwelle erreicht wird. Die Verpflichtung kann durch Erweiterung der Sendezeit für den bereits bestehenden Fensterprogrammveranstalter erfüllt werden.

cc)   *Der Begriff der Unabhängigkeit*

Unabhängig ist ein Dritter i.S.d. Gesetzes, wenn er in keinem rechtlichen Abhängigkeitsverhältnis zu dem Hauptprogrammveranstalter steht. Abhängigkeit nimmt das Gesetz an, wenn der Dritte dem Hauptprogrammveranstalter zuzurechnen ist (vgl. § 31 Abs. 3 RfStV). Hierfür wird auf die oben beschriebenen Vorschriften verwiesen (vgl. o. g). Damit ist dem Hauptprogrammveranstalter jedenfalls eine Beteiligungsmöglichkeit in Höhe von 24,9 v.H. der Kapital- oder Stimmrechte an dem Fensterprogrammveranstalter eröffnet, soweit er nicht durch vertragliche oder satzungsrechtliche

---

126   So auch Kuch, a.a.O., 15.
127   Vgl. Anmerkung zu § 31 der Begründung zum Dritten Staatsvertrag zur Änderung rundfunkrechtlicher Staatsverträge, abgedruckt in Media Perspektiven Dokumentation 1/96, S. 51.

Bestimmungen einen darüber hinausgehenden Einfluß erlangt oder programmgestaltend tätig wird.

dd) Umfang

Das Fensterprogramm muß eine Sendezeit von mindestens 260 Minuten pro Woche umfassen. Mindestens 75 Minuten hiervon müssen in der Hauptsendezeit, d.h. im Zeitraum von 19 bis 23 Uhr ausgestrahlt werden (vgl. § 31 Abs. 2 S. 1 RfStV). Die letztere Bestimmung soll sicherstellen, daß das Fensterprogramm kein Schattendasein im Programm des Hauptveranstalters führt, sondern von den Zuschauern regelmäßig wahrgenommen wird. Außerdem soll es die Vermarktungsfähigkeit des Programms erleichtern und damit einen Anreiz für den Hauptprogrammveranstalter schaffen, das Fensterprogramm aktiv in seine Vermarktungsstrategie aufzunehmen[128].

Der Hauptprogrammveranstalter kann die Verpflichtung, unabhängigen Dritten Sendezeit zur Verfügung zu stellen, reduzieren, indem er selbstveranstaltete Regionalfenster ausstrahlt (vgl. § 31 Abs. 2 S. 2 RfStV). Voraussetzung hierfür ist zunächst, daß er die redaktionelle Unabhängigkeit der Regionalsendungen nachweist. Dies kann z.B. durch die Vorlage entsprechender Verträge mit dem Programmdirektor oder Redakteuren erfolgen. Dort müßte die Weisungsbefugnis der Geschäftsleitung in redaktionellen Angelegenheiten ausgeschlossen sein. Eine Personalhoheit für den Programmdirektor ist nicht erforderlich. Auch ist nicht erforderlich, daß der Hauptprogrammveranstalter das Fensterprogramm in ein selbständiges Unternehmen ausgliedert. Das Gesetz verlangt allerdings, daß sich der bundesweite Veranstalter nicht darauf beschränkt, ein einzelnes Fensterprogramm zu veranstalten. Die Anrechnung kann nur erfolgen, wenn durch Fensterprogramme eines Veranstalters, die nach den obengenannten Grundsätzen gestaltet sind, mindestens 50 v.H. der deutschen Fernsehhaushalte erreicht werden (vgl. § 31 Abs. 2 S. 3 RfStV). Sinn der Regelung ist es, dem Hauptprogrammveranstalter einen Anreiz für die Veranstaltung von Regionalfensterprogrammen zu bieten[129]. Denn bisher waren die großen bundesweiten Veranstalter aus ökonomischen Gründen nur widerwillig bereit, diese Programmform aufrecht zu erhalten.

Sind die Bedingungen für eine Anrechnung erfüllt, so reduziert sich die Verpflichtung zur Ausstrahlung unabhängiger Fensterprogramme von 260 auf bis zu 180 Minuten pro Woche, abhängig davon, wie umfangreich das Regionalprogramm ausgestrahlt wird. Allerdings ist keine Reduktion für die Hauptsendezeit zulässig. Hier bleibt es bei der Verpflichtung von wöchentlich 75 Minuten für unabhängige Veranstalter (Vgl. § 31 Abs. 2 S. 2 2. HS RfStV).

---

128 Vgl. Begründung a.a.O., S. 52.
129 Vgl. Begründung a.a.O., S. 52.

ee) Finanzierung

Der Hauptprogrammveranstalter muß eine Finanzierungsgarantie für den unabhängigen Veranstalter übernehmen (vgl. § 31 Abs. 5 S. 2 RfStV). Hieraus wird man schließen können, daß der Hauptprogrammveranstalter im Gegenzug berechtigt ist, die Vermarktung der Werbezeiten selbst durchzuführen.

ff) Auswahl des Fensterprogrammveranstalters

Um sicherzustellen, daß das Unabhängigkeitsgebot nicht unterlaufen wird, indem der Hauptprogrammveranstalter einen ihm hörigen Fensterprogrammveranstalter aussucht, sieht das Gesetz ein Verfahren vor, das der zuständigen Landesmedienanstalt die Letztentscheidung zuweist und einen Kontrahierungszwang statuiert. Im Einzelnen:
(1) In einem ersten Schritt schreibt die für den Hauptprogrammveranstalter zuständige Landesmedienanstalt die Zulassung für das Fensterprogramm aus (vgl. § 31 Abs. 4 S. 1 RfStV).
(2) Sodann unterzieht die Behörde die eingegangenen Anträge einer rundfunkrechtlichen Prüfung und sortiert diejenigen Bewerber aus, die die landes- oder staatsvertragsrechtlichen Voraussetzungen für eine Zulassung nicht erfüllen. Hierbei sind sowohl die persönlichen und fachlichen Voraussetzungen, die in den Landesgesetzen enthalten sind[130], als auch die Zurechnungsvorschriften des Rundfunkstaatsvertrages zu beachten (vgl. o. g). Die Durchführung der Prüfung wird im Gesetz ausdrücklich nicht der KEK sondern der Landesmedienanstalt zugewiesen (vgl. § 36 Abs. 2 RfStV). Diese hat das Benehmen mit der KEK herzustellen, d.h. sie zuvor zu konsultieren[131].
(3) Die zulassungsfähigen Bewerber teilt die Behörde dem Hauptprogrammveranstalter mit (vgl. § 31 Abs. 4 S. 2 RfStV). Es ist davon auszugehen, daß sich die Mitteilung nicht auf die Identität des Bewerbers beschränkt, sondern daß jedenfalls auch das Programmkonzept, ein Finanzierungsplan und die gesellschaftsrechtliche Zusammensetzung offengelegt werden. Anderenfalls wäre der Hauptprogrammveranstalter weder in der Lage, die finanziellen Belastungen aus dem Fensterprogramm noch die Professionalität des Bewerbers zu prüfen.
(4) Daraufhin treten Behörde und Hauptprogrammveranstalter in Einigungsverhandlungen (vgl. § 31 Abs. 4 S. 3 RfStV). Hierbei ist davon auszugehen, daß die Behörde nicht berechtigt ist, eine eigene Präferenz gegen den Willen des Hauptprogrammveranstalters durchzusetzen. Dies ergibt sich widerum aus dem Eingriffscharakter der Fensterprogrammverpflichtung (vgl. o. h). Die Einigungsverhandlungen werden sich vielmehr auf die Konditionen beziehen, zu denen der Hauptprogrammveranstalter mit dem von ihm präferierten Bewerber eine Vereinbarung über die Ausstrahlung treffen wird.

---

130 Vgl. z.B. § 29 RfStV Berlin-Bra; §§ 25 f. LMedienG BaWü; § 23 HmbMedienG.
131 Vgl. zu einem ersten Konfliktfall TextIntern v. 24.01.1997 S. 4.

(5) Allerdings liegt die Letztentscheidungsbefugnis bei der Behörde. Bei einem Scheitern der Verhandlungen wählt sie denjenigen Bewerber aus, der nach ihrer Ansicht den größten Beitrag zur Vielfalt leistet (vgl. § 31 Abs. 4 S. 4 RfStV). Sind mehr als drei zulassungsfähige Bewerbungen eingegangen, so hat der Hauptprogrammveranstalter noch das Recht, die drei ihm genehmsten auszuwählen. Bei drei oder weniger Anträgen trifft die Behörde die Entscheidung dagegen unmittelbar (vgl. § 31 Abs. 4 S. 5 RfStV).

(6) Ist der Fensterprogrammveranstalter auf die oben beschriebene Weise ausgewählt, so muß eine Vereinbarung über den Fensterbetrieb zwischen den Veranstaltern getroffen werden. Sie hat insbesondere die Finanzierungsverpflichtung des Hauptprogrammveranstalters aufzunehmen und die Möglichkeit einer ordentlichen Kündigung auszuschließen (vgl. § 31 Abs. 5 RfStV). Der damit gesetzlich statuierte Kontrahierungszwang verbunden mit der Finanzierungsverpflichtung und dem Gebot redaktioneller Unabhängigkeit, versetzt den Fensterprogrammveranstalter in eine äußerst vorteilhafte Verhandlungsposition gegenüber dem Hauptprogrammveranstalter. Denn die Entscheidung über den Vertragsschluß ist bereits gefallen, bevor die Konditionen festgelegt waren. Um diesen strukturellen Nachteil des Hauptprogrammveranstalters auszugleichen, sieht das Gesetz eine behördliche Angemessenheitsprüfung vor (vgl. § 31 Abs. 6 S. 1 RfStV). Als Vorbild für eine solche Prüfung bieten sich die Regelungen des Offenen Netzzugangs im Telekommunikationsrecht an. Dort ordnet die Behörde ebenfalls einen Vertragsschluß zwischen zwei Privatrechtssubjekten an, um die Zusammenschaltung der Netze zweier Anbieter zu erwirken[132]. Die detaillierten Regelungen über die Konditionen und Preise, zu denen die Zusammenschaltung erfolgen muß, geben den Beteiligten eine stärkere Rechtssicherheit, als dies das Angemessenheitskriterium des § 31 Abs. 6 S. 1 RfStV zu gewährleisten vermag.

(7) Auf der Grundlage dieser Vereinbarung erteilt die Behörde dem Fensterprogrammveranstalter eine eigene Zulassung. Die wichtigsten Vertragsbedingungen sollen darin enthalten sein. Gleiches gilt für den Hauptprogrammveranstalter, dessen Zulassung entsprechend modifiziert wird (vgl. § 31 Abs. 6 S. 1 RfStV). Die Laufzeit der Zulassung für den Fensterprogrammveranstalter soll i.d.R. drei Jahre betragen, kann jedoch auch an die Laufzeit der Zulassung des Hauptprogrammveranstalters gekoppelt werden (vgl. § 31 Abs. 6 S. 4 RfStV). Diese verhältnismäßig geringe Laufzeit und das Fehlen einer Verlängerungsregelung wird es de facto dem Hauptprogrammveranstalter ermöglichen, inhaltlichen Einfluß auf das Fensterprogramm auszuüben. Je näher das Lizenzende heranrückt, desto stärker wird der Druck auf den Fensterprogrammveranstalter werden, den Hauptprogrammveranstalter zu einer positiven Haltung für eine Verlängerung gegenüber der Landesmedienbehörde zu bewegen.

---

132 Vgl. § 37 Telekommunikationsgesetz, vgl. hierzu Leo, Hubertus; Schellenberg, Martin: Die Regulierungsbehörde für Telekommunikation und Post, ZUM 1997, 188ff.

k)   Organisation der Aufsicht

aa)   Defizite der alten Regelung

Bei der medienrechtlichen Kontrolle führte die föderale Struktur des deutschen Systems in der Vergangenheit bei der Zulassung und Kontrolle bundesweiter Veranstalter zu beträchtlichen Reibungsverlusten. Zwar hatten die Behörden mit der Direktorenkonferenz der Landesmedienanstalten (DLM) ein gemeinsames Beratungs- und Abstimmungsgremium eingerichtet, das zu einer Konsenslösung bei der Zulassung führen sollte. Doch gerade bei der Konzentrationsbekämpfung entstanden hierbei oft Konflikte.

Ein besonders plastisches Beispiel bildete das Zulassungsverfahren für das Deutsche Sportfernsehen: Der Betreiber des in Bayern zugelassenen bundesweiten Vollprogrammes Tele 5 beantragte im Sommer 1992 bei der Bayrischen Landeszentrale für neue Medien (BLM) die Umwandlung in ein Sportprogramm. Nachdem in der DLM keine Einigung über die Zulässigkeit dieser Umwandlung im Hinblick auf die Erfüllung der Kriterien der Meinungsvielfalt des RStV 1991 erzielt werden konnte, genehmigte die BLM schließlich am 28.12.1992 das Programm unter dem Namen Deutsches Sportfernsehen (DSF), das, wie zuvor Tele 5, über Satellit verbreitet und daneben in einigen Sendebereichen ins Kabelnetz eingespeist oder terrestrisch ausgestrahlt wird. Hierauf folgte eine gerichtliche Auseinandersetzung[133] zwischen der Berliner und der Bayrischen Landesmedienanstalt, die bis zum Bayrischen Verfassungsgerichtshof reichte und eine vorübergehende Suspendierung des Programms zur Folge hatte.

Der Abstimmungsmodus in der DLM war langwierig, umständlich und ineffektiv. Die Geheimhaltung von betrieblichen Unterlagen, die von den Unternehmen für das Genehmigungsverfahren vorgelegt wurden, war nicht gesichert, und Konflikte zwischen den Anstalten waren regelmäßig vorprogrammiert[134]. Die nach § 21 Abs. 4 RStV 1991 erforderliche Genehmigung für eine Änderung der Gesellschafterzusammensetzung war ebenfalls mit großen bürokratischen Hindernissen verbunden. Eine Frist, nach deren Ablauf die Änderung auch ohne Genehmigung zulässig sei, wenn sie sich bis dorthin nicht geäußert habe, wurde für wünschenswert gehalten[135]. Hinzu kam, daß das System der Zulassung durch die Landesmedienbehörde am Sitz des Unternehmens ein Gegeneinanderausspielen der einzelnen Behörden förderte. Der Zulassungsbewerber suchte sich seinen Unternehmenssitz nach der Bewerberfreundlichkeit des Landesrechts und der Behördenpraxis aus. Daher wurde es für wünschenswert gehalten, für die Geneh-

---

133   BayVGH Beschluß v. 24.3.1993, Az.: 25 CS 93.483.
134   Vgl. Stellungnahme von Beucher, in: Deck, Markus, Siefarth, Christof, Sicherung des Pluralismus durch Medienkonzentrationskontrolle?, DAJV-Newsletter 1993, 37, 39.
135   Wallenberg, Gabriela v., Die Regelungen im Rundfunkstaatsvertrag zur Sicherung der Meinungsvielfalt im privaten Rundfunk, ZUM 1992, 387, 391.

migung der bundesweiten Veranstalter eine zentrale Instanz zu schaffen, die ein effizientes schnelles Verfahren gewährleistet[136].

bb)   Die geltende Rechtslage

Um den Konzentrationsgrad feststellen zu können, sieht der Staatsvertrag eine neue Institution die "Kommission zur Ermittlung der Konzentration im Medienbereich" (KEK) vor. Den Ländern ist es jedoch nicht gelungen, sich auf die Bildung einer einheitlichen Aufsichtsbehörde für die Kontrolle bundesweit empfangbarer Veranstalter zu verständigen. Wie bisher auch ist die Landesmedienanstalt desjenigen Bundeslandes für die Zulassung und Kontrolle zuständig, in dessen Bereich der Bewerber oder Zulassungsinhaber seinen Geschäftssitz genommen hat. Die KEK agiert jedoch als Organ der jeweiligen Landesmedienanstalt und trifft in dieser Funktion bindende Entscheidungen für diese Behörde (vgl. § 37 Abs. 1 S. 3 RfStV).
Sie setzt sich aus sechs Sachverständigen des Rundfunk- und Wirtschaftsrechts zusammen, unter denen drei Volljuristen sein müssen (vgl. § 35 Abs. 3 S. 1 RfStV). Von zentraler Bedeutung für die Frage, ob die KEK in der Lage sein wird, die gesetzlichen Ziele frei von sachfremden Interessen zu verfolgen, ist der Grad ihrer strukturell verankerten Unabhängigkeit. Für eine solche Unabhängigkeit spricht, daß die Mitglieder auf eine Festlaufzeit von fünf Jahren berufen werden (vgl. § 35 Abs. 3 S. 2 RfStV), an Weisungen nicht gebunden sind (vgl. § 35 Abs. 5 RfStV) und eine abschließende Zuständigkeit für Fragen im Zusammenhang mit der Sicherung der Meinungsvielfalt erhalten haben (vgl. § 36 Abs. 1 RfStV). Negativ ist zu vermerken, daß die Mitglieder der KEK nicht durch die Landesmedienanstalten, sondern durch die Ministerpräsidenten ausgewählt werden (vgl. § 35 Abs. 3 S. 32 RfStV). Eine Auswahl durch die entsprechenden Organe der Anstalten hätte sich angeboten, um die Politikferne der KEK stärker zu betonen. Da das Bundesverfassungsgericht auch die Berufung der Kommission zur Ermittlung des Finanzbedarfs der öffentlich-rechtlichen Veranstalter (KEF) nicht beanstandet hat[137], dürfte es auch im Falle der KEK keine Bedenken anmelden[138].
Um Konflikte zwischen den Landesmedienanstalten und zwischen diesen und der KEK sachgerecht zu lösen, sieht das Gesetz ein Schlichtungsverfahren vor, wenn die zuständige Anstalt von den Beschlüssen der KEK abweichen möchte. Binnen eines Monats hat die Anstalt die Konferenz der Direktoren der Landesmedienanstalten (KDLM) anzurufen. Die KDLM kann innerhalb weiterer drei Monate die KEK-Entscheidung mit Dreiviertelmehrheit abändern. Kommt ein solcher Beschluß nicht zustande, bleibt es bei dem Votum der KEK (vgl. § 37 Abs. 2 RfStV). Schließlich stellt das Gesetz nun klar,

---

136   Stellungnahmen v. Beucher u. Pieper in: Deck, Markus, Siefarth, Christof, Sicherung des Pluralismus durch Medienkonzentrationskontrolle?, DAJV-Newsletter 1993, 37.
137   Vgl. BVerfGE 90, 60 ff.
138   Vgl. ebenso Kuch, a.a.O., 17.

daß keine konzentrationsrechtliche Mehrfachprüfung bei Vergabe einer landesweiten terrestrischen Sendelizenz mehr erfolgen darf (vgl. § 39 S. 2 RfStV). In der Vergangenheit war es immer wieder zu Konflikten gekommen, die daraus resultierten, daß bundesweite Veranstalter zusätzlich zu einer Satellitenzulassung weitere Zulassungen in den einzelnen Ländern beantragen mußten, um terrestrische Frequenzen zugewiesen zu erhalten. Denn während für die Kabelverbreitung ausdrücklich das Sitzland bestimmt war (vgl. § 35 RfStV 1991) und die einzelnen Landesgesetze für die Weiterverbreitung bereits zugelassener Programme über die Kabelnetze ein vereinfachtes Verfahren vorsehen, mußte für die terrestrische Verbreitung regelmäßig ein vollständiges Zulassungsverfahren durchgeführt werden. Gerade bei der konzentrationsrechtlichen Prüfung führte dies wiederholt dazu, daß die Entscheidungen der Behörden voneinander abwichen. Die neue Regelung stellt nun klar, daß Landesmedienbehörden bei Verfahren über die Zuweisung weiterer Sendekapazitäten an bereits zugelassene bundesweite Veranstalter an das Votum der KEK gebunden sind und schließt damit solche Konflikte aus.

l) Auskunftspflichten und Ermittlungsbefugnisse

Der alte Rundfunkstaatsvertrag verwies für die Durchführung der Aufsicht auf die Regelungen der Landesgesetze. Diese enthielten z.T. nur rudimentäre Befugnisse für die Landesmedienanstalten bei der Ermittlung der Konzentration. Nun widmet das Gesetz den verfahrensrechtlichen Fragen einen ganzen Unterabschnitt (vgl. §§ 20 - 24 RfStV) und stattet die Landesmedienanstalten bzw. die in ihrem Namen tätige KEK mit Ermittlungsbefugnissen aus, die im wesentlichen denen des Bundeskartellamtes oder der Regulierungsbehörde für Telekommunikation und Post entsprechen. Darüber hinaus werden die Beteiligten umfangreichen Auskunftspflichten unterworfen.

aa) Auskunftspflichten

Die Auskunftspflicht erstreckt sich auf die folgenden Angaben und Unterlagen (vgl. die Aufzählung in § 21 Abs. 2 RfStV):
(1) Beteiligungsverhältnisse inkl. der zurechenbaren Beteiligungen am Veranstalter unter Angabe der Kapital- und Stimmrechtsverhältnisse;
(2) Angaben über Angehörige unter den Beteiligten. Hierbei wird der abgabenrechtliche Angehörigenbegriff zugrundegelegt;
(3) Vorlage des Gesellschaftsvertrages und der satzungsrechtlichen Bestimmungen des Rundfunkveranstalters bzw. Antragstellers. Hieraus folgt, daß Beteiligte ihrerseits keine eigenen Gesellschaftsverträge vorlegen müssen;
(4) Vereinbarungen insb. mit Treuhandcharakter;
(5) Vollständigkeitserklärungen.

Adressaten dieser Verpflichtungen sind sowohl die Antragsteller, als auch die direkt am Antragsteller beteiligten Unternehmen sowie die indirekt Beteiligten (vgl. § 21 Abs. 4 RfStV).

Die Auskunftspflichten sind nicht nur bei Stellung des Zulassungsantrages sondern regelmäßig nach Ablauf jeden Geschäftsjahres sowie bei jeder Beteiligungsveränderung zu erfüllen.

Rundfunkveranstalter haben darüber hinaus jährlich einen Jahresabschluß nach dem für große Kapitalgesellschaften geltenden Muster vorzunehmen und einzureichen. Gleiches gilt für eine Liste der Programmbezugsquellen (vgl. 23 RfStV).

Mit der Statuierung derart umfangreicher Auskunftspflichten und seiner Ausweitung auf einen nahezu unübersehbaren Personenkreis, ist das Gesetz über das Ziel hinausgeschossen[139]. Die Praxis wird zeigen, daß weder die Landesmedienanstalten noch die Adressaten der daraus resultierenden Papierflut Herr werden. Insbesondere die Vielzahl der konzentrationsrechtlich irrelevanten Routinefälle wird Ressourcen bei den Behörden blockieren, die sie notwendig für die Erfüllung ihrer weiteren Aufgaben z.b. bei der Programmbeobachtung benötigten. Vorallem kleinere Veranstalter werden ebenfalls kaum in der Lage sein, das komplizierte Geflecht der Vorlagepflichten und -fristen zu durchdringen und werden gezwungen sein, sich hierfür kostspieliger externer Vertretung zu bedienen.

Vor diesem Hintergrund ist es wenig verwunderlich, daß der Rundfunkstaatsvertrag eine Protokollerklärung aller Länder enthält, die sie verpflichtet, bis zum 31.12.1998 die Jahresabschlußverpflichtung zu überprüfen. Es ist dringend zu raten, daß die Länder auch die Praktikabilität der übrigen Auskunftspflichten überprüfen und eine Änderung noch möglichst vor Ablauf dieser Frist vornehmen.

bb)   Ermittlungsbefugnisse

Ebenso weit zieht das Gesetz den Kreis der Adressaten, gegenüber denen die Behörde Ermittlungen durchführen darf. Die entsprechenden Befugnisse reichen von der Einholung von Auskünften über die Einsicht von Unterlagen bis hin zur Beschlagnahme, Durchsuchung und der Abnahme eidesstattlicher Versicherungen (vgl. § 22 RfStV).

m)   Konzentrationsbekämpfung im lokalen, regionalen und landesweiten Rundfunk

Die Landesgesetze enthalten Konzentrationsbekämpfungsregelungen für den lokalen, regionalen und landesweiten Rundfunk. Sie gelten gleichermaßen für Hörfunk und Fernsehen. Nach dem Muster des RfStV 1991 sehen sie Beschränkungen der Anzahl der zulässigerweise veranstalteten Programme (aa) sowie Schranken für die Beteiligungs-

---

139   Zu den landesrechtlichen Bestimmungen vgl. z.B.: § 32 RfStV Berlin-Bra; § 26 Abs. 4 u. 5 HmbMedienG; § 8 Abs. 4 i.V.m. § 5 Abs. 3 Nr. 3 LRG-NW; § 51 Abs. 4 LRG-Saarl.; § 11 Abs. 4 LRG-Schlh.

höhe eines Unternehmens an einem Veranstalter vor (bb). Außerdem enthalten sie intermediäre Beschränkungen für Beteiligungen marktbeherrschender Presseunternehmen am Rundfunk (cc). Schließlich verfügen sie über Zurechnungsregelungen, die sich nur wenig von den staatsvertraglichen Bestimmungen unterscheiden (vgl. dd).

aa) Anzahl der Programme

Bezüglich der erlaubten Anzahl von Programmen haben die Länder Bremen[140], Rheinland-Pfalz[141], Sachsen Anhalt[142], Schleswig-Holstein[143] und Nordrhein-Westfalen[144] Regelungen getroffen, die dem Staatsvertrag 1991 entsprechen. Strengere Regelungen sehen dagegen Baden-Württemberg[145], Hamburg[146], Mecklenburg-Vorpommern[147], Niedersachsen[148], Saarland[149], Thüringen[150], Sachsen[151], Bayern[152] und Hessen[153] vor. In diesen Ländern ist grundsätzlich nur die Veranstaltung eines Programmes pro Kategorie erlaubt. Diese Gesetze wurden großteils zur Zeit der Geltung des Rundfunkstaatsvertrages von 1987 erlassen und befinden sich mit dessen § 8 in Einklang. Sie beziehen sich teilweise noch direkt auf die alte staatsvertragliche Regelung und sollten nun an die Schranken des neuen Staatsvertrages angepaßt werden. Alle Landesgesetze sehen darüber hinaus eine Regelung vor, nach der Programme des Zulassungsbewerbers aus anderen Bundesländern in die Beschränkung einbezogen werden, soweit sie im Verbreitungsgebiet der Zulassung ortsüblich empfangbar sind oder über Kabel herangeführt werden. Nicht berücksichtigt werden dagegen Programme, die der Zulassungsbewerber anderswo veranstaltet und die nicht im Verbreitungsgebiet empfangbar sind. Problematisch erscheint dies unter dem Gesichtspunkt eines pluralismusschädlichen Machtzuwachs eines Unternehmens für den gesamten Medienbereich.

---

140   BremLMG § 10 Abs. 1.
141   LRG-RhlPf § 13 Abs. 6.
142   PRG SaAnh § 6 Abs. 2 S. 1.
143   RfG SchlH § 8 Abs. 2.
144   LRG NW § 6a.
145   LMedienG BaWü § 22 Abs. 1.
146   HmbMedienG § 19 Abs. 1 (überregionale u. regionale Programme); § 34 Abs. 1 (lokale Programme).
147   RfGMeVoPo § 10 Abs. 3.
148   LRG NS § 5 Abs. 2 S. 1.
149   LRG Saarl. § 40 Abs. 3.
150   TPRG § 17 Abs. 1 Nr. 1.
151   SächsPRG § 7 Abs. 1.
152   Bay MG Art. 27 Abs. 6 S. 1.
153   HPRG § 15 Abs. 1.

bb) Beteiligungsschranken

Für die Frage der Beteiligungsbegrenzung an einem Programmveranstalter gilt folgendes: In Bayern, Mecklenburg-Vorpommern und dem Saarland ist im intramediären Bereich eine vollständige Beherrschung eines Veranstalters durch einen Beteiligten möglich. Das gleiche gilt für den lokalen Rundfunk in Nordrhein-Westfalen. In Hamburg[154] ist dagegen ausschließlich im lokalen Hörfunk eine Beschränkung von 25 v. H. der Stimmrechte und der Sendezeit vorgesehen. In Baden Württemberg fehlt eine Beschränkung für die lokale und regionale Verbreitung, nicht aber für die landesweite Kette, hier gilt die Regel, daß kein Beteiligter vorherrschenden Einfluß ausüben darf[155]. In Bremen[156] und Rheinland-Pfalz[157] gelten Beschränkungen, die denjenigen des Staatsvertrages 1991 entsprechen. Nach dem hessischen Gesetz[158] ist ein Beteiligter auf 15 v. H. der Anteile beschränkt. Dies gilt zwar nur, falls nicht die Voraussetzungen für die außenpluralistische Variante erfüllt sind oder eine Organisationsform nach öffentlichrechtlichem Vorbild mit Programmbeirat gewählt wurde. In der Praxis hat sich jedoch das Prinzip der landesweiten Kette durchgesetzt, die keine ausreichende Konkurrenz erwarten läßt. Insofern kann davon ausgegangen werden, daß die Beteiligungsbeschränkung von 15 v. H. zum Regelfall geworden ist. Ebenso verhält es sich in Niedersachsen[159], Sachsen[160] Thüringen[161] und Sachsen-Anhalt[162], auch hier ist die landesweite Kette zwar nicht die einzige jedoch auf Dauer die einzig praktizierte Möglichkeit. Nach dem damit einzigen Teil des Gesetzes, der zur Anwendung kommt, muß ein vorherrschender Einfluß eines Gesellschafters satzungsmäßig ausgeschlossen sein. Eine entsprechende Regelung sieht Nordrhein-Westfalen[163] für den landesweiten Rundfunk vor. Hier ist die Beschränkung allerdings auf 50 v. H. der Anteile oder Stimmrechte heraufgesetzt. Ähnlich ist die Situation in Schleswig-Holstein[164], wo ausschließlich Veranstaltergemeinschaften mit mindestens drei Beteiligten zugelassen sind, von denen kein Beteiligter die 50 v. H. Marke überschreiten darf.

---

154 HmbMedienG § 38 Abs. 2.
155 LMedienG BaWü § 93 Abs. 2 S. 1.
156 LMedienG Bre § 10 Abs. 2 u. 3.
157 LRG RhlPf § 12 Abs. 6.
158 HPRG § 14 Abs. 3.
159 LRG NS § 5 Abs. 4.
160 SächsPRG § 8 Abs. 1.
161 TPRG § 16 Abs. 2; vgl. hierzu Henle, Victor, Der ungleich - gleiche Thüringer und hessische Löwe, in: DLM-Jahrbuch 1992, München 1993, S. 68ff, 70; Thüringer Landesanstalt für privaten Rundfunk, 1. Erfahrungsbericht, Arnstadt 1993; S. 28ff.
162 PRG SaAnh § 6 Abs. 3.
163 RfG NRW § 6 Abs. 1.
164 LRG SchlHs § 7, 8 Abs. 1.

cc) Intermediäre Beschränkungen

Außer in Niedersachsen, Mecklenburg-Vorpommern, Nordrhein-Westfalen und Sachsen-Anhalt gelten in den Ländern besondere Beteiligungsbegrenzungen für die Presse (Baden-Württemberg[165], Bayern[166], Bremen[167], Hamburg[168], Hessen[169], Rheinland-Pfalz[170], Saarland[171], Sachsen[172], Schleswig-Holstein[173], Thüringen[174]; Berlin-Brandenburg[175]). Grundsätzlich greifen diese Regelungen nur ein, wenn sich ein im entsprechenden Verbreitungsgebiet marktbeherrschender Tageszeitungsverleger am privaten Rundfunk beteiligt. Eine marktbeherrschende Stellung wird in Baden-Württemberg[176] bei 50 v. H., der verkauften Tageszeitungsexemplare, in Sachsen[177] bei 20 v. H. aller periodisch erscheinenden Druckwerke im Verbreitungsgebiet angenommen, das Gesetz im Saarland[178] verweist auf § 22 GWB.

Das baden-württembergische Gesetz[179] schreibt die Bildung eines Programmbeirates vor, falls ein marktbeherrschender Tageszeitungsverleger beteiligt ist. In Rheinland-Pfalz[180], dem Saarland[181], Sachsen[182], Schleswig-Holstein[183] und Thüringen[184] ist die Beteiligung von marktbeherrschenden Verlegern nur innerhalb von Anbietergemeinschaften möglich. Dort wird die Höhe der Anteile, Stimmrechte bzw. die Möglichkeit der Programmgestaltung des Verlegers begrenzt.

Inwieweit intermediäre Kontrolltatbestände zur Sicherung des Pluralismus erforderlich sind, ist im rechtsvergleichenden Teil zu klären (vgl. u Teil 2, 3c).

---

165 LMedienG BaWü § 22 Abs. 4.
166 BayMG Art. 27 Abs. 7 S. 2.
167 LMedienG Bre § 10 Abs. 5.
168 HmbMedienG § 25 Abs. 2.
169 HPRG § 15 Abs. 1 Nr. 3.
170 LRG RhPf § 13 Abs. 7.
171 LRG Saarl. § 40 Abs. 2 Nr. 6.
172 SächsPRG § 8 Abs. 2.
173 RfG SchlH. § 8 Abs. 3.
174 TPRG § 17 Abs. 1 Nr. 3.
175 RfStV Berlin-BrB § 27.
176 LMedienG BaWü § 24 Abs. 4.
177 SächsPRG § 8 Abs. 2.
178 RfG Saarl. § 40 Abs. 2 Nr. 6.
179 LMedienG BaWü § 24 Abs. 4 mit Abs. 2 Nr. 2.
180 LRG RhPf § 13 Abs. 7.
181 LRG Saarl. § 40a Abs. 5.
182 SächsPRG § 8 Abs. 2.
183 RfG SchlHs § 8 Abs. 3.
184 TPRG § 16 Abs. 3, § 17 Abs. 1 Nr. 3.

dd)   Zurechnungsregelungen

In allen Ländern wird einem Rundfunkveranstalter gleichgestellt, wer mit ihm in einem § 15 Aktiengesetz entsprechenden Verhältnis steht (Baden-Württemberg[185], Bayern[186], Bremen[187], Hamburg[188], Hessen[189], Mecklenburg-Vorpommern[190], Niedersachsen[191], Nordrhein-Westfalen[192], Rheinland-Pfalz[193], Saarland[194], Sachsen[195], Sachsen-Anhalt[196], Schleswig-Holstein[197], Thüringen[198]; Berlin-Brandenburg[199]). Das baden-württembergische Gesetz[200] enthält eine Vermutung dafür, daß ein solcher Einfluß nicht besteht, wenn er sich auf ein Zehntel des Stimmgewichts oder des Programmes beschränkt.

Teilweise begnügen sich die Landesmediengesetze mit Generalklauseln, nach denen allgemein ein dem gesellschaftsrechtlich vermittelten Einfluß entsprechende Beherrschungsmöglichkeit zugerechnet wird (vgl.: Baden-Württemberg[201], Bayern[202], Hamburg[203], Hessen[204], Mecklenburg-Vorpommern[205], Niedersachsen[206], Rheinland-Pfalz[207], Saarland[208], Sachsen[209], Sachsen-Anhalt[210], Schleswig-Holstein[211], Thüringen[212]; Berlin-Brandenburg[213]). Nordrhein-Westfalen[214] und Bremen[215] haben

---

185   LMedienG BaWü § 22 Abs. 2.
186   BayMG Art. 27 Abs. 6 S. 3.
187   LMedienG § 10 Abs. 4.
188   HmbMedienG § 25 Abs. 1.
189   HPRG § 14 Abs. 3 S. 2; § 15 Abs. 1 Nr. 2.
190   LRG MeVoPo § 10 Abs. 3 S. 3.
191   LRG NS § 5 Abs. 2 S. 3.
192   LRG NW § 6a Abs. 4.
193   LRG RhPf § 13 Abs. 5.
194   LRG Saarl. § 40 Abs. S. 3.
195   SächsPRG § 7 Abs. 3.
196   PRG SaAnh. § 6 Abs. 2 S. 3.
197   RfG SchlH. § 8 Abs. 2.
198   TPRG § 17 Abs. 1 Nr. 2.
199   RfStV Berlin-BrB § 27.
200   LMedienG BaWü § 22 Abs. 2 2. Hs.
201   LMedienG BaWü § 22 Abs. 2.
202   BayMG Art. 27 Abs. 6 S. 3.
203   HmbMedienG § 25 Abs. 1.
204   HPRG § 14 Abs. 3 S. 2; § 15 Abs. 1 Nr. 2.
205   LRG MeVoPo § 10 Abs. 3 S. 3.
206   LRG NS § 5 Abs. 2 S. 3.
207   LRG RhPf § 13 Abs. 5.
208   LRG Saarl. § 40 Abs. S. 3.
209   SächsPRG § 7 Abs. 3.
210   PRG SaAnh. § 6 Abs. 2 S. 3.
211   RfG SchlH. § 8 Abs. 2.
212   TPRG § 17 Abs. 1 Nr. 2.
213   RfStV Berlin-BrB § 27.
214   LRG NW § 6a Abs. 1 a).

die genauere Formel des Staatsvertages übernommen, die die Beherrschung durch Programmzulieferung und -gestaltung einbezieht. Spezielle Regelungen für die Beschränkung der Programmzulieferung im Hörfunk kennen auch andere Gesetze: So kann z.b. nach baden-württembergischem Recht[216] ein Zulassungsbewerber nur unter binnenpluralistischen Voraussetzungen zugelassen werden, wenn er einen großen Teil von einem Zulieferer übernehmen will, dessen Programm bereits im Verbreitungsgebiet empfangen werden kann. In jedem Fall muß er mindestens sieben Stunden täglich zwischen 6 und 20 Uhr ein eigenproduziertes Programm ausstrahlen.

Einige Gesetze enthalten bezüglich der gesellschaftsrechtlichen Beherrschung eine Geringfügigkeitsvermutung. Hiernach wird vermutet, daß kein beherrschender Einfluß gegeben ist, wenn der Stimmrechts- oder Kapitalanteil des Beteiligten unter einer bestimmten Schwelle bleibt. (vgl.: Baden-Württemberg[217] (10 v. H.), Hessen[218] (10 v. H.), Mecklenburg-Vorpommern[219] (25 v. H.), Saarland[220] (33 v. H.), Schleswig-Holstein[221] (25 v. H.), Thüringen[222] (10 v. H.).

ee) *Kompetenzen der Aufsichtsbehörde bei Durchsetzung der Vorschriften*

(1) *Erteilung der Zulassung*

Vor der Erteilung der Zulassung sind die Bewerber nach allen Landesgesetzen verpflichtet, ihre Beteiligungsstruktur gegenüber der Landesanstalt offenzulegen (vgl. Baden-Württemberg[223], Bayern[224], Bremen[225], Hamburg[226], Hessen[227], Mecklenburg-Vorpommern[228], Niedersachsen[229], Nordrhein-Westfalen[230], Rheinland-Pfalz[231], Saarland[232], Sachsen[233], Sachsen-Anhalt[234], Schleswig-Holstein[235], Thüringen[236]).

---

215   LMedienG Bre § 10 Abs. 1.
216   LMedienG BaWü § 22 Abs. 3.
217   LMedienG BaWü § 22 Abs. 2.
218   HPRG § 14 Abs. 3 S. 2; § 15 Abs. 1 Nr. 2.
219   RGMV § 10 Abs. 3 S. 3.
220   LRG Saarl. § 40 Abs. S. 3.
221   RfG SchlH. § 8 Abs. 2.
222   TPRG § 17 Abs. 1 Nr. 2.
223   LMedienG BaWü § 25 Abs. 3.
224   BayMG Art. 31 Abs. 2.
225   LMedienG Bre § 12.
226   HmbMedienG § 26.
227   HPRG § 14 Abs. 3 S. 2; § 15 Abs. 1 Nr. 2.
228   LRG MeVoPo§ 10 Abs. 3 S. 3.
229   LRG NS § 5 Abs. 8.
230   LRG NW § 9.
231   LRG RhPf § 13 Abs. 4.
232   LRG Saarl. § 40 Abs. 5.
233   SächsPRG § 9.
234   PRG SaAnh. § 6 Abs. 7.

Befindet sich ein Antragsteller nicht in Einklang mit den Konzentrationsvorschriften oder legt er seine Beteiligungsverhältnisse nicht ausreichend offen, so führt dies i. d. R. zur Nichtberücksichtigung bei der Zulassung.

(2) Sanktionen

Nach Erteilung der Zulassung kann die Behörde Verstöße gegen Konzentrationsregelungen mit unterschiedlichen Sanktionen belegen. Das stärkste Sanktionsinstrument der Aufsichtsbehörden ist der Entzug der Zulassung durch Rücknahme oder Widerruf. Eine Rücknahme kommt in Betracht, wenn der Zulassungsbescheid zum Zeitpunkt der Vergabe rechtswidrig war. Dies ist der Fall, wenn die Voraussetzungen für eine Zulassung nicht vorlagen und auch im Nachhinein nicht erfüllt werden konnten. Im hier interessierenden Bereich der Konzentrationsbekämpfung kommt eine Rücknahme in Betracht, wenn der Veranstalter aufgrund falscher Angaben zu seiner Beteiligungsstruktur die Zulassung erhalten hat (vgl. Baden-Württemberg[237], Bayern[238], Bremen[239], Hamburg[240], Hessen[241], Mecklenburg-Vorpommern[242], Niedersachsen[243], Nordrhein-Westfalen[244], Rheinland-Pfalz[245], Saarland[246], Sachsen[247], Sachsen-Anhalt[248], Schleswig-Holstein[249], Thüringen[250]). Generell schließen die Gesetze den Ausgleich eines hierdurch entstehenden Vermögensnachteiles, wie er im allgemeinen Verwaltungsrecht (vgl. § 48 Abs. 3 der Landesverwaltungsverfahrensgesetze) unter bestimmten Voraussetzungen gewährt wird, aus.

Im Gegensatz zur Rücknahme findet der Widerruf auf solche Zulassungsbescheide Anwendung, die im Vergabezeitpunkt rechtmäßig waren, jedoch nachträglich rechtswidrig wurden. Dies ist beispielsweise der Fall, wenn sich die Beteiligungsstruktur des Veranstalters nachträglich derart ändert, daß eine Zulassung unter den veränderten Bedingungen nicht mehr möglich wäre. Alle Landesgesetze enthalten eine entsprechende Regelung. Darüber hinaus ist ein Widerruf bei wiederholten schwerwiegenden Rechts-

---

235 RfG SchlH. § 10 Abs. 1.
236 TPRG
237 LMedienG BaWü § 29.
238 BayMG Art. 28 Abs. 3.
239 LMedienG Bre § 15.
240 HmbMedienG § 24 Abs. 1.
241 HPRG § 9 Abs. 2.
242 LRG MeVoPo § 16 Abs. 1.
243 LRG NS § 8.
244 LRG NW § 10 Abs. 4.
245 LRG RhPf § 10 Abs. 4.
246 LRG Saarl. § 42 Abs. 1.
247 SächsPRG § 40.
248 PRG SaAnh. § 9.
249 RfG SchlH. § 13 Abs. 1.
250 TPRG § 10 Abs. 2.

verstößen möglich (vgl. Baden-Württemberg[251], Bayern[252], Bremen[253], Hamburg[254], Hessen[255], Mecklenburg-Vorpommern[256], Niedersachsen[257], Nordrhein-Westfalen[258], Rheinland-Pfalz[259], Saarland[260], Sachsen[261], Sachsen-Anhalt[262], Schleswig-Holstein[263], Thüringen[264]). Allerdings muß vor einem Widerruf dem Zulassungsinhaber zunächst die Gelegenheit erhalten, den Mangel zu beseitigen[265]. Unterhalb dieser Schwelle kennen die Landesgesetze unterschiedliche Sanktionsinstrumente. Teilweise ist die Möglichkeit einer Aussetzung der Zulassung für einen bestimmten Zeitraum vorgesehen (vgl. Bremen[266], Nordrhein-Westfalen[267], Rheinland-Pfalz[268], Schleswig-Holstein[269]). Viele Gesetze enthalten die Befugnis der Landesanstalt, bestimmte Rechtsverstöße als Ordnungswidrigkeiten zu verfolgen und Bußgelder zu verhängen. Hierzu gehört u.a. regelmäßig der Fall, wenn der Veranstalter falsche Angaben bezüglich seiner Gesellschafterstruktur macht oder Veränderungen nicht unverzüglich mitteilt (vgl. Baden-Württemberg[270], Bayern[271], Bremen[272], Hessen[273], Nordrhein-Westfalen[274], Rheinland-Pfalz[275], Saarland[276], Sachsen[277], Schleswig-Holstein[278], Thüringen[279]). Im übrigen beschränken sich die Landesgesetze auf eine Hinweispflicht der Behörde bei Rechtsverstößen.

---

251 LMedienG BaWü § 30.
252 BayMG Art. 28 Abs. 3.
253 BremLMG § 16.
254 HmbMedienG § 30.
255 HPRG § 9 Abs. 3.
256 LRG MeVoPo § 16 Abs. 2.
257 LRG NS § 9.
258 LRG NW § 10 Abs. 5.
259 LRG RhPf § 10 Abs. 5.
260 LRG Saarl. § 42 Abs. 2.
261 SächsPRG § 41.
262 PRG SaAnh. § 10.
263 RfG SchlH. § 13 Abs. 2.
264 TPRG § 10 Abs. 3.
265 Vgl. Engel, Christoph, Vorsorge gegen die Konzentration im privaten Rundfunk mit den Mitteln des Rundfunkrechts - eine Analyse von § 21 Rundfunkstaatsvertrag 1991, ZUM 1993, 557ff, 582.
266 LMedienG Bre § 14 Abs. 5.
267 LRG NW § 10 Abs. 2.
268 LRG RhPf § 10 Abs. 2.
269 RfG SchlH. § 12 Abs. 3.
270 LMedienG BaWü § 90.
271 BayMG Art. 42.
272 LMedienG Bre § 46.
273 HPRG § 9 Abs. 3.
274 LRG NW § 67.
275 LRG RhPf § 42.
276 LRG Saarl. § 66.
277 SächsPRG § 43.
278 RfG SchlH. § 15 Abs. 5 i.V.m. Satzung der Landesanstalt.
279 TPRG § 62.

(3) Auskunftspflichten und Ermittlungsbefugnisse

Abgesehen von Rheinland-Pfalz sehen alle Gesetze Auskunftspflichten des Antragstellers gegenüber den Behörden vor (vgl. Baden-Württemberg[280], Bayern[281], Berlin-Brandenburg[282], Bremen[283], Hamburg[284], Hessen[285], Mecklenburg-Vorpommern[286], Niedersachsen[287], Nordrhein-Westfalen[288], Saarland[289], Sachsen[290], Sachsen-Anhalt[291], Schleswig-Holstein[292], Thüringen[293]). Lediglich das bayerische Gesetz[294] gibt der Landesanstalt auch das Recht, zur Glaubhaftmachung der Angaben eidesstattliche Versicherungen des Antragstellers zu verlangen. Die Verpflichtung zur Gestattung der Einsichtnahme bezieht sich regelmäßig nur auf den Veranstalter selbst, nicht aber auf die beteiligten Unternehmen. Auch das subsidiär anwendbare allgemeine Verwaltungsrecht sieht insoweit keine Besonderheiten vor. Gem. § 26 Abs. 1 VwVfG sind nur die Beteiligten zur Auskunft verpflichtet. Dies betrifft nur die gem. § 13 VwVfG förmlich beteiligten Unternehmen oder Personen[295]. Zu welchen Auskünften die Veranstalter gegenüber der Behörde und der Öffentlichkeit verpflichtet sein sollten, ist im rechtsvergleichenden Teil näher zu erörtern (vgl. u. Teil 2, 3 h).

---

280 LMedienG BaWü § 27 Abs. 3.
281 BayMG Art. 31 Abs. 2.
282 RfStV B-Br. § 28 Abs. 3.
283 LMedienG Bre § 12 Abs. 1, 2.
284 HmbMedienG § 26.
285 HPRG § 7 Abs. 1, 2.
286 RGMV § 11 Abs. 2.
287 LRG NS§ 5 Abs. 8.
288 LRG NW § 9 Abs. 1, 2.
289 LRG Saarl. § 40 Abs. 5.
290 SächsPRG § 9 Abs. 1.
291 PRG SaAnh. § 6, Abs. 7.
292 RfG SchlH. § 10 Abs. 2.
293 TPRG § 8 Abs. 2.
294 BayMG Art. 31 Abs. 2 S. 8.
295 Engel, Christoph, Vorsorge gegen die Konzentration im privaten Rundfunk mit den Mitteln des Rundfunkrechts - eine Analyse von § 21 Rundfunkstaatsvertrag 1991, ZUM 1993, 557ff, 573.

2. Die kartellrechtliche Konzentrationsbekämpfung

a) Anwendbarkeit

Für den privaten Rundfunk gilt das GWB unstreitig[296] neben den Landesmediengesetzen. So prüfen das Bundeskartellamt[297] und die Monopolkommission[298] regelmäßig auch Verstöße im Rundfunkbereich.

Streitig ist dagegen die Frage, welchem Rechtsgebiet bei Konfliktfällen Vorrang zukommt[299]. Konfliktfälle sind beispielsweise aufgetreten bei den in Bayern von der Landesmedienanstalt geförderten Bildung von Funkhäusern. Hier sollten selbständige Veranstalter dem ökonomischen Druck durch gemeinsame Nutzung von technischen Einrichtungen und gemeinsamer Anzeigenakquisition von Werbung begegnen. Dies sollte sie in die Lage versetzen, ein inhaltlich anspruchsvolleres und damit pluralisti-

---

[296] Paschke, Marian, Medienrecht - Disziplinbildende Sinneinheit übergreifender Rechtsgrundsätze oder Chimäre, ZUM 1990, 209ff; Spieler, Ekkhard, Fusionskontrolle im Medienbereich, Berlin 1988, S.158ff; Held, Stefan, Zur Verflechtung der Medien aus wettbewerbsrechtlicher Sicht, in: Röper, Burkhardt, Wettbewerbsprobleme öffentlich-rechtlicher und privatrechtlicher Medien, Berlin 1989, S. 81, 83; Thaenert, Wolfgang: Programm- und Konzentrationskontrolle privater Rundfunkveranstalter, in: Landesmedienanstalten, DLM Jahrbuch 89/90, Stuttgart 1988, S. 31, 33; Möschel, Wernhard: Fusionskontrolle im Rundfunk, in: Festschrift für Otto-Friedrich Frhr. v. Gamm, Köln u.a. 1990, S. 627, 629; Hoffmann-Riem, Wolfgang: Rundfunkrecht neben Wirtschaftsrecht, Baden-Baden 1991; Mestmäcker, Ernst-Joachim, Die Anwendbarkeit des Gesetzes gegen Wettbewerbsbeschränkungen auf Zusammenschlüsse von Rundfunkunternehmen, GRUR Int. 1983, 553ff.

[297] S. hierzu die Berichte des Bundeskartellamtes: Tätigkeitsbericht 1985/86, BT-Ds. 11/554; Tätigkeitsbericht 1983/84, ZHR 148 (1984), 474ff, Tätigkeitsbericht 1989/90, Bundestagsdrucksache 12/847., Bonn 1991; und: Roth, Wulf-Henning, Rundfunk und Kartellrecht, AfP 1986, 287ff; Greiffenberg, Horst, Mestmäcker, Ernst-Joachim (Hrsg.), Medienrechtliche und kartellrechtliche Kontrolle der Konzentration im Rundfunk, Offene Rundfunkordnung, Gütersloh 1988.S. 313ff; Hendricks, Birger, Landesrundfunkgesetze und Medienverflechtung, Anmerkungen zum 5. Hauptgutachten der Monopolkommission, Media-Perspektiven 84, 923ff.; Holznagel, Bernd, Konzentrationsbekämpfung im privaten Rundfunk, ZUM 1991, 263ff; Huber, Andrea, Öffentliches Medienrecht und privatrechtliche Zurechnung, Baden-Baden 1992; Immenga, Ulrich, Rundfunk und Markt, AfP 1989, 621ff; Wagner, Christoph, Konzentrationskontrolle im privaten Rundfunk, RuF 1990, 165ff.

[298] Monopolkommission, Achtes Hauptgutachten 1988/89, S.604ff, veröffentlicht in: Media Perspektiven II/90, S. 70ff; zu dieser Problematik auch: Spieler, Fusionskontrolle im Medienbereich, S. 175ff; Frank, Angela, Vielfalt durch Wettbewerb?, Frankfurt 1988, S. 68ff.

[299] Für einen Vorrang des Rundfunkrechts Stock, Martin, Rundfunk und Kartellrecht, AfP 1989, 627ff; Hoffmann-Riem, Wolfgang, Rundfunkrecht neben Wirtschaftsrecht, Baden-Baden 1991, S. 56; Kübler, Friedrich, Die neue Rundfunkordnung: Marktstruktur und Wettbewerbsbedingungen, NJW 1987, 2961ff; Oppermann, Bernd, Medienrecht, Privatrundfunk und Wettbewerb, ZUM 1990, 376ff; für einen Vorrang des Wettbewerbsrechts: Mestmäcker, Ernst-Joachim, Gutachten, 56. Deutscher Juristentag Band II, O 9; Möschel, Wernhard, Fusionskontrolle im Rundfunk, in: Erdmann, Willi et al. (Hrsg.), Festschrift für Otto-Friedrich Frhr. v. Gamm, Köln u.a. 1990; S. 463;
Niewiarra, Manfred, Öffentlich-rechtlicher Rundfunk und Fusionskontrolle, AfP 1989, 636f; Kull, Edgar, Aktuelle Fragen der Rahmenbedingungen für privaten Rundfunk, AfP 1985, 265ff.

scheres Programm zu produzieren. Die Kartellbehörde beurteilte diese Form der Zusammenarbeit dagegen als Wettbewerbsbeschränkung und Verstärkung einer marktbeherrschenden Stellung[300]. Eine weitere Konfliktsituation entstand durch die Beteiligung des WDR an dem landesweiten privaten Hörfunksender radio-nrw in Nordrhein-Westfalen. Diese Beteiligungsmöglichkeit ist im Landesrundfunkgesetz vorgesehen[301], um den Pluralismus zu fördern. Die im öffentlichrechtlichen Rundfunk vorhandene Programm- und Meinungsvielfalt sollte Eingang in das private Programm finden[302]. Nach Ansicht des Bundeskartellamtes handelte es sich jedoch um einen Zusammenschluß eines marktbeherrschenden Unternehmens mit seinem einzigen Konkurrenten[303]. In beiden Fällen hat sich das Wettbewerbsrecht durchgesetzt. Das Münchner Funkhausmodell ruht derzeit wegen der Bedenken der Kartellbehörde[304] und der WDR reduzierte seine Beteiligung an radio-nrw auf ein vom Bundeskartellamt für zulässig gehaltenes Maß[305].

In der Literatur wird beklagt, daß gesetzlich festgelegte Abstimmungsmechanismen zwischen der Medien- und der Kartellbehörde fehlen[306]. Zwar besitzt nach einigen Gesetzen die Zulassungsbehörde die Möglichkeit, von den Bewerbern die Durchführung eines Anmeldeverfahrens beim Bundeskartellamt zu verlangen (vgl. Baden-Württemberg[307], Hamburg[308], Sachsen-Anhalt[309], Schleswig-Holstein[310]) und dadurch auszuschließen, daß eine medienrechtliche Genehmigung erteilt wird, die danach durch eine kartellrechtliche Untersagung konterkariert wird. Es bleibt jedoch festzuhalten, daß im deutschen Recht keine klare Abgrenzung zwischen der wettbewerbsrechtlichen und der medienrechtlichen Kontrolle besteht. Da dies zu Konflikten führen kann, die die Effizienz der Kontrolle und damit die Sicherung des Pluralismus beeinträchtigen, wird im Rahmen der rechtsvergleichenden Untersuchung nach Lösungen zu suchen sein, wie das Verhältnis zwischen Wettbewerbs- und Medienrecht sinnvoll gestaltet werden kann (vgl. u. Teil 2, 2).

---

300 Vgl. Parlasca, Susanne, Medienkonzentration und Medienverflechtung - zur Reichweite des kartellrechtlichen Instrumentariums, WuW 1994, 210ff, 219.
301 Vgl. LRG NRW § 6 Abs. 4.
302 Vgl. Stock, Martin, Rundfunkrechtliche Konzentrationskontrolle - Altes und Neues, ZUM 1994, 306ff, 313.
303 WuW/E BKartA 2396, 2397; KG Berlin, Beschluß v. 26.06.1991, ZUM 1992, 436; vgl. hierzu: Hesse, Albrecht, Ausgewählte Rechtsprechung mit grundsätzlicher Bedeutung für die Rundfunkordnung in der Bundesrepublik Deutschland, RuF 1993, 188, 203.
304 Vgl. Parlasca a.a.O.
305 Vgl. Hesse a.a.O., 204.
306 Wallenberg, Gabriela v., Die Regelungen im Rundfunkstaatsvertrag zur Sicherung der Meinungsvielfalt im privaten Rundfunk, ZUM 1992, 387ff, 389.
307 LMedienG BaWü § 25 Abs. 4.
308 HambMedienG § 20 Abs. 2.
309 PRG SaAnh. § 6 Abs. 7.
310 RfG SchlH. § 10 Abs. 3.

b) Regelungsziel des Kartellrechts

Regelungsziel des GWB ist nicht die Gewährleistung des Pluralismus, sondern ausschließlich der Schutz funktionsfähigen Wettbewerbs auf den Güter- und Dienstleistungsmärkten[311]. Voraussetzung für einen Beitrag des Kartellrechts zum Schutz des Pluralismus ist demnach, daß ein Zusammenhang zwischen wirtschaftlichem Wettbewerb und einem pluralistischen Mediensystem besteht. Dieser wird, wenn auch problematisiert[312], soweit ersichtlich, hierzulande nicht geleugnet[313].

Regelungsinstrument des Kartellrechts ist die Zusammenschlußkontrolle, die in §§ 23 ff. GWB geregelt ist. Das GWB unterscheidet zwischen Aufgreif- und Eingreifkriterien. Während die Erfüllung der Aufgreifkriterien lediglich die Behörde dazu berechtigt *"Akten anzulegen"*[314], ist sie bei Erfüllung der Eingreifkriterien verpflichtet, die Verbindung zwischen den betreffenden Unternehmen zu untersagen.

c) Aufgreifkriterien

Aufgreifen, d.h. prüfen, kann das Bundeskartellamt einen Fall, wenn die beteiligten Unternehmen die in § 23 Abs. 1 GWB genannten Umsatzschwellen erreichen. Im Gegensatz zu den Regelungen für die Presse in § 23 Abs. 1 S. 7 GWB kennt das Gesetz keine Spezialregelungen für den Rundfunk. Für den Bereich des bundesweiten Rundfunks ist die Höhe der Aufgreifschwellen des § 23 Abs. 1 GWB in der Regel kein Hinderungsgrund für die Kontrolle, da hier regelmäßig kapitalstarke Multimediaunternehmen zu den Beteiligten gehören[315]. Zwar sind auch im regionalen Bereich häufig große Unternehmen beteiligt, zuweilen werden hier jedoch die Umsatzkriterien des § 23 Abs. 1 S. 1 GWB nicht erfüllt. Insbesondere im lokalen Bereich können selbst bei Erfüllen der Umsatzkriterien Zusammenschlüsse ungeprüft bleiben, wenn sie ein Werbemarktvolumen von unter 10 Mio Mark betreffen[316] (§ 24 Abs. 8 Nr. 3 2. Alt GWB). Hiervon profitieren Unternehmen wie die Oschmann-Gruppe, die an 22 Lokalstationen Beteili-

---

311 Vgl. Paschke, Marian, in: Glassen u.a., Frankfurter Kommentar zum GWB, Vorbemerkungen zu den §§ 23-24c GWB Rn. 1.
312 Vgl. Hoffmann-Riem, Rundfunkrecht neben Wirtschaftsrecht, Baden-Baden 1991, S. 35ff; Heinrich, Jürgen, Ökonomische und publizistische Konzentration im deutschen Fernsehsektor 1992/93: Dominanz der Kirch-Gruppe weiter gestiegen, Media-Perspektiven 1993, 267ff.
313 Vgl. Mestmäcker, a.a.O., Rn. 59; Seemann, Klaus, Zur Konkurrenzproblematik im dualen Rundfunksystem, ZUM 88, 67; ders., Das Fünfte Rundfunkurteil des Bundesverfassungsgerichts - Thesen und Perspektiven, DöV 1987, 844ff.
314 Engel, Christoph, Vorsorge gegen die Konzentration im privaten Rundfunk mit den Mitteln des Rundfunkrechts - eine Analyse von § 21 Rundfunkstaatsvertrag 1991, ZUM 1993, 557, 560.
315 Röper, Horst, Formationen deutscher Medienmultis 1992, Media Perspektiven 1993, 56ff.
316 Vgl. Holznagel, Bernd, Konzentrationsbekämpfung im privaten Rundfunk, ZUM 1991, 263, 267f; Spieler, Ekkehard, Fusionskontrolle im Medienbereich, Berlin 1988; S. 169.

gungen in gewichtiger Höhe hält[317]. Insofern wäre eine Gleichstellung von Rundfunk- mit den Presseunternehmen in § 23 Abs. 1 S. 7 GWB wünschenswert. Keine Anwendung mehr dürfte die Regelung des § 24 Abs. 8 Nr. 3 1. Alt GWB finden, nach der ein Markt betroffen sein muß, auf dem seit mindestens fünf Jahren die entsprechende Leistung angeboten sein muß. Da es lokalen Hörfunk vor der Einführung der Landesmediengesetze nicht gab, bestehen diese Märkte erst seit der Zulassung der ersten Veranstalter, die jedoch inzwischen den entsprechenden Zeitraum überschritten haben[318]. Für die regionalen und landesweiten Rundfunkmärkte war aufgrund der Tätigkeit der öffentlichrechtlichen Veranstalter eine vergleichbare Situation bereits zuvor nicht gegeben. Allerdings schließen einige Landesmediengesetze (Hessen, Thüringen, Schleswig-Holstein) lokalen Rundfunk derzeit aus. Sollten sich die Gesetzgeber dazu entschließen, lokalen Rundfunk zuzulassen, so würde hier eine Situation i.S.v. § 24 Abs. 8 Nr. 3 2. Alt. GWB neu entstehen.

Auslösend für die Prüfung durch die Kartellbehörde ist das Vorliegen eines Zusammenschlusses zwischen Unternehmen, bei denen die beschriebenen Umsatzschwellen überschritten sind. Wann ein Zusammenschluß vorliegt, ist in § 23 Abs. 2 GWB definiert. Maßgeblich ist, ob es dabei zu einer *"Addition von Marktmacht"* kommt[319].

Eine Addition von Marktmacht entspricht in der Regel einer Addition von Meinungsmacht. Mit dem wirtschaftlichen Einfluß eines Unternehmens steigt die publizistische Einflußmöglichkeit. Charakteristisch für die publizistische Meinungsmacht ist, daß sie durchaus langfristig ungenutzt bleiben kann. Ein Medienunternehmer kann aus ökonomischen Gründen darauf verzichten, seine Einflußmöglichkeiten zu gebrauchen. Er kann den Redaktionen weitgehend Freiraum lassen, auch Meinungen zu veröffentlichen, die seiner eigenen nicht entsprechen. Die Gefahr für den Pluralismus besteht jedoch bereits in der Möglichkeit, Einfluß zu nehmen, ein tatsächlicher und aktueller Mißbrauch ist nicht erforderlich. Insoweit ist der wettbewerbsrechtliche Ansatz grundsätzlich geeignet, den Pluralismus zu sichern.

Das GWB nimmt eine Addition von Marktmacht in folgenden Fällen an: Sie kann durch eine vollständige Übernahme des Vermögens durch Verschmelzung oder Umwandlung eines anderen bis dorthin selbständigen Unternehmens geschehen (§ 23 Abs. 2 Nr. 1). Ausreichend soll auch die Übernahme eines wesentlichen Vermögensteiles sein. Die Rechtsprechung nahm dies im Pressebereich z.B. bei einem Erwerb einer Kundenkartei eines Anzeigenblattes oder der Titelrechte und der Rechte am Abonnentenstamm an[320].

---

317 Parlasca, a.a.O., 213.
318 Parlasca, a.a.O., 213; Zur alten Situation vgl. noch Harms, Wolfgang, in: Benisch, Werner (Hrsg.) Gesetz gegen Wettbewerbsbeschränkungen und Europäisches Kartellrecht, Gemeinschaftskommentar, § 24, Rn. 863.
319 Paschke Marian, in: Glassen u.a., Frankfurter Kommentar zum GWB, Vorbemerkungen zu § 23 GWB, Rn. 7, 82.
320 KG 15.01.1988 WuW/ OLG 4095, 4102 "W+1 Verlag/Weiss-Druck"; KG 14.11.1990 WuW/E OLG "Bote von Grabfeld"; zur Kritik vgl. Paschke a.a.O., Rn. 42.

Entsprechendes müßte für eine Übernahme einer Kundenkartei für einen werbefinanzierten Rundfunksender, für dessen Produktionsanlagen oder die Namensrechte gelten. Das GWB fingiert die Zusammenschlußwirkung auch für jeden Fall, in welchem sich die Beteiligung eines Unternehmens an einem anderen auf mindestens 25 v. H. summiert (§ 23 Abs. 2 Nr. 2). Schließlich enthält das Gesetz Umgehungstatbestände (§ 23 Abs. 2 S. 4, Nr. 5 u. 6) die alle sonstigen Fälle der Verbindung von Unternehmen und daraus resultierender Verstärkung von Marktmacht erfassen sollen[321]. Die Regelungen erfassen sowohl die Einräumung von Stimmrechten als auch von Kapitalbeteiligungen[322]. Die Umgehungstatbestände in § 23 Abs. 2 Nr. 5 u. 6 GWB, insbesondere das Merkmal des *"wettbewerbsrechtlich erheblichen Einflusses"* sind unter rechtsstaatlichen Gesichtspunkten bedenklich. Nur ungenügend konkretisieren sie diejenigen Fälle, in denen eine Kontrolle erfolgen soll und verstoßen damit gegen das Gebot der Rechtssicherheit und Vorhersehbarkeit[323]. Im Medienbereich ist dies von besonderer Brisanz, da auf diese Weise die Möglichkeit eröffnet wird, staatlichen Einfluß auf die Kontrollobjekte zu nehmen. Die Staatsfreiheit als wesentlicher Bestandteil des Pluralismus würde hierdurch gefährdet.

Denkbar wäre es, die Wertungen des RfStV für die Ausfüllung der Umgehungstatbestände in § 23 Abs. 2 Nr. 5 u. 6 GWB heranzuziehen. Es könnte dann vermutet werden, daß ein wettbewerbsrechtlich erheblicher Einfluß bestünde, wenn eine Programmzulieferung oder Einfluß auf Programmeinkauf oder Produktion bestünde. Dabei ist allerdings zu beachten, daß dem Rundfunkstaatsvertrag spezifisch medienrechtliche Wertungen zugrundeliegen, die ausschließlich den Schutz des Pluralismus verfolgen. Es ist daher zweifelhaft, ob diese im Wettbewerbsrecht, das nur dem Schutz des wirtschaftlichen Wettbewerbs verpflichtet ist, Verwendung finden können.

Keine Aufgriffsmöglichkeit besitzt die Wettbewerbsbehörde dagegen im Falle des sog. *"internen Wachstums"*[324]. Gründet ein Rundfunkunternehmen ein weiteres, wie beispielsweise Pro7 den Kabelkanal, oder, wie bei Premiere geplant, die Gründung weiterer Pay-TV Programme, so muß eine wettbewerbsrechtliche Kontrolle unterbleiben[325]. Wenn die Beteiligung des ersten Rundfunkunternehmen unter 100 v. H. bleibt, ist sehr zweifelhaft, ob hierdurch ein Zusammenschlußtatbestand begründet wird[326].

---

321 Zur Kritik vgl. Paschke, a.a.O., Rn. 5, 29.
322 Zur Kritik vgl. Gerlach, M. Der Regierungsentwurf für eine Fünfte Katellgesetznovelle, WRP 1989, 289, 294 u. Paschke, a.a.O., Rn. 5, 45.
323 Harms, Wolfgang, Reparaturnovelle für das GWB, in: Helmrich (Hrsg.), Wettbewerbspolitik und Wettbewerbsrecht, 1987, 137, 139ff; Paschke, Marian, Der Zusammenschlußbegriff des Fusionskontrollrechts, Heidelberg 1990, 79ff.
324 Vgl. Holznagel, Bernd, Konzentrationsbekämpfung im privaten Rundfunk, ZUM 1991, 263, 267.
325 Mestmäcker, Ernst-Joachim, Kommentierung vor § 23, in: Immenga, Ulrich, Mestmäcker, Ernst-Joachim, GWB Kommentar zum Kartellgesetz, München 2. Aufl. 1992; § 23 Rn. 198; Paschke Marian, in: Glassen u.a., Frankfurter Kommentar zum GWB, Vorbemerkungen zu § 23 GWB, Rn. 64;
326 Dafür: Mestmäcker, a.a.O. Rn. 198; dagegen: Paschke, a.a.O., Rn. 64.

Aus der Sicht der Pluralismussicherung unterscheidet sich diese Variante nicht von einem Zusammenschluß selbständiger Veranstalter. In beiden Fällen findet ein Machtzuwachs eines Unternehmens statt, der sich negativ auf den Pluralismus auswirken kann.

Von Mestmäcker[327] stammt der Vorschlag, eine Regelung in das GWB einzufügen, die die Erteilung einer rundfunkrechtlichen Zulassung wie einen Zusammenschlußtatbestand behandelt und damit eine wettbewerbsrechtliche Kontrolle auslöst. Das Bundeskartellamt hätte in einem solchen Fall zu prüfen, ob eine wettbewerbsschädigende marktbeherrschende Stellung durch die Zulassung zustandekäme. Eine Untersagung durch das Kartellamt würde dann zugleich zum Erlöschen der rundfunkrechtlichen Zulassung führen. Die Monopolkommission hat in regelmäßigen Abständen diesen Vorschlag aufgegriffen und eine entsprechende Änderung im GWB angeregt[328]. Auch die SPD-Medienkommission hat sich dem angeschlossen[329]. Die Bundesregierung äußerte sich dagegen ablehnend[330].

Für einen solchen Kontrolltatbestand wird angeführt, daß auf diese Weise der publizistische Einflußgewinn eines Unternehmens, der sich gleichzeitig in seiner gestiegenen wirtschaftlichen Macht widerspiegele, wettbewerbsrechtlich erfaßt werden könne. Dagegen wird zum einen angeführt, eine solche spezifisch medienrechtliche Regelung verursache im Wettbewerbsrecht einen Systembruch. Unklar sei zudem, ob das Bundesrecht hiermit nicht seine Kompetenzgrundlage für das Recht der Wirtschaft aus Art. 74 Nr. 11 GG verlasse und in die Landeskompetenz eingreife[331].

Eine Ergänzung des GWB um einen Zusammenschlußtatbestand, der an die Erteilung einer rundfunkrechtlichen Lizenz anknüpft, wäre grundsätzlich geeignet, die pluralismusschützende Wirkung des Wettbewerbsrechts zu verbessern. Zwar liegt in der Regel bei der Gründung eines Rundfunkunternehmens bereits deshalb ein Zusammenschlußtatbestand gem. § 23 Abs. 2 GWB vor, da angesichts der großen Risiken bei der Neugründung eines Rundfunkunternehmens regelmäßig Gemeinschaftsunternehmen gegründet werden[332]. Die oben erwähnten Beispiele Kabelkanal und Premiere zeigen jedoch, daß eine Umgehungsmöglichkeit des Wettbewerbsrechts durch Gründung von *"Ablegern"* durchaus genutzt wird. Ein Zusammenschlußtatbestand *"Lizenzerteilung"* wäre zwar ein Novum im Wettbewerbsrecht, das bisher davon absah, internes Wachs-

---

327 Mestmäcker, Ernst-Joachim, Die Anwendbarkeit des Gesetzes gegen Wettbewerbsbeschränkungen auf Zusammenschlüsse zu Rundfunkunternehmen, GRUR Int. 1983, 553ff.
328 Monopolkommission, Hauptgutachten VI 1984/85, BT-Dr. 10/5860 Rz. 582; dies., Wettbewerbsprobleme bei der Einführung von privatem Hörfunk und Fernsehen, Sondergutachten 11, Baden-Baden 1981; dies., VII Hauptgutachten 1986/87, Baden-Baden 1988; dies., Konzeption einer europäischen Fusionskontrolle, Sondergutachten 17, Baden-Baden 1989; dies., Hauptgutachten 1988/89, Baden-Baden 1990; dies., Industriepolitik und Wettbewerbspolitik, Hauptgutachten IX, Baden-Baden 1991.
329 FAZ v. 30.7.1993.
330 Bundesregierung, Antwort auf die Große Anfrage der SPD zu Konzentrationserscheinungen bei elektronischen Medien v. 24.3.93, BT-Drs. 12/4622, S. 11f.
331 BReg. a.a.O. S. 22ff.
332 Ebenso Parlasca a.a.O., 213.

tum zu sanktionieren. Ein Systembruch läge hier gleichwohl nicht vor. Das Wettbewerbsrecht reagiert damit lediglich auf die besonderen Umstände des Rundfunks. Bedingt durch die derzeit noch notwendige Verteilung knapper Kapazitäten tritt eine Marktbeherrschung hier wesentlich leichter ein, als in anderen Wirtschaftsbereichen. Der vorgeschlagene Zusammenschlußtatbestand würde demnach ebenso wie die übrigen Tatbestände des § 23 GWB an wirtschaftliche Zusammenhänge anknüpfen und zuvorderst dem Regelungsziel dienen, den wirtschaftlichen Wettbewerb im Medienbereich zu schützen. Das Ziel den Pluralismus zu sichern, würde ebenso wie bei der Pressefusionskontrolle gleichsam indirekt mitverfolgt. Über das Bestehen wirtschaftlichen Wettbewerbs würde publizistischer Wettbewerb gefördert[333].

d) *Eingreifkriterien*

Eine Untersagung spricht die Kartellbehörde aus, wenn durch den Zusammenschluß eine marktbeherrschende Stellung entsteht oder verstärkt wird. (§ 24 Abs. 1 S. 1 GWB). Um dies zu beurteilen, ist zu untersuchen, ob die betroffenen Unternehmen auf dem jeweiligen Markt eine beherrschende Stellung innehaben. Problematisch ist im Medienbereich die Marktabgrenzung. Nach dem Bedarfsmarktkonzept gehören zu einem Markt alle Waren oder Leistungen, die nach dem Urteil des durchschnittlichen, vernünftigen Verbrauchers für ihn ohne weiteres denselben Verwendungszweck zu befriedigen geeignet sind[334]. Charakteristisch für den Rundfunk ist unter den derzeitigen Gegebenheiten die Finanzierung durch Werbe- und Gebühreneinnahmen und nur in Ausnahmefällen durch Teilnehmerentgelte. Damit entfällt i.d.R. ein eigenständiger Zuhörer- bzw. Zuschauermarkt[335], da ein direkter Leistungsaustausch zwischen den einzelnen Programmveranstaltern und den Rezipienten nicht stattfindet. Eine derartige Austauschbeziehung gibt es nur im Pay-TV.
Relevante Märkte sind daher lediglich der Werbemarkt und der Programmbeschaffungsmarkt[336]. Ersterer betrifft das Verhältnis zwischen Veranstalter und Werbekunde, letzterer das Verhältnis zwischen Veranstalter und Inhaber der Programmrechte. Das Bundeskartellamt nimmt getrennte Märkte für die Fernseh-, Hörfunk- und Printwerbung an[337], da aus der Sicht der werbetreibenden Wirtschaft die einzelnen Medien nicht austauschbar seien. Sie würden komplementär, nicht substitutiv genutzt. Auch auf dem

---

333 Vgl. ebenso Große Anfrage der SPD zu Konzentrationserscheinungen bei elektronischen Medien v. 24.3.93, BT-Drs. 12/4622, S. 11f.
334 BGH WuW/E BGH 1029 (Sportartikelmesse); 1640 (Vitamin B 12); 1447 (Valium).
335 Monopolkommission, Hauptgutachten, 1984/85, Ziff. 584.
336 Ebenso Monopolkommission, Hauptgutachten 1984/85, Ziff. 584; A.A. Spieler, Ekkehard, Fusionskontrolle im Medienbereich, Berlin 1988, Gabriel-Bräutigam, Karin, Rundfunkkompetenz und Rundfunkfreiheit - Eine Untersuchung über das Verhältnis der Rundfunkhoheit der Länder zu den Gesetzgebungszuständigkeiten des Bundes, Baden-Baden 1990, S. 144f.
337 WuW/E BKartA 2402 (radio nrw); KG WuW/E OLG 4825.

Programmbeschaffungsmarkt besteht zwischen den einzelnen Medienbereichen keine Austauschbarkeit. Für die Frage nach einer wirksamen Pluralismussicherung durch das Wettbewerbsrecht ist hier zunächst von Bedeutung, daß das Bestehen von Pluralismus durch eine medienübergreifende Betrachtung festgestellt werden muß. Meinungsvielfalt und einseitige Vermachtung kann nicht allein auf den Rundfunk beschränkt werden. Denn der Austausch von Meinungen über politische oder gesellschaftliche Ereignisse erfolgt medienübergreifend. Rezipienten informieren sich, wie eine von der EU-Kommission in Auftrag gegebene Studie aufzeigt, aus Hörfunk, Presse und Fernsehen gleichzeitig[338]. Der Meinungsmarkt umfaßt also im Gegensatz zum Werbe- oder Programmbeschaffungsmarkt alle drei Verbreitungsmittel. Eine Abgrenzung nach den im Wettbewerbsrecht herrschenden Kriterien führt demnach dazu, daß die ebenfalls pluralismusrelevanten multimedialen Verflechtungen nicht erfaßt werden können. Lediglich über das Instrument der Erfassung von verstärkendem Einfluß auf Nachbarmärkte[339] ist eine gewisse Kontrolle in Fällen medienübergreifender Verflechtung möglich. Die Erfahrung zeigt jedoch, daß eine Untersagung aus diesem Grund nur in seltenen Fällen ausgesprochen wird. So hat die Monopolkommission beispielsweise im Falle des Karlsruher Hörfunkprogrammes "Welle Fidelitas" angenommen, daß der Zusammenschluß der beteiligten Unternehmen die marktbeherrschende Stellung der örtlichen Tageszeitung absichert. Der Zeitungsverlag halte zwar keine Mehrheitsbeteiligung, sei unter den Gesellschaftern jedoch der größte Anteilsinhaber, die restlichen Anteile verteilen sich auf kleine medienfremde Gesellschafter, so daß diese eine Einwirkung der Welle Fidelitas zugunsten der Zeitung nicht verhindern würden, solange der wirtschaftliche Erfolg gewährleistet sei. Das Bundeskartellamt sah dennoch von einer Untersagung ab[340].

Ein ähnliches Problem zeigt sich bei der Behandlung des öffentlichrechtlichen Rundfunks durch das Kartellrecht. Der öffentlichrechtliche Rundfunk wird als Marktteilnehmer den privaten Veranstaltern gleichgestellt. Dies wird vielfach in der medienrechtlichen Literatur angegriffen[341], wird vom Bundeskartellamt jedoch so

---

338   Kommission der EG, Grünbuch: Pluralismus und Medienkonzentration, Komm (92) 480 endg., S. 27.
339   Mestmäcker, Ernst-Joachim, Die Anwendbarkeit des Gesetzes gegen Wettbewerbsbeschränkungen auf Zusammenschlüsse zu Rundfunkunternehmen, GRUR Int. 1983, 553, 558; Harms, Wolfgang, in: Benisch, Werner (Hrsg.) Gesetz gegen Wettbewerbsbeschränkungen und Europäisches Kartellrecht, Gemeinschaftskommentar, § 24, Rn. 869.
340   Bundeskartellamt, Tätigkeitsbericht 1988/89.
341   Vgl. Hoffmann-Riem, Wolfgang, Rundfunkrecht und Wirtschaftsrecht - Ein Paradigmawechsel in der Rundfunkverfassung, in: ders. (Hrsg.), Rundfunk im Wettbewerbsrecht, Baden-Baden 1988 S. 5; ders., Rundfunkrecht neben Wirtschaftsrecht, Baden-Baden 1991, S. 57; Holznagel, Bernd, Konzentrationsbekämpfung im privaten Rundfunk, ZUM 1991, 263ff; Heinrich, Jürgen, Ökonomische und publizistische Konzentration im deutschen Fernsehsektor - Eine Analyse aus wirtschaftswissenschaftlicher Sicht, Media Perspektiven 1992, 338ff; ders., Ökonomische und publizistische Konzentration im deutschen Fernsehsektor 1992/93: Dominanz der Kirch-Gruppe weiter gestiegen, Media Perspektiven 1993, S. 267, 269; Kulka, Michael, Programmkoordinierung

praktiziert[342], wurde von der Rechtsprechung nicht beanstandet[343] und ist in der wettbewerbsrechtlichen Literatur anerkannt[344].

Nach dem GWB ist allein ausschlaggebend, ob eine Wettbewerbsbeziehung auf dem Gebiet des Werbe- bzw. Programmbeschaffungsmarktes besteht. Hier stehen öffentlichrechtliche und private Veranstalter unzweifelhaft im Wettbewerb. Eine Beschränkung kartellrechtlicher Aktivitäten auf den Privatrundfunk, setzt eine Bereichsausnahme für den öffentlichrechtlichen Rundfunk voraus. Sie ist im GWB jedoch nicht enthalten[345].

So hat beispielsweise das Bundeskartellamt einer Erhöhung einzelner Gesellschaftsanteile für regionale Fensterprogramme bei SAT 1 trotz marktbeherrschender Stellung der Gesellschafter im Zeitungsmarkt genehmigt, da dies auf dem Teilmarkt des Werbefernsehens zur Verbesserung der Marktstruktur führt, der bisher von den öffentlichrechtlichen Anstalten beherrscht war.

Was aus der Sicht des Wettbewerbsrechts konsequent erscheint, ist für die Sicherung des Pluralismus problematisch. Der öffentlichrechtliche Rundfunk ist binnenpluralistisch organisiert. Er kann, da er nicht privat organisiert ist, keinen Beitrag zur einseitigen Vermachtung eines Privaten leisten. Zwar ist das gremienpluralistische System in hohem Maße anfällig für Parteieneinfluß[346] und auch die Staatsfreiheit ist in der Praxis keineswegs optimal garantiert[347]. Insgesamt ist jedoch festzustellen, daß der öffentlichrechtliche Rundfunk keiner einseitigen Vermachtung unterliegt, sondern Meinungspluralismus praktiziert. Jedenfalls bei der ARD ist dies nicht zuletzt auch Konsequenz der regionalen Organisation, die für unterschiedliche Berücksichtigung der politischen Richtungen sorgt.

---

und Kartellrecht. Zur Anwendbarkeit des GWB auf die Programmtätigkeit der öffentlichrechtlichen Rundfunkanstalten, AfP 1985, 177ff; Ladeur, Karl-Heinz, Kartellrecht und Rundfunkrecht, RuF 1990, 5ff.

342 Bundeskartellamt, Untersagung eines Rundfunkzusammenschlusses wegen Verhinderung des Wettbewerbs zwischen öffentlich-rechtlichem und privatem Rundfunk, Beschl. 18.6.89, WuW/E, BKartA 2396.

343 BGH NJW 1990, 2815f; KG Berlin, Beschluß v. 26.06.1991, ZUM 1992, 436.

344 Emmerich, Volker, Rundfunk im Wettbewerbsrecht, AfP 1989, 433ff; ders., Möglichkeiten und Grenzen der wirtschaftlichen Betätigung der öffentlich-rechtlichen Rundfunkanstalten, in: Steiner, Ulrich (Hrsg.), Sport und Medien, Heidelberg 1990; Harms, Wolfgang, Rundfunkmonopol und Marktkonkurrenz - Auswirkungen auf Medienstruktur und Medienwirtschaft, AfP 1981, 244ff; ders. in: Benisch, Werner (Hrsg.) Gesetz gegen Wettbewerbsbeschränkungen und Europäisches Kartellrecht, Gemeinschaftskommentar, § 24, Rn. 866; Engel, Hamm, u.a., Mehr Markt im Hörfunk und Fernsehen, Kronberger Kreis, Bad-Homburg 1989; Mestmäcker, Ernst-Joachim, Die Anwendbarkeit des Gesetzes gegen Wettbewerbsbeschränkungen auf Zusammenschlüsse zu Rundfunkunternehmen, GRUR Int. 1983, 553ff; ders., Gutachten, 56. Deutscher Juristentag Band II, O 9; ders., Kommentierung vor § 23, in: Immenga, Ulrich, Mestmäcker, Ernst-Joachim, GWB Kommentar zum Kartellgesetz, München 2. Aufl. 1992, Rn. 71.

345 Vgl. Mestmäcker, a.a.O.

346 Vgl. Ricker, Reinhart, Staatsfreiheit und Rundfunkfinanzierung, NJW 1994, 2199 f.

347 Dies hat auch das Bundesverfassungsgericht in seinem Gebührenurteil festgestellt vgl. BVerfG, Urteil v. 22.02.1994 - 1 BvL 30/88 - Umdruck S. 35ff.

Behandelt nun das Wettbewerbsrecht den öffentlichrechtlichen Rundfunk ebenso wie einen privaten Veranstalter, und ist eine Untersagung nicht möglich, da der private Veranstalter zwar unter den privaten Veranstaltern marktbeherrschend oder Monopolist ist, bei Einbeziehung des öffentlichrechtlichen Rundfunks jedoch nicht, so kann dies nicht als Beitrag für eine wirksame Sicherung des Pluralismus betrachtet werden[348].

IV Zusammenfassung der aufgeworfenen Probleme, bei deren Klärung die ausländischen Rechtsordnungen herangezogen werden sollen

Die Darstellung der Rechtslage in Deutschland hat zahlreiche Probleme erkennen lassen, die bei den Berichten über Frankreich, Italien und Großbritannien im Auge behalten werden müssen.

Als Basis für eine rechtsvergleichende Heranziehung ausländischer Erfahrungen dient der Pluralismusbegriff, seine Definition und seine Herleitung aus dem Verfassungstext. Erweist sich dieser auch in den anderen Rechtsordnungen als tragendes medienrechtliches Fundament, so ist damit eine Grundlage für den Vergleich von einzelnen dogmatischen Problemen geschaffen. Hier hat sich im deutschen Recht insbesondere die Rechtfertigung für die dem Rundfunk eingeräumte Sonderstellung als problematisch erwiesen.

Streitig ist in der deutschen Diskussion auf der grundrechtsdogmatischen Ebene das Verhältnis zwischen Pluralismus und Individualrecht. Auf der Regelungsebene stellt sich die Frage, ob es für den Rundfunk einer positiven Ordnung bedarf oder ob Medienunternehmen in das allgemeine Wirtschaftsrecht eingegliedert werden sollen. Wird ein spezifisches Medienrecht für erforderlich gehalten, so muß das Verhältnis zwischen wettbewerbsrechtlicher und medienrechtlicher Kontrolle geklärt werden. Davon zu trennen ist die Frage, ob die wettbewerbsrechtliche Kontrolle geeignet erscheint, den Pluralismus im privaten Rundfunk zu sichern.

Schließlich sind die konkreten medienspezifischen Kontrolltatbestände kritisch zu hinterfragen: Hierbei handelt es sich zum einen um die Frage, ob die anderen Rechtsordnungen dem Marktanteilsmodell ähnliche Regelungen kennen, die rechtsvergleichend herangezogen werden könnten. Darüber hinaus ist zu klären, welche Bedeutung die medienrechtlichen intermediären Beschränkungen für die Sicherung des Pluralismus besitzen, wie gesellschaftsrechtlich und faktisch vermittelte Kontrolltatbestände erfaßt werden sollen und in welchem Umfang es Transparenzbestimmungen zur Sicherung des Pluralismus bedarf.

---

348 Ebenso: Holznagel, Bernd, Konzentrationsbekämpfung im privaten Rundfunk, ZUM 1991, 263, 267.

B   Frankreich

I   Rundfunkgeschichte und aktuelle Regelungssituation

1.   Erste Phase: Inhaltliche Einflußnahme auf privatwirtschaftliche Unternehmen (1903-1926)

Nachdem 1903 vom Eiffelturm die ersten Erfahrungen mit der Ausstrahlung von Radiosendungen gemacht worden waren, breiteten sich von 1922 bis 1926 im ganzen Land private Sender aus, die Musik, Unterhaltung und Information übertrugen[1]. Daneben baute das Postministerium eigene Sender auf, die jedoch bis weit in die Dreißigerjahre hinein nur über geringe Übertragungskapazitäten verfügten. Bereits 1923 wurden die privaten Sender staatlicher Kontrolle unterstellt. Das entsprechende Gesetzesdekret verwandte die Formulierung des *"monopole de police"* womit ausgedrückt war, daß das Privateigentum an den Sendern zwar erhalten blieb, der Staat jedoch das *"Überwachungsmonopol"* beanspruchte. Die inhaltliche Kontrolle über die vom Postminister lizenzierten Sender war weitgehend: alle Programme mußten dem Minister vor Ausstrahlung in ihrem Wortlaut vorliegen. Darüber hinaus war jedem Sender ein "Kommissar" der Regierung zugeordnet, der mit beratender Stimme im Aufsichtsrat und in der Gesellschafterversammlung vertreten war. Ihm stand ein Vetorecht bei Entscheidungen zu, von denen er glaubte, sie verstießen gegen die gesetzlichen Bestimmungen. Auch die finanzielle Lage des Senders wurde staatlich überwacht, um den Anteil der an den Staat zu entrichtenden Gebühren festzustellen. Schließlich übte die Regierung eine besonders strikte inhaltliche Kontrolle über die Ausstrahlung von Nachrichtensendungen aus.
Gerechtfertigt wurde diese Kontrolle damit, daß die privaten Unternehmen durch die Rundfunkausstrahlung zur Erfüllung einer öffentlichen Aufgabe beitrugen[2], die der Staat mangels ausreichender Kapazitäten nicht ausfüllen konnte. Daher waren sie auch besonderen Bindungen unterworfen: ihre Sendegenehmigungen konnten aus Gründen des Allgemeininteresses oder falls sie Auflagen nicht erfüllten, widerrufen werden[3]. Die dem Staat fehlende Infrastruktur und nicht die Überzeugung, daß die Veranstaltung von Rundfunk Teil der Meinungsfreiheit sei, führte zur Verwirklichung dieses ersten dualen Rundfunksystems in Frankreich. Das für die Presse seit 1881 gesetzlich garantierte Freiheitsrecht[4] fand keine Übertragung auf das neue Kommunikationsmedium. Rundfunk

---

1   Debbasch, Charles, Droit de l'audiovisuel, Paris 2. Aufl. 1991, S.99ff.
2   Debbasch, a.a.O. S.101.
3   Debbasch, a.a.O. S.101.
4   S. hierzu: Albert, Pierre, La Presse francaise, Paris 1978.

wurde in der dritten Republik von Beginn an als staatliche Aufgabe betrachtet, auch wenn sie zunächst von privaten Unternehmen wahrgenommen wurde.

2. *Zweite Phase: Staatliches Monopol im Inland und finanzielle Beherrschung der "périphériques" (1926 - 1982)*

Bereits 1926 sollte das "Überwachungsmonopol" per Gesetzesdekret in ein "Veranstaltermonopol" überführt werden[5]. Die amtliche Begründung des Dekrets ging nun zum ersten Mal in der Geschichte des französischen Rundfunks auf Fragen der Meinungsvielfalt und der Staatsferne ein. Die Regierung war der Meinung, daß eine angemessene Entwicklung des Rundfunks eine einheitliche Koordinierung voraussetze, aus technischer Sicht sei eine Organisation durch eine staatliche Behörde geboten. Es sei jedoch niemandes Absicht, damit eine Art staatliches Propagandamonopol einzurichten. Zwar sei mit dem Dekret geplant, alle privaten Sender in staatliches Eigentum überzuführen, dies bedeute jedoch nicht, daß die Programme von staatlichen Beamten gestaltet werden sollten, sondern von Unternehmen, *"ou sont représentées toutes les forces vives de la région ou de la nation"*. Auf diese Weise erhalte der technische Bereich des Rundfunks eine einheitliche Organisationsform, die technisch unverzichtbar sei, ohne daß *"la liberté de la parole et de la pensée en puisse subir la moindre atteinte."*[6] Die Regierung schlug also ein binnenpluralistisches System vor, in welchem verschiedene gesellschaftliche Gruppen zu Wort kommen sollten. Auf diese Weise sollte eine eventuelle Gefahr für das Grundrecht der Meinungsfreiheit abgewandt werden. Festzustellen bleibt, daß der Rundfunk hier zum ersten Mal mit dem Grundrecht der Meinungsfreiheit überhaupt in Verbindung gebracht wurde. Die staatliche Kontrolle über den Rundfunk wurde als potentielle Gefahr für die Meinungsfreiheit erkannt, sie sollte durch die binnenpluralistische Sicherung gebannt werden.

Beträchtlicher politischer Druck der privaten Veranstalter hinderte die Regierung jedoch zunächst daran, das Dekret anzuwenden und die privaten Zulassungen zu widerrufen, bzw. nicht zu verlängern. Ab 1940 während der deutschen Besetzung bzw. unter dem Vichyregime war dann der Rundfunk gleichgeschaltet und vollständig in Regierungshand. Doch nach dem zweiten Weltkrieg nutzte die neue Regierung die Gunst der Stunde: Die privaten Sender wurden erneut beschlagnahmt und das staatliche Rundfunkmonopol mit der Verordnung vom 20.11.1944 endgültig durchgesetzt. Jedoch auch dieses Monopol hatte Lücken: beträchtliche Konkurrenz erwuchs den staatlichen Sendern durch die sogenannten "Postes périphériques", werbefinanzierte Programme, die von einem Nachbarstaat nach Frankreich einstrahlten und deren Programme sich speziell an das französische Publikum richteten.

Sie waren nicht, wie die staatlichen Sender auf die Veranstaltung von Service-Public-Programmen festgelegt. Doch sowohl der ausländische, als auch der private Charakter

---

5   Decret-loi 28.9.1926 (D.P. 1927.4.226).
6   Debbasch, a.a.O. S.102.

der *"Périphériques"* war bald nur noch Makulatur: Die Sender unterhielten Studios in Paris und produzierten den größten Teil ihrer Programme in Frankreich. Lediglich die Übertragungseinrichtungen und der Sitz der Gesellschaften war in Belgien, Luxemburg oder Monaco. Der ausländische Charakter dieser Sender war denn bald *"plus comme une fiction juridique qu' une réalité"*[7].
Doch auch der Charakter des Privatunternehmens wurde mehr und mehr zur Fiktion: Über die zu 99 v. H. vom französischen Staat gehaltene Aktiengesellschaft Sofirad (société financière de radiodiffusion) und den mehrheitlich vom Staat beherrschten Medienkonzern Havas gelang es nach und nach, die peripheren Sender unter Kontrolle zu bringen. Grund für diese Beteiligungen war ursprünglich die Befürchtung, Frankreich könne sich eines Tages von feindlich gesonnenen Sendern umgeben wiederfinden. Immer mehr rückte jedoch der kommerzielle Aspekt in den Vordergrund. Der Staat setzte sich dem Vorwurf aus, alles, was er für die staatlichen Sender im Namen der Service-Public-Bindung verboten hatte, über die staatlich beherrschten *"Périphériques"* selbst zu veranstalten.

Für die staatlichen Programme war die inhaltliche Einflußnahmemöglichkeit der Regierung nahezu total: Der Premierminister erstellte ein sog. Pflichtenheft *("cahier des charges")* für jede staatliche Gesellschaft mit genauen Programmvorgaben, die die Erfüllung des Service-Public-Auftrages sicherstellen sollte. Die Regierung bestellte außerdem die Präsidenten und besaß die Mehrheit in den Verwaltungsräten. Die jeweilige Regierung nutzte ihre Möglichkeiten aus und sorgte so für eine regierungsfreundliche Berichterstattung[8]. Die peripheren Sender konnten zwar nicht in gleichem Maße einer inhaltlichen Kontrolle unterworfen werden, über die Stimmenmehrheit im Aufsichtsrat war es jedoch der Regierung ebenfalls möglich, Einfluß auf die Personalpolitik und damit auf den Programminhalt zu nehmen.

3. *Dritte Phase: Einführung privaten Rundfunks als Service-Public (1982 - 1986)*

Mitte der Siebziger Jahre tauchten die ersten Piratensender *("radio libres")* in Frankreich auf. Nach einer Zeit relativ erfolgloser staatlicher Verfolgung, räumte ihnen das Gesetz vom 9.11.1981[9] die Möglichkeit der Legalisierung ein. Gemeinnützige Gesellschaften, die Rundfunk ohne Werbeausstrahlung veranstalten wollten, konnten eine Ausnahme vom staatlichen Sendemonopol beantragen. Dieses Gesetz enthielt auch eine relativ einfache Konzentrationskontrollregelung: eine Vereinigung konnte nicht mehr als eine Zulassung zur Veranstaltung lokalen Rundfunks erhalten und eine Person konnte sich an nicht mehr als an einer Vereinigung und dies mit höchstens einem

---

7 Debbasch, Charles, a.a.O., S.113.
8 Turpin, D., Neue Entwicklungen im Recht der audiovisuellen Kommunikation in Frankreich, ZUM 1988, 102, 111.
9 Loi Nr.81-994 vom 9.11.1981.

Viertel des Gesamtkapitals beteiligen[10]. Mit dem Gesetz vom 29.7.1982[11] hob der Gesetzgeber schließlich das staatliche Rundfunkmonopol formell auf und etablierte ein duales System zwischen staatlichem und privatem Rundfunk. Der Umbruch in der Medienordnung vollzog sich in Frankreich vor dem Hintergrund einer politischen Umbruchsituation. Die im Frühling 1981 an die Regierung gewählten Sozialisten hatten die *"radio libre"* auf breiter Basis unterstützt und waren für eine Liberalisierung des Rundfunks eingetreten[12]. Die Rundfunkorganisation war eines der Hauptthemen im Wahlkampf 1980/81[13]. Die neue Regierung setzte eine Kommission ein, die im September 1981 einen Bericht *"Pour une reforme de l'audiovisuel"* vorlegte[14]. Ausgehend vom Grundrecht auf Kommunikationsfreiheit aus Art.11 Dekl. sollte das neue Gesetz dieser Freiheit nun auch im Rundfunk zur Geltung verhelfen. Allerdings dürfe sie nicht unkontrolliert gewährt werden, sondern müsse als Service Public ausgestaltet sein. Hier seien drei Voraussetzungen zu beachten[15]:

- Weder der Staat noch ein Privater dürfe Kontrolle über den gesamten Rundfunkbereich ausüben.
- Jeder Bürger müsse Zugang zum Rundfunk erhalten.
- Das Rundfunksystem müsse den Pluralismus garantieren, namentlich durch die Gewährleistung einer korrekten Informationswiedergabe, der Unabhängigkeit der Informierenden, und der möglichst gleichgewichtigen Berücksichtigung aller im Lande vertretenen politischen Strömungen.

Hier zeichnet sich nun ein Pluralismusbegriff ab, wie er später in der Rechtsprechung des Verfassungsgerichts in den dogmatischen Zusammenhang des Art. 11 Dekl. eingeordnet wurde (s.u. II). Die Vielfalt sollte also auch bei Bestehen privaten Rundfunks durch eine inhaltliche Kontrolle des Staates gesichert werden. Die Einführung privaten Rundfunks bedeutet keineswegs einen Rückzug des Staates aus diesem Bereich, wie er bei der Presse bereits seit einem Jahrhundert vollzogen war. Auch ist hier noch nicht davon die Rede, die Vielfalt durch äußere, außenpluralistische Maßnahmen zu sichern. Demnach spielt auch die Konzentrationsbekämpfung als Element der Vielfaltssicherung keine Rolle.

Interessant ist die Begründung, die der Bericht für die Notwendigkeit einer staatlichen Garantie der Vielfalt gibt, da er auf eine typisch französische Weise Gesichtspunkte der Meinungsvielfalt mit solchen der Industriepolitik verbindet: Eine Nation, die auf die Ausübung der Herrschaft über den Rundfunk verzichte, würde schnell zum passiven Zuschauer einer Bilderflut. Nach und nach verliere sie die Fähigkeit, sich selbst zu erkennen und sie laufe Gefahr, so zuletzt ihre politische Unabhängigkeit zu verlieren. Die

---

10 Debbasch, Charles, a.a.O, S.123.
11 Loi 82-652 vom 29.7.1982.
12 De Bertier de Sauvigny, G., Histoire de France, Paris 1988, S. 476.
13 Debbasch, Charles, a.a.O. S.130ff.
14 Moinot, Pierre, Pour une reforme de l'audiovisuel, Rapport au premier ministre de la commission de réflexion et d'orientation, Documentation Francaise, Paris 1981.
15 Moinot, a.a.O., S.12ff.

nationale Identität bliebe ein abstrakter Gedanke, wenn sie sich nicht in ihrer Verschiedenartigkeit und unterschiedlichen Mentalitäten, Lebensweisen und Überzeugungen ausdrücken könnte. Der Rundfunk habe also eine gesellschaftliche Rolle zu erfüllen, die darin bestehe, *"de favoriser le dialogue des diverses composants de la Nation"*[16].

Das Gesetzgebungsverfahren war langwierig und geprägt von Auseinandersetzungen zwischen zwei unterschiedlichen Vielfaltskonzeptionen[17]: Im Sinne des Moinot-Berichts war die Regierung der Ansicht, daß die Voraussetzungen für den Service-Public aufrechterhalten werden müßten, um die Meinungsvielfalt zu sichern und ein privates Monopol zu verhindern[18]. Die Opposition war dagegen der Auffassung, daß unter den gegenwärtigen technischen Bedingungen, der Rundfunk in einem freien Markt konkurrierender Unternehmen zu organisieren sei und den Konsumenten ohne staatlichen Einfluß die freie Wahl überlassen werden müsse. Pluralismus werde sich allein durch die Liberalisierung des Rundfunkmarktes einstellen[19].

Das schließlich beschlossene Gesetz vom 29.7.1982 garantierte zum einen das Freiheitsrecht auf Rundfunkveranstaltung, band auf der anderen Seite den privaten Rundfunk eng an das Service-Public-Prinzip, wobei zweiteres das Regelungswerk dominierte. Beide Schwerpunkte spiegelten sich bereits in den ersten beiden Artikeln des Gesetzes:

- Art.1 garantierte die Rundfunkfreiheit als Veranstalterfreiheit: *"La communication audiovisuelle est libre"*. Damit wurde der Rundfunk zum ersten Mal in diesem Gesetz als ein Verbreitungsmittel angesehen, dessen Veranstaltung dem Einzelnen grundsätzlich zugänglich sein muß. Dementsprechend war eine staatliche Beschränkung der Zulassung oder inhaltliche Anforderungen an die Programmveranstaltung als Eingriff in diese Rundfunkfreiheit zu sehen. Ein solcher Eingriff, so auch das Verfassungsgericht im Urteil über dieses Gesetz[20] müsse durch höherrangige Ziele oder durch technische Beschränkungen gerechtfertigt sein. Der Gesetzgeber habe die Aufgabe, die Ausübbarkeit des Rechts zu gewährleisten.

- Art. 2 dagegen stellte dem subjektiven Recht auf Rundfunkveranstaltung das Recht der Bürger auf freien und vielfältigen Rundfunk gegenüber[21]: Dieses Kollektivrecht war als staatlicher Auftrag zu verstehen, ein Rundfunksystem zu etablieren, in dem die Bürger die genannten Rechte wahrnehmen konnten.

Wie das Individualrecht mit dem staatlichen Auftrag zum Ausgleich gebracht werden soll, zeigten die folgenden Regelungen: So setzte denn Art. 4 des Gesetzes fest, daß das in Art. 1 genannte Recht auf Rundfunkfreiheit insbesondere auszugestalten sei durch:

(1)   Service-Public in Hörfunk und Fernsehen

---

16 Moinot, Pierre, Pour une reforme de l'audiovisuel, Rapport au premier ministre de la commission de réflexion et d'orientation, Documentation Francaise, Paris 1981.
17 Morange, Jean, Droits de l'homme et libertés publiques, Paris 2. Aufl. 1989, 272.
18 Assemblée National, 28.4.1982, B. Schreiner, Journal Officiel 29.4. S.1426.
19 Assemblée National, 26.4.1982, M.Madelin, Journal Officiel 27.4. S.1307.
20 CCF 27. Juli 1982, Rec.Cost. 1982, 48ff.
21 "Les citoyens ont droit à une communication audiovisuelle libre et pluraliste".

(2) gesetzliche Zulassungsregelungen
(3) die Aufsichtsbehörde

zu (1): Service-Public in Hörfunk und Fernsehen

Die einzelnen Bestandteile des Service-Public-Prinzips waren in Art. 5 aufgeführt: Die Ehrlichkeit, Unabhängigkeit und Vielfalt der Information, Bildung und Unterhaltung für alle Bevölkerungsschichten, Beiträge zur Schaffung anspruchsvoller Werke, Förderung des Dialogs in der Gesellschaft, Verteidigung der französischen Sprache und die Förderung ihrer Verbreitung im Ausland. Hauptsächlich sollten diese Ziele durch den staatlichen Rundfunk erfüllt werden, der durch das Gesetz umstrukturiert wurde (3.Titel): Für Hörfunk und Fernsehen verfolgte der Gesetzgeber eine Strategie der Regionalisierung, als Rechtsform wurde meist die Aktiengesellschaft mit Mehrheits- oder Exklusivbeteiligung des Staates gewählt. Die Aufsichtsbehörde sollte eine staatsunabhängige Kontrolle garantieren.

Zu (2): Gesetzliche Zulassungsregeln

Für den privaten Rundfunk kannte das Gesetz zwei Zulassungsarten: Während das terrestrisch verbreitete Fernsehen, wie bereits erwähnt durch eine *"concession de service public"* zugelassen wurde, war für den privaten Hörfunk lediglich eine "autorisation" (Art. 80) erforderlich. Während die Konzession umfangreichen inhaltlichen Bindungen ausgesetzt war, unterlag die Autorisation nur zwei Anforderungen: sie konnte nur von gemeinnützigen Vereinen beantragt werden und die Finanzierung durch Werbeeinnahmen wurde wegen befürchteter negativer Auswirkungen auf das Programm und um die lokale Presse zu schützen ausgeschlossen (Art. 81). Die Behörde lizenzierte bis Mitte 1984 838 gemeinnützige private lokale Hörfunksender. Die Erfahrungen mit dem Werbeverbot waren vorwiegend negativ: Die finanzielle Ausstattung der Zulassungsinhaber war katastrophal, oft wurde das Verbot einfach nicht eingehalten, denn der Behörde fiel es schwer, sich in diesem Bereich durchzusetzen[22]. Es wurde mit dem Änderungsgesetz vom 1.8.1984 denn auch aufgehoben.

Während für Konzessionsinhaber die Vielfalt durch die inhaltlichen Service-Public-Anforderungen gesichert werden sollte, war für den Autorisationsbereich die Entwicklung einer außenpluralistischen Vielfalt bezweckt: viele konkurrierende lokale und regionale Hörfunkveranstalter sollten unbeeinflußt von kommerziellen Interessen die für den Service Public geforderten Voraussetzungen als Gesamtsystem erfüllen. Zur Absicherung dieses außenpluralistischen Systems sah das Gesetz in Art. 80 Konzentrationskontrollregelungen vor: Ein Autorisationsinhaber durfte nur noch eine weitere Zulassung erhalten, eine natürliche oder juristische Person durfte nicht an mehr als an einem Zulassungsinhaber finanziell oder in leitender Stellung personell beteiligt sein und die finanzielle Höchstbeteiligung einer natürlichen oder juristischen Person an einem Zulassungsinhaber war auf ein Viertel der Anteile beschränkt.

---

22 Debbasch, Charles, Les radios libres, un régime sous surveillance étatique, Paris 1982, S.123ff.

Zu (3): Aufsichtsbehörde
Wesentlich für die Konzeption der Regierung war die Organisation der Aufsichtsbehörde: Um eine Gefährdung der Rundfunkfreiheit durch direkten Staatseinfluß auszuschließen, wurde die Kontrolle sowohl des staatlichen als auch des privaten Rundfunks einer *"administration independente"* übertragen, d.h. einer Behörde, die zwar staatliche Aufgaben wahrnimmt, deren Entscheidungen jedoch von der Regierung unabhängig sein sollen[23]. Die *"Haute Autorité de la communication audiovisuelle"* bestand aus neun Mitgliedern, die vom Präsidenten der Republik auf neun Jahre ernannt wurden. Vorschlagsrecht hatten zu je einem Drittel die Nationalversammlung, der Senat und der Staatschef. Die Behörde sollte u.a. über die Einhaltung des Pluralismusgebots, insbesondere *"à l'expression des diverses familles de croyance et de pensée"* also über die Einhaltung der Meinungsvielfalt wachen. Sie erteilte Zulassungen für die privaten Anbieter im lokalen Hörfunk und für die Kabelnetze. Außerdem ernannte sie die Direktoren der staatlichen Sender. Die Haute Autorité war letztlich weniger selbstständig, als dies zunächst scheinen mochte. Bei der Vergabe der Zulassungen an die lokalen Veranstalter war sie beispielsweise an die Stellungnahme einer mehrheitlich von der Regierung besetzten Kommission gebunden[24] auch die Bestellungsweise der Mitglieder der Haute Autorité brachte beträchtliche Regierungsnähe mit sich.

4. Vierte Phase: Reduzierung der internen und externen Steuerung im privaten Bereich (seit 1986)

Das Gesetz, eigentlich "für das nächste Jahrtausend" geschaffen[25], behielt seine Gültigkeit nur für vier Jahre, bis zum Regierungswechsel 1986. Die an die Macht gekommene Opposition hielt an ihren 1982 geäußerten Zielen fest. Sie begnügte sich nicht damit, einige Änderungen in das Rundfunkgesetz einzufügen, sondern schuf ein völlig neues Regelungswerk, das Gegenstand eines der längsten Gesetzgebungsverfahren der fünften Republik wurde[26]. Unmittelbar nach der Verabschiedung des Gesetzes im August 1986 reichte die Opposition Klage beim Verfassungsgericht ein. Der Court Constitutionnel stellte in seinem Urteil vom 18. Sept. 1986[27] gravierende Lücken vorallem bei der Konzentrationskontrolle fest. Bis zum 27. November 1986 gelang es der Regierung, eine geänderte Fassung durch die Gesetzgebungsinstanzen zu bringen.

---

23 S. zum Prinzip der Administration Independente: Teitgen-Colly, Catherine: Les autorités administratives indépendantes: histoire d'une institution, in: La vie judiciaire 11.-17.1.1988 S.1, 7ff.
24 Debbasch, a.a.O.
25 Die Verabschiedung war mit großen Erwartungen verbunden. Der Kommunikationsminister verkündete am 10.6.1982 vor dem Senat (Journal Officiel, 11.6.1982 S.2700): "C'est une loi pour le prochaine millénaire. Soyons modestes, en tout cas pour le début du prochain millénaire".
26 Debbasch, Charles, Droit de l'audiovisuel, Paris 2. Aufl. 1991, S.142.
27 CCF 18.Sept. 1986, JO 19.Sept.1986, S.11294ff.

Das Rundfunkgesetz war für die neue Regierung Teil ihrer allgemeinen Privatisierungspolitik[28]. In Übereinstimmung mit der liberalistischen Wirtschaftstheorie, sollten auch die Medien und insbesondere der Rundfunk von staatlichen Bindungen befreit und dem freien Wettbewerb ausgesetzt werden[29]. Pluralismus sollte weniger durch staatliche Einflußnahme im Sinne des Service-Public-Systems sondern stärker durch konkurrierende private Veranstalter gesichert werden, die ihrerseits mit den staatlichen Sendern in Konkurrenz treten sollten[30]. Diese Akzentverlagerung spiegelte sich unmittelbar in den ersten Artikeln des neuen Gesetzes wieder: Der weiterhin in Art.1 proklamierten individuellen Rundfunkfreiheit steht nun kein Kollektivrecht auf Rundfunkfreiheit mehr gegenüber, wie es das Gesetz von 1982 in seinem Art. 2 vorgesehen hatte. Stattdessen nennt das Gesetz in Art.1 Abs. 2 nun Gründe, aus denen die Rundfunkfreiheit eingeschränkt werden kann. U.a. ist hier auch der *"caractère pluraliste de l'éxpression des courants de pensée et d'opinion"*, also die Meinungsvielfalt aufgeführt. Dies zeigt deutlich die Akzentverschiebung im neuen Gesetz: Im Vordergrund steht die Verwirklichung des Individualgrundrechts auf Rundfunkveranstaltung, die Informationsfreiheit rechtfertigt eine Einschränkung des Individualrechts, es ist jedoch kein eigenständiges Schutzgut des Gesetzes mehr. Der Schwenk vom Service Public durch private Veranstalter zu einem System konkurrierender Rundfunkunternehmen läßt sich an vielen Stellen des Gesetzes beobachten:

- Um die neue Richtung auch personell zu vollziehen, löste das neue Gesetz die alte Rundfunkbehörde auf und gründete die *Commission nationale de la communication et des libertés* (CNCL), die in ihrer Zusammensetzung und ihren Kompetenzen jedoch nicht wesentlich von der Vorgängerbehörde abwich.
- Die Aufsichtsbehörde hat den Auftrag, die freie Konkurrenz im Rundfunk zu überwachen (Art.1 Abs. 3), sie unterbreitet der Regierung Vorschläge zur Entwicklung der Konkurrenz im Rundfunk (Art.17 Abs. 1), die Wettbewerbsbehörde ist neben der Rundfunkbehörde für die Kontrolle zuständig (Art.41)
- Die Zweiteilung in Konzession und Autorisation wird zugunsten eines einheitlichen Zulassungssystems aufgegeben, an private Veranstalter werden grundsätzlich keine Service-Public Anforderungen mehr gestellt (Art. 29).
- Die Veranstaltung von lokalem Hörfunk steht nicht mehr nur gemeinnützigen Vereinen sondern auch kommerziellen Unternehmen offen (Art. 28ff).
- Durch die Privatisierung des größten staatlichen Senders TF 1 sollte ein Gleichgewicht zwischen staatlichen und privaten Programmen erreicht werden (Art. 58ff).
- Die Medienvielfalt soll durch externe Sicherungen im Rahmen von Zulassungsregeln und Konzentrationskontrollbestimmungen geschützt werden. Das Gesetz enthält

---

28 Zur sog. "Platform" der Regierungspolitik Chiracs s. Echo de la presse et de la publicité v. 7.12.1986, S.4.
29 Derieux, Emmanuel, Le nouveau statut de la communication, Revue du droit public 1987, 321, 338.
30 Debbasch, Charles, Droit de l'audiovisuel, Paris 2. Aufl. 1991, S.141.

in Art. 39ff getrennte Regelungen für die landesweite Verbreitung von Fernsehen und Hörfunk, differenziert zwischen Kabel, Satellit und terrestrischer Verbreitung und erfasst Beteiligungsmargen einzelner juristischer oder natürlicher Personen nach einem abgestuften System. Auf der Basis vorgegebener Grundregeln soll die Aufsichtsbehörde eine Entscheidungspraxis entwickeln, die flexibel auf die sich in ständigem Wandel befindlichen Gegebenheiten des Rundfunks reagieren soll. Im lokalen Bereich erlaubt das neue Gesetz höhere Beteiligungsanteile als die Vorgängerfassung und schließt auch eine Kettenbildung zwischen lokalen Veranstaltern nicht aus. Insbesondere berücksichtigt es nicht die in der Öffentlichkeit stark diskutierte intermediäre Konzentration durch die Beteiligung von Presseunternehmen am Rundfunk. Dies waren denn auch die Hauptkritikpunkte des Verfassungsgerichtsurteils vom 18. Sept. 1986[31]. Um den verfassungsrechtlichen Pluralismusanforderungen zu genügen, so die Richter, seien Vorkehrungen gegen eine zu starke Zusammenballung der Printmedien mit dem Rundfunk und der einzelnen Rundfunkbereiche untereinander zu unterbinden. Außerdem genüge es nicht, eine Höchstbeteiligungsschranke für Kapital und Stimmrechte an einem Zulassungsinhaber festzulegen, auch eine Begrenzung der Anzahl von Beteiligungen an verschiedenen Programmen sei zum Schutz der Medienvielfalt erforderlich. Die nach dem Gesetz zulässige Kettenbildung im lokalen Bereich, verstoße ebenfalls gegen die Verfassung. Alle Punkte wurden im Änderungsgesetz vom 27.11.1986 nachgebessert.
Doch ungeachtet der wirtschaftsliberalistischen Ausrichtung, beschränkt sich der Gesetzgeber 1986 keineswegs auf wettbewerbsschützende Maßnahmen. Auch dieses Gesetz enthält eine ganze Reihe von Regelungen, die in die inhaltliche Freiheit der Rundfunkunternehmen eingreift, so daß man in der Literatur von einer *"liberté surveillée"*[32] oder auch *"liberté amenagée"*[33] spricht; von der ursprünglich angekündigten Gleichstellung des Rundfunks mit der Presse[34] kann keine Rede sein. Dogmatische Grundlage für die inhaltliche Regulierung ist Art. 1 Abs. 2, der Gründe für Einschränkungen der Rundfunkfreiheit aufzählt: Neben der bereits genannten Meinungsvielfalt, den technischen Besonderheiten des Rundfunks und dem Service-Public wird hier ein neues Kriterium eingeführt: *"la nécessité de développer une industrie nationale de production audiovisuelle"*. Ebenso wie im allgemeinen französischen Wettbewerbsrecht[35], rücken damit auch im Rundfunkrecht industriepolitische Ziele in den Vordergrund. Technische Sondersituation, Service Public, Pluralismussicherung, und Industriepolitik geben Anlaß zu einer ganzen Palette von Eingriffen des

---

31 CCF 18.Sept. 1986, JO 19.Sept.1986, S.11294ff.
32 Derieux, Emmanuel, Le nouveau statut de la communication, Revue du droit public 1987, 321, 336.
33 Balle, Francis, Médias et Sociétés, Presse, Audiovisuel, Telecommunications, Paris 6. Aufl. 1992, S. 218ff.
34 s.o. Plattform der Regierung Chirac.
35 Mestmäcker, Ernst-Joachim, Fusionskontrolle im gemeinsamen Markt zwischen Wettbewerbs- und Industriepolitik, EuR 1988, 349ff.

Gesetzgebers und der Behörde, die auch weitgehend unverändert in der aktuellen Fassung des Gesetzes erhalten sind. Einige seien hier exemplarisch aufgezählt:
- Für Werbungsausstrahlung, europäische und französische Produktionen, sieht das Gesetz Mindest- bzw. Höchstgrenzen vor;
- Politische Parteien und gesellschaftliche Gruppen sollen im Programm gleichgewichtig zu Wort kommen;
- Die Zulassung wird unter vertraglichen Auflagen erteilt (*"convention", "cahier des charges"*), hier verpflichten sich die Bewerber zur Erfüllung individueller Quoten, zur regelmäßigen Ausstrahlung von Nachrichten oder Informationssendungen.
- Für nicht kommerzielle Hörfunkveranstalter sieht das Gesetz Subventionen vor, Art. 80.

Zusammenfassend läßt sich sagen, daß das Rundfunkgesetz von 1986 zwar eine generelle Deregulierung im Rundfunkbereich proklamiert und diese in einigen Bereichen auch durchführt. Der französische Rundfunk bleibt jedoch weiterhin unter staatlicher Kontrolle und ist inhaltlich in nicht unbedeutendem Ausmaß reglementiert.

Nach einem erneuten Regierungswechsel 1988 war auch das Rundfunkgesetz wieder zur Revision fällig. Gesetzestechnisch gesehen handelte es sich hierbei nicht um eine Neufassung wie 1986 sondern um ein einfaches Änderungsgesetz, das die Grundstruktur unangetastet ließ und inhaltlich nur wenig änderte. Die neue Regierung machte die Privatisierung von TF 1 nicht rückgängig und änderte auch an der kommerziellen Ausrichtung des Lokalfunks nichts.

Hauptpunkt des Änderungsgesetzes ist die Auflösung und Neuschaffung der Rundfunkbehörde, der es nach Ansicht des Präsidenten der Republik nicht gelungen war, ihren Entscheidungen genügend Respekt zu verschaffen[36]. Der neugegründete Conseil Supérieur de l'audiovisuel (CSA) erhält einige erweiterte Kompetenzen und eine neue, den gewechselten Mehrheiten angemessene Zusammensetzung[37]. Im übrigen begnügt sich der Gesetzgeber mit wenigen kleineren Korrekturen, von denen im Rahmen dieser Arbeit die Kompetenzabgrenzung zwischen Rundfunk- und Wettbewerbsbehörde und eine weitere Verschärfung der Konzentrationskontrollvorschriften bedeutsam sind (s. hierzu unten III). Auch dieses Gesetz wurde dem Verfassungsgericht zur Prüfung vorgelegt: Das Urteil vom 17.1.1989[38] bestätigte es, abgesehen von einer vereinzelt excessiven Kompetenzverlagerung von der Exekutive auf die Rundfunkbehörde[39]. Auch dies war nicht die letzte Änderung, vom September 1986 bis zum Juli 1992 wurde das Gesetz insgesamt zwölf mal novelliert, die letzten Gesetzesänderungen betreffen die

---

36 "la CNCL n'a rien fait jusqu'ici qui puisse inspire ce sentiment qu'on appelle respect", François Mitterand, zit. bei: Madiot, Yves, Droits de l' homme, Paris 1991, S.140.
37 Genevois, Bruno, Le Conseil constitutionnel et la définition des pouvoirs du conseil supérieur de l'audiovisuel, Rev.fr.Droit adm. 1989, 215ff.
38 CCF 17.Jan.1989, abgedruckt in Debbasch, Charles, Les grands arrêts du droit de l'audiovisuel, Paris 1991, S.318ff.
39 S. hierzu Anmerkungen bei Debbasch aaO S.331ff.

europäischen Regelungen im Bereich des Rundfunks[40]. Sie passen insbesondere die Werbebestimmungen und Quoten für europäische Produktionen an. Eine weitere Gesetzesänderung erfolgte mit dem Gesetz Nr. 94-88 vom 01. Februar 1994[41]. Der CCF hat die Änderungen überprüft und für verfassungsgemäß bezeichnet[42]. Die Änderungen lassen die Grundstruktur des Gesetzes unangetastet[43]. Sie beziehen sich im wesentlichen auf die Konzentrationskontrolle, wo die Schwellenwerte für Beteiligungen an landesweiten TV-Veranstaltern von 25 auf 49 v.H. für die erste Beteiligung angehoben wurden und für Hörfunkveranstalter ein größerer Verbreitungsraum zugelassen wurde. Keine Erleichterungen enthält das Änderungsgesetz in Bezug auf die Werbeunterbrechungen und die Quoten für französische Musik- und Filmtitel[44].

Es kann also festgestellt werden, daß sich in den Neunziger Jahren über die Grenzen der politischen Richtungen ein gewisser Konsens für die Rundfunkpolitik herausgebildet hat[45]. Hauptbestandteil ist die Anerkennung eines dualen Systems aus staatlichen und privaten Programmen. Konsens herrscht auch über die Frage, daß der private Rundfunk sowohl extern als auch intern einer gewissen Kontrolle zu unterwerfen ist, die in ihrer Intensität die der Presse bei weitem übersteigt. Der Staat bedient sich dabei zweier unterschiedlicher Regelungsinstrumente: Zum einen soll er durch Konzentrationsbekämpfung[46] vor und nach der Zulassung den Wettbewerb zwischen Rundfunkunternehmen und zwischen Rundfunk und Presse zu sichern. Dies entspricht dem 1986 eingeführten Wettbewerbsprinzip im Rundfunk. Zum anderen soll er durch eine Kontrolle des Programminhalts für vielfältige Programme sorgen. Hier spiegelt sich das traditionelle Service-Public Prinzip, angereichert durch industriepolitische Einflüsse und den Anforderungen des Verfassungsgerichts an die Medienvielfalt für den Rundfunk wieder. Sie sind Gegenstand der folgenden Erörterungen.

---

40 Truchet, Didier, Droit de l'audiovisuel: confrontation avec le droit communautaire et hésitations nationales, Rev.fr.Droit adm. 1992, 251ff.
41 Journal Officiel v. 2.2.94 S. 1800ff.
42 Urteil 93-333 v. 21.01.1994, abgedruckt in Journal Officiel vom 26.01.1994, S. 1377ff.
43 Vgl. Rony, Hervé, La nouvelle loi du 1er Fevrier 1994 sur la communication audiovisuelle, leggipresse 1994, 14ff.
44 Vgl. hierzu Rony, a.a.O, 18.
45 Truchet, Didier, La loi du 17 janvier 1989 sur la communication audiovisuelle ou la fin de l'illusion lyrique, Rev.fr.Droit adm. 1989, 208ff.
46 Zu Konzentrationstendenzen vgl.: Schulz, Ferdinand, Konzentrationstrend in Frankreichs Medienlandschaft, Media Perspektiven 1990, 175ff.

II Verfassungsrechtlicher Hintergrund

Es ist bereits angeklungen, daß das französische Verfassungsgericht (Conseil Costitutionnel) entscheidenden Einfluß auf die Gesetzgebung genommen hat[47]. Doch hat das französische Gericht, anders als etwa das deutsche oder italienische Verfassungsgericht, erst spät mit der Kontrolle von Gesetzen anhand von Grundrechten begonnen. Das mit der Verfassung der V. Republik eingeführte Gericht, war ursprünglich seiner Funktion nach als Kontrollorgan für Kompetenzüberschreitungen des Parlaments gegenüber der Regierung konzipiert. Ein richterliches Prüfungsrecht für Gesetze lehnte die traditionelle Staatslehre ab. In der Tradition Rousseaus sah man in Parlamentsgesetzen den Ausdruck des *"volonté générale"*. Gefahr drohe der Freiheit des Menschen nicht von der gesetzgebenden Gewalt, sondern von der Exekutive. So war es auch in der Fünften Republik lange umstritten[48], inwieweit Gesetze überhaupt justitiabel sind. Mit dem Urteil über das Vereinigungsgesetz vom 16. Juli 1971[49] hat der CCF zum ersten Mal ein Gesetz anhand des Grundrechtskataloges überprüft. Das Verfassungsgericht beschränkt sich jedoch auch heute noch gemäß Art. 61f der Verfassung von 1958 auf die Beurteilung von Gesetzen vor ihrer Ausfertigung, ausgefertigte Gesetze sind nicht justitiabel[50].

Seit 1982 hat das Verfassungsgericht eine Reihe wichtiger Urteile zur Rundfunk- und Pressegesetzgebung erlassen, die im folgenden Gegenstand der Analyse sind. Hierbei soll zunächst auf die Vielfaltsdogmatik des Gerichts eingegangen (2) und die Bedeutung der Konzentrationskontrolle für die Rechtsprechung erörtert werden (3). Danach soll die Frage gestellt werden, inwieweit das Gericht subjektive Rechte für Rundfunkveranstalter und Verleger anerkennt (4). Ein kurzer Überblick über die Rezeption der Rechtsprechung soll das Bild abrunden (5). Zuvor sind jedoch die betroffenen Verfassungsnormen kurz zu erläutern (1).

---

47 Zur Rolle des Gerichts siehe aus vergleichender Sicht: Hartmann, Jürgen, ders. (Hrsg.), Verfassungsgericht, Grundrechte und Regierungssystem am Beispiel des Wandels der Verfassungsgerichtsbarkeit in Frankreich und Kanada, Pluralismus und Parlamentarismus in Theorie und Praxis - Winfried Steffani zum 65. Geburtstag., Opladen 1992, S.261, 268.

48 S. hierzu ausführlich Luchaire, Francois, La protection constitutionelle des Droits et des Libertés, Paris 2. Aufl. 1987, S.15ff, Madiot, Yves, Droits de l'homme, Paris 1991, S.40ff: Die Verfassungsväter waren der Ansicht, eine verfassungsgerichtliche Kontrolle von Gesetzen führe zu einem "Richterstaat" und sei nicht mit der Souveränität des Parlamentes vereinbar.

49 CCF 16.Sept.1971, Rec.Cost. S.29ff. S. hierzu ausführlich: Ress, Georg, Der Conseil Constitutionnel und der Schutz der Grundfreiheiten in Frankreich, JöR (23) 1974, 123ff.

50 S. hierzu: CCF 27.8.1978, Rec.Cost., S.29; Auch diese Frage war eine Zeitlang streitig, für eine Überprüfung ausgefertigter Gesetze: Luchaire, Francois, RDP 1978, 34ff, dagegen: Debbasch, Charles, Les grands arrêts du droit de l'audiovisuel, S.156, heute scheint jedoch Konsens über diese Frage zu bestehen, zumal sich der CCF im obengenannten Urteil deutlich für die Beschränkung auf nicht ausgefertigte Gesetze ausgesprochen hat.

1. Betroffene Verfassungsnormen

Die geltende französische Verfassung von 1958 enthält selbst keinen eigenen Grundrechtskatalog, sondern bezieht sich in ihrer Präambel auf die Menschenrechtsdeklaration der französischen Revolution von 1789[51] (Dekl.) und auf die Präambel der Vorgängerverfassung von 1946: *"Das französische Volk verkündet feierlich seine Verbundenheit mit den Menschenrechten und mit den Grundsätzen der Volkssouveränität, wie sie in der Erklärung von 1789 niedergelegt sind, die durch die Präambel von 1946 bestätigt und ergänzt wurde"*. Die Präambel der Verfassung von 1946 enthält keine Aussagen von speziell kommunikationsrechtlicher Bedeutung, das Gericht greift daher für seine Rechtsprechung zu Rundfunk und Presse in der Hauptsache auf Art. 11 der Menschenrechtsdeklaration zurück, der folgendermaßen lautet: *"Die freie Mitteilung der Gedanken und Meinungen ist eines der kostbarsten Menschenrechte; jeder Bürger kann mithin frei reden, schreiben und drucken, vorbehaltlich seiner Verantwortlichkeit für den Mißbrauch dieser Freiheit in den durch das Gesetz bestimmten Fällen"*[52]. Außerdem spielt Art. 34 der geltenden französischen Verfassung eine wichtige Rolle, der in Abs. 2 einen Ausgestaltungsauftrag an den Gesetzgeber für die Grundrechte beinhaltet: *"Durch Gesetz werden geregelt: die Bürgerrechte und die den Staatsbürgern zur Ausübung ihrer Freiheitsrechte gewährten grundlegenden Sicherungen ..."*[53]. Diese Norm war ursprünglich ausschließlich als Abgrenzung zur autonomen Verordnungsgewalt der Regierung nach Art. 37 der Verfassung konzipiert. Nach der Rechtsprechung des CCF ergibt sich aus Art. 34 jedoch außerdem die Ausgestaltungspflicht des Gesetzgebers für den Grundrechtsbereich[54]. Daß der Gesetzgeber nicht über die Ausgestaltung und Effektivierung der Grundrechte hinaus regelnd tätig werden darf, ergibt sich zudem aus Art. 4 Dekl. Der darin verbürgte Freiraum, alles tun zu können, was einem anderen nicht schadet, beschränkt den Gesetzgeber in seiner Handlungsfreiheit. Dem steht auch nicht Art. 5 Dekl. entgegen, nach dem das Gesetz nur solche Handlungen verbieten darf, die für

---

51 Verfassung vom 4.Okt.1958, Übersetzung von Mayer-Tasch, Peter Cornelius, Die Verfassungen der nicht-kommunistischen Staaten Europas, München 1974, S. 190, die Präambel lautet im Original: *"Le peuple français proclame solennellement son attachement aux Droits de l'Homme et aux principes de la souveraineté nationale tels qu'ils sont définis par la Déclaration de 1789, confirmée et complétée par le préambule de la Constitution de 1946."*
52 Mayer-Tasch, a.a.O., S. 211, Art 11 Déclaration des Droits de l'Homme et du Citoyen vom 26.8.1789 lautet im Original: *"La libre communication des pensées et des opinions est un des droits les plus précieux de l'homme; tout citoyen peut donc parler, écrire imprimer librement, sauf à répondre de l'abus de cette liberté dans les cas déterminés par la loi".*
53 Art. 34 Abs.2 lautet im Original: *"La loi fixe les règles concernant: - les droits civiques et les garanties fondamentales accordées aux citoyens pour l'exercice des libertés publiques...".*
54 Arnold, Rainer, Ausgestaltung und Begrenzung von Grundrechten im französischen Verfassungsrecht - Rechtsvergleichende Überlegungen zur Rechtsprechung des CCF, JöR (38) 1990, 197, 201.

die Gesellschaft schädlich sind, denn unter Gesellschaft versteht die Deklaration die Summe der Individuen und nicht eine homogene kollektive Größe[55].

2. Entwicklungslinien der Rechtsprechung

Bis zum ersten Grundsatzurteil über den privaten Rundfunk am 27.7.1982 hatte das Gericht nur vage Stellung zur Bedeutung des Grundrechts auf Meinungsfreiheit in der Verfassung genommen: Zwar war bereits in zwei Urteilen Mitte der sechziger und Ende der siebziger Jahre[56] die Frage der Vereinbarkeit von Gesetzen mit Art.11 Dekl. an das Gericht herangetragen worden. Im ersten Fall, der eine Neuordnung des staatlichen Rundfunks betraf, beschränkte sich der CCF jedoch darauf, festzustellen, daß grundsätzlich der Bereich der *"libertés publiques"* betroffen sei. Hier gelte das Prinzip vom Gesetzesvorbehalt, d.h. der Gesetzgeber müsse selbst regeln, eine Regelung auf dem Verordnungswege sei unzulässig. Im zweiten Fall wandten sich die Antragsteller gegen ein Gesetz, das die Verletzung des Rundfunkmonopols mit Strafe bedrohte und rügten das staatliche Rundfunkmonopol als Verstoß gegen Art.11 Dekl. Auch hier ging der CCF nicht auf das Grundrecht ein, da das Rundfunkmonopol durch ein bereits lange vor Klageerhebung ausgefertigtes Gesetz eingeführt worden und somit der Beurteilung durch das Verfassungsgericht entzogen war. Ausführlich äußert sich der CCF zu Art. 11 Dekl. zum ersten Mal im Urteil vom 27.7.1982[57]. Hier hatte das Gericht über die Verfassungsmäßigkeit des Gesetzes zu befinden, das die Einführung des privaten Rundfunks regelte.

In diesem Urteil nennt das Gericht den Pluralismus als Grund für eine Einschränkung des Individualrechts auf Rundfunkveranstaltung: nach dem augenblicklichen Stand der Technik sei *"die Ausübung der Kommunikationsfreiheit, wie sie in Art. 11 der Menschenrechtsdeklaration verankert ist, zum Ausgleich zu bringen mit einerseits den technischen Beschränkungen, die die audiovisuelle Kommunikation mit sich bringt und andererseits mit verfassungsrechtlichen Zielen wie dem Schutz der öffentlichen Ordnung, der Achtung vor der Freiheit des Anderen und der Gewährleistung des pluralistischen Charakters des Ausdrucks der soziokulturellen Strömungen, den der Rundfunk aufgrund seines beträchtlichen Einflusses gefährden kann."*[58].

---

55 Arnold, a.a.O. 208.
56 CCF 17./19.3.1964 Rec.Cost. S.33; CCF 27.8.1978 Rec.Cost. S.29.
57 CCF 27.7.1982, Rec.Cost. S.48; s hierzu auch: Favoreu, Luis, Chronique Constitutionnelle, Le droit constitutionnel jurisprudentiel, Revue de droit publique 1986, 395, 480.
58 CCF 27.7.1982, Rec.Cost. S.48: *"Considérant qu'ansi il appartient au législateur de concilier, en l'état actuel des techniques et de leur maîtrise, l'exercice de la liberté de communication telle qu'elle réside de l'article 11 de la Déclaration des droits de l'homme, avec, d'une part, les contraints techniques inhérentes aux moyens de la communication audiovisuelle et, d'autre part, les objectifs de valeur constitutionnelle que sont la sauvegarde de l'ordre public, le respect de la liberté d'autrui et la préservation du caractère pluraliste des courants d'expression socioculturels auquel ces modes de communication, par leur influence considérable, sont susceptibles de porter atteinte"*

Kollidierendes Prinzip ist also neben der öffentlichen Ordnung, die Respektierung der Freiheit des Anderen *"der pluralistische Charakter des Ausdrucks der soziokulturellen Strömungen"*. Auffällig an dieser Formulierung ist zunächst, daß die Notwendigkeit eines Pluralismusschutzes in dieser Entscheidung nicht aus Art.11 Dekl. selbst gefolgert wird, sondern dem Grundrecht auf Rundfunkveranstaltung als eigener Verfassungswert gegenüber zu stehen scheint. Art.11 Dekl. sieht das Gericht demnach in diesem Urteil getreu dem Wortlaut noch als reines Abwehrrecht.

Dieses Abwehrrecht kann u.a. durch das Verfassungsprinzip Pluralismus eingeschränkt werden. Was versteht nun das Gericht unter *"caractère pluraliste des courants d'expression socioculturels"*?

- *"courant"* (Strömung) soll nach Luchaire[59] zunächst einmal klarstellen, daß es sich hier nicht um eine individuelle Meinungsäußerung, sondern um gemeinsame Ansichten einer Gruppe, also einer Meinungsströmung handelt,

- *"socioculturel"* meine jedenfalls nicht wirtschaftliche Interessen, schließe jedoch sicherlich religiöse, politische, soziale und wirtschaftliche Ansichten ein.

In den folgenden zwei medienrechtlichen Urteilen[60], in denen das Gericht die Verfassungsmäßigkeit des Pressegesetzes von 1984 und dessen Änderungsgesetz von 1986 zu beurteilen hatte, entwickelte der CCF den Pluralismusbegriff weiter[61]: *"Es ist zu bedenken, daß die Vielfalt der Tageszeitungen mit Schwerpunkt politischer und allgemeiner Information, auf die sich der zweite Abschnitt des Gesetzes bezieht, ein eigenes Verfassungsziel darstellt, daß Freiheit der Kommunikation von Gedanken und Meinungen, wie sie von Art. 11 der Menschenrechtserklärung geschützt ist, nicht wirksam wäre, wenn die Öffentlichkeit, an die sich diese Zeitungen richten, nicht in der Lage wäre, über eine genügende Anzahl von Publikationen unterschiedlicher Richtungen und Charaktere zu verfügen; es ist zu bedenken, daß das Ziel, das zu verwirklichen ist, die Leser, die unter den Hauptadressaten der von Art. 11 proklamierten Freiheit sind, in der Lage sein müssen, ihre freie Wahl auszuüben, ohne daß private oder staatliche Einflüsse ihre eigene Wahl ersetzen können und ohne daß sie zum Marktobjekt gemacht werden"*[62].

---

59   Luchaire, Francois, La protection constitutionelle des Droits et des Libertés, Paris 2. Aufl. 1987, S.127.

60   CCF 10./11.Okt.1984, Rec.Cost. 1984-1986, 78ff.; CCF 29. Juli 1986, Rec.Cost. S. 110.

61   s. hierzu den Kommentar v. Masclet, Jean-Claude, La loi sur les entreprises de presse, Actualité juridique - Droit administratif, 1984, 644, 657ff.

62   CCF 10./11.Okt.1984, Rec.Cost. 1984-1986, 78, 85: *"Considérant que le pluralisme des quotidians d'information politique et générale auquel sont consacrées les dispositions du titre II de la loi est en lui-même un objectif de valeur constitutionnelle; qu'on effet la libre communication des pensées et des opinions, garantie par l'article 11 de la Déclaration des droits de l'homme et du citoyen de 1789, ne serait pas effective si le public auquel s'adressent ces quotidiens n'était pas à même de disposer d'un nombre suffisant de publications de tendances et de caractères différents; qu'en définitive, l'objectif à réaliser est que les lecteurs qui sont au nombre des destinataires essentiels de la liberté proclamée par l'article 11 de la Déclaration de 1789 soient à même d'exercer leur libre choix sans que ni les intérêts privés ni les pouvoirs publics puissent y substituer leurs propres décisions ni qu'on puisse en faire l'objet d'un marché."*

Hier wird zunächst die für den Rundfunk gemachte Aussage, nämlich daß der Pluralismus einen eigenen, selbständigen Verfassungswert darstellt, auf die Presse übertragen[63]. Zusätzlich leitet das Gericht den Pluralismus nun direkt aus Art.11 Dekl. ab und entwikkelt aus dem Abwehrrecht, nach dem jeder berechtigt ist, seine Meinung frei zu äußern, ein Informationsrecht[64]: Die Garantie der Meinungsfreiheit wäre, so das Gericht, nämlich unwirksam, wenn die Bürger nicht in der Lage wären, sich ausreichend aus verschiedenen Quellen zu informieren. Hier verschiebt das Gericht völlig den Schwerpunkt von der Pressefreiheit als Abwehrrecht des Verlegers hin zu einem Recht des Lesers, informiert zu werden. Damit rechtfertigt der CCF gleichzeitig prinzipiell eine interventionistische Richtung des Gesetzgebers, für den die Pressefreiheit nicht ausschließlich in der Abwesenheit von staatlichen Hindernissen besteht, sondern ein positives Tätigwerden erfordert.

Im darauf folgenden Urteil, in welchem sich das Verfassungsgericht wieder mit dem Rundfunkgesetz beschäftigt, übernehmen die Richter die für die Presse gemachten Aussagen für den Rundfunk und beziehen sie auf private und staatliche Fernsehprogramme. Der Wahlfreiheit zwischen verschiedenen Meinungsrichtungen fügen sie noch das Gebot von der *"Ehrlichkeit der Information"* an. Nun sind es *"die Hörer und Zuschauer"*, die *"unter den Hauptadressaten des Art. 11 der Menschenrechtsdeklaration sind, sie müssen in der Lage sein, frei zu wählen, ohne daß private oder staatliche Interessen ihre Entscheidungen ersetzen und insbesondere ohne daß sie zu Objekten des Marktes gemacht werden."* Man erkennt, wie sehr das Gericht bemüht ist, einheitliche Vorgaben für Presse und Rundfunk zu schaffen[65]. Wieder betont das Gericht, daß der Pluralismus der soziokulturellen Strömungen einen eigenen Verfassungswert darstellt und fügt dem noch ein zusätzliches Argument an: *"Die Respektierung diese Vielfalt ist eine der Bedingungen für die Demokratie"*.

3. *Verhältnis Pluralismus - Individualrecht*

Über die Frage, ob aus Art. 11 Dekl. ein subjektives Recht folge, als Presseverleger aufzutreten, hat der CCF niemals ein Wort verloren. Das Recht ergibt sich direkt aus dem Wortlaut des Art. 11 Dekl. und war dem Gericht wohl eine separate Erwähnung deshalb nicht wert. Für den Rundfunk hat das Gericht im Urteil vom 27.7.1982[66] ausgeführt, daß ein subjektives Recht auf die Veranstaltertätigkeit aus Art.11 folge. Das Grundrecht auf Kommunikationsfreiheit (*"liberté de communication"*) gelte grundsätzlich auch für den Rundfunk. Der Gesetzgeber habe im Rahmen der technischen Möglichkeiten diesem Recht zur Geltung zu verhelfen. Dies bedeute, daß bei Nachlassen der Frequenz-

---

63 Masclet, a.a.O., 657.
64 Favoreu, Luis, Philip, Loic, Les grandes décisions du conseil constitutionnel, Paris 6. Aufl. 1991, S. 609ff.
65 Debbasch, Charles, Les grands arrêts du droit de l'audiovisuel, Paris 1991, S.268.
66 CCF 27.7.1982, Rec.Cost. S.48; s hierzu auch: Favoreu, a.a.O.

knappheit ein staatliches Monopol nicht mehr gerechtfertigt sei. Hieraus folge zwangsläufig die Verpflichtung des Gesetzgebers, private Anbieter zuzulassen. Damit hat das Gericht ein subjektives Recht auf die Veranstaltung von Rundfunk anerkannt[67]. Dieses Recht muß, wie bereits oben ausgeführt, mit kollidierenden Rechtsprinzipien und technischen Hindernissen in Einklang gebracht werden. Je schwächer die technischen Beschränkungen werden, um so mehr gewinnt dabei das Individualrecht an Bedeutung, soweit dies nicht gegen andere Verfassungsprinzipien verstößt[68]. Der Pluralismus als ausdrücklich genanntes Prinzip kann eine Einschränkung des Individualrechts rechtfertigen, jedoch auch nur insoweit, als hierdurch das Recht insgesamt verstärkt wird. Einen Ausgestaltungsvorbehalt außerhalb des Eingriffsbereichs des Individualrechts kennt das Gericht nicht.

4. Rolle des Gesetzgebers bei der Gewährleistung des Pluralismus

Wie sieht das Gericht nun die Stellung des Gesetzgebers bei der Gewährleistung einer pluralistischen Medienlandschaft? Inwieweit sind ihm Pflichten und Grenzen aus dem Pluralismusgrundsatz vorgegeben, in welchen Bereichen kann er freie Entscheidungen bei der Ausgestaltung der Medienordnung treffen?
Der CCF prüft diese Fragen sowohl anhand des Grundrechts selbst, als auch über Art. 34 der französischen Verfassung. Hiernach bestimmt das Gesetz Regeln, *"concernant ... les garanties fondamentales accordées aux citoyens pour l'exercice des libertés publiques"*, die also die grundsätzlichen Gewährleistungen betreffen, die den Bürgern zur Ausübung der öffentlichen Freiheiten (libertés publiques) zustehen. Entsprechend der für Art.11 Dekl. nach der Auslegung des Gerichts charakteristischen Doppelnatur, folgt der CCF für diesen Bereich zum einen Regelungsgrenzen (a), zum anderen einen Ausgestaltungsauftrag (b) und betont nicht zuletzt den gesetzgeberischen Gestaltungsspielraum (c) aus Art. 34 Verf.

a) Regelungsgrenzen

Im Urteil vom 27.7.1982 hat der CCF ausgeführt, daß Gesetzgebung im Bereich der libertés publiques *"nicht das Maß überschreiten darf, das nötig ist, um die Ausübung einer Freiheit zu gewährleisten"*. Regelt der Gesetzgeber im Bereich der Grundrechte über das verfassungsrechtlich notwendige Ausmaß hinaus, so verstößt er gegen Art. 34 der Verfassung. Er verfügt hier also lediglich über eine gebundene Kompetenz[69]. Eine Kompetenzüberschreitung kann beispielsweise gegeben sein, wenn der Gesetzgeber

---

67 Luchaire, Francois, La protection constitutionelle des Droits et des Libertés, Paris 2. Aufl. 1987, S.134.
68 Debbasch, Charles, Les grands arrêts du droit de l'audiovisuel, Paris 1991, S. 201ff.
69 Favoreu, Luis, Chronique Constitutionnelle, Le droit constitutionnel jurisprudentiel, Revue de droit publique 1986, 395, 480; ders, Les grandes décisions du conseil constitutionnel, Paris 6. Aufl. 1991 S.613.

vorhandene Privilegien angreift. Das Verfassungsgericht hat im Urteil vom 10./11.10.1984[70] über das Pressegesetz festgestellt, daß dies nur dann zulässig wäre, wenn die Privilegien entweder illegal erworben oder wenn der Eingriff *"wirklich nötig ist, um die Verwirklichung des verfolgten Verfassungszieles sicherzustellen"*. Im gleichen Urteil präzisiert das Gericht nochmals seine Aussage von 1982: *"In Anbetracht dessen, daß es sich hier um eine Grundfreiheit handelt... kann das Gesetz ihre Ausübung nur dahingehend regeln, indem es sie effektiver macht oder indem es sie mit anderen Regeln oder Prinzipien von Verfassungswert zum Ausgleich bringt"*[71].

Darüber hinaus gibt es für das Gericht Regelungsgrenzen direkt aus Art. 11 Dekl.: Im Urteil vom 10./11.10.1984 hatte es über die Kompetenzen einer Kommission zu befinden, die die Einhaltung der Konzentrationskontrolle für Presseunternehmen überwachen sollte. Da die Kompetenzen dieser Kommission im Gesetz so stark ausgeprägt seien, daß sie einer Anmeldepflicht für die Presse gleichkämen, sah der CCF hier einen direkten Verstoß gegen die Pressefreiheit aus Art. 11 Dekl., ohne dabei noch weiter auf Art. 34 Verf. einzugehen[72]. Hier endet also die Bemühung um einheitliche Vorgaben für Rundfunk und Presse: während die Verfassungsrichter für den Rundfunk eine Anmeldepflicht für zulässig erachtet haben, stieße, so das Gericht, eine solche Regelung für die Presse eindeutig an die Grenzen gesetzgeberischen Handlungsspielraumes, der durch Art. 11 Dekl. eingeräumt sei.

b) Regelungsauftrag

Auf der anderen Seite folgert der CCF aus Art. 34 Verf. eine Verpflichtung für den Gesetzgeber, ausgestaltende Regelungen im Medienbereich zu erlassen: Nach den bereits oben zitierten Ausführungen des Gerichts aus dem Rundfunkurteil von 1982, ist es im Bereich des Rundfunks Aufgabe des Gesetzgebers, das Kommunikationsgrundrecht mit den technischen Beschränkungen des Mediums einerseits und den verschiedenen Verfassungswerten andererseits in Einklang zu bringen. Kommt der Gesetzgeber dieser Aufgabe nicht nach, so kann dies die Verfassungswidrigkeit der Regelung gemäß Art. 34 bedeuten. So hat der CCF z.B. im Urteil vom 18.9.1986[73] festgestellt, daß die Konzentrationsvorschriften für den privaten Rundfunk nicht den verfassungsrechtlichen Anforderungen an die Ausgestaltung der libertés publiques entsprechen. *"Le législateur a méconnu sa compétence au regard de l'article 34 de la constitution"*, die entsprechenden Regelungen waren demnach verfassungswidrig. Auch im Urteil über die Pressekon-

---

70 CCF 10./11.Okt.1984, Rec.Cost. 1984-1986, 78, 85.
71 CCF 10./11.Okt.1984, a.a.O.: *"Considérant que ... s'agissant d'une liberté fondamentale ... la loi ne peut en réglementer l'exercice qu'en vue de le rendre plus effectif ou de le concilier avec celui d'autres règles ou principes de valeur constitutionnelle"*.
72 Favoreu, Luis, Philip, Loic, Les grandes décisions du conseil constitutionnel, Paris 6. Aufl. 1991, S. 612; Genevois, Bruno, Le Conseil constitutionnel et la définition des pouvoirs du conseil supérieur de l'audiovisuel, Rev.fr.Droit adm. 1989, 215, 220.
73 CCF 18.Sept. 1986, JO 19.Sept.1986, S.11294ff.

zentrationskontrolle hielt das Gericht die gesetzlichen Regelungen nicht für ausreichend, und erklärte sie für verfassungswidrig, da sie den Anforderungen der Pluralismussicherung nicht genügten. Ohne sich dabei auf Art. 34 Verf. zu stützen, hat das Gericht hier direkt auf das Verfassungsprinzip Pluralismus Bezug genommen, das einen Regelungsauftrag beinhalte.

Eine außenpluralistische Sicherung des Pluralismus im privaten Rundfunk genüge grundsätzlich dem Ausgestaltungsauftrag. Ausdrücklich billigte der CCF die Bestimmungen im Gesetz, nachdem die Behörde dafür zu sorgen habe, daß unterschiedliche Veranstalter verschiedenartige und politisch verschieden ausgerichtete Programme in einem Verbreitungsgebiet ausstrahlten. Auch das Verbot des Mißbrauchs einer marktbeherrschenden Stellung sei in diesem Zusammenhang zu sehen[74]. Nicht völlig frei sei allerdings die Behörde, bei der Auslegung der gesetzlichen Regelungen: das Gesetz müsse verfassungskonform[75] so ausgelegt werden, daß bei fehlendem Außenpluralismus die Behörde die verfassungsrechtlichen Ziele bei den privaten Veranstaltern intern zu sichern habe. Dieser Fall trete ein, wenn beispielsweise in einem Verbreitungsgebiet aus technischen Gründen nur ein Veranstalter möglich sei, oder wenn in einem Verbreitungsgebiet nur Veranstalter der gleichen Meinungsrichtung vertreten seien. Jede andere Interpretation der betreffenden Bestimmung sei in diesem Fall verfassungswidrig[76].

Die Pflichtvorgaben des Gerichts an den Gesetzgeber geben nur beschränkt darüber Auskunft, welche Anforderungen das Gericht an gesetzliche Regelungen zur Pluralismussicherung stellt. Nicht überall dort, wo das Gericht Regelungen unbeanstandet gelassen hat, kann im Gegenschluß gefolgert werden, daß eine solche Regelung zu den unabdingbaren Puralismussicherungen gehört. Vieles wird eher dem gesetzgeberischen Freiraum zuzurechnen sein.

c) Gesetzgeberischer Freiraum

"Es ist zu bedenken, daß es dem Gesetzgeber im Rahmen seines Regelungsauftrages aus Art. 34 der Verfassung völlig freigestellt ist, Gesetzestexte zu ändern oder sie im Fall eines Fehlschlages zu streichen und durch andere Regelungen zu ersetzen; daß es ihm nicht weniger freigestellt ist, neue Regelungen, die er für nötig hält, zu schaffen, um verfassungsrechtlich gebotene Ziele zu erreichen. Das gleiche gilt für die Änderung oder die Abschaffung von gesetzlichen Vorschriften, die er für unnötig hält."[77].

---

74   CCF 18.Sept. 1986, JO 19.Sept.1986, S.11294, 11298.
75   Zur Methode des CCF der verfassungskonformen Interpretation s. Masclet, Jean-Claude, La loi sur les entreprises de presse, Actualité juridique - Droit administratif, 1984, 644, 659.
76   S. hierzu auch: Luchaire, Francois, La protection constitutionelle des Droits et des Libertés, Paris 2. Aufl. 1987, S.135ff.
77   CCF 18.Sept. 1986, JO 19.Sept.1986, S.11294, 11296: *"Considérant qu'il est à tout moment loisible au législateur, statuant dans le domaine qui lui est réservé par l'article 34 de la Constitution de modifier des textes antérieurs ou d'abroger ceux-ci en leur substituant, le cas échéant, d'autres dispositions; qu'il ne lui est pas moins loisible d'adopter, pour la réalisation ou*

Art. 34 der Verfassung setzt nach Ansicht des Gerichts also nicht nur Grenzen bzw. statuiert Pflichten für den Gesetzgeber, sondern er enthält auch einen beträchtlichen Regelungsspielraum bei der Ausgestaltung der Medienordnung. Dem Gesetzgeber ist es freigestellt, Regelungen, die sich seiner Meinung nach als untauglich erwiesen haben, durch andere zu ersetzen oder neue zu schaffen. Er kann schärfere Regelungen abmildern, oder schwächere verschärfen[78]. Im Rahmen dieser Freiheit kann er auch Kompetenzen für den Rundfunk auf eine unabhängige Aufsichtsbehörde zu übertragen, die eigenständig den Rundfunk überwacht[79].

Hier ist auffällig, daß diese Frage für das Gericht in den Bereich der Gestaltungsfreiheit und nicht in den Pflichtbereich zu gehören scheint. Da gemeinhin in der französischen Literatur viel Wert auf die Bedeutung der Staatsferne des Rundfunks und damit auf die Kontrolle der privaten Sender nicht durch die Regierung selbst, sondern durch eine unabhängige Instanz gelegt wird[80], hätte man erwartet, daß das Gericht diese Frage den Pflichten des Gesetzgebers zuordnet. Hat doch auch der CCF selbst verschiedentlich betont, daß der Bürger unabhängig von privater aber auch von staatlicher Einflußnahme sein Informationsrecht ausüben können muß. Die grundlegenden Fragen der Behördenorganisation gehören für den CCF jedoch in den Gestaltungsfreiraum des Gesetzgebers. Zu dieser Freiheit gehört auch die Macht, eine Behörde aufzulösen und durch eine neue zu ersetzen, wovon der französische Gesetzgeber, wie gezeigt, ausgiebig Gebrauch gemacht hat.

Für die Stellung und Bedeutung des öffentlichen Rundfunks hat das Gericht keine eindeutige Aussage getroffen, die erlaubte, diesen Bereich zum gesetzgeberischen Freiraum oder in den Aufgestaltungsauftrag einzuordnen. Zwar hat es eine interne Pluralismussicherung gebilligt[81], auf der anderen Seite hat das Gericht die Umwandlung eines staatlichen Senders in ein privates Programm (TF 1) nicht beanstandet. Insofern ist unklar, ob ein verfassungsgemäßes Rundfunksystem auch den staatlichen Rundfunk auflösen könnte.

---

la conciliation d'objectifs de nature constitutionnelle, des modalités nouvelles dont il lui appartient d'apprecier l'opportunité et qui peuvent comporter la modification ou la suppression de dispositions législatives qu'il estime inutiles."

78   CCF 18.Sept. 1986, JO 19.Sept.1986, S.11294, 11298.
79   CCF 17.Jan.1989, abgedruckt in Debbasch, Charles Les grands arrêts du droit de l'audiovisuel, Paris 1991, S.318, 326.
80   S. nur: Delcros, Bertrand, Vodan, Bianca, Le régime des autorisations dans la loi relative à la liberté de communication, Rev.fr.droit adm. 1987, 387ff; Morange, Jean, La Commission Nationale de la Communication et les Libertés de la communication audiovisuelle, Rev.fr.Droit adm. 1987, 372ff; Pauliat, Helene, Le contrôle du juge administratif sur les décisions des "autorités administratives indépendantes" compétentes en matière audiovisuelle, Rev.fr.Droit adm. 1992, 256ff.
81   CCF 18.Sept. 1986, JO 19.Sept.1986, S.11294, 11298.

5. Das Pluralismusbild des Conseil Costitutionnel

Angesichts der kargen Ausführungen des Gerichts, bleibt die Vorstellung, die sich der CCF von einer pluralistischen Medienlandschaft macht, weitgehend unklar. Voraussetzung ist die Freiheit von staatlicher oder einseitiger gesellschaftlicher Beherrschung. Darüberhinaus hat der CCF für Rundfunk und Presse getrennt ein pluralistisches Bild beschrieben, woraus sich schließen läßt, daß für das französische Gericht der Pluralismus im Medienbereich nur verwirklicht ist, wenn beide Bereiche für sich gesehen pluralistisch sind. Angesichts der Regelungsvorgaben für Kabel und regionalen Rundfunk gilt dies auch für nicht terrestrische Verbreitungswege und kleinere regionale Einheiten. Sicherlich gehört auch zum französischen Pluralismus die Vielfalt der politischen Meinungen. Allem Anschein nach sieht das französische Gericht die Meinungsäußerung und Verbreitung gruppenzentriert, wenn es kryptisch von "*sozio-kulturellen Strömungen*" spricht.

6. Sicherung der Medienvielfalt durch Konzentrationsbekämpfung

Neben den grundsätzlichen Äußerungen über die Bedeutung des Medienpluralismus, hat das Gericht für den Bereich der Konzentrationsbekämpfung detaillierte Einzelvorgaben an den Gesetzgeber gerichtet. Untersucht man diese, so ist vorallem auffällig, daß sich das Gericht zwar grundsätzlich um ein einheitliches Medienrecht für Rundfunk und Presse bemüht, indem es einheitliche verfassungsrechtliche Vorgaben erstellt. In der konkreten Ausformung stellt das Gericht jedoch wesentlich höhere Anforderungen an den Rundfunk als an die Presse, gerade im Bereich der Konzentrationsbekämpfung. Übergreifende Regelungen für Rundfunk und Presse hat das Gericht nur innerhalb der Rundfunkgesetzgebung gefordert.

a)   Rundfunk

Folgende Vorstellungen hat das Verfassungsgericht für die Ausgestaltung der Konzentrationsbekämpfung im Rundfunk entwickelt[82]:
-    Zur Gewährleistung des Pluralismus im nationalen terrestrisch übertragenen Fernsehen genüge es nicht, den Anteil eines Beteiligten an einem Programm zu beschränken. Darüber hinaus sei eine Beschränkung der Gesamtzahl der Anteile in dieser Kategorie, die von einer Person gehalten werde, erforderlich.
-    Die Konzentrationsbekämpfung müsse auch die Verbreitung von Rundfunk über Kabel erfassen.
-    Das Gesetz habe Regelungen zu schaffen, die eine Kettenbildung im Bereich des lokalen und regionalen Rundfunks verhindere.

---

[82]   CCF 18.Sept. 1986, a.a.O.

- Konzentrationsregeln dürfen sich nicht auf die Erfassung von Kumulationen und Beteiligungen im gleichen Medium beschränken, sondern müßten auch intermediäre Konzentrationen in verschiedenen Rundfunkbereichen erfassen.
Aufgrund dieser Lücken erklärte das Gericht 1986 wesentliche Teile der Rundfunkgesetzesnovelle für verfassungswidrig.

b) Übergreifend

Die Gefahr der intermediären Konzentration für Rundfunk und Presse hat der CCF im Urteil über das Rundfunkgesetz vom 18.9.1986[83] beschworen: Als Folge der Gesetzeslücken drohten vorallem in denselben geographischen Regionen Situationen zu entstehen, die durch Konzentration gekennzeichnet sind, nicht nur im audiovisuellen Bereich sondern auch im Hinblick auf die Gesamtheit der Medien. Um dies zu verhindern, müsse das Rundfunkgesetz Vorkehrungen treffen.

7. Rezeption der Rechtsprechung

Der Gesetzgeber hat auf die Urteile des Verfassungsgerichts jeweils unverzüglich reagiert und die Gesetze mit der Rechtsprechung in Übereinklang gebracht[84]. Erstaunlich sind dabei die kurzen Zeitspannen, die vom Erlaß der Urteile bis zur Änderung der Gesetze und deren Ausfertigung vergehen[85].

In den verfassungsrechtlichen Kommentierungen hat die Rechtsprechung des CCF in seiner grundsätzlichen Ausrichtung weitgehend Zustimmung gefunden[86], und soweit ersichtlich gibt es keine Stellungnahmen, in denen die Pluralismustheorie des CCF direkt angegriffen wird. Dennoch sind Unterschiede bei den Schwerpunkten des Kommunikationsgrundrechts erkennbar: Einige Autoren betonen stark das Abwehrrecht aus Art.11 Dekl. Der Gedanke der Meinungsfreiheit leite sich in Frankreich aus der Philosophie der

---

83 CCF 18.Sept. 1986, JO 19.Sept.1986, S.11294ff.
84 Was keinesfalls selbstverständlich ist, wenn man die italienische Rundfunkordnung zum Vergleich heranzieht (vgl. u. C).
85 Das Pressegesetz wurde bspw. am 10./11.Oktober 1984 vom CCF für teilweise verfassungswidrig erklärt und bereits am 23.Oktober in veränderter Fassung ausgefertigt.
86 Cousin, Bertrand, Delcros, Bertrand, Le droit de la communication, Presse écrite et audiovisuel, Bd 1 1990, S 321ff; Debbasch, Charles Le principe constitutionnel de la liberté de la communication audiovisuelle, La commission nationale de la communication et des libertés, Aix-Marseille 1988, S..9ff; Debbasch, Charles Les grands arrêts du droit de l'audiovisuel, Paris 1991, S.201ff, 267ff, 331; Favoreu, Luis, Chronique Constitutionnelle, Le droit constitutionnel jurisprudentiel, Revue de droit publique 1986, 395ff; Favoreu, Luis, Philip, Loic, Les grandes décisions du conseil constitutionnel, Paris 6. Aufl. 1991, S. 610; Luchaire, Francois, La protection constitutionnelle des Droits et des Libertés, Paris 2. Aufl. 1987, 135ff; Morange, Jean, Droits de l'homme et libertés publiques, Paris 2. Aufl. 1989, 267ff; Truchet, Didier, Vers un droit commun de la communication?, Rev. fr. Droit adm. 1987, 347ff.

Aufklärung ab und resultiere letztlich aus der Ablehnung jeder Art von übergeordneter, vorallem kirchlicher Autorität[87]. Daher müßten staatliche Restriktionen mit Fortfall der technischen Hindernisse im Rundfunk abgebaut werden[88], eine rechtliche Unterscheidung zwischen Presse und Rundfunk werde damit immer weniger zu rechtfertigen[89] sein, dies lasse sich auch aus der *"finalistischen Interpretation der Rundfunkfreiheit"* des CCF herauslesen[90].

Die *"theorie liberale"*, von Balle[91] vertreten, sieht den Pluralismus am besten im freien Markt verwirklicht. Ausgehend von einem grundsätzlichen Skeptizismus gegenüber Kriterien der Wahrheitsfindung und dem Optimismus bezüglich der Durchsetzungskraft der Wahrheit auf dem Markt der Meinungen, hält er staatliches Eingreifen in diesen Prozeß a priori für schädlich. Eine inhaltliche Einflußnahme des Staates auf Rundfunk und Presse aus Gründen der Pluralismussicherung lehnt Balle als *"pseudoliberal"* ab[92]. Auch Balle greift jedoch weder die Rechtsprechung des Verfassungsgerichts noch die darauf beruhende Gesetzgebung direkt an.

Verfassungsrechtler wie Luchaire[93] oder Favoreu[94] stellen zwar den Individualrechtscharakter der Rundfunkfreiheit nicht in Frage, betonen jedoch stärker die staatliche Pflicht, den Pluralismus zu organisieren und hierzu Regelungen zu erlassen, die das Individualrecht einschränken. Das Verfassungsprinzip Pluralismussicherung müsse aufgrund seiner zentralen Bedeutung für die Demokratie andere Grundrechte zurücktreten lassen, hierin eingeschlossen die Eigentumsfreiheit. Daher seien auch Regelungen, die inhaltliche Vorgaben für den Rundfunk machten, durch den Verfassungswert Pluralismus gerechtfertigt[95].

III Das Regelungssystem der Konzentrationsbekämpfung

Die Konzentrationskontrolle hat in der zehnjährigen Geschichte des privaten Rundfunks beständig an Bedeutung, aber auch schlicht an Volumen gewonnen. Die drei einzelnen Regelungen im Gesetz von 1982 sind nach und nach zu einem Normdickicht heran-

---

87 Balle, Francis, Médias et Sociétés, Presse, Audiovisuel, Telecommunications, Paris 6. Aufl. 1992, S. 219.
88 Debbasch, Charles Les grands arrêts du droit de l'audiovisuel, Paris 1991, S.203.
89 Balle, Francis, Médias et Sociétés, Presse, Audiovisuel, Telecommunications, Paris 6. Aufl. 1992, S. 240.
90 Debbasch, a.a.O.
91 Balle, Francis, a.a.O., S. 218ff.
92 Balle, a.a.O, S. 222.
93 Luchaire, Francois, La protection constitutionelle des Droits et des Libertés, Paris 2. Aufl. 1987.
94 Favoreu, Luis, Philip, Loic, Les grandes décisions du conseil constitutionnel, Paris 6. Aufl. 1991.
95 So auch bereits Derieux, Emmanuel, Liberalisme et liberté de l'information, Trimedia 1980, Nr.5, S. 8, 11.

gewachsen, das selbst Fachleute als *"labyrintique"* bezeichnen[96]. Neben den extrem strittigen Gesetzgebungsverfahren hat nicht zuletzt auch die Rechtsprechung des Verfassungsgerichts mit seinen konkreten Einzelanforderungen an eine verfassungsgemäße Gesetzgebung hierzu beigetragen.

Konzentrationsbekämpfung betreibt der Gesetzgeber sowohl über das spezifisch rundfunkrechtliche Instrument der Auswahl der Zulassungsbewerber[97], als auch über die Fusionskontrolle bereits zugelassener Veranstalter. Zwei Maßstäbe legt das Gesetz zur Bestimmung des Konzentrationsgrades an: Zum einen den Anteil, den eine Person an einem Zulassungsinhaber halten darf. Dabei stellt das Gesetz regelmäßig den Kapitalanteil dem Stimmrechtsanteil gleich. Zum anderen die Anzahl der Zulassungen, die eine Person erwerben kann. Juristischen Personen sind natürlichen Personen gleichgestellt, daher i.f. Person. Das Gesetz unterscheidet außerdem zwischen Regelungen zur Verhinderung der Konzentration innerhalb des Rundfunks (intramediäre Konzentration), hier gibt es für jede Art der Verbreitung (terrestrisch, Kabel, Satellit) eigene Bestimmungen, diese nochmals unterschieden nach landesweiter und regionaler bzw. lokaler Verbreitung. Zum anderen enthält es Vorkehrungen gegen eine zu starke Verknüpfung des Rundfunks mit anderen Medien wie der Presse (intermediäre Konzentration). Kontrollorgan ist der CSA. Er hat gewisse Sanktionskompetenzen, die von der Abmahnung über Geldstrafe bis zum Lizenzentzug reichen. Um eine Umgehung der Konzentrationskontrolle zu verhindern, hat das Gesetz einen rundfunkrechtlichen Kontrollbegriff entwickelt, der sich aus dem Gesellschaftsrecht herleitet. Darüber hinaus sind Rundfunkunternehmen besondere Transparenzpflichten auferlegt.

Im folgenden sollen zunächst die Regelungen der intramediären (1), dann die der intermediären Konzentration (2) und darauf die Sondervorschriften für ausländische Veranstalter (3) behandelt werden. Daran schließt sich eine Erläuterung des Kontrollbegriffs (4), der Darstellung der Transparenzvorschriften (5) und der Kontrollbefugnisse der Aufsichtsbehörde (6) an. Um die komplizierten Regelungen etwas plastischer zu machen, steht am Ende des Kapitels noch als Beispiel der Prüfungsweise des CSA das Vorgehen bei dem Leitungswechsel des terrestrischen Senders La Cinq (7).

1. Konzentrationsbekämpfung innerhalb des Rundfunks (intramediär)

a) Terrestrisches Fernsehen (Art. 39 Abs. 1):

Wer eine landesweite Zulassung besitzt, kann keine zweite, sei es landesweit oder regional erhalten (Art. 41 Einl. Abschn. 2). Als landesweit gilt ein Verbreitungsgebiet, das

---

96 Cousin, Bertrand, Delcros, Bertrand, Le droit de la communication, Presse écrite et audiovisuel, Bd 1, Paris 1990, S. 336; Derieux, Emmanuel, Pluralisme de l'information, Leggipresse 1991, 83ff.
97 Die Grundregel findet sich in Art.29 Einl.Abschn.8: Bei der Auswahl der Zulassungsbewerber hat der CSA grundsätzlich den Schutz der Meinungsvielfalt und des Wettbewerbs zu beachten.

über sechs Millionen potentielle Zuschauer abdeckt (Art. 39 Abs. 3), der Großraum Paris ist hierbei also noch inbegriffen. Darüber hinaus enthält das Gesetz eine weitere Beschränkung: Eine landesweite Zulassung können nur Anbietergemeinschaften erhalten, bei denen keine Person mehr als 49 v. H. hält. In der Literatur wurde diese Beschränkung mit dem Hinweis kritisiert, die Regelung bedeute eine Abweichung vom Grundprinzip der Beherrschbarkeit im Gesellschaftsrecht. Eine stabile Mehrheit sei so bei landesweiten Fernsehveranstaltern nicht möglich[98]. Diese Beschränkung hat allerdings bisher nicht zu ernsthaften Schwierigkeiten bei der Leitung von Rundfunkunternehmen geführt. Faktisch existiert regelmäßig eine vertragliche Absprache zwischen den größten Anteilsinhabern, darüber, wer die Leitung des Unternehmens ausüben soll. Dies wird der Aufsichtsbehörde mitgeteilt.

Hält eine Person mehr als 15 v. H. an einem Zulassungsinhaber, so kann er noch eine weitere Beteiligung bis zu 15 v. H. erwerben; hält er zwei Beteiligungen über 5 v. H. so ist nur noch eine weitere bis zu 5 v. H. zulässig (Art.39 Abs.1). Dies gilt wohlbemerkt immer nur für die Kategorie des landesweit, terrestrisch verbreiteten Fernsehens, eine Beteiligung am Kabel- oder am Satellitenfernsehen oder am Hörfunk ist damit nicht beschränkt, solange nicht der Tatbestand der Kontrolle erfüllt ist.

Beschränkt ist allerdings die Beteiligung am regionalen, terrestrisch verbreiteten Fernsehen: Erreicht das Verbreitungsgebiet 200 000 bis sechs Millionen Einwohner (regionales Fernsehen), so kann sich eine Person am Zulassungsinhaber mit bis zu 50 v. H. beteiligen (Art. 39 Abs.3). Ein Zulassungsinhaber kann weitere Zulassungen nur erhalten, solange er nicht Verbreitungsgebiete von insgesamt mehr als sechs Millionen Einwohnern bedient (Art. 41 Einl. 4. Abschn.), auch dürfen sich die Verbreitungsgebiete nicht überschneiden (Art. 41 Einl. 5. Abschn.). Die Anzahl der Beteiligungen ist im Gegensatz zur Rechtslage beim nationalen Fernsehen allerdings nicht limitiert. Wer eine oder keine eigene Zulassung besitzt, kann beliebig viele Beteiligungen bis zur Höhe von 50 v. H. halten[99].

b) *Terrestrischer Hörfunk*

Landesweite Verbreitung eines Hörfunkprogrammes nimmt das Gesetz nach Art. 41 Abs. 3 Abschn. 4 dann an, wenn das Verbreitungsgebiet mehr als 30 Millionen Einwohner umfasst. Eine Beschränkung der Anteile einer Person am einzelnen Zulassungsinhaber, wie beim terrestrisch übertragenen Fernsehen sieht das Gesetz nicht vor. Auch hier gilt nur die Schranke der Kontrolle, d.h. ab einer gewissen Beteiligungsschwelle wird die Zulassungsinhaberschaft fingiert.

Das Gesetz sieht jedoch Beschränkungen für die Zahl der Zulassungen vor: Wer über ein oder mehrere Hörfunkprogramme verfügt, von denen eines landesweit verbreitet

---

98 Cousin, Bertrand, Entre deux marées, Le Monde 16.8.1986.
99 Cousin, Bertrand, Delcros, Bertrand, Le droit de la communication, Presse écrite et audiovisuel, Bd 1, Paris 1990, S. 342.

wird, kann weitere Zulassungen nur für Verbreitungsgebiete erhalten, die insgesamt nicht mehr als 15 Millionen Einwohner umfassen (Art. 41 Einl. Abschn. 1). Ein Hörfunkveranstalter kann also entweder Zulassungen für ein Gebiet von über 30 Millionen Einwohnern und mehrere regionale Gebiete bis zur Gesamteinwohnerzahl von 15 Millionen erhalten, oder er verzichtet auf die landesweite Zulassung. Dann kann er beliebig viele regionale Programme betreiben und ist damit nicht an eine Höchsteinwohnerzahl gebunden. Unter diese Regelungen fallen nicht nur, wie bei der Vorgängerfassung, die über UKW-Frequenzen betriebenen Sender, sondern auch die Mittelwellen- und Langwellensender. So wurde im Gesetzgebungsverfahren klargestellt, daß Sender, die die gleichen Programme über unterschiedliche Frequenzen ausstrahlen, im Hinblick auf die Konzentrationsvorschriften nur mit einer einzigen Zulassung angerechnet werden[100].

Dies ist relevant für die sog. peripheren Sender, die vom Ausland nach Frankreich in französischer Sprache senden (zB: RTL, Europe 1, RMC)[101]. Ihre Programme, traditionell die meistgehörten in Frankreich, die aus einer Mischung von Musik und Wortbeiträgen bestehen, verloren mit der zunehmenden Regionalisierung und Spezialisierung nach Einführung des privaten Hörfunks an Hörerschaft. Die peripheren Sender reagierten auf diese Entwicklung mit der Gründung von reinen Musikprogrammen (RTL mit Maxximum, Europe 1 mit Europe 2 und RCM mit Radio Nostalgie). Mit diesen Programmen überschreiten die Veranstalter jedoch die Konzentrationsschwellen des Art. 41 Einl. Abschn. 1. Der CSA hat bisher kein Verbot ausgesprochen. Nach seiner Ansicht ist durch diese Entwicklung die Meinungsvielfalt nicht beeinträchtigt. Die französischen Medienkonzerne, die sich gegen die europäische Konkurrenz behaupten müßten, seien hier in einer nachteiligen Position, da die ausländischen Konkurrenten nicht immer gleichartigen Beschränkungen ausgesetzt seien. Darüber hinaus sei die Regelung inkonsequent, da sie einem Betreiber zwar erlaube, zwei Programme für Verbreitungsgebiete von jeweils 29,9 Millionen Einwohnern zu betreiben, jedoch nicht die Veranstaltung eines Programmes mit Reichweite von 30 Millionen Einwohnern und eines weiteren Programmes mit Reichweite von 15,1 Millionen Einwohnern[102]. Die Behörde schlägt in ihrem Jahresbericht 1991 daher eine Gesetzesänderung dahingehend vor, daß eine Person berechtigt sein soll, zwei Hörfunkprogramme unabhängig von ihrer Reichweite zu betreiben. Im Gegenzug soll dann eine dritte Beteiligung am Hörfunk gänzlich untersagt werden[103].

Generell stellte der CSA 1991 eine große Konzentrationstendenz im lokalen Hörfunk fest[104]. Lokale Veranstalter gerieten zunehmend in Abhängigkeit von Franchise-Netzen und Programmzulieferern. Da das Rundfunkgesetz keine speziellen Regelungen dieses

---

100 Cousin/Delcros a.a.O., S. 342.
101 Cousin/Delcros, a.a.O., S. 342.
102 CSA, Rapport annuel 1991, Conseil Supérieur de l'audiovisuel, Paris 1992, S.186.
103 CSA, a.a.O., S.187.
104 CSA, a.a.O., S.186.

Phänomens enthält, ist die Aufsichtsbehörde bisher auf die Anwendung allgemeiner Vorschriften angewiesen:
- Die Behörde kann mit dem Begriff der Kontrolle eine Zurechnung des Zulassungsinhabers auf den Zulieferer vornehmen. Fehlt es an einer entsprechenden finanziellen oder vertraglichen Beteiligung des Zulieferers am Zulassungsinhaber, so kann die Behörde auf den speziell rundfunkrechtlichen Zurechnungsbegriff gemäß Art. 41 Abs. 3 Nr. 2 zurückgreifen: hier müßte die Behörde nachweisen, daß der Zulieferer den Zulassungsinhaber unter seine Herrschaft (autorité) oder in seine Abhängigkeit gebracht hat. Dann kann für ihn die Inhaberschaft für eine Zulassung fingiert werden. Zu einem Einschreiten ist weiterhin erforderlich, daß der Zulieferer mit den Konzentrationskontrollvorschriften in Konflikt kommt. Hierzu muß er mit eigenen oder weiteren zugerechneten Zulassungen eine der Schwellen der Artt. 39ff überschreiten. Ist dies der Fall, so kann die Behörde gegen den Zulassungsinhaber eine Sanktion nach Art. 42 verhängen. Gegen den Zulieferer kann sie überhaupt nur dann vorgehen, wenn dieser über eigene Zulassungen verfügt. Betätigt er sich ausschließlich als Zulieferer oder Franchisegeber, so besitzt die Behörde ihm gegenüber keine Sanktionsmacht. Insgesamt ist dies eine unsichere Rechtsgrundlage, da der Nachweis der Abhängigkeit nur schwierig zu führen ist.
- Eher noch kommt ein Zulassungsentzug nach Art. 42 Abs. 2 in Betracht: Mit der Bindung an den Zulieferer hat der Zulassungsinhaber nämlich eine substantielle Veränderung der Unternehmensdaten vorgenommen, aufgrund derer die Zulassung erteilt wurde. Der CSA hat eine Klassifikation der Zulassungen erstellt, die von A für nichtkommerzielle unabhängige Veranstalter bis zu D für Veranstalter, die kein eigenes Programm ausstrahlen reicht[105]. Hat der Zulassungsinhaber durch die Bindung an den Zulieferer/Franchisegeber die Kategorie gewechselt, so führt dies regelmäßig zum sofortigen Entzug der Zulassung auf der Basis des Art. 42 Abs. 3[106]. Auch hier ist ein Einschreiten nur gegen den Zulassungsinhaber selbst nicht aber gegen den Zulieferer möglich.
- Gegen den Zulieferer/Franchisegeber könnte die Behörde lediglich auf der Basis des Art. 35 vorgehen: Begibt sich der Zulassungsinhaber in die völlige Abhängigkeit des Zulieferers/Franchisegebers, so kann die Behörde den Zulassungsinhaber als Strohmann für den Zulieferer betrachten (vgl. u. III c). Nach Art. 74 drohen beiden Beteiligten die entsprechenden strafrechtlichen Sanktionen. Die Behörde müßte hier jedoch eine Absprache zwischen Zulieferer und Zulassungsinhaber nachweisen, was wohl nur selten gelingen wird.

In der Praxis verfolgt der CSA bisher eine flexible Politik: verpflichtet sich der Zulieferer vertraglich dazu, eine Reihe von Bedingungen zur Erhaltung der Unabhängigkeit des Zulassungsinhabers zu erfüllen, so verzichtet die Behörde darauf, eine Kontrolle des Zulieferers über den Veranstalter anzunehmen. Weiterhin hat die Behörde vorgeschlagen,

---

105 CSA, a.a.O., S.153.
106 CSA, a.a.O., S.167.

die Begriffe Zulieferer und Franchisegeber gesetzlich zu definieren. Unter Zulieferung sei danach die Inanspruchnahme von Programmteilen mit der vertraglichen Garantie der Erhaltung der Selbstständigkeit des Zulassungsinhabers zu verstehen. Hier sollten Konzentrationsvorschriften keine Anwendung finden. Auch soll es dem Zulassungsinhaber erlaubt sein, lokale Werbung zu aquirieren. Unter einem Franchiseverhältnis sei dagegen die völlige Abhängigkeit des Franchisenehmers vom Franchisegeber zu verstehen, hier sollten Konzentrationsvorschriften sowohl auf den Zulassungsinhaber als auch auf den Franchisegeber (soweit dieser über eigene Zulassungen verfügt) angewandt werden. Auch sei hier der Rückgriff auf lokale Werbung zu versagen[107].

c) *Kabelfernsehen und -hörfunk*

Ein Betreiber von Kabelprogrammen darf in seinen Verbreitungsgebieten nicht mehr als insgesamt acht Millionen Einwohnern versorgen (Art. 41 Einl. Abschn. 6). Für diese Verbreitungsart existiert also weder eine Beschränkung der Anzahl der Zulassungen, noch eine Beteiligungshöchstschwelle am einzelnen Zulassungsinhaber, solange nicht der Tatbestand der Kontrolle erfüllt ist.

d) *Satellitenfernsehen und -hörfunk (Art. 39 Abs. 2)*

Das französische Rundfunkgesetz erfaßt nur die von Satelliten ausgestrahlten, direkt über Hausantenne von mehr als sechs Millionen Einwohnern empfangbaren Programme unter die Satellitenregelungen (Art. 24 Abs. 3). Art. 39 Abs. 2 sieht eine Höchstbeteiligungsschranke vor: An einem Unternehmen, das eine Satellitenzulassung besitzt, kann eine Person bis zu 50 v. H. erwerben, bei zwei Beteiligungen ist bei beiden nur der Besitz von höchstens einem Drittel der Anteile zulässig. Für jede weitere Beteiligung gilt eine Fünfprozentschranke. Wer eine Zulassung für terrestrisches und für Satellitenfernsehen besitzt, kann keine weitere Zulassung erhalten (Art. 41 Einl. Abs. 3). Nach Art. 39 Einl. Abschn. 3 kann ein Unternehmen allerdings Zulassungen für zwei unterschiedliche Satellitenprogramme erhalten. Strahlt ein Zulassungsinhaber für terrestrisches Fernsehen sein Programm zusätzlich über Satellit aus, so wird er nach Art. 41 Abs. 3 Abschn. 6 weiterhin wie ein terrestrischer Sender behandelt. Die Vorschriften für Satellitenprogramme sind auf ihn nicht anwendbar. Ein solches Unternehmen hat demnach die strengeren Beteiligungsvorschriften (49 v. H. s.o), und die Anforderungen an die inter- und intramediäre Konzentration zu beachten.

2. *Medienübergreifende Konzentrationsbekämpfung (intermediär)*

Zur Erfassung der *"Multimedia"*-Konzentration hat der Gesetzgeber die sogenannten *"Zwei-von-vier-Regeln"* geschaffen. Von vier vorgegebenen Bedingungen darf die frag-

---

107 CSA, a.a.O., S.187.

liche Person nur zwei erfüllen. Der Ausschußvorsitzende im Senat François Léotard hat die Regelungen folgendermaßen begründet[108]: *"Die Gesetzessystematik beruht auf zwei einfachen Ideen: zum einen soll niemand in der Lage sein, ein Kommunikationsmittel zu dominieren, zum anderen soll niemand in der Lage sein, eine vorherrschende Position in zwei von vier Sektoren zu erringen".* Erlangt ein Unternehmen eine nach diesen Vorschriften verbotene Stellung, so kann es eine weitere Zulassung nur unter der Bedingung erhalten, sich innerhalb von sechs Monaten an die gesetzlichen Vorschriften anzupassen (Art. 41 Abs.1 letzter Abschn.) Folgende Regeln gelten demnach für die landesweite und die regionale bzw. lokale Verbreitung:

a) Landesweite Verbreitung (Art. 41 Abs. 1)

1. Bedingung: Zulassung(en) für terrestrische Übertragung von Fernsehprogrammen, die insgesamt vier Millionen Einwohner erreichen.
2. Bedingung: Zulassung(en) für die Übertragung von Hörfunkprogrammen, die insgesamt 30 Millionen Einwohner erreichen.
3. Bedingung: Zulassung(en) für die Übertragung von Kabelprogrammen (Hörfunk und Fernsehen), die insgesamt sechs Millionen Einwohner erreichen.
4. Bedingung: Herausgabe oder Kontrolle von Tageszeitung(en) für Politik und allgemeine Informationen, deren Auflage(n) innerhalb des letzten Jahres vor der Antragstellung mehr als 20 v. H. des Gesamtmarktes dieser Kategorie von Presseprodukten ausmachten.

Gibt ein Bewerber also bereits landesweit verbreitete Tageszeitungen mit einem Marktanteil von 20 v. H. heraus, so muß er sich zwischen der überregionalen Veranstaltung von Hörfunk- Fernsehen- oder Kabelprogrammen entscheiden. Keiner Beschränkung ist er im Satellitenbereich ausgesetzt. Möchte er im Bereich des überregionalen Fernsehens bei terrestrischen Sendern und im Kabel Zulassungen erhalten, so muß er bei der Herausgabe von Tageszeitungen seinen Marktanteil unter 20 v. H. halten und ist beim Hörfunk auf regionale Programme beschränkt, die insgesamt nicht mehr als 30 Millionen Einwohner erreichen. Zulässig ist auch die Kombination von Zulassungen von nationalem terrestrischen Fernsehen und nationalem Hörfunk bei Verzicht auf Kabel und Tageszeitung, wenn diese mehr als 20 v. H. des nationalen Marktes abdecken.

b) Regionale und lokale Verbreitung (Art. 41 Abs. 2)

1. Bedingung: Zulassung(en) für terrestrische Übertragung von nationalen, regionalen oder lokalen Fernsehprogrammen in der betreffenden Region.
2. Bedingung: Zulassung(en) für die Übertragung von Hörfunkprogrammen, die in der betreffenden Region mehr als 10 v. H. des Hörfunkmarktes ausmachen (staatliche Sender inbegriffen).

---

108   Léotard, François, Journal Officiel, Senatssitzung vom 21.11.1986, S.3963.

3. Bedingung: Zulassung(en) für die Übertragung von Kabelprogrammen (Hörfunk und Fernsehen) in der betreffenden Region.

4. Bedingung: Herausgabe oder Kontrolle einer oder mehrerer Tageszeitungen für Politik und allgemeine Information, die in der betreffenden Region verbreitet werden. Die Regionen bestimmen sich nach den Frequenzgebieten der regionalen bzw. lokalen Verbreitungsgebiete der zu überprüfenden Sender, die nach Art. 21 vom Premierminister zusammen mit dem CSA festgelegt werden.

Will ein Veranstalter von terrestrischem Fernsehen also weitere Rundfunkzulassungen in der Region erhalten, so darf er keine Tageszeitung herausgeben, die dort verbreitet wird. Umgekehrt muß sich ein Tageszeitungsverleger in der Region zwischen Hörfunk (über 10 v. H.), terrestrischem Fernsehen und Kabel entscheiden. Das Doppelmonopol lokaler Hörfunk und lokale Tageszeitung bleibt nach dieser Regelung zulässig: Der einzige Tageszeitungsverleger in einer Region ist nicht gehindert, den einzigen privaten Hörfunksender zu betreiben. Ebenso ist er keinen Beschränkungen ausgesetzt, soweit der von ihm betriebene Hörfunk weniger als 10 v. H. des Verbreitungsgebietes der Zeitung abdeckt. Abgesehen von den internen Beteiligungsschranken beim terrestrischen und beim Satellitenfernsehen, enthält das Gesetz keine Beteiligungsschranken für Personen, die nicht selbst Zulassungsinhaber sind. Beteiligungen an Zulassungsinhabern sind also an Hörfunk- und Kabelveranstaltern beliebig möglich, soweit nicht der Tatbestand der Kontrolle erfüllt ist. Auch die Regelungen über Multimediabeteiligungen gelten nur für Zulassungsinhaber, Beteiligungen sind ebenfalls möglich, solange nicht die Inhaberschaft nach dem Kontrolltatbestand fingiert wird. Im folgenden Abschnitt soll also erläutert werden, wann diese Beteiligungsgrenze erreicht ist.

3.   Kontrolle (Art. 41 Abs. 2 Abschn. 2)

Wie ein Zulassungsinhaber wird behandelt, wer Kontrolle über einen Zulassungsinhaber ausübt, oder wer einen Zulassungsinhaber in seine Abhängigkeit oder unter seine Herrschaft gebracht hat (Art. 41 Abs. 3 Abschn. 2). Für die Definition der Kontrolle nimmt das Gesetz bezug auf Art. 355 Abs. 1 des Gesetzes über Handelsgesellschaften[109]. Hier sind verschiedene Alternativen genannt, wann davon ausgegangen werden kann, daß

---

109 Gesetz Nr. 66-537 v. 24.7.1966; Art.355-1 lautet: Une société est considérée, pour l'application des paragraphes 2 et 4 de la présente section, comme en contrôlant un autre:
- lorsqu'elle détient directement ou indirectement une fraction du capital lui conférant la majorité des droits de vote dans les assemblées générales de cette société;
-lorsqu'elle dispose seule de la majorité des droits de vote dans cette société en vertu d'un accord conclu avec d'autres associés ou actionnaires et qui n'est pas contraire à l'intérêt de la société;
-lorsqu'elle determine en fait, par les droits de vote dont elle dispose, les décisions dans les assemblées générales de cette société. Ellle est présumée exercer ce contrôle lorsqu'elle dispose, directement ou indirectement, d'une fraction des droits de vote supérieure a 40 % et qu'aucun autre associé ou actionaire ne détient directement ou indirectement une fraction supérieure à la sienne.

eine juristische Person von einer anderen kontrolliert wird[110]. Die beiden ersten Varianten sind klar: Kontrolle übt aus, wer aufgrund seines direkt oder indirekt gehaltenen Kapitalanteiles die Stimmenmehrheit in der Hauptversammlung hat. Das gleiche gilt für den Fall, daß er aufgrund vertraglicher Absprachen über eine solche Mehrheit verfügt. Darauf folgt eine Vorschrift für Fälle der Kontrolle einer Gesellschaft ohne vertragliche Absprachen und ohne Kapitalmehrheit: Wer faktisch die Entscheidungen der Hauptversammlung bestimmt, erfüllt ebenfalls den Tatbestand der Kontrolle, dies wird vermutet, wenn der direkt oder indirekt gehaltene Stimmrechtsanteil 40 v. H. übersteigt und kein anderer Anteilsinhaber direkt oder indirekt über einen höheren Anteil verfügt. Da Art.41 Abs. 3 Abschn. 2 Rundfunkgesetz zusätzlich den Fall der Abhängigkeit und der Herrschaft nennt, muß davon ausgegangen werden, daß auch ohne Erfüllung des gesellschaftsrechtlichen Kontrolltatbestandes eine spezielle rundfunkrechtliche Kontrolle angenommen werden kann, die zu einer Zulassungsfiktion führt. Weder das Gesetz noch die Kommentarliteratur noch die Aufsichtsbehörde nennen allerdings Kriterien, unter welchen Voraussetzungen von einer solchen rundfunkrechtlichen Kontrolle ausgegangen werden kann. Denkbare Fälle sind sicherlich die im Bereich des lokalen Hörfunks verbreitete Abhängigkeit rechtlich selbstständiger Zulassungsinhaber von Franchise-Gebern und Programmzulieferern.

Das Problem der Bestimmung der Kontrolle ist in der Praxis zumindest für den Bereich des Fernsehens für die Aufsichtsbehörde geringer, als dies bei der schwierigen rechtlichen Lage scheinen mag. Die Behörde verlangt, daß sich die Hauptanteilsinhaber grundsätzlich auf einen Anteilsinhaber einigen, der die Leitung des Zulassungsinhabers übernimmt[111]. Auf diese Weise stellt sich die Frage gar nicht, wie bei einer Minderheitsbeteiligung dennoch auf Kontrolle des Senders geschlossen werden kann. Dies mag in gewisser Hinsicht dem Zweck der Beschränkung des Anteilsbesitzes wiedersprechen, war doch diese Beschränkung gerade dazu geschaffen worden, um zu verhindern, daß ein Beteiligter zuviel Einfluß auf die Ausrichtung des Programmes erhält. Die Meinungsvielfalt sollte dadurch gesichert werden, daß die verschiedenen Anteilsinhaber, von denen man annahm, daß sie nicht alle die gleiche Meinungsrichtung vertreten, sich quasi gegenseitig neutralisieren und so ein nicht einseitig ausgerichtetes Programm schaffen. Besteht dagegen ein Zwang zur Übertragung der Programmleitung auf einen Beteiligten, so ist mit der Anteilsbeschränkung für die Meinungsvielfalt nur wenig gewonnen. Der zur Leitung bestimmte Aktionär wird auch die Meinungsfarbe des Programmes prägen.

Bedeutung hat die Zulassungsfiktion für Kontrollinhaber allerdings für die indirekte Kontrolle über eine Tochterfirma. Beispiel: Eine Gesellschaft C hält zwar keine Anteile am Zulassungsinhaber A, jedoch kontrolliert sie B, der wiederum Anteile an A hält. Ohne eine direkte gesetzliche Grundlage nutzt hier die Aufsichtsbehörde den Kontroll-

---

110 S. die ausführliche Analyse bei: Storck, Michel, Définition légale du contrôle d'une société en droit francais, Revue des Sociétés 1986, 385ff.
111 s.u. Bsp. la Cinq III 6.

tatbestand, um für A die Anteilsinhaberschaft zu fingieren und dann dementsprechend Konzentrationskontrollvorschriften auf A anzuwenden[112].

Neben der Kontrolle kennt das Gesetz noch eine weitere Zulassungsfiktion: Auch wer aus dem Ausland Sendungen nach Frankreich in französischer Sprache einstrahlt (Art. 40 Abs. 3 Abschn. 2 2. Hs.) wird wie ein Zulassungsinhaber behandelt. Dies ist von großer Bedeutung für die sog. peripheren Stationen (RTL, Europe1, RMC) und für zukünftige Satellitenprogramme, die vom Ausland aus betrieben werden[113].

4. Behandlung ausländischer Personen (Art. 40)

Ausländer aus EG-Ländern sind französischen Unternehmen grundsätzlich gleichgestellt. Zwar sieht Art. 40 Abs. 1 eine Beschränkung ausländischer Unternehmen an einem inländischen Rundfunkunternehmen auf 20 v. H. vor, doch gilt dies vorbehaltlich internationaler Verpflichtungen Frankreichs. Als eine solche Verpflichtung ist der EG-Vertrag zu sehen[114]. Allerdings gilt die Beschränkung für Nicht-EG-Firmen, die ihren Sitz in einem EG-Land haben. Die Ausländerbeschränkung kennt zwei Ausnahmen:
- Zum einen fällt sie weg für solche Programme, die nicht in französischer Sprache senden und deren Sendungen sich an die ausländischen Sprachgruppen in Frankreich richten.
- Die zweite Ausnahme bezieht sich auf die Ausstrahlung über direktempfangbare Satelliten. Grund für diese Regelung mag die Befürchtung gewesen sein, wichtige ausländische Investitionen könnten außerhalb Frankreichs getätigt werden, ohne daß eine Einstrahlung nach Frankreich über Satellit verhindert werden könnte[115].

5. Transparenzpflichten

Unter Transparenzvorschriften versteht das Gesetz Regelungen, die Unternehmen, die sich um die Zulassung für die Rundfunkveranstaltung bewerben, oder eine solche innehaben, gewisse Informationspflichten gegenüber den Gesellschaftern, der Öffentlichkeit oder der Behörde auferlegen. Die meisten dieser Pflichten haben keinen einheitlichen Schutzzweck, sondern dienen sowohl der Information der Gesellschafter eines Rundfunkunternehmens, der Öffentlichkeit und sind zugleich Handlungsmaßstab für die Aufsichtsbehörde. Eine Unterscheidung, wie sie zuweilen vorgenommen wird[116,] wirkt eher künstlich. Für den Gesellschafter dienen die Informationspflichten dazu, eine *"heimliche"* Übernahme der Kontrolle über das Unternehmen zu verhindern, die bei Medienunternehmen aus verfassungsrechtlichen Gründen für besonders gefährlich

---

112 CSA, Rapport annuel 1990, Conseil Supérieur de l'audiovisuel, Paris 1991, S. 351f.
113 Cousin, Bertrand, Delcros, Bertrand, Le droit de la communication, Presse écrite et audiovisuel, Bd 1, Paris 1990, S. 345.
114 Cousin/Delcros, a.a.O., S. 334.
115 Cousin/Delcros, a.a.O., S. 334.
116 Cousin/Delcros, a.a.O., S. 331ff.

gehalten wird. Die Informationspflicht der Öffentlichkeit läßt sich unmittelbar aus dem verfassungsrechtlichen Gebot der Medienvielfalt herleiten. Da gerade im Rundfunk die Auswahl und die Darbietung von Information meinungsbildend wirkt, steht den Bürgern ein Recht zu, deren Herkunft zu kennen. Ratio legis der Offenlegung gegenüber der Behörde ist es dagegen, die Voraussetzungen für eine wirksame Anwendung der Konzentrationsregeln zu schaffen, denn nur wenn die Behörde die Medienbeteiligungen eines Unternehmens kennt, ist sie in der Lage, weitere Beteiligungen zu untersagen oder Zulassungen zu verweigern. Umfassende Transparenzpflichten hatte der Gesetzgeber bereits 1985 in das Gesetz von 1982 eingefügt. Diese bestanden teilweise in einer einfachen Verweisung auf das Pressegesetz[117], teilweise enthielt es eigene Regelungen. Sie wurden nur zum Teil in die Neufassung von 1986 übernommen, da die Regierung sie an manchen Stellen zu *"inquisitorisch"* fand und daher abmilderte[118].

a)   Namensaktien

Bei Aktiengesellschaften, die über eine Zulassung zur Rundfunkveranstaltung verfügen, ist generell nur die Ausgabe von Namensaktien zugelassen, Art. 36. Ein Verstoß kann nach Art. 76 mit Geldstrafe geahndet werden. Dies gilt wohlbemerkt nur für den Zulassungsinhaber selbst und nicht für Unternehmen, die am Zulassungsinhaber beteiligt sind. Die sog. *"transpérance remontante"* war noch im Gesetz von 1982 und zunächst auch bei der Pressefusionskontrolle[119] vorgesehen. Ein Unternehmen unterlag der Namensaktienpflicht, wenn es mit seinen Medienbeteiligungen eine bestimmte Schwelle überschritt. Dies wurde jedoch 1986 weder für den Rundfunk noch für die Presse übernommen, mit der Begründung, die Transparenzverpflichtung hätte sich sonst zu weit in das medienfremde Wirtschaftsleben erstreckt[120].

b)   Wesentliche Änderung der Gesellschafterzusammensetzung

Auch ein weiterer Vorschlag zum Schutz der Gesellschafter scheiterte im Gesetzgebungsverfahren[121]: jeder Anteilswechsel über 5 v. H. sollte der Zustimmung der Leitung des Zulassungsinhabers bedürfen. Dies zum einen, weil eine wesentliche Änderung der Gesellschafterzusammensetzung nach Art. 42 Abs. 3 zu einem Entzug der Zulassung führen kann, dann müsse der Zulassungsinhaber auch ein Einflußrecht auf

---

117   S. hierzu: Derieux, Emmanuel, Le nouveau statut de la communication - Les lois du 1er aout, 30 septembre et 27 novembre 1986, Revue du Droit Public 1987, 312, 317ff; Masclet, Jean-Claude, La loi sur les entreprises de presse, L'actualité juridique - Droit administratif 1984, 644ff.
118   Cousin/Delcros, a.a.O., S. 333.
119   Masclet, Jean-Claude, La loi sur les entreprises de presse, L'actualité juridique - Droit administratif 1984, 644, 646.
120   Cousin/Delcros, a.a.O., S. 333.
121   Cousin/Delcros, a.a.O., S. 332.

diesen für seinen Bestand lebenswichtigen Faktor haben. Zum anderen wurde die Notwendigkeit einer Harmonisierung mit dem Presserecht angeführt, wo Anteilswechsel seit Ende des zweiten Weltkrieges der Zustimmung des Presseunternehmens bedürfen. Da sich die Unterschiede zwischen Rundfunk und Presse beispielsweise im Bereich des Bildschirmtextes verwischten, sei hier eine einheitliche Regelung angebracht.

c) Strohmannverbot

Nach Art. 35 ist es verboten, einer Person, die sich um eine Zulassung bewirbt oder innehat seinen Namen zu leihen (*prêter son nom*). Dieses bereits im Gesetz von 1982 enthaltene Verbot wurde 1986 noch ausgeweitet: Verboten ist es ebenfalls, als Strohmann für eine Person aufzutreten, die einen Zulassungsinhaber kontrolliert. Diese Verbote sind in Art. 74 strafbewehrt. Sowohl der Strohmann, als auch die Person dahinter, als auch jede andere Person, die davon profitiert, kann mit zwei Monaten Gefängnis und/oder mit Geldstrafe belegt werden. Im Falle von juristischen Personen trifft die Strafe den Aufsichtsratsvorsitzenden, den Vorstandsvorsitzenden oder im Falle gemeinnütziger Organisationen den Vereinsvorstand, Art. 74 Abs. 2. Der CSA schlägt eine Gesetzesergänzung dahingehend vor, neben den in Art. 74 genannten Sanktionen Strohmannverträge grundsätzlich für nichtig zu erklären[122]. Die praktische Bedeutung des Strohmannverbotes ist bisher gering geblieben, auch weil es Aufgabe der Behörde ist, die Strohmanneigenschaft nachzuweisen, was naturgemäß schwerfällt. In der Praxis begnügt sich der CSA regelmäßig mit einer eidesstattlichen Versicherung der betreffenden Anteilsinhaber, nicht für einen anderen aufzutreten.

d) Information der Öffentlichkeit

Art. 37 nennt diejenigen Informationen, die der Zulassungsinhaber ständig für die Öffentlichkeit bereithalten muß: handelt es sich um eine juristische Person, so ist die Rechtsnatur, der Sitz des Unternehmens, der Name des Bevollmächtigten und der drei wichtigsten Gesellschafter zu veröffentlichen. Ist der Zulassungsinhaber keine juristische Person, muß Name und Vorname des oder der Eigentümer(s) genannt werden. Weiterhin ist der Redaktionsverantwortliche zu nennen und eine Liste der Publikationen und Rundfunkprogramme, die das Unternehmen daneben herausgibt. *"Für die Öffentlichkeit bereithalten"* bedeutet im Falle des Rundfunks nicht die tägliche Ausstrahlung dieser Informationen, es genügt nach Literaturansicht[123], wenn sie im Sendehaus nachgefragt werden können. Für die auch in Frankreich in hohem Maße verschachtelte Medienwirtschaft, ist der Aussagewert der nach dem Gesetz obligatorischen Informationen über die einflußreichsten Gesellschafter gering.

---

122 CSA, Rapport annuel 1990, Conseil Supérieur de l'audiovisuel, Paris 1991, S. 352f.
123 Cousin, Bertrand, Delcros, Bertrand, Le droit de la communication, Presse écrite et audiovisuel, Bd 1, Paris 1990, S. 332.

e)   *Information der Aufsichtsbehörde*

Gegenüber der Aufsichtsbehörde gehen die Informationspflichten noch weiter: nach Art. 38 ist zur Mitteilung verpflichtet, wessen Anteil an einem Zulassungsinhaber die 20 v. H. Marge überschreitet. Diese Pflicht trifft nur den Anteilseigner, nicht den Zulassungsinhaber selbst. Die Festlegung der Schwelle auf 20 v. H. harmoniert mit dem Gesellschaftsrecht, nach dem ab dieser Beteiligungsschwelle die Möglichkeit, wesentlichen Einfluß auf das Unternehmen auszuüben vermutet wird, Art. 357 Code des Sociétés[124]. Bei einer Verletzung dieser Informationspflicht sieht Art. 75 eine Geldstrafe vor.

6.   *Kompetenzen der Aufsichtsbehörde bei Verstößen gegen Konzentrationsvorschriften*

a)   *Vor der Zulassung*

Die Behörde hat das Recht alle für erforderlich gehaltenen Unterlagen anzufordern. Der Antragsteller darf seine wirkliche Identität nicht verheimlichen und muß auf Anfrage über die Zusammensetzung des Kapitals vorlegen (Art. 29 Abs. 4; Art. 30 Abs. 3). Verweigert der Bewerber die Einsicht in Geschäftsunterlagen, so kann die Zulassung verweigert werden (vgl. Art. 29 Abs. 8; 30 Abs. 4) verweigert werden, weil sonst der Pluralismus und die Vielfalt der Betreiber nicht gewährleistet ist[125].

b)   *Nach der Zulassung*

Grundsätzlich hat der CSA nach der Erteilung der Genehmigung darüber zu wachen, daß der Zulassungsinhaber die gesetzlichen Auflagen beachtet (Art. 42 Abs. 1)[126]. Verändert der Zulassungsinhaber während der Zulassungszeit seine Beteiligungsstruktur ohne hierfür die Genehmigung des CSA erhalten zu haben, so steht der Behörde das Spektrum der in Art. 42 enthaltenen verwaltungsrechtlichen Sanktionen zur Verfügung, das von Informationsrechten über öffentliche Verweise (mise en demeure) bis zum Zulassungsentzug[127] reichen. Darüber hinaus enthalten die Artt. 74ff Strafvorschriften, die auf Antrag des CSA durch den Strafrichter ausgesprochen werden können [128].

---

124   Cousin/Delcros, a.a.O., S. 333.
125   Vgl. Blaise, Jean Bernard, Fromont, Michel, Das Wirtschaftsrecht der Telekommunikation in Frankreich, Baden-Baden 1992, S. 252.
126   Debbasch, Charles, Droit de l'audiovisuel, Paris 2. Aufl. 1991, S. 277.
127   Vgl. Debbasch, a.a.O., S. 277.
128   Vgl. Blaise, Fromont, a.a.O., S. 252.

7. Beispiel: Leitungswechsel bei La Cinq

Um dieses hochkomplizierte Regelungswerk zu erläutern, soll im folgenden am Beispiel des zwischenzeitlich in Konkurs gegangenen Senders La Cinq gezeigt werden, wie der CSA die Konzentrationsvorschriften in der Praxis handhabt[129]. Hauptgesellschafter des 1987 zugelassenen, terrestrischen, landesweit ausgestrahlten Programmes waren die französischen Medienkonzerne Hachette und Hersant (über die Beteiligungsfirma TVES) und die italienische Fernsehgesellschaft Reteitalia, die zur Gruppe von Berlusconi gehört. Einige kleinere Unternehmen, darunter die Hauptgesellschafter von Hachette Credit Lyonais, CCF, Kleinwort Benson und Société Générale waren mit separaten Anteilen beteiligt.

Nachdem der Sender aus anfänglichen Defiziten nicht herauskam, legten die Gesellschafter im Oktober 1990 dem CSA einen Plan zur Änderung der Beteiligungsstruktur vor: Hachette sollte seinen Anteil von zehn auf 25 Prozent erhöhen, Hersant den seinigen von 25 auf zehn verringern. Hachette sollte von Hersant die Leitung des Senders übernehmen. Die Durchführung des Planes hätte gemäß Art. 42 Abs. 3 des Rundfunkgesetzes zu einer wesentlichen Änderung der Beteiligungsstruktur geführt, wäre sie ohne Zustimmung der Behörde erfolgt, so wäre dies Anlaß für eine Rücknahme der Autorisation gewesen. Hätte die Beteiligungsänderung selbst gegen Konzentrationsvorschriften verstoßen, so hätte dies ebenfalls zu einer Rücknahme der Autorisation führen können, da nach Ansicht des CSA (ohne daß dies ausdrücklich im Gesetz erwähnt wäre) die Zulassungsvoraussetzungen während der gesamten Zulassungsperiode vorliegen müssen. Der CSA veröffentlichte den Plan und holte Stellungnahmen in der Öffentlichkeit ein.

Für den ersten Prüfungspunkt, die Strohmannregelung nach Art. 35 Abs. 1, begnügte sich die Behörde mit einer öffentlichen Versicherung des Vorstandsvorsitzenden von Hachette, daß keine derartige Absprache zwischen den Anteilsinhabern existierte[130]. Die Höchstschwelle für terrestrische landesweit sendende Fernsehprogramme von 25 Prozent Kapital- oder Stimmrechtsanteilen gemäß Art. 39 Abs. 1, wurde von Hachette nicht überschritten. Eine weitere Beteiligung am landesweiten, terrestrischen Fernsehen ist nach Art. 39 Abs. 1 Abschn. 2 nur bis zu 15 v. H. möglich. Auch mit dieser Regelung befand sich der Konzern im Einklang. Er war zwar an einer *"Entwicklungsgesellschaft für Systeme des Satellitenfernsehens"* beteiligt, die eine Zulassung für ein nationales terrestrisches Kinderprogramm besaß, diese Beteiligung überschritt jedoch 15 v. H. nicht.

Die Behörde stellte fest, daß Hachette, mit der Beteiligungserhöhung und der Absprache zwischen den Gesellschaftern Kontrolle über den rechtlich selbstständigen Zulassungs-

---

129 CSA, La lettre du CSA, Hachette a la Cinq, Nr.14, Nov. 1990.
130 Zur Prüfung dieses Punktes gab die Tatsache Anlaß, daß drei Hauptgesellschafter von Hachette mit eigenen Beteiligungen vertreten waren, die sich zusammen mit der Beteiligung von Hachette immerhin zu einer Höhe von 55 bis 60 Prozent addiert hätten.

inhaber La Cinq erlangt hatte. Dies führte zu einer Fiktion der Zulassung für Hachette gemäß Art. 41 Abs. 3 Abschn. 2 Der CSA prüfte nun, ob eine Zulassungsfiktion auch für die Beteiligung an dem obengenannten Zulassungsinhaber für Kinderfernsehen in betracht kommt. Wäre dies der Fall gewesen, so hätte der CSA die Beteiligungsänderung bei La Cinq verbieten müssen, da Hachette so den verbotenen Tatbestand der Doppelautorisation erfüllt hätte. Die Annahme einer Zulassungsfikton ist bei einer geringen Beteiligung nicht von vornherein ausgeschlossen. In Art. 41 Abs. 3 Abschn. 2 ist neben dem gesellschaftsrechtlichen Kontrolltatbestand auch noch der Fall genannt, nach dem eine Person einen Zulassungsinhaber unter seine Herrschaft oder in seine Abhängigkeit bringt. Daß der CSA dies grundsätzlich auch bei einer Beteiligung von 15 v. H. für möglich hält, zeigt sich an der Begründung, mit der die Behörde einen solchen Fall hier ausschloß: Da ein anderer Beteiligter mit 22,3 v. H. einen wesentlich höheren Kapitalanteil halte, liege eine Beherrschung durch Hachette nicht vor.

Sodann prüfte der CSA die Zwei-von-vier-Regeln für nationale Beteiligungen: Da Hachette über die Fiktion von Art. 41 Abs. 3 S. 2 zum Zulassungsinhaber eines landesweit verbreiteten terrestrischen Fernsehprogrammes geworden sei, dürfe das Unternehmen nur noch eine weitere Bedingung aus dem Katalog des Art. 41 Abs. 1[131] erfüllen. Die zweite Bedingung sah die Behörde in der Beteiligung von Hachette am landesweit verbreiteten Hörfunksender Europe 1, dessen Verbreitungsgebiet in Frankreich mehr als 30 Millionen Einwohner umfasste. Hierzu hatte der CSA eine doppelte Hürde zu überspringen: Zum einen sendet Europe 1 nicht von französischem Boden aus, als sog. peripherer Sender unterliegt er jedoch gemäß Art. 41 Abs. 3 Abschn. 2 2. Hs den gleichen Voraussetzungen wie rein inländische Sender. Zum anderen war Hachette nicht selbst Zulassungsinhaber, kontrollierte diesen jedoch nach Ansicht des CSA.

Da Hachette damit bereits zwei der vier Bedingungen aus Art. 41 Abs. 1 erfüllte, durfte das Unternehmen weder die 20 v. H. Schwelle im Markt für Informations-Tageszeitungen erreichen, noch Zulassungen im Kabelbereich innehaben, die sich über ein Verbreitungsgebiet von über sechs Millionen Einwohner erstreckte. Der CSA stellte fest, daß Hachette zwar über seine Holding Quillet mehrere regionale und landesweit verbreitete Tageszeitungen kontrollierte, diese jedoch einen Marktanteil von insgesamt etwa 10 v. H. nicht überschritten. Im Kabelbereich sei die Gruppe nicht tätig. Damit war auch der Zwei-von-vier-Test bestanden, die Änderung des Gesellschaftsvertrages von La Cinq wurde vom CSA nicht beanstandet.

---

[131] 1. landesweites terrestrisches Fernsehen,
     2. Hörfunk der über 30 Mio Einwohner erreicht
     3. Kabelfernsehen, das über 6 Millionen Einwohner errreicht
     4. 20% Anteil am überregionalen Tageszeitungsmarkt

8. Das Verhältnis der wettbewerbsrechtlichen zur medienrechtlichen Kontrolle

a) Konzentrationskontrolle durch das Wettbewerbsrecht

Die Konzentrationskontrolle des französischen Wettbewerbsrechts steht nach wie vor klar unter industriepolitischer Zielsetzung. Mit der neuen Regelung von 1986[132] ist die Wettbewerbsbehörde (*"conseil de la concurrence"*) zwar gegenüber der Vorgängerregelung von 1977 gestärkt[133], dem Minister obliegt jedoch die Letztentscheidung. Ein Vorteil für die wirtschaftliche Entwicklung kann die Nachteile der Marktbeherrschung ausgleichen (Art. 41).

b) Verhältnis zum Medienrecht[134]

Bis zum Änderungsgesetz vom 17.1.1989 waren Rundfunkrecht und Wettbewerbsrecht für die Kontrolle von Rundfunkunternehmen parallel zuständig, ohne daß das Gesetz eine Abgrenzung der Kompetenzen vorsah. "*Des délicats conflits de competence*"[135] wurden in der Literatur diesbezüglich festgestellt. Vorallem bei der Konzentrationskontrolle drohten Unstimmigkeiten aufzutreten. Hier war nach Art. 41 Abs. 4 alter Fassung (Gesetz v. 30.9.86) ausdrücklich das allgemeine Wettbewerbsrecht in Form der Verordnung vom 30.6.45 und das Gesetz vom 19.7.77 auf die Rundfunkunternehmen anwendbar. Daneben übte die Rundfunkbehörde ihre obenbeschriebenen Funktionen zur Verhinderung der Medienkonzentration aus.

Das Rundfunkgesetz von 1986 enthielt also eine Doppelkontrolle von Wettbewerbs- und Medienbehörde für den Rundfunk. Die Regierung hatte diese mit folgender Überlegung gerechtfertigt: Die Regeln des allgemeinen Wettbewerbsrechts bildeten eine komplementäre Kontrolle, die die rundfunkrechtlichen Bestimmungen sinnvoll ergänzten. Dies sei sinnvoll und wünschenswert, denn, so der zuständige Minister Léotard: "*ce contrôle permet en particulier de dresser le bilan économique de l'opération de concentration et d'apprécier notamment si celle-ci apporte globalement au progrès économique et social une contribution quelconque pour compenser les atteintes qu'elle peut porter à la concurrence qu'elle implique*"[136]. Der Staat mochte also nicht darauf

---

132 Ordonnance Nr. 86-1243 v. 1.12.1986 "relative à la liberté des prix et de la concurrence"; s. hierzu: Boutard-Labarde, Marie Chantal, Le nouveau droit de la concurrence: commentaire de l'ordonnance du 1er décembre 1986 relative à la liberté, Paris 1987.
133 Drago, Roland, Le conseil de la concurrence, La semaine juridique 1987 No. 42, 3300.
134 S. hierzu: Boutard-Labarde, Marie Chantal, Les règles de concurrence dans le droit de la communication audiovisuelle, Rev.fr.Droit adm. 1987, 410ff; Biolay, Jean-Jaques, Applications du droit de la concurrence aux entreprises du secteur de la communication audiovisuelle en France, Les petites affiches 27.10.1989 S.3ff.
135 Cousin/Delcros, a.a.O., S. 347.
136 Léotard, François, Journal officiel Assemblée National 1986, S. 4633.

verzichten, im Rahmen seiner allgemeinen industriepolitischen Kompetenz, auch die Bildung von Rundfunkunternehmen zu regulieren. In der Folgezeit setzte sich jedoch die Ansicht durch[137], daß die Regierungskontrolle des Wettbewerbsrechts nicht mit dem Prinzip der Staatsferne vereinbar sei und seit 1989 enthält Art. 41 Abs. 4 eine klare Kompetenzabgrenzung zwischen Wettbewerbsbehörde (Conseil de la Concurrence) und Rundfunkbehörde (CSA). Für die Konzentrationsbekämpfung ist der CSA ausschließlich zuständig, während die Überwachung der übrigen Wettbewerbsverstöße, wie Mißbrauch einer marktbeherrschenden Stellung (*abus de position dominante*) und wettbewerbsbehindernde Maßnahmen (*pratiques entravant le libre exercice de la concurrence*) im Aufgabenbereich der Wettbewerbsbehörde verbleiben. Hier legt das Gesetz eine wechselseitige Informationspflicht zwischen den Behörden fest, die sich auch im allgemeinen Wettbewerbsrecht niedergeschlagen hat. Die ausschließliche Zuständigkeit des CSA für die Konzentrationskontrolle ergibt sich aus Art. 41 Abs. 4 1. Abschn. der die Kompetenz des Conseil de la Concurrence nach der Wettbewerbsverordnung vom 1.12.86 für den audiovisuellen Bereich festlegt, *"a l'éxception de son titre V"*. Der fünfte Titel der Verordnung enthält die Regelungen zur Konzentrationskontrolle.

---

137 Cousin/Delcros, a.a.O., S. 349.

C   Italien

I   Rundfunkgeschichte und aktuelle Regelungssituation

1.   Erste Phase: Inhaltliche Einflußnahme auf privatwirtschaftliche Unternehmen (1910 - 1945)

Auch in Italien begann die Rundfunkgeschichte mit privaten Rundfunkunternehmen. Zwar sah das erste Rundfunkgesetz 1910[1] ein staaatliches Monopol für diesen Bereich vor, doch die Regierung vergab Lizenzen an private Unternehmen und veranstaltete selbst keinen Rundfunk[2]. Während der ersten Jahre führte der Rundfunk ein Schattendasein, nur wenige Lizenzen wurden vergeben und die inhaltliche Einflußnahme war gering. Auch die faschistische Gesetzgebung, die 1923[3] das Monopol bestätigte, beließ den Rundfunk in privater Hand. Sie lizenzierte 1924 nur ein einziges Unternehmen, die *"Unione Radiofonica Italiana"*, die als Aktiengesellschaft (*società anonima*) organisiert war und mehrheitlich von privaten Anteilsinhabern gehalten wurde. Allerdings hatte die Regierung die Bedeutung des Rundfunks als Propagandamittel erkannt und begann massiv Einfluß auf das Programm zu nehmen. Dieser wurde verstärkt durch ein weiteres Dekret von 1927[4], das den Namen des Lizenzinhabers in *"Ente Italiano Audizioni Radiofoniche"* umwandelte und der Regierung das Recht gab, vier Mitglieder in den Vorstand zu entsenden. Darüberhinaus hatte das Unternehmen einen jährlichen Programmplan vorzulegen, der auch nachträglich vom Minister aus Gründen des *"interesse pubblico"* geändert werden konnte.

2.   Zweite Phase: Staatliches Monopol (1945 - 1976)

Die nach dem Zweiten Weltkrieg auf der Basis eines neuen Gesetzes[5] gegründete RAI (*"Radio-Audizione-Italiana"*, 1952 umbenannt in *"RAI - Radio Televisione Italiana"*) war wieder eine Aktiengesellschaft, der eine staatliche Lizenz erteilt wurde. Ihre Anteile wurden mehrheitlich vom Staat gehalten, so daß nun zum ersten Mal wirklich von einem staatlichen Monopol gesprochen werden kann. Zwei Gremien wurden gebildet, die Kontrolle über den Rundfunk ausüben sollten: Die eine war aus Rundfunkfach-

---

1   Gesetz Nr. 395 v. 30. Juni 1910, abgedruckt bei Fois, S. Vignudelli, A., Codice dell'informazione e della comunicazione, Rimini 1986.
2   Rao, Giuseppe, The italian broadcasting system - legal (and political) aspects, European University Institute Working Paper Nr. 88/369, Florenz 1988, S. 1.
3   Decreto Legge Nr. 1067 v. 8. Febr. 1923, abgedruckt bei Fois, Vignudelli, a.a.O.
4   Decreto Nr. 2526 v. 29. Dez. 1927 abgedruckt bei Fois, Vignudelli, a.a.O.
5   Gesetz Nr. 428 v. 3. April 1947 abgedruckt bei Fois, Vignudelli, a.a.O.

leuten, Hörergemeinschaften und Vertretern der Öffentlichkeit zusammengesetzt, die andere rekrutierte sich zu gleichen Teilen aus den im Parlament vertretenen politischen Gruppen und sollte die politische Unabhängigkeit und Objektivität der RAI garantieren. Trotz dieser Sicherungsmechanismen war die RAI einer starken Regierungskontrolle ausgesetzt[6]. Dies zum einen, weil der Postminister die Aktienmehrheit der RAI verwaltete und damit den Vorstand bestimmte. Die Kommissionen hatten keine direkte Einflußmöglichkeit, da sie nur einmal im Jahr einen Bericht erstatteten und deshalb kaum das tägliche Programm beeinflussen konnten. Zum anderen, weil die parlamentarische Kommission entsprechend der Mehrheitsverhältnisse im Parlament zusammengesetzt war und demnach ebenfalls die Regierungrichtung vertrat[7].

3. Dritte Phase: Binnenpluralismus im staatlichen Rundfunk steuerungslose Zeit im privaten Sektor (1974 - 1990)[8]

1974 hatte das Verfassungsgericht über die Verfassungsmäßigkeit des staatlichen Rundfunkmonopols zu befinden, das es für die landesweite Ausstrahlung bestätigte. Wegen des Frequenzengpasses und der hohen Kosten für die Veranstaltung sei hier die Gefahr einer Konzentration des Rundfunks in den Händen weniger privater Veranstalter so groß, daß das staatliche Monopol gerechtfertigt erscheine. Die Richter knüpften die Verfassungsmäßigkeit des staatlichen Monopols an die Umsetzung eines 7-Punkte-Kataloges für die Verwirklichung des Pluralismus innerhalb der RAI[9]. Die Kontrolle der RAI hatte sich von der Regierung auf das Parlament zu verlagern, das die Unparteilichkeit der Berichterstattung garantieren und dafür sorgen sollte, daß eine große Bandbreite von verschiedenen Meinungsrichtungen innerhalb des Programmes zum Ausdruck kam. Außerdem müßten gesellschaftlich relevante Gruppen im Rundfunk selbst zu Wort kommen können. Die RAI habe zudem die Aufgabe, den Journalisten, die verfassungsrechtlich die Verantwortung für die objektive und unparteiliche Berichterstattung trügen, ein Umfeld zu schaffen, in welchem sie diese Aufgabe wahrnehmen konnten. Weiterhin sei die Werbeausstrahlung zu begrenzen, um zu verhindern, daß der Presse die Lebensgrundlagen entzogen werden.
Ein solches Gesetz verabschiedete das Parlament 1975[10], indem es die RAI entsprechend umstrukturierte. Im Ergebnis war der Rundfunk jedoch nur insoweit pluralisti-

---

6 Sandulli, Maria Allessandr, Santoro- Passarelli, Fr. et al. (Hrsg.), Radioaudizioni e televisione, Enciclopedia del diritto Bd. XXXVIII., Mailand 1987, S. 191, 196.
7 Rao, a.a.O., S. 6.
8 Natale, Anna-Lucia, Hoffmann-Riem, Wolfgang (Hrsg.), Das Rundfunksystem Italiens, Internationales Handbuch für Hörfunk und Fernsehen 1992/93, D 143ff., Baden-Baden 1992.
9 CC Nr. 226/1974, Giurisprudenza Costituzionale I 1974, 1791ff, s. hierzu: Chiola, Carlo, I commandamenti della Corte per il settore radiotelevisivo, Giurisprudenza Costituzionale 1974, 219ff; Hartwig, Matthias, Die Rechtsprechung des italienischen Verfassungsgerichts zur Hörfunk- und Fernsehordnung, ZaÖRV 47 (1987), 665ff.
10 Gesetz Nr. 103/1975, Gazzetta Ufficiale v. 17.4.1975.

scher, als er nun in Einflußsphären verschiedener Parteien eingeteilt wurde, anstatt ausschließlich der Regierung als Sprachrohr zu dienen[11]. In diesem Gesetz wurde außerdem ausländischen Sendern erlaubt, nach Italien einzustrahlen, vorausgesetzt, die Programme waren nicht speziell für das italienische Publikum gemacht und enthielten keine Werbung. Außerdem wurde das Staatsmonopol für die Veranstaltung von privaten Kabelprogrammen auf lokaler Ebene, das die in ihrem Urteil von 1974[12] für verfassungswidrig erklärt hatte, aufgegeben. Das Gericht hatte festgestellt, daß aufgrund der geringen Kostens und der großen Zahl vorhandener Übertragungswege die Gefahr einer privaten Monopolbildung gering sei.

Die Richter bezogen dies im darauf folgenden Urteil 1976 auch auf die terrestrische Übertragung[13], als sie von einigen der mittlerweile zahlreichen lokalen Piratenstationen angerufen wurden. Im lokalen Bereich gebe es eine ausreichende Anzahl von Frequenzen, so daß hier kein Grund bestehe, die Wirtschaftsfreiheit zu beschränken. Allerdings machte das Gericht die Zulassung privaten lokalen Rundfunks von einer staatlichen Aufsichtsbehörde abhängig, die auf gesetzlicher Grundlage agierend, die Zulassung der Sender regeln sollte. Auf nationaler Ebene, so die Corte Costituzionale 1981[14], könne einer Aufhebung des Rundfunkmonopols erst zugestimmt werden, wenn der Gesetzgeber durch wirksame Konzentrationskontrollregelungen sichergestellt habe, daß eine private Oligopolbildung verhindert werde.

Darauf folgte eine lange Funkstille auf Seiten des Gesetzgebers, die von einer umso regeren Funktätigkeit auf Seiten der privaten Veranstalter begleitet wurde. Inzwischen hatte nämlich tatsächlich ein Konzentrationsprozeß im privaten Rundfunk eingesetzt und das Verbot der landesweiten Ausstrahlung war durch die Verbindung der lokalen Veranstalter zu "Networks"[15] umgangen worden. Nach einer spektakulären Beschlagnahmeaktion der Amtsgerichte Turin, Rom und Pescara 1984 bei den privaten Networks[16], verabschiedete das Parlament zuerst ein für ein halbes Jahr gültiges Dekret und schließlich das Gesetz 10/1985[17] das die Verbindung der einzelnen Stationen zu Networks legalisierte. Die Geltung dieses Gesetzes war jedoch befristet auf ein halbes Jahr, dann spätestens sollte eine umfassende gesetzliche Regelung ergehen.

Es dauerte jedoch noch bis 1990, bis eine Einigung über ein entsprechendes Gesetz herbeigeführt werden konnte. Mittlerweile hatte sich die italienische Rundfunklandschaft

---

11 Wagner, Christoph, Duale Rundfunkordnung und Rundfunkwirklichkeit in Italien - Gegenwärtiges Erscheinungsbild und Perspektiven, ZUM 1989, 221ff.
12 CC Nr. 225/1974, Giurisprudenza Costituzionale I 1974, 1775ff.
13 CC Nr. 202/1976, Giurisprudenza Costituzionale I 1976, 1267ff.
14 CC Nr. 148/1981, Giurisprudenza Costituzionale I 1981, 1379ff.
15 der sog. "cassettazione", da die Verbindung zwischen den einzelnen lokalen Sendern durch die gleichzeitige Ausstrahlung von gleichen Videokassetten ermöglicht wurde
16 Schellenberg, Martin, Di Majo et. al. (Hrsg.), Rundfunkkartellrecht, Anmerkung zu Corte Costituzionale Urteil 826/1988, Jahrbuch für Italienisches Recht Band 4, Heidelberg 1991, S. 129, 130.
17 Gesetz Nr. 10 /1985, Gazetta Ufficiale 1985, Nr.30, auszugsweise wiedergegeben bei: Rauen, Birgit, Vorläufige Genehmigung für Italiens Privatsender, Media Perspektiven 1985, 301ff.

dramatisch verändert: Der Mailänder Konzern Fininvest von Silvio Berlusconi hatte auf nationaler Ebene weitgehend ein privates Monopol erreicht. Mit drei Programmen, die über Networks landesweit ausgestrahlt wurden, konkurrierte er gegen die RAI um Filme, Sportübertragungen und Unterhaltungsstars[18]. 1988 griff das Verfassungsgericht[19] nochmals in den laufenden Gesetzgebungsprozeß ein, stellte die 1981 befürchtete Oligopolbildung fest und forderte eine wirksame Konzentrationskontrollregelung für den landesweiten privaten Rundfunk, da ein privates Monopol verfassungsrechtlich nicht zulässig sei, auch dann nicht, wenn es von einem staatlichen *"servizio pubblico"* begleitet würde. Daneben mahnte das Gericht Werbebeschränkungen und Frequenzpläne an. Das Gesetz von 1985 könne nur unter Bedenken als Grundlage für den Rundfunk aufrecht erhalten bleiben. Mit der dem italienischen Verfassungsgericht eigenen Tenorierungsweise[20], die sich nie auf die bloße Kassationsfunktion von Gesetzen beschränkt und immer wieder auf Gesetzgebungsverfahren eingewirkt hat[21], verzichtete es darauf, die Verfassungswidrigkeit auszusprechen. Sollte sich jedoch das neue Gesetz über jede vernünftige Zeitspanne hinaus verzögern, so würde das alte Gesetz seinen provisorischen Charakter verlieren und müßte bei einer erneuten Anrufung des Gerichts für verfassungswidrig erklärt werden. Das staatliche Monopol würde unter diesen Umständen wieder aufleben.

4. *Vierte Phase: Die aktuelle Gesetzeslage (seit 1990)*

Nach 14 Jahren ohne gesetzliche Regelung und einem langen und krisenreichen Gesetzgebungsverfahren[22] trat das neue Rundfunkgesetz schließlich am 24. August 1990[23] in Kraft. Für zahlreiche Bestimmungen, insbesondere die Konzentrationsbekämpfung betreffend, sollte das Gesetz jedoch erst nach einer Übergangsfrist Geltung erlangen. Während der private Rundfunk hier erstmals ein gesetzliches Fundament erhält, betrifft das Gesetz den staatlichen Rundfunk nur am Rande, für ihn gelten die Regelungen zur

---

18	Wagner, a.a.O., 225.
19	CC Nr. 826 1988, Giurisprudenza Costituzionale I 1989, 3893ff; s. hierzu ausführlich Schellenberg, a.a.O.
20	Stuth, Siclari, Die Urteilstechnik des italienischen Verfassungsgerichtshofs, Neue Entwicklungen, EuGRZ 1989, 389ff; Capotosti, Piero Alberto, Tanto tuonò ..., ma non piove, Giurisprudenza Costituzionale 1990, 2622ff.
21	Borello, Cronaca di una incostituzionalità annunciata (ma non dichiarata), Giurisprudenza Costituzionale 1989, 3950ff; .
22	Schellenberg, a.a.O., S.136.
23	Gesetz Nr. 223/1990 v. 6. August 1990, "Disciplina del sistema radiotelevisivo pubblico e privato", veröffentl. in Gazzetta Ufficiale v. 9.8.1990, serie generale Nr. 1985; s. hierzu den Kommentar: Roppo, Enzo, Zaccheria, Roberto et al. (Hrsg.), Il Sistema radiotelevisivo pubblico e privato, Mailand 1991, deutsche Übersetzung: RuF 1993, 20ff; Kommentar: Letzgus, Christoph, Violini-Ferrari, Lorenza, Das Italienische Allgemeine Rundfunkgesetz zwischen aktuellem Duopol und erhofftem Pluralismus, RuF 1993, 20ff.

Herstellung des Pluralismus innerhalb der RAI aus dem Gesetz von 1975[24] unverändert weiter. Der erste Titel des neuen Gesetzes enthält die Regelungsmotivation des Gesetzgebers und bestimmt, daß beide Rundfunksektoren gleichermaßen unter einem *"preminente interesse generale"* stehen. Der Wettbewerb zwischen privaten und staatlichen Sendern nach den Regeln des Gesetzes diene der Verwirklichung des Pluralismus, der Objektivität, der Vollständigkeit und Unparteilichkeit der Informationsvermittlung, der Öffnung für die verschiedenen Meinungen, politischen, sozialen, kulturellen und religiösen Richtungen, der Respektierung der Freiheit und der anderen von der Verfassung garantierten Rechte.

Diese Bestimmung orientiert sich weitgehend an dem Wortlaut der Verfassungsgerichtsurteile und macht klar, daß die wirtschaftlichen Zielsetzungen dem Schutz der aufgezählten verfassungsrechtlichen Schutzgüter untergeordnet ist, daß der Rundfunk also nicht in das Wirtschaftsleben eingegliedert werden soll, sondern einem verfassungsrechtlich bestimmten Sonderrecht unterliegt. Da der private Rundfunk über Jahrzehnte hinweg ohne jegliche gesetzliche Regelung existiert hatte, war in Italien die anderswo geforderte Deregulierung des Rundfunks aufgrund veränderter technischer Voraussetzungen kein Thema. Das Gesetz war daher auch nicht Ausdruck einer Privatisierungspolitik wie in Frankreich oder Großbritannien. In erster Linie ging es darum, einen rechtlichen Rahmen zu schaffen, der eine geordnete Veranstaltung des Rundfunks ermöglichen sollte und so Mißstände wie z.B. Frequenzüberschneidungen abbaute, die von allen Beteiligten beklagt wurden. Darüber hinaus war die zwischenzeitlich eingetretene Konzentration des Rundfunks Anlaß zur Forderung nach wirksamen Beschränkungen und nach Transparenz für diesen verfassungsrechtlich bedeutsamen Sektor. An einer inhaltlichen Einflußnahme auf den privaten Rundfunk, wie dies in Frankreich oder Großbritannien erkennbar ist, war man in Italien sichtlich nicht interessiert. Hier dient der staatliche Rundfunk mit seinen genau abgetrennten Einflußbereichen wohl als Ventil.

Das Gesetz regelt nun die Zulassung privater Veranstalter (Art. 16), und legalisiert damit auch die landesweite Ausstrahlung von privatem Fernsehen, das nun auch regelmäßig Nachrichtensendungen zu produzieren hat. Zuständig für die Erteilung und den Widerruf der Lizenz ist der Postminister (Art.16 Abs. 19 u. Art. 31 Abs. 7 u. 10). Auflagen für den privaten und öffentlichen Rundfunk enthält das Gesetz in Form der Regelungen zur Rundfunkwerbung[25] die u.a. die EG-Richtlinie über grenzüberschreitendes Fernsehen umsetzen (Art. 8)[26] und der Quoten für die Ausstrahlung europäischer Produktionen, ebenfalls in Umsetzung der Richtlinie (Art. 26).

Für die Kontrolle über den privaten Rundfunk setzt das Gesetz den *"garante per la radiodiffusione e l'editoria"* ein (Art. 6), der auch die Aufgabe der bisherigen Pressekontrollbehörde übernimmt. Er wird vom Staatspräsidenten auf Vorschlag der Präsi-

---

24 Gesetz Nr. 103/1975, Gazzetta Ufficiale v. 17.4.1975.
25 S. hierzu die auszugsweise Übersetzung in GRUR int. 1992, 276ff.
26 Richtlinie des Rates vom 3. Okt. 1989 EG 89/552.

denten der zwei Parlamentskammern ernannt und unter den Richtern der obersten Gerichte, ordentlichen Professoren der Rechte, der Wirtschaftswissenschaften oder ansonsten anerkannten Fachleuten ausgewählt. Der Garante wird auf drei Jahre ernannt, seine Amtszeit kann einmal verlängert werden. Er führt das neugeschaffene Register aller zugelassenen Rundfunksender und Presse-Publikationen, kontrolliert die Bilanzen der öffentlichen und privaten Rundfunkveranstalter, betreibt eine Hörer-, Zuschauer- und Leserforschung, überwacht die Werberegelungen und die Fusionskontrollvorschriften.

Im Rundfunkbereich ist er mit einem hohen Konzentrationsgrad konfrontiert, der nach und nach auch auf die Presse übergreift. Die Möglichkeit, drei nationale Fernsehprogramme zu veranstalten, erscheint angesichts der französischen Regelung sehr großzügig. Dies obwohl der vom CCI entwickelte Pluralismusbegriff, der oben dargestellten französischen Konzeption stark ähnelt.

II Verfassungsrechtlicher Hintergrund

Ebenso wie in Frankreich ist auch die italienische Rechtsordnung entscheidend von der Rechtsprechung des Verfassungsgerichts geprägt[27]. Seit Beginn seiner Tätigkeit 1956 mißt die Corte Costituzionale Gesetze am Maßstab der Grundrechte und besitzt nach Art. 136 der italienischen Verfassung die Kompetenz, Gesetze für ungültig zu erklären. Bereits im ersten Urteil 1956[28] beschäftigte sich das Gericht mit Fragen der Meinungsfreiheit. Seither hat es in ständiger Rechtsprechung die Gesetzgebung für Rundfunk und Presse an der Verfassung gemessen[29].

1. Betroffene Verfassungsnormen

Die Rechtsprechung der Corte Costituzionale zur Presse nimmt ihren Ausgangspunkt im Grundrecht auf Meinungsfreiheit nach Art. 21 der Verfassung. Dort heißt es in Abs. 1: *"Jedermann hat das Recht auf freie Verbreitung des eigenen Gedankens in Wort, in Schrift und jedem sonstigen Verbreitungsmittel."*[30], Abs. 2 bis Abs. 5 enthalten Schutz-

---

27 S. hierzu: Racké, Gerhard, Die rechtliche Stellung des italienischen Verfassungsgerichtshofs, Frankfurt 1970.
28 CC Nr. 1/1956, Giurisprudenza Costituzionale 1956, 1ff; Grundsätzlich zu den Kommunikationsgrundrechten: Barile, Paolo, Libertà di manifestazione del pensiero, Mailand 1975; ders., Diritti dell'uomo e libertà fondamentali, Bologna 1984.
29 Zur Urteilstechnik des CC s.: Stuth, Sabine, Siclari, Massimo, Die Urteilstechnik des Italienischen Verfassungsgerichtshofs/Neue Entwicklungen, EuGRZ 1989, 389ff.
30 *"Tutti hanno diritto di manifestare liberamente il proprio pensiero con la parola, lo scritto e ogni altro mezzo di diffusione"*; Die Übersetzung in Mayer-Tasch, Peter Corn., Die Verfassungen der nicht-kommunistischen Staaten Europas, München 1975, S.317 lautet abweichend: *"Jedermann*

vorschriften für die Presse: sie darf weder einem Genehmigungsverfahren noch der Zensur unterworfen werden (Abs.2), Beschlagnahmen unterliegen speziellen gesetzlichen Regelungen und einer richterlichen Kontrolle nach dem Pressegesetz (Abs. 3 und 4). Nach Abs. 5 kann ein Gesetz die Offenlegung der Finanzierung der Presse verlangen. Art. 6 betrifft wieder alle Medienbereiche und verbietet Veröffentlichungen, Vorführungen und alle sonstigen Kundgebungen, die gegen die guten Sitten verstoßen. Der Rundfunk ist in der italienischen Verfassung nicht genannt; inwieweit die Verfassungsväter ihn überhaupt als grundrechtsrelevant einstuften, geht auch aus den Gesetzgebungsmaterialien, die zudem nur lückenhaft erhalten sind, nicht hervor[31].

Die Corte Costituzionale setzte regelmäßig voraus, daß auch der Rundfunk vom Schutzbereich des Art. 21 umfasst ist, wenn sie auch bei der Bestimmung der Reichweite schwankte. Allerdings war das Grundrecht auf Meinungsfreiheit nie Anknüpfungspunkt für die Verfassungsgerichtsrechtsprechung, denn bei der Behandlung des Rundfunks war die Corte Costituzionale regelmäßig mit der Frage nach der Zulässigkeit des staatlichen Monopols konfrontiert. Sie wählte daher in allen Urteilen folgende Prüfungsreihenfolge: Sie setzte voraus, daß mit dem staatlichen Monopol das Grundrecht der wirtschaftlichen Betätigungsfreiheit nach Art. 41 (*"Die privatwirtschaftliche Initiative ist frei"*[32]) betroffen ist. Dann prüfte sie, ob die Bedingungen der Einschränkung nach Art. 43 erfüllt sind. Dieser lautet: "*Aus Gründen des Gemeinwohles kann das Gesetz bestimmte Unternehmen oder Kategorien von Unternehmen, deren Gegenstand lebenswichtige öffentliche Dienste oder die Nutzung von Energiequellen betrifft, oder welche eine monopolartige Stellung innehaben und für die Allgemeinheit eine hervorragende Bedeutung besitzen, mittels Enteignung und gegen Entschädigung von Anfang an dem Staate, öffentlichen Körperschaften oder Arbeiter- und Verbrauchergemeinschaften vorbehalten oder auf diese übertragen.*"[33] Fraglich war also zum ersten, ob der Rundfunk in die Kategorie der wesentlichen öffentlichen Dienste oder der "*monopolartigen Stellung*" zu fassen war und ob er zum zweiten Gegenstand eines überragenden Gemeinschaftsinteresses war. Waren diese Bedingungen erfüllt, so konnte der Rundfunk als Ausnahme von der wirtschaftlichen Betätigungsfreiheit des Art. 41 nach Art. 43 einer staatlichen Institution vorbehalten werden. Erst danach prüfte das Gericht, ob nicht den-

---

hat das Recht, die eigene Meinung in Wort und Schrift und jeder sonstigen Weise frei zu äußern und zu verbreiten." Sie entfernt sich m.E. unzulässigerweise vom reinen Wortlaut, da es gerade bei der Übersetzung des Wortes *"mezzo"* darauf ankommt daß hier ein konkretes Verbreitungsmittel angesprochen ist und nicht einfach eine Verbreitungsweise. Dies ist wichtig für die Frage des subj. Veranstaltungsrechts von Rundfunk.

31   Rao, Giusseppe, The Italian Broadcasting System - Legal (and Political) Aspects, European University Institute Working Papers No. 88/369, Florenz 1988, S. 3.
32   Übersetzung von Mayer-Tasch (a.a.O. S. 320), "*L'iniziativa economica è libera*"
33   Übersetzung von Mayer-Tasch (a.a.O. S. 320); "*Ai fini di utilità generale la legge può riservare originariamente o trasferire, mediante espropriazione e salvo indennizzo allo Stato ad enti pubblici o communità di lavoratori o di utenti determinate imprese o categorie di imprese, che si riferiscano a servizi pubblici essenziali o a fonti di energia o a situazioni di monopolio e abbiano carattere di preminente interesse generale.*"

noch ein Verstoß gegen die in Art. 21 geschützte Meinungsfreiheit vorlag. Zuweilen prüfte das Gericht außerdem noch einen möglichen Verstoß gegen die Kunstfreiheit des Art. 33, diese Frage spielte jedoch nur eine periphere Rolle.

2. Entwicklungslinien der Rechtsprechung

Den Begriff *"principio pluralistico"* hat das Gericht im Urteil 153/1987 geprägt[34] und im Urteil 826/1988[35] zu einer Theorie für das duale Rundfunksystem entwickelt. Den Pluralismus, so die Corte 1987[36], habe das Gericht immer schon als den wichtigsten Verfassungswert für den Rundfunk betrachtet und 1988 betonen die Richter erneut, daß die Rechtsprechung von der konstanten Sorge geprägt sei, den Pluralismus effektiv im Rundfunk zu gewährleisten. Die Wurzeln dieser Doktrin reichen bis zum Anfang der Rechtsprechung über den Rundfunk, und wesentliche Aussagen wurden im Zusammenhang mit einer Entscheidung zur Pressefreiheit gemacht.

Vielfalt im Rundunk, so die Corte im Urteil 826/1988[37], habe eine aktive und eine passive Dimension: Für den aktiven Teil drücke sich dies in einem Zugangsrecht des Einzelnen zum Rundfunk aus. Im staatlichen Rundfunk sei das Zugangsrecht über das binnenplurale Modell verwirklicht, das durch das Gesetz 103/1975 nach den Vorgaben des Gerichts im Urteil 226/1974 etabliert sei. Im privaten Rundfunk müssen *"die Vertreter der unterschiedlichen Meinungsrichtungen eine konkrete Möglichkeit besitzen, über die Mittel des privaten Rundfunks zu verfügen, ohne daß die Gefahr besteht, aufgrund von Konzentrationsprozessen bei den technischen und wirtschaftlichen Grundlagen in den Händen von Einem oder Wenigen an den Rand gedrängt und in ihrer Autonomie behindert zu werden"*[38].

Die passive Dimension dagegen bestehe darin, *"daß sich der Pluralismus in der konkreten Wahlmöglichkeit aus einer Vielfalt von Informationsquellen für alle Bürger ausdrückt"*[39] hierzu müßten sich sowohl in den öffentlichen als auch in den privaten Programmen heterogene Strömungen wiederspiegeln.

Die beiden hier beschriebenen Dimensionen der Vielfalt lassen sich in der Rechtsprechung des Gerichts bis zu den ersten Urteilen über Rundfunk und Presse zurückverfolgen. Ihnen liegt ein dreifaches Verständnis des Art. 21 zugrunde: Neben der Gewährleistung des Abwehrrechts als subjektives Recht auf Rundfunkveranstaltung und Presseverlegung hat die Corte zwei zusätzliche Schutzgüter, die aktive und die passive Dimen-

---

34   CC Nr. 153/1987, Giurisprudenza Costituzionale I, 1987, 1141, 1159.
35   CC Nr. 826/1988, Giurisprudenza Costituzionale I 1989, 3893, 3928f.
36   CC Nr. 153/1987, Giurisprudenza Costituzionale I, 1987, 1141, 1159.
37   Giurisprudenza Costituzionale I 1989, 3893ff.
38   CC Nr. 826/1988, a.a.O., 3928.: *"... che i soggetti portatori di opinioni diverse possano espirmersi senza il pericolo di essere emarginati a causa dei processi di concentrazione delle risorse tecniche ed economiche nelle mani di uno o di pochi e senza essere menomati nella loro autonomia"*
39   CC 826/1988, a.a.O. 3928: *"...il pluralismo si manifesta nella concreta possibilità di scelta per tutti i cittadini, tra una moteplicità di fonti informative.."*

sion der Vielfalt, entwickelt. Hierbei folgt die aktive Dimension in Form einer Substituierung aus dem Abwehrrecht selbst, während die passive Dimension als selbständiges Schutzprinzip neben der Meinungsfreiheit steht.

Die aktive Pluralismusdimension ist bereits im Rundfunkurteil 59/1960[40] angelegt. Hier führten die Richter bei der Prüfung des Art. 21 aus, daß das Individualrecht aufgrund der technischen Umstände für den Rundfunk nicht gewährt werden könne, da dies zwangsläufig zu einem privaten Mono- bzw. Oligopol führen würde, das die Mehrzahl der Bürger vom Zugang zum Rundfunk vollständig ausschlösse. Ersatzweise müsse das Recht demnach durch staatlichen Rundfunk intern gewährleistet werden. Hierfür sei eine Organisation des staatlichen Rundfunks erforderlich, die *"dazu geeignet sei, die potentielle Zugangsmöglichkeit sicherzustellen und für adäquate Garantien der Unparteilichkeit zu sorgen"*[41].

Im folgenden Urteil 225/1974[42] entwickelte die Corte diese Linie weiter: Weil aufgrund technischer Beschränkungen und der hohen wirtschaftlichen Betriebskosten nicht jedermann in der Lage sei, frei Rundfunk zu veranstalten, könne und müsse der staatliche Rundfunk *"ein Maximum an Zutritt garantieren, wenn schon nicht allen einzelnen Bürgern, so doch wenigstens allen jenen relevanten Gruppen, in denen sich die soziale Vielfalt ausdrückt"*[43]. Hier hat sich das Gericht bereits einen Schritt entfernt von der reinen Verwaltung des Zugangs zum Rundfunk für den Einzelnen, hin zu einem Stellvertretermodell: Vergleichbar dem Prinzip der parlamentarischen Repräsentanz sollen auch im Rundfunk stellvertretend für den aufgrund technischer Grenzen gehinderten Bürger repräsentative Gruppen zu Wort kommen. Ebenso wie im staatlichen Entscheidungsprozeß, wo direkte Demokratie durch die parlamentarische substituiert ist, wird im Rundfunk das individuelle zu-Wort-kommen durch den Gruppenzugang ersetzt. Nur konsequent ist es daher, wenn die Corte für den staatlichen Rundfunk eine Kontrolle durch das Parlament fordert, da dieses *"als Institution die Gesamtheit der Nation repräsentiert"*[44].

Die passive Dimension der Vielfalt hat das Gericht aus Art. 21 anhand einer Presseentscheidung entwickelt: Im Urteil 105/1972 hatte das Gericht die Geltung der Sonntagsruhe für die Presse zu beurteilen. Ein strenges System von zeitlichen Grenzen, so die Richter, verstoße gegen Art. 21, denn: *"daraus folgt - aus der Perspektive der Empfänger der Äußerung - das Interesse der Allgemeinheit, das ebenfalls von Art. 21 geschützt wird, auf Information: das in einem System der freiheitlichen Demokratie die Vielfalt*

---

40   Giurisprudenza Costituzionale 1960, 759, 782.
41   CC a.a.O., 783: *"Donde l'esigenza di leggi destinate a disciplinare tale possibilità potenziale e ad assicurare adeguate garanzie di imparzialità nel vaglio delle istanze di ammissione all'utilizzazione del servizio..."*
42   Giurisprudenza Costituzionale I 1974, 1775, 1789.
43   CC, a.a.O., 1789: *".. Il pubblico monopolio può e deve assicurare ... da consentire il massimo di accesso, se non ai singoli cittadini, almeno a tutte quelle più rilevanti formazioni nelle quali il pluralismo sociale si esprime e si manifesta"*
44   CC Nr. 225/1974, Giurisprudenza Costituzionale I 1974, 1775, 1789.

der Informationsquellen, den freien Zugang zu ihnen und die Abwesenheit von ungerechtfertigten rechtlichen Hindernissen für die Verbreitung der Nachrichten und Ideen voraussetzt.".[45]

Hier leitet das Gericht die Notwendigkeit der Vielfalt der Informationsquellen nicht aus einem nicht für jedermann verwirklichbaren Abwehrrecht her, sondern macht daraus ein eigenes Verfassungsinstitut, das selbstständig neben dem subjektiven Recht aus Art. 21 stehen soll. Begründet wird dieses Prinzip mit seiner Funktion für das demokratische System. Die Bedeutung des Pluralismus für die Demokratie wird später noch einmal im Urteil 826/1988[46] betont: die Vormacht eines Privaten im Rundfunk, so das Gericht, sei unvereinbar mit den Regeln des demokratischen Systems. Im Urteil 420/94[47] wird dies hinsichtlich der zulässigen Zahl der durch einen Betreiber veranstalteten Programme konkretisiert: Die im Rundfunkgesetz vorgesehene Zahl von drei landesweiten Programmen sei jedenfalls zuviel und genüge nicht den Anforderungen des Art. 21 der Verfassung. Der Gesetzgeber sei demnach zur Nachbesserung verpflichtet[48].

3. *Verhältnis Individualrecht - Pluralismus*

a) *Individualrecht*

Unklar ist, ob mit diesem *"Allgemeininteresse auf Information"* ein subjektives Recht der Bürger verbunden ist, angemessen informiert zu werden. In der Literatur wurde dies stets abgelehnt, da die Corte die Formulierung *"diritto all'informazione"* und nicht *"diritto di informazione"* verwandt habe. Die verwendete Formulierung bedeute lediglich eine staatliche Ausgestaltungspflicht für die Herstellung des Informationspluralismus, ein subjektives Recht könne nicht gefolgert werden[49].
Bezüglich eines Indiviudalrechts auf Verbreitung der Meinung über Rundfunk und Presse stellte die Corte bereits im ersten Urteil von 1956[50], das u.a. die Zulässigkeit von ungenehmigt geklebten Wahlplakaten zum Thema hatte, fest, daß Art. 21 sowohl die Äußerung (*"manifestazione"*) als auch die Verbreitung (*"divulgazione"*) der Meinung gegen staatliche Eingriffe schützt. In einem ähnlich gelagerten Fall[51] 1964 führte das

---

45 CC Nr. 105/1972, Giurisprudenza Costituzionale 1972, 1196, 1203.
46 Giurisprudenza Costituzionale 1989, 3893, 3927.
47 CC Nr. 420/94 v. 5./.12.1994, Gazzetta Ufficiale 1. serie speciale Nr. 51 S. 45 ff.
48 CC a.a.O., Nr. 14.4.
49 Pace, Alessandro, Stampa, giornalismo, radiotelevisione, Mailand 1983, S.13 mit weiteren Nachweisen; a. A.: Astuti, Guido, Bestand und Bedeutung der Grundrechte in Italien, EuGRZ 1981, 77, 78.
50 CC Nr. 1/1956, Giurisprudenza Costituzionale 1956, 1, 7f.
51 CC Nr. 48/1964, Giurisprudenza Costituzionale 1964, 605ff; s. hierzu auch Astuti, Guido, Bestand und Bedeutung der Grundrechte in Italien, EuGRZ 1981, 77, 83.

Gericht noch aus, daß Art. 21 sowohl das Recht anerkennt, seine Meinung frei zu äußern, *"als auch den freien Gebrauch der Verbreitungsmittel"*[52].

Für die Presse ging das Gericht denn auch immer davon aus, daß der freie Gebrauch der Verbreitungsmittel das Recht umfaßt, ein Presseunternehmen zu gründen, zumal ja auch Abs. 2 des Art. 21 die Presse unmißverständlich der Privatwirtschaft zuordnet, indem er bestimmt, daß die Presse weder einem Genehmigungszwang noch einer Zensur unterworfen werden darf. Einen Eingriff in das Recht des Presseunternehmers sah die Corte Costituzionale auch in einem Verbot, sonntags Presseerzeugnisse zu produzieren. Dieses Verbot verletze die Meinungsverbreitungsfreiheit, da es den Spielraum der Verbreitungsunternehmen unzulässig einschränke[53].

Dennoch ist der Umfang, in dem die Corte das subjektive Recht auf die Meinungsverbreitung von Art. 21 gewährleistet sieht, insgesamt nicht klar umrissen. Dies hängt vorallem mit der unklaren Rechtsprechung zum subjektiven Recht auf Rundfunkveranstaltung zusammen, beginnt jedoch bereits im oben zitierten Urteil, das die Sonntagsruhe für Journalisten zum Thema hatte. Hier führt das Gericht nämlich aus[54]:

"Es versteht sich, daß die Aussage, daß <<alle>> das Recht haben, die eigene Meinung <<mit jedem Verbreitungsmittel>> zu äußern, nicht heißen kann, daß alle tatsächlich die materielle Verfügungskraft über alle möglichen Verbreitungsmittel haben müssen, sondern es bedeutet, realistischer, daß das Gesetz allen die juristische Möglichkeit eröffnen muß, diese zu nutzen oder Zugang zu ihnen zu haben, im Rahmen der Möglichkeiten und Grenzen die gegebenenfalls nötig, sind aufgrund der speziellen Eigenschaften des gleichen Rechts für jeden und dem Schutz von anderen verfassungsrechtlich schützenswerten Interessen, Kriterien, die das Gericht bereits zu verschiedenen Gelegenheiten angewandt hat"[55].

Bei der Interpretation des Verfassungstextes durch das Gericht sind zwei Ebenen zu unterscheiden: die Frage, ob es sich bei Art. 21 überhaupt um ein Abwehrrecht handelt, d.h. ob der Einzelne die Freiheit besitzt, in jeder denkbaren Weise seine Meinung frei zu äußern, eingeschlossen die Gründung und den Betrieb einer Zeitung oder eines Rundfunksenders, darf nicht damit verwechselt werden, ob ein solches Recht aus übergeordneten verfassungsrechtlichen oder tatsächlichen Gründen wieder eingeschränkt werden kann oder sogar muß.

---

52 CC a.a.O., 607: *"quello del libero uso dei mezzi di divulgazione"*.
53 CC Nr. 105/1972, Giurisprudenza Costituzionale 1972, 1196ff.
54 CC Nr. 105/1972, Giurisprudenza Costituzionale 1972, 1196, 1202.
55 CC Nr. 105/1972, Giurisprudenza Costituzionale 1972, 1196, 1200, 1202; *"Naturalmente , che <<tutti>> abbiano diritto di manifestare il proprio pensiero <<con ogni mezzo>>, non può significare che tutti debbano avere, in fatto, la materiale disponibilità di tutti i possibili mezzi di diffusione, ma vuol dire, più realisticamente, che a tutti la legge deve garantire la giuridica possibilità di usarne o di accedervi, con le modalità ed entro i limiti resi eventualmente necessari dalle peculiari caratteristiche del pari dirittto di ciascuno o dalla tutela di altri interessi costituzionalmente apprezzabili, giusta i criteri di cui questa Corte ha fatto applicazione in varie occasioni"*.

Zur ersten Frage bemerkt das Gericht zunächst einmal eine Selbstverständlichkeit, nämlich die Tatsache, daß alle das Recht haben, sich mit jedem Mittel zu äußern, nicht bedeute, daß alle auch die erforderlichen Mittel dazu haben müßten, womit wohl ausgedrückt sein soll, daß es jedenfalls keine staatliche Verpflichtung gebe, dem ausdruckswilligen Bürger eine Zeitung oder Rundfunkanstalt zur Verfügung zu stellen. Realistischer sei es, so das Gericht, daß das Gesetz allen die rechtliche Möglichkeit einräumen müsse, zu allen Verbreitungsmitteln Zugang zu haben oder sie jedenfalls (aktiv) zu nutzen. Diese Aussage läßt die entscheidende Frage offen: Bedeutet Zugang und Nutzungsmöglichkeit nun das Recht selbst als *"Meinungsunternehmer"* aufzutreten oder lediglich das Recht innerhalb von bereits vorhandenen Verbreitungsmitteln zu Wort zu kommen? Klarer ist die Antwort auf die zweite Frage: Wie auch immer dieses Recht grundsätzlich beschaffen sein mag, die Inanspruchnahme kann gesetzlich eingeschränkt werden und zwar je nach Modalität des Rechts und der Grenzen, die notwendig sind, aufgrund der speziellen Eigenschaften des Mittels, dem Gleichheitsgebot oder der Gewährleistung anderer verfassungsrechtlich geschützter Interessen.

Problematisch an diesen Ausführungen ist, daß das Gericht nicht klar zwischen der logisch vorgeschalteten Frage nach dem Bestehen eines Rechtes und der nachgeordneten Frage der Ausgestaltung oder Einschränkung unterscheidet. Sie ist jedoch von praktischer Bedeutung: Existiert kein Veranstalterrecht, so ist auch der Gesetzgeber nicht rechtfertigungspflichtig, wenn er in diesem Bereich tätig wird. Trifft er dagegen auf Grundrechtspositionen, so ist sein Gestaltungsspielraum begrenzt. Überdies kann er die Tätigkeit in grundrechtsrelevanten Bereichen nicht untersagen, mit der Begründung, es gäbe kein Gesetz, das diese vorsehe.

Die Ambivalenz des Gerichts ist für die Presse nicht weiter von Bedeutung, da hier das subjektive Recht auf Verlegung eines Presseorgans bereits im Normtext garantiert ist (Art. 21 Abs. 2 Verf). Im Bereich des Rundfunks hat sich das Gericht dagegen zwiespältig geäußert. Im ersten Urteil[56], in welchem die Corte die Zulässigkeit des staatlichen Rundfunkmonopols zu beurteilen hatte, stellt das Gericht zunächst fest, daß das subjektive Recht auf Rundfunkveranstaltung, würde es frei gewährt, aus technischen Gründen nur von wenigen genutzt werden könnte. Daher sei die Meinungsäußerungsfreiheit am besten im Rahmen eines staatlichen Monopols gewährleistet. Hier könne jedermann, *"selbstverständlich im Rahmen der natürlichen Grenzen, die sich für diese, wie für jede andere Freiheit ergeben"*[57] Zugang zum Rundfunk erhalten. Das subjektive Veranstalterrecht ist hier also durch die technischen Hemmnisse blockiert und wird durch das Zugangsrecht zum staatlichen Monopolfunk ersetzt.

Als die Corte Costituzionale 1974 erneut über das Recht auf Zugang von Privaten zum Rundfunk zu entscheiden hatte, hatten sich die technischen Voraussetzungen verändert. Über Kabel konnte nun eine Vielzahl von Programmen verbreitet werden, eine Mono- oder Oligopsituation aus technischen Gründen, wie sie 1960 bestand, war nicht mehr

---

56   CC Nr. 59/1960, Giurisprudenza Costituzionale 1960, 759, 782.
57   CC a.a.O., 782f.

gegeben. Was das Bestehen des subjektiven Veranstalterrechts anbelangt, bleibt die Corte jedoch wieder vage und wiedersprüchlich. Zum einen wiederholt das Gericht im Urteil 225/1974[58] noch einmal wörtlich die Aussagen aus dem Presseurteil von 1972, nämlich daß Art. 21 nicht die Freiheit umfasse, auch über alle Verbreitungsmittel tatsächlich zu verfügen. Am gleichen Tag erklärt sie jedoch mit dem Urteil 226/1974 das staatliche Monopol für lokales Kabelfernsehen für verfassungswidrig. Dieses wird mit der Situation der Presse verglichen, für die ja auch *"niemand wagte zu fordern, daß ihre Aktivitäten dem Staat vorbehalten blieben"*[59]. Ohne ein subjektives Veranstalterrecht ausdrücklich zu erwähnen, scheint das Gericht hier doch davon auszugehen daß ein solches Recht grundsätzlich besteht, und nach Wegfall der die Einschränkungen rechtfertigenden Hindernisse, dem Einzelnen grundsätzlich auch zusteht.

Bestärkt wird dieser Eindruck noch durch das folgende Urteil 226/1976[60], das auch im lokalen terrestrischen Bereich den staatlichen Vorbehalt beseitigte. Im lokalen Bereich sei weder aus technischen noch aus finanziellen Gründen eine Monopol- oder Oligopolstellung zu befürchten. Damit sei der einzige Rechtfertigungsgrund weggefallen für *"diese schwere Einschränkung des fundamentalen Freiheitsprinzips, das von der hier zu prüfenden Norm geschützt wird"*[61]. Die Bezeichnung des staatlichen Monopols als schweren Eingriff in das Grundrecht auf Meinungsfreiheit zeigt deutlich, daß das Gericht hier die subjektive Veranstalterfreiheit als von Art. 21 garantiertes Recht ansieht und das Monopol als zu rechtfertigende Einschränkung dieses Rechts. Konsequent folgt das Gericht daraus außerdem, daß dieses Recht im lokalen Bereich auch ohne Gesetz ausgeübt werden könne[62].

Auch im Urteil 153/1987[63] über die Zulässigkeit der Verbreitung von Rundfunk ins Ausland durch Private verwendet die Corte den Begriff des Eingriffs in verfassungsrechtlich geschützte Freiheitsrechte des Art. 21 durch eine staatliche Genehmigungspflicht. Sie scheint die Autorisation von Privaten durch den Staat als geringeren Eingriff in diese Rechte jedenfalls dem staatlichen Monopol vorzuziehen[64]. Insofern ist auch hier das Abwehrrecht als Veranstalterfreiheit grundsätzlich anerkannt[65]. Allerdings verstößt eine Zulassungspflicht für private Anbieter mit weitem Ermessensspielraum des Staates nach Ansicht des Gerichts nicht gegen dieses Recht[66].

---

58 CC Nr. 225/1974, Giurisprudenza Costituzionale I 1974, 1775ff.
59 CC Nr. 226/1974, Giurisprudenza Costituzionale I 1974, 1791, 1800.
60 CC Nr. 202/1976, Giurisprudenza Costituzionale I 1976, 1267ff.
61 CC a.a.O., 1283: *quella grave compressione del fondamentale principio di libertà , sancito dalla norma a riferimento"..*
62 CC a.a.O., 1284.
63 CC Nr. 153/1987, Giurisprudenza Costituzionale I, 1987, 1141ff; s. hierzu auch die Anmerkung von: Pace, Alessandro, Le trasmissioni radiotelevisive verso l´estero: dalla riserva allo Stato al regime di autorizzazione discrezionale, Giurisprudenza Costituzionale 1987 I, 1162ff.
64 CC a.a.O, 1159.
65 Anders diesbezüglich: Hartwig, Matthias, Die Rechtsprechung des italienischen Verfassungsgerichts zur Hörfunk- und Fernsehordnung, ZaÖRV 47 (1987), 665, 683.
66 Insoweit richtig Hartwig, a.a.O., der von einem weitgehend entwerteten Recht spricht.

Im Urteil 826/1988[67] stand wieder die Frage der Zulässigkeit landesweiter Verbreitung privaten Rundfunks zur Entscheidung an und auch hier vertrat der Gerichtshof wieder die Ansicht, die Monopolisierung sei ein schwerer Eingriff in die subjektiven Rechte aus Art. 21, der der Rechtfertigung bedürfe[68]. Inzwischen hatte das Problem auch eine beträchtliche praktische Relevanz erhalten. Da der Gesetzgeber bis 1990 kein Rundfunkgesetz verabschiedete und damit keinen gesetzlichen Rahmen schuf, der Zulassung und Frequenzzuteilung regelte, begannen seit 1976 zahlreiche private Veranstalter auf lokaler Ebene ohne staatliche Genehmigung und Frequenzzuteilung zu senden. In der Folge kam es zum *"Chaos im Äther"*[69]. Vor Gericht beriefen sich die Veranstalter jeweils direkt auf die Grundrechtsgewährleistung aus Art. 21, u.a. auch um zu erreichen, daß ein später gekommener Veranstalter zugunsten eines auf gleicher Frequenz sendenden älteren Veranstalters die Sendetätigkeit einstelle.

b)   Verhältnis zum Pluralismus

Individualrecht und Pluralismusprinzip stehen in einer Beziehung sich widersprechender grundrechtlicher Gewährleistungen. Wie ein solcher Konflikt zum Ausgleich zu bringen ist, hat das Gericht im Urteil 826/1988 beschrieben: Wenn in einem Bereich verschiedene verfassungsrechtliche Werte in Konflikt gerieten, sei es Aufgabe des Gesetzgebers, sie zum Ausgleich zu bringen, *"eine gegenseitige Koordination zwischen diesen Werten herzustellen, solcherart, daß eine eventuelle Einschränkung des einen schlüssig begründet, verhältnismäßig und angemessen ist"*[70]. In diesem Sinne hat das Gericht denn auch Stück für Stück, entsprechend der Änderung der technischen Gegebenheiten eine Deregulierung des Rundfunks zugelassen.

4.   Rolle des Gesetzgebers bei der Pluralismussicherung

a)   Anforderungen an den Rundfunk

Für den Rundfunk fordert die Corte in ständiger Rechtsprechung eine aktive Rolle des Staates: Ein unreguliertes Rundfunksystem würde zur Entstehung eines privaten Mono-

---

67   CC Nr. 826/1988, Giurisprudenza Costituzionale I 1989, 3893ff; s. hierzu: Schellenberg, Martin, Di Majo u.a. (Hrsg.), Rundfunkkartellrecht, Anmerkung zu Corte Costituzionale, Urteil 826/1988, Jahrbuch für Italienisches Recht Band 4, S. 129ff., Heidelberg 1991.
68   CC a.a.O., 3928.
69   So der Titel eines Kapitels über diese Zeit in: Pace, Alessandro, Stampa, giornalismo, radiotelevisione, Mailand 1983, S. 379ff.
70   CC Nr. 826/1988, Giurisprudenza Costituzionale I 1989, 3893, 3934: *"... data l'incidenza di più valori costituzionali, deve essere ispirata al criterio dell'armonica composizione e del reciproco coordinamento tra tali valori, sì che l'eventuale compressione dell'uno deve corrispondere a ragioni effettive e deve essere assistita dal necessario rapporto di congruità e proporzionalità ..."*

oder Oligopols führen und dadurch alle drei Schutzrechte aus Art. 21 unzulässig beschränken: Das Recht des Einzelnen auf Zugang zum Rundfunk sei hierdurch nicht mehr gewährleistet, da die Mono- bzw. Oligopolisten einen solchen Zugang verhindern würden. Dies gelte ebenfalls für die Form der Substitution durch gesellschaftliche Gruppen, denn der Rundfunk würde von einer oder wenigen gesellschaftlichen Gruppen beherrscht. Schließlich könne nicht davon ausgegangen werden, daß in einer solchen Konstellation das Allgemeininteresse auf Information ausreichend befriedigt würde.

Entsprechend dem obengeschilderten Ausgleichsprinzips unter Beachtung des Verhältnismäßigkeitsgrundsatzes vollzog sich Schritt für Schritt die Aufgabe des staatlichen Monopols:

- 1960 und 1974 überwogen noch die Gründe für das staatliche Monopol. Das bestehende subjektive Recht konnte die durch die befürchtete private Monopolisierung entstehende Gefährdung der übrigen Schutzgüter nicht aufwiegen. Zum Ausgleich für das nicht gewährleistete subjektive Veranstalterrecht sah die Corte die Substitution durch gesellschaftliche Gruppen, die Kontrolle durch das Parlament und die Garantie weitmöglichsten Zugangs des Einzelnen vor. Um das Allgemeininteresse an vielfältiger Information zu schützen, verlangte sie Unabhängigkeit und Unparteilichkeit der Berichterstattung, eine anspruchsvolle Journalistenausbildung und den Schutz der Finanzierungsquellen der Presse.

- 1974 und 1976 stellte das Gericht fest, daß die Gefahr der Entstehung eines privaten Mono- oder Oligopols im lokalen Bereich aufgrund der technischen Entwicklung gebannt sei. Daher gewinne das subjektive Veranstalterrecht aus Art. 21 an Bedeutung und überwiege nun die anderen Schutzgüter, die nun auch durch die private Veranstaltung von Rundfunk ausreichend gewährleistet seien. Auch für die Weiterverbreitung ausländischer Programme in inländischen Kabelnetzen rechtfertige sich ein staatliches Monopol nicht mehr, da auch hier keine Monopolisierungsgefahr bestehe. Allerdings sei für beide Bereiche ein Genehmigungsverfahren einzuführen.

- 1981 und 1988 stellte das Gericht die Aufgabe des Monopols auf nationaler Ebene in Aussicht. Hier könne das subjektive Veranstalterrecht jedoch nur dann überwiegen, wenn der Gesetzgeber umfangreiche Vorkehrungen zur Verhinderung der Konzentration treffe und daneben der öffentliche Rundfunk die anderen Schutzgüter wirksam gewährleiste.

- 1974 und 1987 wurde im Bereich der Sendung vom und ins Ausland das subjektive Recht für überwiegend gehalten.

In 826/1988[71] und 420/94[72] entwickelt das Verfassungsgericht ein Gesamtmodell für die Organisation des Rundfunks. Neben einem binnenpluralistisch organisierten staatlichen Rundfunk, der die fundamental wichtigen Aufgaben der umfassenden Information über Politik, Kultur und Religiöses zu erfüllen habe, in welchem weitmöglichst Einzelne zu Wort kommen können müßten und alle gesellschaftlichen Gruppen vertre-

---

71 Giurisprudenza Costituzionale I 1989, 3893, 3934.
72 CC Nr. 420/94 v. 5./.12.1994, Gazzetta Ufficiale 1. serie speciale Nr. 51 S. 45 ff.

ten sein sollten, könne der Gesetzgeber einen außenpluralistisch organisierten privaten Rundfunk zulassen. Hierzu habe er durch Zulassungsregelungen und Konzentrationsbeschränkungen auszuschließen, daß eine Monopolisierung in diesem Bereich eintrete. Eine binnenpluralistische Organisation des privaten Rundfunks in dem Sinne, daß auch innerhalb eines privaten Senders eine Vielzahl von unterschiedlichen Stimmen zum Ausdruck komme, treffe sicherlich auf Grenzen.

Den Einwand eines Vorlagerichters, der Pluralismus sei ausreichend durch die Konkurrenz zwischen dem öffentlichen und einem privaten Block weisen die Verfassungsrichter zurück: Dies verkenne die Struktur des dualen Systems und ihre Aufgabenteilung. Ein monopolisierter privater Block verstoße auch dann gegen das Pluralismusprinzip, wenn er neben einem pluralistischen öffentlichen Rundfunk bestehe.

b) Gleichbehandlung mit der Presse?

Zwar hat das Verfassungsgericht, wie gezeigt, den Vielfaltsbegriff auch anhand von Urteilen zur Presse entwickelt. Während das Gericht für den Rundfunk daraus eine umfangreiche Tätigkeitspflicht des Gesetzgebers ableitet, hat es sich bei der Presse darauf beschränkt, das Abwehrrecht zu verteidigen. Im Urteil 105/1972[73] werden *"Allgemeininteresse auf vielfältige Informationquellen"* und das subjektive Verlegerrecht dazu herangezogen, einen staatlichen Eingriff, nämlich das Gebot der Sonntagsruhe abzuwehren. Auch in 94/1977[74] geht es um die Abwehr einer staatlichen Tätigkeit: Das Pressesubventionsgesetz der Region Sizilien verstoße gegen Art. 21, weil es die Möglichkeit enthalte, daß die Presse durch Verteilung der Subventionen beeinflußt werde, dies gefährde sowohl das subjektive Verlegerrecht als auch das *"Allgemeininteresse auf vielfältige Informationsquellen"*.

Auf der anderen Seite hat die Corte im Zusammenhang mit der Rechtsprechung zum Rundfunk den Gesetzgeber zu Konzentrationskontrollmaßnahmen aufgefordert, die auch die Beziehungen des Rundfunks zur Presse umfassen[75]. Insoweit ist also auch die Presse Gegenstand verfassungsgerichtlich geforderter Maßnahmen.

Für die dennoch offensichtliche Ungleichbehandlung von Rundfunk und Presse durch das Gericht gibt das Urteil 148/1981 eine Begründung. Der Rundfunk unterliege einer besonderen Behandlung, wegen der *"charakteristischen Eigenschaften des hier zur Diskussion stehenden Verbreitungsmittels, das wegen seiner bekannten Fähigkeit der unmittelbaren und kapilarartigen Durchdringung des sozialen Umfeldes durch die Verbreitung im Inneren der Wohnungen und wegen der Suggestivkraft seiner Bilder in Verbindung mit dem (gesprochenen) Wort eine besondere Überzeugungskraft bei der*

---

73 Giurisprudenza Costituzionale 1972, 1196, 1200, 1203.
74 CC Nr. 94/1977, Giurisprudenza Costituzionale I 1977, 735ff, Abgedruckt auch bei: Pace, Alessandro, Stampa, giornalismo, radiotelevisione, Mailand 1983, S. 33ff.
75 CC Nr. 826/1988, Giurisprudenza Costituzionale I 1989, 3893, 3934.

Bildung der öffentlichen Meinung und der soziokulturellen Strömungen besitzt, die ihrer Natur nach von der der Presse unterscheidet"[76].

5. Pluralistische Medienlandschaft

Wie sich die Corte eine pluralistische Medienlandschaft vorstellt, wird nur ungenau deutlich. Für die Presse[77], den staatlichen[78] und den privaten[79] Rundfunk hat sie das Kriterium der Freiheit von staatlicher Beeinflussung genannt. Desweiteren darf es im Rundfunk auch keinen vorherrschenden Einfluß einer oder weniger gesellschaftlicher Gruppen geben[80]. Dies gilt, so das Gericht, auch für den Fall, daß der staatliche Rundfunk zwar pluralistisch zusammengesetzt, der private jedoch monopolisiert ist. Der staatliche Rundfunk sei in diesem Fall nicht in der Lage, die private Ungleichgewichtigkeit auszugleichen[81]. Grundsätzlich spricht das Gericht von Gruppenmeinungen und Strömungen, die im Rundfunk zum Ausdruck kommen sollen[82]. *"Vertreter"* von Meinungsrichtungen sollen im Rundfunk zu Wort kommen, die im wesentlichen die vorhandenen Individualmeinungen widerspiegeln[83]. Dies gilt nicht nur für den Bereich der politischen Programme, sondern darüber hinaus für alle Programmbereiche, da das Gericht seinen Informationsbegriff nicht auf den politischen Bereich beschränkt sieht: *"..das Gericht hat den Begriff der Information schon immer weit und umfassend verstanden, so daß jede Art von Fernsehübertragung, sei es informativer oder kultureller Art oder sonst irgendwie geeignet, auf die öffentliche Meinung Einfluß zu nehmen darunter fällt*[84]*".*

6. Vorgaben des Gerichts für die Konzentrationsbekämpfung

Bereits 1976 bei der Frage der Zulässigkeit von terrestrischem privatem Runfunk auf lokaler Ebene machte das Gericht diese vom Bestehen effektiver Regelungen zur Verhin-

---

76 CC Nr. 148/1981, Giurisprudenza Costituzionale I 1981, 1379, 1408: *"...che sono i dati caratteristici del mezzo di diffusione del pensiero in esame che, per la sua notoria capacità di immediata e capillare penetrazione nell'ambito sociale attraverso la diffusione dell 'interno delle abitazioni e per la forza suggestiva delle immagine unita alla parola, dispiega una peculiare capacità di persuasione e di incidenza sulla formazione dell' opinione pubblica nonchè sugli indirizzi socio-culturali, di natura ben diversa da quella atribuibile alla stampa."*
77 CC Nr. 105/1972, Giurisprudenza Costituzionale 1972, 1196, 1200, 1203; CC Nr. 94/1977, Giurisprudenza Costituzionale I 1977, 735ff.
78 CC Nr. 225/1974, Giurisprudenza Costituzionale I 1974, 1775ff.
79 CC Nr. 148/1981, Giurisprudenza Costituzionale I 1981, 1379ff.
80 CC Nr. 826/1988, Giurisprudenza Costituzionale 1989, 3893, 3928.
81 CC Nr. 828/1988, Giurisprudenza Costituzionale I 1989, 3893, 3934.
82 CC Nr. 828/1988, Giurisprudenza Costituzionale I 1989, 3893, 3934.
83 CC, a.a.O., 1789: *".. Il pubblico monopolio può e deve assicurare ... da consentire il massimo di accesso, se non ai singoli cittadini, almeno a tutte quelle più rilevanti formazioni nelle quali il pluralismo sociale si esprime e si manifesta"*
84 CC Nr. 826/1988, Giurisprudenza Costituzionale I 1989, 3893, 3935.

derung von Mono- oder Oligopolen abhängig[85]. Ebenso argumentierten die Richter 1981, als es um die Zulässigkeit von privatem Rundfunk auf nationaler Ebene ging, hier wurde das Gericht allerdings bereits konkreter: Der Gesetzgeber habe ein wirksames System zu schaffen, *"um effektiv die Bildung von monopolistischen und oligopolistischen Konzentrationen zu verhindern, nicht nur im Bereich des Zusammenschlusses der verschiedenen Veranstalter sondern auch im Bereich der Verbindungen zwischen Unternehmen, die in den unterschiedlichen Sektoren der Informationsindustrie herrschen, die Werbebranche eingeschlossen*[86].

Nachdem der Gesetzgeber auch 1988 noch keine derartigen Maßnahmen getroffen hatte, wiederholte das Gericht nochmals die Forderungen von 1981 und fügte nun noch die Notwendigkeit von Transparenzvorschriften für den Rundfunk hinzu: Selbstverständlich sei die Effektivität eines solchen Systems nur gewährleistet, wenn ihm ein hoher Grad von Transparenz der Beteiligungen und der Bilanzen der Informationsunternehmen und der mit ihnen verbundenen Unternehmen zugrundeliege. Auch dies habe für die Verwirklichung des Pluralismus entscheidende Bedeutung und besitze daher Verfassungsrang.[87]

7. Rezeption der Rechtsprechung

Auffällig ist der mangelnde Erfolg, der dieser trotz einiger argumentativer Schwächen doch sehr ausgefeilten, gut begründeten Verfassungsrechtsprechung beschieden war. Seit das Gericht 1976 zum ersten Mal konkrete Vorgaben zur Rundfunkordnung und insbesondere zur Konzentrationsbekämpfung gemacht hat, vergingen fast eineinhalb Jahrzehnte, bis der Gesetzgeber 1990 endlich eine Regelung verabschiedete, die der Forderung nachkam, einen umfassenden gesetzlichen Rahmen für den Rundfunk zu schaffen. Mittlerweile hatten sich alle Befürchtungen der Corte in bezug auf eine Monopolisierung des privaten Rundfunkmarktes realisiert[88]. Entsprechend auch die Kritik in der Literatur: Als das Gericht das Gesetz 10/1985 im Urteil 826/1988 als Übergangsgesetz bezeichnete und deshalb darauf verzichtete, die Verfassungswidrigkeit auszusprechen, hätten die Richter ersichtlich kein Vertrauen in die eigene Autorität

---

85 CC Nr. 202/1976, Giurisprudenza Costituzionale I 1976, 1267, 1284.
86 CC Nr. 148/1981, Giurisprudenza Costituzionale I 1981, 1379, 1409: *"A diverse conclusioni potrebbe eventualmente giungersi ove il legislatore affrontando in modo completo ed approfondito il problema della regolamentazione delle TV private, apprestasse un sistema di garanzie efficace al fine di ostaculare in modo effettivo il realizzarsi di concentrazioni fra le varie emittenti, ma anche in quello dei collegamenti tra le imprese operanti nei vari settori dell 'informazione incluse quelle pubblicitarie."*
87 CC Nr. 826/1988, Giurisprudenza Costituzionale I 1989, 3893, 3939.
88 Rauen, Birgid, Italien: Kartellbildung von Medien und Industrie, Media-Perspektiven 1990, 156ff; Meinel, Wulf, Italien: Die Stabilisierung eines Patts zwischen Unterhaltungsnetworks und der RAI, Media Perspektiven 1986, 582ff; Wagner, Christoph, Duale Rundfunkordnung und Rundfunkwirklichkeit in Italien - Gegenwärtiges Erscheinungsbild und Perspektiven, ZUM 1989, 221ff.

gehabt, so Borello[89]. Grundsätzliche Kritik übt Pardolesi[90] am Verfassungsgerichtshof: Die Forderung, neben dem staatlich konzessionierten Rundfunk müsse eine Vielfalt privater Veranstalter existieren, sei realitätsfern. Der Ansatz des Gerichtshofs sei von absolutistischem Dogmatismus geprägt, heute muteten diese Forderungen aus der Zeit vor der Existenz großer Rundfunkveranstalter anachronistisch an. Da ein Frequenzmangel nicht mehr bestünde, gebe es auch keinen Grund mehr für eine rundfunkspezifische Konzentrationsbekämpfung. Roppo[91] dagegen begrüßt das Engagement des Gerichts für eine rundfunkspezifische Konzentrationsbeschränkung. Besonders wichtig sei die Aussage, der Pluralismus könne mit nur einem marktbeherrschenden privaten Veranstalter neben dem staatlich konzessionierten Rundfunk nicht als verwirklicht gelten. Eine Kartellregelung nur auf die Trennung zwischen Presse und Rundfunk bezogen, sei abzulehnen, über die intermediäre Kontrolle hinaus bedürfe es Konzentrationskontrollregelungen für beide Bereiche. Borello[92] dagegen ist der Ansicht, daß eine intermediäre Kontrolle entbehrlich sei Wenn beide Sektoren eine wirksame intramediäre Konzentrationskontrolle besäßen, führte die Tätigkeit eines Unternehmens in beiden Bereichen zu einer Stärkung des Pluralismus.

Für die Rundfunkfreiheit herrscht in der Literatur Streit über das Bestehen eines Individualrechts auf Rundfunkveranstaltung: Pace[93] und Zaccharia[94] lehnen ein subjektives Recht ab. Art. 21 gewährleiste lediglich die Freiheit, sich innerhalb des Rundfunks zu äußern, nicht aber, als Veranstalter aufzutreten. Ceniccola[95] und Fois[96] dagegen sehen in Art. 21 auch die Garantie der Rundfunkveranstalterfreiheit. Der Wortlaut sei diesbezüglich klar, der Formulierung in Art. 21 Abs. 1 *"mit jedem anderen Verbreitungsmittel"* sei auch der Rundfunk in den Schutzbereich des Abwehrrechts aufgenommen. Der Kassationshof[97] vertrat lange die Ansicht, ein subjektives Recht auf Rundfunkveranstaltung bestünde allenfalls vom Zeitpunkt der staatlichen Genehmigung an, ungenehmigte Anlagen unterlägen demnach keinem staatlichen Schutz, da ihnen grundsätzlich kein Recht auf Sendung zustünde. 1988 änderte er jedoch seine Rechtsprechung und entschied: *"Der Einrichtung und Ausstrahlung von Rundfunksendungen liegt ein*

---

89 Borello, Roberto, Cronaca di una incostituzionalità annunciata (ma non dichiarata), Giurisprudenza Costituzionale 1989, 3950ff.
90 Pardolesi, Roberto, Etere misto e pluralismo (annunciato), Foro italiano 1988, 2477, 2482.
91 Roppo, Enzo, Il servizio radiotelevisivo fra giudici, legislatore e sistema politico - Anmerkung zu Urteil des Corte Costituzionale 826/88, Giurisprudenza costituzionale 1989, 3945ff.
92 A.a.O.
93 Pace, a.a.O., 314.
94 Zaccaria, Roberto, L´alternativa posta dalla Corte: Monopolio pluralistico della radiotelevisione o liberalizzazione del servizio, Giurisprudenza Costituzionale 1974, 2169, 2177.
95 Ceniccola, Raffaele, La posizione giuridica delle emittenti radiotelevisive private - Urteilsanmerkung, Giurisprudenza di merito 1987, 481ff.
96 Fois, Sergio, Libertà di diffusione del pensiero e monopolio radiotelevisivo, Giurisprudenza Costituzionale 1960, 1127,1131.
97 Cass. 5336/1980, Foro Italiano 1980, 2391ff, Cass. 6337/1984, Foro Italiano 1984, 2953ff.

verfassungsrechtlich garantiertes subjektives Recht des Bürgers zugrunde. Die Genehmigung schafft nicht erst dieses Recht, sondern setzt es voraus"[98].

III Das Regelungssystem der Konzentrationsbekämpfung[99].

Die Konzentrationskontrolle war der umstrittenste Teil des Gesetzgebungsverfahrens und es ist den Regelungen deutlich anzumerken, daß sie Ergebnis erheblicher Kompromisse sind. Sie haben teilweise zu inkonsistenten und widersprüchlichen Bestimmungen geführt. Zudem sind die Konzentrationskontrollregelungen nicht in einem Kapitel zusammengefasst, sondern über das gesamte Gesetz verstreut. Darüberhinaus verwirrend wirkt eine Vielzahl von Übergangsbestimmungen, die der Konzentrationskontrolle z.T. erst nach mehreren Jahren Wirkung verschafft.
Ebenso wie in Frankreich wird auch in Italien die Konzentrationsbekämpfung sowohl über die Auswahl der Zulassungsbewerber, als auch über die Fusionskontrolle bereits zugelassener Veranstalter betrieben. Auch hier werden zwei Maßstäbe zur Bestimmung des Konzentrationsgrades angelegt: Zum einen der Anteil, den eine Person an einem Zulassungsinhaber halten darf. Zum anderen die Anzahl der Zulassungen, die eine Person erwerben kann. Juristischen Personen sind natürlichen Personen gleichgestellt, daher i.f. Person.
Das Gesetz unterscheidet außerdem zwischen Regelungen zur Verhinderung der Konzentration innerhalb des Rundfunks (intramediäre Konzentration) und hier zwischen landesweiter und lokaler Verbreitung. Zum anderen enthält es Vorkehrungen gegen eine zu starke Verknüpfung des Rundfunks mit anderen Medien wie der Presse, Produktionsunternehmen oder Werbefirmen (intermediäre Konzentration). Hierfür hat das italienische Gesetz den Tatbestand der Ressourcenakkumulation geschaffen (vgl. u. 2 c). Kontrollorgan ist der Garante per la radiodiffusione e l'editoria (Garante). Auch das italienische Gesetz hat einen rundfunkrechtlichen Kontrollbegriff entwickelt, der sich aus dem Gesellschaftsrecht herleitet. Darüber hinaus sind Rundfunkunternehmen besondere Transparenzpflichten auferlegt. Das Gesetz sieht keine wesentlichen Sonderregelungen für die unterschiedlichen Verbreitungsformen (terrestrisch, Kabel, Satellit) vor. Ausländische Bewerber müssen einen Gesellschaftssitz im Inland nehmen.
Im folgenden sollen zunächst die Regelungen der intramediären (1) und die der intermediären Konzentration (2) behandelt werden. Daran schließt sich eine Erläuterung des

---

98 Cass. 1671/1988, 1764.
99 vgl. Wrangel, Philipp Graf, Die Fusionskontrolle des italienischen Rundfunkgesetzes, GRUR int. 1991, 871ff u. ders., Das deutsche und italienische Rundfunk- bzw. Medienkartellrecht, Vortr. vor der Vereinigung für den Gedankenaustausch zwischen deutschen und italienischen Juristen, gehalten am 9.Okt. 1992, hektographiert.

Kontrollbegriffs (3), die Darstellung der Transparenzvorschriften (4) und Kontrollkompetenzen (5) an.

1. Konzentrationsbeschränkungen für den Rundfunk (intramediär)

Ein Veranstalter für landesweites Fernsehen oder Hörfunk kann, vorbehaltlich einer Beschränkung wegen Pressebeteiligung, im Höchstfall drei Zulassungen (concessioni) oder 25 v. H. aller Zulassungen erhalten. Eine Beschränkung der Anteile an einem Sender besteht nicht (Art. 15 Abs. 4). Im lokalen Bereich darf ein Veranstalter für das Fernsehen in einem Verbreitungsgebiet nur eine Zulassung erhalten (Art. 19 Abs. 1). Insgesamt kann ein lokaler Veranstalter drei (in Süditalien vier) lokale Konzessionen für unterschiedliche Verbreitungsgebiete erhalten. Sie können sich auf benachbarte Sendegebiete erstrecken und zu einem gemeinsamen Programm verbunden werden. Allerdings dürfen dabei insgesamt nicht mehr als zehn Millionen Einwohner erreicht werden.

Auch für den Hörfunk gilt grundsätzlich die Beschränkung auf eine Zulassung pro Verbreitungsgebiet (Art. 19 Abs. 2). Ein Veranstalter kann eine zweite Zulassung erhalten, wenn ein Frequenzüberschuß besteht, d.h. nicht mehr Bewerber als Frequenzen vorhanden sind (Art. 19 Abs. 3). Insgesamt ist die Inhaberschaft von sieben Zulassungen für lokale Hörfunk-Verbreitungsgebiete möglich. Diese können benachbart sein und das gleiche Programm ausstrahlen, soweit sie nicht mehr als zehn Millionen Einwohner erreichen. Falls ein Inhaber einer regionale Fernsehzulassung eine Hörfunklizenz in demselben Verbreitungsgebiet begehrt, kann ihm diese nur erteilt werden, wenn es nicht mehr Antragsteller als Frequenzen gibt.

In der Literatur wird kritisiert, daß die Schwelle für den lokalen Bereich im Vergleich zu den Regelungen für die landesweite Verbreitung recht niedrig angesetzt sei[100]. Bedenkt man, daß für das landesweite Verbreitungsgebiet das Betreiben von drei Sendern zulässig ist, während für das einzelne lokale Verbreitungsgebiet in der Regel nur ein Programm betrieben werden darf, erscheint dieser Einwand in der Tat richtig[101].

2. Medienübergreifende Konzentrationsbeschränkungen (intermediär)

Zur intermediären Konzentrationsbeschränkungen zählen Vorschriften zur Verhinderung einer Verflechtung zwischen Rundfunk und Presse (a), des Rundfunks mit Werbeunternehmen (b) und der Ressourcenakkumulation (c).

---

100 Roppo, Enzo, Zaccheria, Roberto et al. (Hrsg.), Il Sistema radiotelevisivo pubblico e privato, Mailand 1991, Lancillo, Raffaella, Art. 15 S. 300.
101 So auch Wrangel, a.a.O., Grur. Int. 1991, 870, 876.

a) Beschränkungen zwischen Presse und Rundfunk (Art. 15 Abs. 1)

Hier sieht das Gesetz nur Beschränkungen zwischen landesweitem Fernsehen und Tageszeitungen vor. Zeitschriften, Hörfunk und die Lokalpresse sind jedoch im Rahmen der Ressourcenakkumulation berücksichtigt. Für das Verhältnis Tagespresse - landesweites Fernsehen gilt ein abgestuftes System, das sich am Prozentsatz der Gesamtauflage des Tageszeitungsmarktes im Vorjahr orientiert. Wird ein Anteil von über 16 v. H. am Tageszeitungsmarkt gehalten, so ist nur die Zulassung für ein landesweites Programm möglich. Zwischen einem Anteil von acht bis 16 v. H. sind zwei Zulassungen dieser Kategorie genehmigungsfähig. Bleibt der Zeitungsanteil unter acht Prozent, so kann die Maximalzahl von drei Zulassungen für landesweites Fernsehen gehalten werden[102].

b) Werbeunternehmen (Art. 15 Abs. 7; Art. 24 Abs. 2 u. 3)

Da der italienische Werbemarkt zu ca. 80 v. H. von zwei Werbeunternehmen beherrscht wird, die widerum von den beiden größten Rundfunkgesellschaften (RAI und FININVEST) abhängig sind, sah sich der Gesetzgeber genötigt, eine spezielle Konzentrationskontrollbestimmung für diesen Bereich in das Gesetz aufzunehmen[103]. Mit Art. 15 Abs. 7 und Art. 24 Abs. 2 versucht der Gesetzgeber nun den Einfluß zu beschränken, den ein Rundfunkveranstalter über seine Werbetochter auf andere Medienunternehmen ausüben kann. Nach diesen Regelungen ist ein von einem Rundfunkunternehmen abhängiges oder dieses beherrschende Werbeunternehmen (impresa concessionaria di pubblicità), in seiner Aquisition auf dieses Unternehmen im wesentlichen beschränkt. Darüber hinaus sieht Art. 15 Abs. 7 vor, daß nicht mehr als drei nationale Sender von einer Werbeagentur bedient werden dürfen. Bezüglich der Aquisition für lokale Sender kennt das Gesetz keine Regelung, was jedoch einem Redaktionsversehen zugeschrieben wird[104]. Eine Umgehung dieser Sperre soll durch Art. 15 Abs. 7 2. HS verhindert werden: hiernach ist das Unternehmen bei Erreichen der Obergrenze auch einer Beschränkung auf 2 v. H. des gesamten in Italien erzielten Werbeumsatzes für die Aquisition für andere Werbeunternehmen unterworfen. Für den Aquisiteur der RAI gilt nach Art. 24 Abs. 2 eine Ausnahme: Er kann für alle sechs Programme des staatlichen Unternehmens tätig werden, hat aber ansonsten die gleichen Regeln zu beachten. Nach Art. 24 Abs. 3 steht die Beherrschung einer Werbeagentur, die mehr als 50 v. H. der Werbung eines landes-

---

102 Diese Bestimmung trug dem Gesetz den Namen "legge Berlusconi" ein, da sie den Status-Quo zur Zeit der Verabschiedung des Gesetzes festschreibt und der FININVEST alle drei landesweiten Programme beließ.

103 S. hierzu ausführlich: Sauer, Ulrike, Auswirkungen des neuen Mediengesetzes in Italien, Media Perspektiven 1991, 161ff; Rauen, Birgit, Der italienische Werbemarkt zwischen Wildwuchs und Regulierung, Media Perspektiven 1992, 569ff.

104 Roppo, Enzo, Zaccheria, Roberto et al. (Hrsg.), Il Sistema radiotelevisivo pubblico e privato, Mailand 1991, Lancillo, Raffaella, Art. 15 S. 334.

weiten Senders vermittelt, der Inhaberschaft eines landesweiten Programmes gleich. Rechtsfolge ist die Nichtigkeit des entsprechenden Vertrages, die jedoch nicht von jedermann geltend gemacht werden kann.

c) *Ressourcenakkumulation (Art. 15 Abs. 2)*

Im Gegensatz zu den soeben beschriebenen Regelungen bezieht sich die Ressourcenakkumulation auf den gesamten Medienbereich. Statt Auflage oder Senderzahl sind hier die den *"Massenmedien"* (*"settore della communicazione di massa"*) zur Verfügung stehenden Einnahmen Anknüpfungspunkt. Relevant sind nach Art. 15 Abs. 3 die Einnahmen aus dem Verkauf von Tageszeitungen und Zeitschriften, aus dem Verkauf oder der Nutzung von audiovisuellen Produkten, aus Entgelt für Zeitungs-, Zeitschriften und Rundfunkabonnements, aus Werbung, aus der Rundfunkgebühr und andere öffentliche Beiträge mit widerkehrendem Charakter. Diese etwas unklare Auflistung soll alle diejenigen Einnahmen erfassen, die Einfluß auf die Meinungsbildung haben können[105]. Hierzu wird auch die staatliche Rundfunkgebühr und Subventionen für Tageszeitungsverleger gezählt, ebenso Banden- und Straßenwerbung durch Plakate, nicht aber der Verkauf von Radiogeräten und Cassettenrecordern.

Ein Unternehmen, das seinen Hauptumsatz im Medienbereich hat, darf nicht mehr als 25 v. H. der Gesamteinnahmen in diesem Bereich akkumulieren. Ist das Unternehmen schwerpunktmäßig in einem anderen Bereich tätig, so liegt die Schwelle bereits bei 20 v. H. (§ 15 Abs. 2). Dieser Unterscheidung liegt die Absicht des Gesetzgebers zugrunde, den Einfluß von medienfremden Wirtschaftsunternehmen stärker zu beschränken, als den Einfluß solcher Unternehmen, die ihre Tätigkeit auf den Medienbereich konzentrieren. Rechtsakte, die zu einer Überschreitung der Schwelle führen, sind nichtig. Hierzu zählen nicht nur die in Art. 15 Abs. 2 aufgezählten Formen (Übertragung von Aktien unter Lebenden, Beteiligungserwerb) sondern auch gleichermaßen relevante Rechtsgeschäfte wie die Fusion von Unternehmen, Übertragung von Betriebsstätten, Erwerb von originären Anteilen durch Erhöhung des Gesellschaftskapitals, Rückgabe des Unternehmens bei Vermietungs- und Überlassungsverträgen[106]. Ausgenommen hiervon ist das rein interne Wachstum, das durch Umsatzsteigerung erzielt wird. Dies ergibt sich aus einer Analogie mit Art. 31 Abs. 6, die von der herrschenden Meinung in diesem Bereich zugelassen wird[107].

Die Nichtigkeit kann nicht von jedermann geltend gemacht werden. Berechtigt ist nur, wer ein spezielles Rechtsschutzinteresse besitzt. Hierzu muß ein Schaden an rechtlich anerkanntem Vermögen geltend gemacht werden. Konkurrenten und die Aufsichts-

---

105 Wrangel, a.a.O. Grur. Int. 1991, 870, 875.
106 Roppo, Enzo, Zaccheria, Roberto et al. (Hrsg.), Il Sistema radiotelevisivo pubblico e privato, Mailand 1991, Lancillo, Raffaella, Art. 15 S. 318.
107 Nachweise bei Wrangel, a.a.O., mit weiteren Erläuterungen zum Analogiestreit in der italienischen Literatur.

behörde scheiden damit als Kläger i.d.R. aus. Der Garante kann nach Art. 31 Abs. 6 u. 7 lediglich zur Beachtung auffordern und besitzt als letztes Mittel die Möglichkeit des Lizenzentzuges. Zu einer dem Verlagsgesetz entsprechenden Einführung einer Popularklage konnte sich der Gesetzgeber beim Rundfunk nicht durchringen[108]. Im Rahmen der rechtsvergleichenden Erörterung soll auf das Instrument der Recourcenakkumulation näher eingegangen werden (vgl. u. Teil 2 II 1).

3. Kontrolle

Auch das italienische Recht versucht, Umgehungen der Konzentrationskontrolle dadurch zu verhindern, daß es den Zulassungsinhaber demjenigen gleichsetzt, der Kontrolle über einen Zulassungsinhaber ausübt. Nach Art. 15 Abs. 5 und Art. 19 Abs. 5 wird eine Person dann einem Zulassungsinhaber gleichgestellt, wenn zwischen beiden ein Beherrschungsverhältnis besteht. Zur Definition des Kontrollbegriffes verweist der italienische ebenso wie der französische Gesetzgeber zum einen auf das Zivilrecht (a) und schafft zum anderen eigene medienrechtliche Tatbestände (b).

a)   Kontrolle nach Art. 2359 Codice Civile

Auf diese Regelung verweisen sowohl Art. 37 als auch Art. 19 Abs. 5 des Mediengesetzes. Angesiedelt im Fünften Buch des Codice Civile umschreibt die Regelung den Tatbestand der beherrschten und verbundenen Gesellschaften[109]. Abs. 1 nennt hier zum ersten die rechtliche Beherrschung durch Stimmrechtsmehrheit in der ordentlichen Gesellschafterversammlung. Zum zweiten nennt es die *"faktische"* Beherrschung. In diesem Fall kommt einem Minderheitsgesellschafter eine beherrschende Rolle deshalb zu, da ein anderer Teil in der Gesellschafterversammlung dauerhaft abwesend ist. Zum dritten betrifft die Regelung besondere vertragliche Bindungen. Diese seien immer dann anzunehmen, wenn ein Unternehmen durch sie in die Abhängigkeit eines anderen, strukturell oder personell nicht mit ihm verbundenen Unternehmens kommt. Hierzu zählen Lizenz-, Handelsvertreter und Franchiseverträge, aber auch reine Finanzierungsvereinbarungen. Für den Rundfunkbereich werden Verträge über Programmzulieferung oder Werbeaufträge genannt[110]. In den letztgenannten Fällen existiert jedoch keine Vermutung für ein Abhängigkeitsverhältnis wie im ersteren. Dies wird in der Praxis zu beträchtlichen Beweisschwierigkeiten führen.

---

108   Art. 3 Abs. 1ff Verlagsgesetz, abgedruckt in Gazzetta Ufficiale v. 6.8. 1981, Nr. 215, 5128ff.
109   Eine kürzlich erfolgte Änderung dieser Vorschrift, veranlaßt durch die Umsetzung der 7. gesellschaftsrechtlichen EG-Richtlinie über den konsolidierten Abschluß (Nr. 78/660) hat die Mehrheit der Anteile durch die Mehrheit der Stimmrechte ersetzt, insofern paßt der Text des Rundfunkgesetzes nicht mehr, die Änderung läßt jedoch die Substanz unangetastet; s. hierzu Wrangel, a.a.O., Grur. Int. 1991, 870, 879.
110   Wrangel, a.a.O., 880.

Art. 2359 Abs. 2 enthält eine Zurechnungsvorschrift für die mittelbare Beherrschung. Hier kann auch eine die Stimmabgabe beeinflussende Bindung familiärer Art berücksichtigt werden, die Beziehung muß jedoch so stark sein, daß man von einer Stimmabgabe *"für Rechnung"* der beherrschenden Gesellschaft sprechen kann. Die Ausübung von Einfluß durch Treuhandgesellschaften ist bereits durch Art. 17 Abs. 5 S. 1 des Rundfunkgesetzes ausgeschlossen, nach der Treuhandgesellschaften generell keine Anteile an Rundfunkunternehmen erwerben dürfen. Darüber hinaus enthält Abs. 3 die Figur der verbundenen Gesellschaft. Hier ist der Tatbestand erfüllt, wenn eine starke Minderheitsbeteiligung der einen an der anderen Gesellschaft vorliegt, ohne daß ein beherrschender Einfluß nachweisbar wäre. Der Schwellenwert liegt hier nach der letzten Änderung des Gesetzes bei 20 v. H..

b) *Kontrolle nach Art. 37 Rundfunkgesetz*

Art. 37 S. 1 erweitert den Kontrollbegriff nach Art. 2357 insofern, als er auch die gemeinsame Kontrolle eines Rundfunkunternehmens durch unterschiedliche Beteiligte erfasst. Art. 37 S. 2 fügt einige faktische Kontrollbegriffe hinzu:
- Ein beherrschender Einfluß wird angenommen, wenn ein Austausch von Verlusten und Gewinnen zwischen den betreffenden Personen bzw. Unternehmen besteht,
- eine gemeinsame Unternehmensleitung zur Verfolgung eines gemeinsamen Zweckes oder zur Einschränkung des Wettbewerbs zwischen den beiden Unternehmen installiert wird
- oder wenn einem Teil eine höhere Stimmgewichtung verglichen mit der Menge seiner Anteile zugewiesen wird.

4. *Transparenzpflichten*

Die Transparenzvorschriften sollen die Durchführung der Konzentrationskontrolle ermöglichen. Eine Generalklausel in Art. 13 Abs. 6 verpflichtet die betroffenen Unternehmen beim Erwerb beherrschender Einflüsse auf private Rundfunkveranstalter, diesen beim Garante anzuzeigen. Darüber hinaus kennt das Gesetz spezielle Anzeigepflichten für die Beherrschungstatbestände, so z.B. beim Überschreiten bestimmter Beteiligungsquoten nach Art. 13 Abs. 1 u. 3. In diesem Fall ist die Sendeanstalt zudem nach Art. 17 Abs. 5 zur Neubeantragung der Lizenz verpflichtet. Hinzu kommt eine generelle gegenseitige Offenlegungspflicht für die Programmveranstalter, Werbe-, Programmunternehmen und Sponsoren (Art. 14 Abs. 2, Art. 13 Abs. 7).

5. *Kompetenzen der Aufsichtsbehörde bei Verstößen gegen Konzentrationsvorschriften*

a)   Vor der Zulassung

Ein Zulassungsbewerber ist verpflichtet, dem Garante seine Beteiligungsverhältnisse offenzulegen. Erfüllt er eine der beschriebenen Konzentrationstatbestände, so ist die Zulassung zu versagen.

b)   Nach der Zulassung

Erfüllt ein Zulassungsinhaber eine der Antikonzentrationsregelungen, so ist die überzählige Lizenz zu widerrufen (Art. 31 Abs. 6 u. 7). Für die Überschreitung der Schranken der Recourcenakkumulation (Art. 15 Abs. 2) sieht das Gesetz, wie bereits erwähnt, eine zivilrechtliche Nichtigkeitsfolge vor, die jedoch nur ungenügend durchsetzbar ist (vgl. o. 3c). Auch die bereits oben angesprochene Neubeantragungspflicht bei Überschreitung der Konzentrationstatbestände (Art. 17 Abs. 5) und die Offenlegungspflicht sind mit Haft- und Geldstrafen sanktioniert, die bisher jedoch noch nicht zur Anwendung gekommen sind.

6.   *Das Verhältnis der wettbewerbsrechtlichen zur medienrechtlichen Kontrolle*

a)   Konzentrationsbekämpfung durch das Wettbewerbsrecht

Mit der Verabschiedung des Kartellgesetzes 1990[111] hat Italien zum ersten Mal eine wettbewerbsrechtliche Fusionskontrolle erhalten, die in ihrem Aufbau dem deutschen System ähnelt und sich nach dem europäischen Wettbewerbsrecht ausrichtet. Das Gesetz unterscheidet zwischen Aufgreif- und Eingreifkriterien: Das Aufgreifkriterium in Art. 16 statuiert eine Anmeldepflicht für Zusammenschlußvorhaben, die eine bestimmte Größenordnung überschreiten. Das Unternehmen ist bei der Kartellbehörde (*"autorità garante della concorrenza e del mercato"*) anmeldepflichtig, wenn der Gesamtumsatz der beteiligten Unternehmen in Italien den Schwellenwert von 500 Milliarden Lire übersteigt. Gleiches gilt, wenn der auf Italien entfallende Umsatz des zu erwerbenden Unternehmens mehr als 50 Milliarden Lire beträgt. Das Eingreifkriterium in Art. 6 verpflichtet die Behörde zur Untersagung, wenn sie feststellt, daß der Zusammenschluß zum Entstehen oder zur Verstärkung einer marktbeherrschenden Stellung führt und daß dadurch der Wettbewerb substantiell beschränkt wird. Ein Zusammenschluß liegt nach Art. 5 Abs. 1 lit a-c bei Erwerb eines beherrschenden Einflusses auf ein Unternehmen und die Gründung eines Gemeinschaftsunternehmens vor.

---

111   Gesetz Nr. 287/90 v. 10.10.1990: "Norme per la tutela del mercato e della concorrenza, Gazz. Uff. 13.10.1990 Serie Generale Nr. 240; deutsche Übersetzung in WuW 1991, 302ff.

b)   Verhältnis zum Medienrecht

Rundfunk- und Kartellgesetz sind im Sinne eines Zwei-Schranken-Systems nebeneinander anwendbar. Das Kartellgesetz hat allerdings in Art. 20 Abs. 1 u. 3 eine Kollision von Zuständigkeiten ausgeschlossen, da der Garante die Letztentscheidungsbefugnis sowohl für die medienrechtlichen als auch für die kartellrechtlichen Tatbestände hat. Die Kartellbehörde berät den Garante bei seiner Entscheidung[112].

---

112   S. hierzu Wrangel, a.a.O., S. 873.

D   Großbritannien

I   Rundfunkgeschichte und aktuelle Regelungssituation

1.   Erste Phase: Staatlicher Rundfunk und private Konkurrenz

Der Rundfunk begann in Großbritannien mit der Gründung der British Broadcasting Corporation (BBC) durch die englische Regierung 1922[1]. Publizistische Konkurrenz hat das Staatsunternehmen bereits zwei Jahre später durch sogenannte Reley-Companies erhalten. Diese privaten Unternehmen verbreiteten Hörfunk-Programme, die sie über Draht auf Lautsprecher in die Häuser übertrugen[2]. Sie enthielten teils BBC-Sendungen, teils Programme von Veranstaltern auf dem Festland, die speziell für England produziert wurden und durch Werbung englischer Anzeigenkunden finanziert waren. Um 1950 hatten ca. 300 Reley Companies eine Lizenz von der Post erhalten, sie erreichten insgesamt ungefähr eine Million Teilnehmer (subscribers). Sicherlich wären es noch wesentlich mehr geworden, hätte nicht die Hälfte der Regionen in England den Reley Companies die Genehmigung für die Installation der Übertragungsdrähte verweigert. Die BBC war gegen diese Verbreitungsart, da sie fürchtete, der Public Service Charakter des britischen Rundfunks könnte ausgehöhlt werden. Ebenfalls dagegen waren die Besitzer von Zeitungen, die um ihr Anzeigenaufkommen fürchteten, das ihnen von den kommerziellen Radiostationen des Festlandes abgezogen werden könnte.
Große Konkurrenz erwuchs der BBC aus den Festlandprogrammen Radio Normandy (seit 1930) und Radio Luxemburg (seit 1933). Beide produzierten englischsprachige Programme und sendeten sie gezielt nach Großbritannien. Radio Normandy hatte in Großbritannien 1938 schätzungsweise 1 229 000 Hörer. Englische Firmen gaben bis 1938 ca. eineinhalb Millionen britische Pfund aus, um Werbezeit von kontinentaleuropäischen Sendern zu kaufen. Radio Normandy stellte nach dem zweiten Weltkrieg seine englischsprachigen Sendungen ein, Radio Luxemburg jedoch sendete weiter. Eine Umfrage ergab 1949, daß 24 v. H. der britischen Haushalte diesen Sender regelmäßig hörten[3].

2.   Zweite Phase: Einführung von Independent Television

1954 wurde nach einer hitzigen Debatte in Parlament und Öffentlichkeit mit dem Television Act kommerzielles Fernsehen in Großbritannien eingeführt. Befürworter

---

1   Vgl. Barendt, Eric, Broadcasting Law, A comparative Study, Oxford 1993, S. 10ff.
2   H.H. Wilson, Pressure Group - The Campain for Commercial Television, London 1961, S. 24ff.
3   Wilson a.a.O., S.28.

beriefen sich auf die zunehmende Unzufriedenheit der Öffentlichkeit mit der Organisationsstruktur der BBC, die allgemein als zu bürokratisch und wenig zuschauerfreundlich angesehen wurde, obwohl ihre Programme im In- und Ausland großes Ansehen genossen. Wettbewerb im Fernsehen sollte sich qualitätsfördernd auswirken und die Werbefinanzierung den Verkauf von Konsumartikeln ankurbeln. Schließlich hoffte man, daß die Veranstaltung von kommerziellem Fernsehen zu einem eigenen Wirtschaftsfaktor werden würde[4]. Gegner fürchteten eine Amerikanisierung, nicht nur des Rundfunks, sondern des gesamten britischen Lebensstils. Durchgesetzt hat sich schließlich ein Kompromiß: Private Programmunternehmen lieferten einer staatlichen Behörde Programme, die von der Behörde unter eigener Verantwortung ausgestahlt wurden. Auf diese Weise entstand ein Mischsystem, das zwar einerseits kommerzielles Fernsehen zuließ, gleichzeitig jedoch beträchtlichen staatlichen Einfluß auf den Programminhalt sicherte. Dieser sollte dazu genutzt werden, ein anspruchsvolles, qualitativ hochwertiges Programm auszustrahlen. Regierungs- oder Parteieneinfluß spielte in diesem System eine untergeordnete Rolle. Die Aufsichtsbehörde wurde von Honoratioren des öffentlichen Lebens geleitet, die auch in der Praxis regelmäßig dem Gemeininteresse verbunden blieben. Mit dem Sound Broadcasting Act 1972 erhielt die BBC auch im Hörfunk von britischen Veranstaltern publizistische Konkurrenz. Die Behörde lizenzierte zahlreiche sog. Independent Local Radio Stationen (ILR), die sich aus Werbung finanzierten. In der Regel wurden UKW- und Mittelwellefrequenzen gemeinsam für das gleiche Programm vergeben. Außerdem wurden zunehmend nicht-kommerzielle Sender, sog. Community-Stations zugelassen, die oft aus Piratensendern hervorgegangen waren und Programme für ethnische Minderheiten sendeten. Seit 1988 hat die Behörde damit begonnen, konkurrierende Veranstalter in den gleichen Sendegebieten zuzulassen. Viele der neuen Sender befinden sich mittlerweile jedoch bereits wieder in großen finanziellen Schwierigkeiten[5].

Die Wirkung des publizistischen Wettbewerbs zwischen ITV und BBC war deutlich zu spüren, als zu Beginn der ITV-Ausstrahlung das private Programm zunächst eine deutlich höhere Einschaltquote erreichte, als das staatliche. Die BBC holte dann in den sechziger Jahren auf und die Einschaltquoten pendelten sich auf jeweils der Hälfte ein. Im Hörfunk spielte sich ähnliches ab[6].

Der Television Act, mit dem 1954 ITV eingeführt wurde, verpflichtete die Behörde zwar dazu, für adaequate competition (Art. 5 Abs. 2) im Rundfunk zu sorgen, enthielt aber keinerlei Konzentrationsvorschriften. Der Presse wurde vielmehr der bevorzugte Zugang zum Rundfunk eröffnet, da man der Ansicht war, daß diese aufgrund ihres spezifischen journalistischen Know-hows und ihrer Bereitschaft zu Investitionen für den

---

4   Briggs, A., The History of Broadcasting in the United Kingdom, Bd. 4, Sound and Vision, London 1979, S. 427ff.
5   Gibbons, a.a.O. S.70.
6   Gibbons, Thomas, Regulating the Media, London 1991, S.52.

privaten Rundfunk besonders geeignet sei[7]. Das Pilkington-Kommitee beschäftigte sich 1962 ausführlich mit der Frage, ob die Verflechtungen der ITV-Gesellschaften mit der Presse schädlich für die Demokratie seien. Der Direktor der Aufsichtsbehörde IBA Kirkpatrick, vor dem Ausschuß nach seiner Ansicht befragt, schloß eine solche Gefahr aus. Angesichts der strengen Verbote, eigene Meinungen über politisch und wirtschaftlich strittige Fragen zu äußern und der generellen Anforderung an unabhängige Berichterstattung, könne sich eine Eigentümerkonzentration auf den Rundfunk kaum auswirken. Nach Ansicht der IBA war die Presse aufgrund ihres Fachwissens, auf kommerzieller Basis zum öffentlichen Interesse an Nachrichten beizutragen, ein wichtiger Faktor beim Aufbau des neuen privaten Systems. Ein Ausschluß der Presse vom privaten Rundfunk würde Initiative und Talent für den privaten Rundfunk beschränken, es wäre künstlich, zwei Kommunikationsmittel zu trennen, die gegenseitig nützlichen Einfluß ausübten. In der Lizenzierungsperiode von 1962 waren sogar wesentlich weniger Presseunternehmen beteiligt, als es die Behörde für wünschenswert gehalten hatte. Der Ausschuß teilte die Ansicht des Direktors, die Gefahr für die Demokratie durch die Beteiligung der Presse sei gering, dennoch war man der Ansicht, einige Vorkehrungen treffen zu müssen. Der Presse sollte nicht erlaubt werden, mehr als die Hälfte der Stimmrechte in der Gesellschaft eines Rundfunkveranstalters zu halten[8].

Anfang der 70iger Jahre bewegte der London Weekend Television Fall die Öffentlichkeit: Der Sender war in eine finanzielle Krise geraten und die IBA hat dem Verleger Murdoch erlaubt, einen bedeutenden Anteil zu erwerben und zeitweise Direktor zu werden. Gleichzeitig erwarb er einen großen Teil eines Radiosenders, dessen Sendebereich den Fernsehsender überlappte. Nach zahlreichen Debatten im Parlament und Protesten in der Öffentlichkeit schritt die IBA schließlich ein[9] und bewirkte einen Ausstieg Murdochs bei diesem Sender.

Im Independent Broadcasting Authority Act 1973 wurden die Empfehlungen des Pilkington Kommitees berücksichtigt und mit Art. 14 eine Ermächtigung für die Behörde eingefügt: Sie sollte in die Verträge mit den Programmgesellschaften Bestimmungen aufnehmen, nach denen die Behörde das Recht zur außerordentlichen Kündigung des Vertrages hatte, wenn sie der Ansicht war, daß die Programmgesellschaft so stark von Zeitungsverlegern dominiert war, daß dies gegen das öffentliche Interesse (public interest) verstoße. Diese Klausel war in Abs. 5 durch eine Umgehungsvorschrift abgesichert, nach der als Zeitungsverleger auch gelten sollte, wer eine Zeitungsgesellschaft kontrollierte. In der Praxis handhabe die IBA diese Kompetenz im Sinne der Pilkington-Empfehlung: Zeitungsverleger waren auf 50 v. H. der Anteile einer Programmgesellschaft beschränkt. Außerdem hatte die Behörde dafür zu sorgen, daß Fernseh- und Hörfunkveranstalter getrennt blieben (Art. 12 Abs.4b).

---

7   (Annan) Report of the Committee on the Future of Broadcasting (1977), S. 198.
8   Sendall, Bernhard, Independent Television in Britain, London 1983, S. 124.
9   Gibbons S.74.

Der Annan Report stellte 1977 fest: *"clearly there is an editorial danger if the same men own both the main media for news and political expression"*[10]. Das Kommitee war der Ansicht, daß die maximale Pressebeteiligung an einem Fernsehveranstalter 10 v. H. nicht überschreiten sollte, insgesamt sollte die Presse an allen Veranstaltern gemeinsam nicht mehr als 25 v. H. besitzen. Der Broadcasting Act 1981 (BA 81) übernahm die Regelungen des Television Act im wesentlichen. Auch hier war die Behörde wieder auf *"adaequate competition"* verpflichtet (Art. 20 Abs.2b) und hatte zu beurteilen, ob Zeitungsbeteiligungen dem Rundfunk im öffentlichen Interesse entsprechen (Art. 23). Nach Art. 20 Abs.3 BA 81 bestand ein generelles Fusionsverbot zwischen Vertragspartnern der Aufsichtsbehörde: kein Contraktor und kein Unternehmen, das mit einem Contractor verknüpft war, durfte Kontrolle über einen anderen Contractor erhalten. Der Vertrag hatte hierfür die nötigen Klauseln zu enthalten. Hier legte die Behörde strenge Maßstäbe an: Ein Anteilseigner, der bei einem ITV Veranstalter mehr als 5 v. H., hielt, durfte gewöhnlich nicht mehr als 1 v. H. bei einem anderen Veranstalter halten. Darüber hinaus waren die Programmlieferungsverträge nach Art. 20 Abs.4 BA 81 nur mit Zustimmung der Behörde an ein anderes Unternehmen veräußerlich. Eine Veräußerung ohne Zustimmung begründete einen Vertragsbruch und berechtigte die Behörde zur Kündigung.

3. *Dritte Phase: Vorbereitung der neuen Regelung (1981- 1990)*

a) *Der Peacock-Report*

Nachdem die Regierung mit dem Cable and Broadcasting Act 1984 den Kabel- und Satellitenbereich für private Unternehmen geöffnet hatte und hier weitgehend auf inhaltliche Regulierungen verzichtet hatte, begann sie in der Folgezeit mit einer umfassenden Neuregelung des gesamten Rundfunksystems. Den Auftakt bildete der Peacock-Report, in der Hauptsache eigentlich befaßt mit der Finanzierung der BBC, der 1986 eine umfangreiche Analyse des Rundfunks in Großbritannien vorlegte[11]. Er bildet gleichzeitig einen Teil des ideologischen Fundaments für die Reform des britischen Rundfunks und soll daher im folgenden näher dargestellt werden.

Ausführlich wird hier zunächst die Bedeutung des Public-Service-Prinzips dargestellt[12]: in Auftrag gegebene rechtsvergleichende Analysen kommen zu dem Ergebnis, daß das britische Rundfunksystem eine große Bandbreite an unterschiedlichen, qualitativ hochwertigen Programmen hervorgebracht hat und den meisten, wenn nicht allen Rundfunksystemen in der Welt überlegen ist[13]. Für den technischen Bereich stellte der Bericht

---

10 (Annan) Report of the Committee on the Future of Broadcasting (1977), Para. 13.32.
11 Peacock), Report of the Committee on Financing the BBC, London 1986.
12 Peacock-Report a.a.O., Nr. 28ff.
13 West Yorkshire Media in Politics Group, Research on teh Range and Quality of Broadcasting Services, London 1986.

zwei prägende Veränderungen fest: Zum einen habe sich das terrestrische Frequenzangebot verbessert und Übertragungsmöglichkeiten über Satellit und Kabel seien hinzugekommen, so daß ein Ende der natürlichen Knappheit von Rundfunkübertragungsmöglichkeiten in Sicht sei. Zum anderen sei die Verschlüsselung von Programmen zwischenzeitlich möglich, so daß über Pay-TV eine direkte Verbindung zwischen Rundfunkveranstalter und Zuschauer geschaffen werden könne. Angesichts dieser Entwicklung könnten, unter Aufrechterhaltung des in Großbritannien erreichten Programmstandards, die Mechanismen des wirtschaftlichen Wettbewerbs für den Rundfunk nutzbar gemacht werden.

Für die seinerzeit aktuelle Situation prägte der Bericht den Begriff des *"comfortable duopoly"*[14] zwischen BBC und ITV und analysiert die Situation aus ökonomischer Sicht: Für den Rundfunk gelte ebenso wie für andere Bereiche, daß ein Markt, in dem viele Unternehmen konkurrieren das beste Angebot für den Konsumenten schaffe. Ein Duopol dagegen habe grundsätzlich nachteilige Wirkungen für die Konsumenten: Beide Unternehmen neigten dazu, sich einverständlich den Markt aufzuteilen und Neulinge zu verdrängen. Dies wirke sich negativ auf die Anstrengungen der Unternehmen aus, bessere und preiswertere Leistungen für den Konsumenten zu erbringen, verringere die Auswahlmöglichkeiten des Konsumenten und treibe die Preise in die Höhe. Grundsätzlich seien die Konsumenten die besten Richter über die Qualität der Angebote, eine gesetzliche Regelung habe daher darauf hinzuwirken, daß ein Markt mit vielen Anbietern vorhanden sei.

In Großbritannien habe der Gesetzgeber ein Duopol für den Rundfunk eingerichtet, aus Gründen, die vorallem mit der Knappheit der Frequenzen zusammenhingen. Die BBC sei keinerlei wirtschaftlicher Konkurrenz ausgesetzt, da sie ihre Einnahmen aus Gebühren beziehe, ITV besitze ein Monopol für Werbeeinnahmen. Die Einflußnahmemöglichkeit der Konsumenten beschränke sich auf die Wirkung von Einschaltquoten. Ein signifikanter Rückgang gefährde zwar bei der BBC eine künftige Gebührenerhöhung und könne sich bei ITV auf die Werbeeinnahmen auswirken. Dies sei in beiden Fällen jedoch nur ein indirekter und langfristiger Einfluß, dessen Wirkung aufgrund der jeweiligen Monopolstellung der beiden Rundfunkveranstalter innerhalb ihrer Einnahmequellen begrenzt und daher nicht geeignet sei, den Konsumenten eine marktwirtschaftliche Auswahlposition zu verschaffen. Der Mangel an direkter Zuschauerrückkoppelung erkläre auch den hohen Stellenwert, der nationalen und internationalen Auszeichnungen zugebilligt werde. Sie seien jedoch ebenfalls nicht geeignet, das direkte Urteil des Zuschauers zu ersetzen. Zwar betrieben die beiden Rundfunkveranstalter umfangreiche Zuschauerforschung und versuchten ihre Programme hiernach auszurichten, auch dies sei aber nur ein ungenügender Ersatz für den Marktmechanismus[15].

Der Bericht redet nun nicht einem generellen Laissez-Faire im Rundfunk das Wort. Die Erfahrung aus den Vereinigten Staaten zeige, daß privater Rundfunk auf werbefinanzier-

---

14   Peacock-Report a.a.O., Nr. 138ff.
15   Peacock a.a.O., Nr. 580ff.

ter Basis nicht zu einer Erweiterung des Programmangebotes beitrage, sondern daß der Rundfunk vielmehr an Qualität verliere und nur noch eine geringe Spannbreite an Angeboten in den Hauptsendezeiten bereitstelle. Die Zulassung einer größeren Anzahl von Veranstaltern und Programmen reiche für sich genommen nicht aus, um den Konsumenten eine größere Auswahl zu verschaffen, die sich nach ihren Bedürfnissen richtet. Hinzukommen müsse die Verbindung zwischen Veranstalter und Konsument durch die direkte Finanzierung des Rundfunks über Zuschauergebühren..

Neben der Abonnementsfinanzierung solle es weiterhin eine staatliche Förderung des Rundfunks für solche Programme geben, für die es nicht ausreichend Nachfrage gebe. Es bestehe ein allgemeiner Konsens, daß der Staat Museen und Theater fördern solle, obwohl die Mehrheit der Bürger selten eine dieser Einrichtungen betrete. Gleichermaßen sei auch eine staatliche Förderung von Minderheitenprogrammen und anspruchsvollen Kultur- und Politiksendungen allgemein akzeptiert, obwohl die meisten Bürger ein solches Angebot selten nutzten[16].

Der Peacock-Report schlägt vor, der Gesetzgeber solle ein System etablieren, das hauptsächlich aus Abonnementeinnahmen finanziert sei und in dem ein staatliches Unternehmen durch staatliche Zuschüsse in die Lage versetzt werden solle, ein gemischtes Programm mit einem Public-Service Schwerpunkt zu produzieren. Private Programme könnten weiterhin von einer Aufsichtsbehörde als Veranstalter getragen werden, inhaltliche Anforderungen an die Prgramme sollten sich jedoch auf das Mindestmaß beschränken[17]. Eine Aufrechterhaltung des Public-Service-Anfordernisses für den privaten Rundfunk sei ohnehin wenig erfolgversprechend, da sich die privaten ITV-Unternehmen nur deshalb dem Druck der Aufsichtsbehörde für anspruchsvolle Sendungen gebeugt hätten, da sie aufgrund ihres Werbemonopols ein relativ sicheres finanzielles Einkommen gehabt hätten, das auch durch Minderheitenprogramme nicht gefährdet worden sei. Mit den erweiterten technischen Möglichkeiten sei jedoch in jedem Fall wirtschaftliche Konkurrenz durch Kabel-, Satelliten- und eventuell weitere terrestrische Programme zu erwarten. Unter diesen Umständen sei es unwahrscheinlich, daß eine Aufsichtsbehörde gegen den Widerstand der Veranstalter die Public-Service-Standards aufrecht erhalten könnte, wenn diese um ihr Werbeeinkommen fürchten müßten.

Um einer solchen Entwicklung vorzubeugen, solle der Gesetzgeber darauf hinwirken, daß Pay-TV möglichst schnell als Hauptfinanzierungsquelle für den Rundfunk entwickelt werde. Gemeinsam mit einer staatlichen Finanzierung für Sendungen, die nicht durch die Abonnementgebühren gedeckt werden könnten, sei der Public-Service-Standard insgesamt im britischen Rundfunk aufrecht zu erhalten.

---

16 Peacock, a.a.O., Nr. 592ff.
17 Peacock, a.a.O., Nr. 593.

b)   White Paper

Das White-Paper[18], das die Regierung 1988 veröffentlichte, um das neue Gesetz vorzubereiten, übernahm vom Peacock-Report das Ziel, dem Bürger eine größere Auswahl von Fernseh- und Hörfunkprogrammen zu verschaffen, und das Rundfunksystem nach dem Wettbewerbsprinzip zu organisieren. Dies sei Teil der allgemeinen Deregulierungspolitik der britischen Regierung. Neben der Unabhängigkeit des Rundfunks von der Regierung, Minimumanforderungen an die Programmzusammensetzung, der Entwicklung neuer Technologien und dem Schutz gegen Wettbewerbsbeschränkung, hat die Regierung auch die Förderung des Pay-TV in ihr Programm geschrieben. Allerdings solle die Gesetzgebung nicht dazu dienen, technische Entwicklungen im voraus zu bestimmen und damit künstlich den Erfolg unterschiedlicher Technologien zu manipulieren.

Das White-Paper beschreibt im folgenden die Struktur des privaten Rundfunks, wie er im Broadcasting Act 1990 im wesentlichen seinen Niederschlag gefunden hat. Keine weiteren Ausführungen finden sich zur Durchsetzung des Pay-TV, das der Peacock-Report als essentiell für das künftige Rundfunksystem angesehen hatte. Daher ist anzunehmen, daß auch dies zu den technischen Entwicklungen gezählt wird, die der Gesetzgeber nicht im voraus bestimmen soll.

c)   Gesetzgebungsverfahren

Das Gesetzgebungsverfahren war langwierig und Gegenstand großer öffentlicher Diskussion. Zwar wurde die Public-Service-Anforderung für den privaten Rundfunk aufgegeben, jedoch kamen im Laufe des Gesetzgebungsverfahrens zahlreiche inhaltliche Anforderungen in das Gesetz, die sich kaum mit der von der Regierung bezweckten Deregulierung decken. Insgesamt ist festzustellen, daß der Wechsel weg von der inhaltlichen Kontrolle hin zu einem Wettbewerbssystem für den Rundfunk nur halbherzig vollzogen wurde. Dies spiegelt sich bereits in der Ausgestaltung der Aufsichtsbehörden wieder.

4.   Vierte Phase: Das aktuelle Gesetz Broadcasting Act 1990[19]

a)   Aufgabe der Behörden

Das neue Gesetz hat die alte Behörde aufgelöst, für das Fernsehen die Independent Television Commission (ITC) und für den Hörfunk die Radio Authority (RA) gegrün-

---

18   Home Office, Broadcasting in the '90s: Competition, Choices and Quality. The Government's Plans for Broadcasting Legislation, 1988.

19   Zum Broadcasting Act 1990 in der deutschen Literatur siehe: Hearst, Stephen, Die neue Rundfunkgesetzgebung in Großbritannien, Media Perspektiven 1991 170ff; Hoffmann-Riem, Wolfgang, Zwischen ökonomischer Deregulierung und politisch-moralischer Überregulierung - zur Neuordnung des Rundfunksystems in Großbritannien, RuF 1991, 17ff.

det. Die ITC und die RA bestehen jeweils aus einem Direktor, der vom Minister ernannt wird und und acht bis zehn "Mitgliedern", die ebenfalls vom Minister ernannt werden. Die ITC verfügt insgesamt über ca. 100 Mitarbeiter, während die RA ca. 30 Angestellte beschäftigt. Die Behörden tragen nicht die Programmverantwortung wie ihre Vorgänger, sondern lizenzieren Veranstalter, die unter eigenem Namen Programme ausstrahlen. Auch für die Sendeanlagen vergeben ITC und RA Lizenzen an private Firmen (Art. 129ff)[20].

ITC und RA haben einen doppelten Auftrag erhalten, der deutlich die beiden unterschiedlichen oben beschriebenen Regelungsmotivationen widerspiegelt:
- Einerseits sollen sie *"fair and effective competition"* gewährleisten (Art. 2 Abs.2a, ii für das Fernsehen und Art. 85 Abs.3b für den Hörfunk). Diese Aufgabe befindet sich in Übereinstimmung mit dem obenbeschriebenen Ziel, den privaten Rundfunk in ein System ökonomischen Wettbewerbs zu überführen.
- Zum anderen haben die Behörden dafür zu sorgen, daß die Programme insgesamt von hoher Qualität sind und eine große Bandbreite an Programmen gesendet werden, die an unterschiedliche Geschmäcker und Interessen gerichtet sind (Art. 2 Abs.2b für das Fernsehen und Art. 85 Abs.3a für den Hörfunk). Ihre Kompetenzen haben sie so auszuüben, daß die Sendungen von hoher Qualität sind und ein breites Angebot liefern, das unterschiedlichen Geschmäckern und Interessen Rechnung trägt (Art. 2 Abs.2b für das Fernsehen; für den Hörfunk gilt entsprechendes nach Art. 85 Abs. 3a). Art. 6 Abs.1 präzisiert im Einzelnen die Aufgaben der ITC für das terrestrisch übertragene Fernsehen. Sie gewährleistet, daß:
- die lizenzierten Programme nichts enthalten, was gegen den guten Geschmack verstößt, Kriminalität fördert, oder die öffentliche Ordnung stört;
- Nachrichten im Programm mit angemessener Korrektheit und Unparteilichkeit präsentiert werden;
- der Programmveranstalter Unparteilichkeit bei der Berichterstattung über alle Angelegenheiten wahrt, die politische oder wirtschaftliche Streitfragen betreffen. Abs.6 weist allerdings darauf hin, daß dies nicht soweit gehen müsse, daß der Veranstalter gegenüber der Loslösung von fundamentalen Prinzipien der Demokratie neutral bleiben müsse[21].
- religiöse Fragen mit angemessener Neutralität behandelt werden
- die Programme nicht mithilfe technischer Mittel den Zuschauer unterhalb der Bewußtseinsschwelle beeinflussen.
Diese Ziele hat die ITC von Zeit zu Zeit durch Richtlinien zu präzisieren und verbindlich zu überwachen. Neben der ITC erklärt das Gesetz noch zwei weitere Behörden zur Überwachung der Programmstandards für zuständig: Die Broadcasting Complaints

---

20 Independent Broadcasting Authority, Final Report & Accounts, London 1991, S.11.
21 Zur Gesetzgebungsgeschichte "due impartiallity" betreffend s. Hitchens, L.P., Impartiality and the Broadcasting Act: riding the wrong horse, Media Law & Practice 1991, 48ff.

Commission (Art. 142ff) und das Broadcasting Standards Council (Art. 151ff). Weiterhin hat die ITC Richtlinien über die Ausstrahlung von Werbung (Art. 9) und von Gewalt (Art. 7) zu schafffen. Auch die Regierung hat nach wie vor jederzeit das Recht sich über die privaten Programme zu Wort zu melden oder die Behandlung bestimmter Themen in bestimmten Programmen zu untersagen (Art. 10). Die terrestrisch übertragenen Fernsehveranstalter treffen außerdem Verpflichtungen wie die Sendung von Schulprogrammen (Art. 34) und Vorrichtungen für Gehörlose (Art. 35). Keinerlei inhaltlichen Bindungen unterliegen Satellitenprogramme, die nicht von Großbritannien aus gesendet werden (Art. 45ff).

Als Ergebnis dieses Abschnittes bleibt festzuhalten, daß bereits aus dem Aufgabenbereich der Aufsichtsbehörden abzulesen ist, daß der Gesetzgeber keineswegs vollständig auf den wirtschaftlichen Wettbewerb zur Sicherung der Medienvielfalt vertraut. Im neuen Gesetz findet sich trotz neuer Aufsichtsbehörden viel von der alten Public-Service Tradition wieder[22]. Es erhebt sich die Frage, inwieweit es dem Gesetzgeber gelungen ist, ein Wettbewerbssystem im Rundfunk einzuführen. Um dies zu beurteilen, sei im folgenden zunächst die Prgrammstruktur erläutert, wie sie sich nach dem Broadcasting Act 1990 darstellt.

b) Programmstruktur

aa) Channel 3

Das frühere ITV, bestehend aus regionalen Programmgesellschaften, die sich zu einem Netzwerk zusammengeschlossen haben und ein gemeinsames überregionales Programm ausstrahlten, blieb in seiner Struktur bestehen und wurde in Channel 3 umbenannt (Art. 14ff). Die ITC vergab 15 Lizenzen, darunter 13 regionale, eine für Fernsehen am Wochenende im Großraum London, und eine landesweite Lizenz für Frühstücksfernsehen. Die Laufzeit begann am 1.1.93 für zunächst zehn Jahre (Art. 20 Abs.1). Channel 3 strahlt terrestrisch flächendeckend ein gemischtes Programm mit umfangreichen Nachrichten aus. Die einzelnen Programmgesellschaften schalten sich zu bestimmten Zeiten für regionale Programme aus dem Netzwerk aus. Das Programm ist werbefinanziert. Während unter dem Vorgängergesetz die Programmunternehmen als sog. *"contractors"* jedenfalls formell lediglich die Aufgabe hatten, ein Programm anzuliefern (Art. 19 Abs.2a Broadcasting Act 1981), das die Behörde ausstrahlte, produzieren und strahlen die neuen Lizenznehmer nun unter eigener Verantwortung aus.

---

22 Auch personell ist die Besetzung der ITC im wesentlichen gegenüber der Vorgängerbehörde IBA gleichgeblieben, s. Independent Broadcasting Agency, Final Report & Accounts, London 1991, S.4; ein Abteilungsleiter der ITC äußerte im persönlichen Gespräch auch die Ansicht, die ITC nehme ihren Programmkontrollauftrag wichtiger, als den Auftrag, den Wettbewerb zu schützen.

Die Auswahl der Lizenznehmer erfolgt in vier Stufen (Art. 15-17)[23]:
- Ausschreibung durch die Aufsichtsbehörde (Art. 15)

Sie enthält die gewünschte Struktur des ausgeschriebenen Programmes und die Höhe der Abgabe als Beitrag zur Finanzierung der Aufsichtsbehörde und andere finanzielle Verpflichtungen des Antragstellers. Für Channel 3, Channel 5 und für mit Hausantenne empfangbare Satellitenprogramme enthält die Ausschreibung außerdem inhaltliche Vorgaben an die Programmgestaltung. Die Anträge der Bewerber müssen in Formularen festgelegte Angaben enthalten, die einen Vergleich der Bewerber ermöglichen.
- Qualität des Programmes (Art. 16)

Die Bewerber müssen Vorschläge einreichen, wie sie die inhaltlichen Ausschreibungsanforderungen erfüllen möchten. Weiterhin muß der Antrag ein finanzielles Gebot (cash bid) für die Lizenz enthalten, Angaben über die finanzielle Struktur des Bieters und einen technischen Plan für den Aufbau des Programmes. Insgesamt muß der Antrag zeigen, wie der Bewerber den *"Quality Threshold"* erfüllen möchte. Diese Qualitätsschwelle zu überschreiten, ist die wichtigste Stufe des Bewerbungsvorgangs. Für die Regionalprogramme des Channel 3 sind die Anforderungen nur wenig unter denjenigen für den Public-Service der BBC angesetzt.
- Finanzielle Leistungsfähigkeit (Art. 16)

Auf dieser Stufe muß der Antragsteller glaubhaft machen, daß er das Programm für den Zulassungszeitraum aufrechterhalten kann. Hierbei hat die Aufsichtsbehörde einen beträchtlichen Spielraum. Sie berücksichtigt den vom Antragsteller vorgelegten Finanzplan und die Angaben zu seiner finanziellen Situation. Auf dieser Stufe sticht der Antragsteller, der viel Geld für die Lizenz geboten hat, denjenigen, der wenig geboten hat nicht aus. Nur wenn die Anträge dem Pflichtenheft finanziell und qualitativ genügen, rücken sie auf die letzte Stufe vor (16)[24].
- Höchstes Gebot

Auf dieser Stufe erhält die Lizenz derjenige Antragsteller, der das höchste Gebot abgegeben hat (Art. 17 Abs.1)[25].

bb) Channel 4

Der seit 1981 bestehende private Kulturkanal wurde in ein privates Unternehmen *"The Channel 4 Television Corporation"* überführt, deren Direktoren jedoch von der ITC unter Zustimmung des Ministers ernannt werden (Art. 23). Channel 4 soll bis 1995

---

23 Für Channel 3 und Channel 5; Art. 73-76 local delivery services = Kabelgesellschaften, die den Ausbau des Kabelnetzes betreiben und vermarkten; Art. 98-100 landesweiter Hörfunk)
24 Die ITC hat bereits Bewerber abgelehnt mit der Begründung, bei der Höhe des cash bit könne der Bewerber unmöglich noch so viel übrig haben, daß er damit noch ein anspruchsvolles Programm veranstalten könne, s. House of Lords 26.3.92 I.T.C. v. TSW Broadcasting Limited, unveröffentl. hektogr.
25 Die von den Bewerbern für die Lizenzperiode ab 1992 gebotenen Beträge bewegen sich im Rahmen von 10 - 30 Mio £ jährlich, s. Financial Times 19.6.92.

völlig selbständig werden. Das Programm soll einen angemessenen Anteil von Beiträgen enthalten, deren Themen nicht von Channel 3 abgedeckt werden (Art. 25 Abs.1a) auch soll es Sendeplatz für experimentelle Programme zur Verfügung stellen. Channel 4 ist ebenso wie die BBC dem *"public service"* verpflichtet (Art. 25 Abs. 2a). Finanziert wird Channel 4 seit 1991 durch eigene Werbung. Der Gesetzgeber erwartet allerdings, daß diese nicht ausreicht und hat daher ein kompliziertes System der Ausfallfinanzierung vorgesehen, nach dem die Channel 3 Lizenznehmer verpflichtet sind, die Differenz zwischen Ausgaben und Werbeeinnahmen zu decken (Art. 26 Abs. 3ff). In Wales sendet auf der Frequenz von Channel 4 die Welsh Authority ein Regionalprogramm in der Landessprache namens Sianel Pedwar Cymru (Art. 56ff).

cc)   Channel 5

Das in Art. 28ff BA vorgesehene fünfte terrestrische Programm ist bisher noch nicht lizenziert. Da es aufgrund von Frequenzproblemen anfangs nur von 30 v. H. und erst Ende der 90iger Jahre von 70 v. H. der Haushalte empfangen werden könnte, ist es äußerst ungewiß, ob sich Bewerber finden. Darüber hinaus werden alle Haushalte, die Channel 5 empfangen möchten, ihre Empfangsantenne austauschen müssen, auch gibt es Frequenzinterferenzen mit Videorekordern[26]. Das Gesetz sieht vor, daß sich der Lizenzinhaber an den Kosten für den Aufbau der Transmitteranlagen beteiligen muß. Nach Einschätzung von Fachleuten ist der Werbemarkt nicht in der Lage ein weiteres Programm zu finanzieren[27]. Sicherlich eine Rolle spielt auch die verstärkte Konkurrenz durch das Satellitenfernsehen, das ebenfalls Werbekapazität an sich zieht[28].

dd)   Satelliten-Fernsehen

Für das Satellitenfernsehen hatte bereits der Cable and Broadcasting Act 1984 die rechtliche Grundlage geschaffen. Das neue Gesetz (Art. 43ff BA) löste die alte Kontrollbehörde (Cable Authority) auf und überführte die Satellitenübertragung in den Aufgabenbereich der ITC. Sky-TV, ein Unternehmen des von Rupert Murdoch beherrschten News International-Konzerns sendete seit 1987 über dem luxemburgischen Satelliten ASTRA vier Vollprogramme, darunter zwei Pay-TV Programme, die direkt über Satellitenhausantenne empfangen werden konnten. Die British Satellite Broadcasting LTD (BSB), ein Konsortium aus mehreren Fernseh-, Presse- und anderen Wirtschaftsunternehmen nahm 1990 ihren Betrieb über die Großbritannien zugeteilten Kanäle auf

---

26   Spectrum, The Quarterly Magazine of the ITC, Summer 1992, S.23.
27   Key Note Market Review, Broadcasting in the 1990s, Hampton, Middlesex 1991, S.31.
28   Zum Ablauf der Ausschreibungsfrist im Juli 1992 hatten alle ursprünglichen Bewerber ihre Anträge für eine Lizenz zurückgezogen. Die ITC hat allerdings angekündigt, daß sie einer Lösung des Frequenzproblems entgegensehe und die Lizenz neu ausschreiben werde, s. The Independent on Sunday v. 5.7.92.

dem direktstrahlenden Satelliten Marco Polo mit fünf unterschiedlichen Programmen auf. BSB war nach dem Broadcasting Act 1990 von der Aufsichtsbehörde lizenziert worden, während Sky keiner Lizenz bedurfte, da seine Programme nicht über einen Großbritannien zugeteilten Satellitenkanäle verbreitet wurden. Zwischen beiden Veranstaltern herrschte starker Wettbewerb, der vor allem auch über die beteiligten Presseunternehmen in den jeweiligen Zeitungen ausgetragen wurde[29]. Ohne zuvor die Aufsichtsbehörde zu informieren, fusionierten BSB und Sky am 2. November 1990[30]. Dies begründete einen Bruch des Lizenzvertrages zwischen der Aufsichtsbehörde und BSB, da der Vertrag die Klausel enthielt, daß die Gesellschafterzusammensetzung von BSB nicht ohne Genehmigung der Aufsichtsbehörde geändert werden darf. Die ITC sah von einem Zulassungswiderruf ab, um den Zuschauern, die BSB abonniert hatten und die für den Empfang des Programmes eine spezielle Satellitenantenne erworben hatten, die nicht mit der ASTRA-Antenne kompatibel ist, den Empfang der Programme zu gewährleisten. BSkyB strahlte das nunmehr gemeinsame Programm zunächst über beide Satelliten aus und wechselte den BSB-Abonnenten die Empfangsanlage gegen eine ASTRA-taugliche Antenne aus. Seither sendet BSkyB ausschließlich auf ASTRA. Diese Verbreitungsart wird vom BA als sog. *"non domestic direct satellite broadcasting"* von Fusionskontrollvorschriften weitgehend verschont. BSkyB ist nun zur Hälfte von den ehemaligen BSB-Gesellschaftern und zur Hälfte von News International beherrscht. Der Sender strahlt sechs Programme, darunter drei Pay-TV Programme aus[31]. 1/7 aller Haushalte in Großbritannien war bis Mitte 1992 mit einer Satellitenantenne ausgerüstet. Die Zuschauerrate dieser Haushalte für Satellitenkanäle insgesamt liegt unter einem Drittel, während sich der Rest zu etwa gleichen Teilen auf BBC und ITV verteilt[32]. Ein erheblicher Zuwachs für die Satellitenprogramme und hier vorallem für Pay-TV wird erwartet, seit es BSkyB gelang, die Übertragungsrechte für die britische Fußballerstliga zu ersteigern[33]. Außer BSkyB senden auf ASTRA etwa 20 kleinere Veranstalter hauptsächlich kürzere Spartenprogramme von Großbritannien für britische Zuschauer.

ee) Programmstruktur im Hörfunk

Die Radio Authority hat unter dem neuen Gesetz Lizenzen für drei landesweite private Sender ausgeschrieben (Art. 85 Abs. 2): Ein Sender soll über UKW *"Music other than Pop-Music"* ausstrahlen, der zweite ist ein Pop-Musiksender der über Mittelwelle übertragen wird, der dritte soll einen Schwerpunkt bei Wortbeiträgen setzen. Obwohl das

---

29 Sadler, John, Enquiry into Standards of Cross Media Promotion, Report to the Secretary of State for Trade and Industry, London 1991, S.13ff.
30 Independent Broadcasting Authority, Final Report & Accounts, London 1991, S.7.
31 S. Interview mit dem stellvertretenden Direktor in Spectrum, The Quarterly Magazine of the ITC, Summer 1992, S.4f.
32 S. die Grafik in Spectrum, a.a.O. S.24.
33 S. The Independent v. 30.6.92.

Gesetz nur überregionalen und lokalen Hörfunk vorsieht, hat die Radio Authority seit Herbst 1992 außerdem fünf regionale Lizenzen für Ballungsräume ausgeschrieben, die als lokale Stationen mit großer Reichweite geführt werden[34]. Insgesamt 79 lokale Lizenzen hat die Behörde zunächst verlängert, derzeit senden allein 13 lokale Veranstalter im Großraum London. Während nach dem alten Recht UKW und Mittelwellefrequenzen für das gleiche Programm zugeteilt wurden, verfolgt die RA jetzt die Politik die Frequenzen für getrennte Programme zu erteilen, um so größere Vielfalt zu erreichen. Die Gebühr für Bewerbung und für Betrieb richtet sich nach potentieller Hörerzahl, die Behörde macht keinen Unterschied zwischen kommerziellen und nichtkommerziellen Sendern, ein schwerer Schlag für die in großer Zahl existierenden Sender mit besonderem Lokalbezug und für ethische Minderheiten. Die Lizenzdauer beträgt acht Jahre, danach will die RA alle Lizenzen neu ausschreiben.

ff) Local Delivery Services und Kabel

Unter dieser Bezeichnung versteht das Gesetz die lokale Programmeinspeisung in die Kabelnetze (Art. 72ff), wobei Kabelfernsehen in Großbritannien bisher keine große Verbreitung erfahren hat und mit der Verbreitung von direktempfangbaren Satellitenprogrammen wohl auch keine großen Fortschritte mehr machen wird. Weiterhin sieht das Gesetz Bestimmungen für sog. additional services, wie z.B. Teletext (Art. 48ff, 114ff). Das Gesetz widmet ihnen breiten Raum, sie spielen für die Fragestellungen dieser Untersuchung keine Rolle und sind nur der Vollständigkeit halber genannt.

gg) BBC

Neben den privaten Programmen ist die BBC noch mit zwei nationalen Fernsehprogrammen vertreten, sie verfügt über regionale Sendestudios, die regionale und lokale Nachrichten produzieren. Außerdem verfügt die BBC über fünf nationale und regionale Hörfunkketten.

---

34 Radio Authority, Independent Local Radio (Draft) Notes of Guidance for Local Licence Applicants (Re-Advertised Licences), hektographiert, London 1992.

II   Verfassungsrechtlicher Hintergrund[35]

1. Verfassungsrechtliche Sonderstellung

Gewöhnt an eine starke verfassungsrechtliche und vor allem verfassungsgerichtliche Prägung der Medien, steht der kontinentaleuropäische Betrachter im englischen Recht vor der Frage, welche verfassungsrechtlichen Anforderungen an die rechtliche Regelung der Medien zu stellen sind. Es zeigt sich, daß hier bereits die Frage zu stark von kontinentalem Verständnis geprägt ist. Verfassungsrechtliche Anforderungen oder gar Rechtfertigungen für ein Gesetz sind dem traditionellen englischen Verfassungsverständnis fremd. Wichtigstes Prinzip der ungeschriebenen britischen Verfassung ist die Allmacht des Parlaments (parlamentary sovereignty). Nach der traditionellen englischen Verfassungslehre bedeutet die heute weitgehend vom Unterhaus ausgeübte Souveränität zum einen, daß es neben dem Parlament keine *"competing power"* geben darf, zum anderen, daß kein Parlament fähig ist, seine Nachfolger zu binden[36]. Dieser Grundsatz erklärt zugleich, warum es, jedenfalls bisher, keine geschriebene Verfassung, keinen Grundrechtskatalog in Großbritannien gibt. Eine geschriebene Verfassung würde die Allmacht des Parlaments beschränken, sie wäre zwangsläufig justitiabel, an ihr könnten Gesetze und Parlamentsentscheidungen gemessen werden. Gerichte würden zur *"competing power"* aufsteigen, eine einmal verabschiedete Verfassung stünde den folgenden Parlamenten nicht mehr, oder nur noch eingeschränkt zur Disposition. Dies erklärt wiederum, warum Gerichte bisher kaum eine Rolle in der Ausgestaltung der englischen Medienordnung gespielt haben[37].

Bürgerliche Freiheitsrechte (civil liberties), wie sie das englische Verfassungsrecht im Laufe der Jahrhunderte herausgebildet und durch Gerichtsentscheidungen präzisiert hat, lassen sich demnach nicht mit den kontinentaleuropäischen Grundrechtskatalogen ver-

---

35   Zur Darstellung der Rundfunkgeschichte und des Rundfunkrechts in Großbritannien allgemein in der deutschen Literatur siehe: Humphreys, G., Hoffmann-Riem, Wolfgang (Hrsg.), Großbritannien, Internationales Handbuch für Rundfunk und Fernsehen 1988/89 Teil E., Hamburg 1990; Hoffmann-Riem, Wolfgang, Rundfunkaufsicht im Ausland: Großbritannien, USA und Frankreich 1989; Jünemann, Bernhard, Meinungsfreiheit und Medienentwicklung - Der Wettbewerb von Presse, Funk und Kabel am Beispiel der Lokalmärkte in Großbritannien, Freiburg 1980; Lincoln, M. (Hrsg.), Landesbericht Großbritannien, in: Rundfunkordnung und Kommunikationsfreiheit, Baden-Baden 1979; Mahle, W.A., Großbritannien, ein Modell für die Bundesrepublik? 1984; Hearst, Stephen, Systemveränderungen im britischen Rundfunk, Media Perspektiven 1988, 775ff; Hearst, Stephen, Der Peacock-Report, Eine Kritik, Media-Perspektiven 1986, 567ff.
36   Dicey A.V., The law of the constitution, 7. Aufl. London 1908, S. 50ff.
37   S. hierzu: Barendt, Eric, The Influence of the German and Italian Constitutional Courts on their National Broadcasting Systems, Public Law 1991, 93ff.

gleichen[38]. Zwar sind u.a. die persönliche Freiheit (personal liberty), Eigentum (property), freie Rede (freedom of spreech), Versammlung und Vereinigung (assembly and association) und die Gleichbehandlung (equal treatment) anerkannt[39]. Teilweise sind sie durch Parlamentsgesetze geschützt, teilweise über das Common Law berücksichtigt. Jedes Recht ist jedoch Gegenstand parlamentarischer Souveränität. Zur Einschränkung bedarf es nicht mehr als eines einfachen Gesetzes. Die Konstruktion eines verfassungswidrigen Gesetzes ist daher in Großbritannien kaum denkbar. Auch eine verfassungsrechtliche Verpflichtung des Parlaments, gewisse Bereiche gesetzlich zu regeln, gibt es nicht.

Die Meinungsfreiheit in England entstand nicht als ein aktives Grundrecht, sondern mehr als Ausdruck allgemeiner Freiräume der Bürger, begrenzt durch Parlamentsgesetze: *"Any man may, therefore say or write whatever he likes, subject to the risk of, it may be, severe punishment if he publishes any statement (either by word of mouth, in writing or in print) which he is not legally entitled to make"*, so A. Dicey[40], einer der Begründer der englischen Verfassungslehre. Das englische Verfassungsrecht kultivierte eine gewisse Gelassenheit gegenüber der kontinentalen Fixierung auf Kodifikationen, die, so Dicey letztlich weniger Bürgerfreiheit gebracht hätten, als die englische ungeschriebene Verfassung[41]. Meinungsfreiheit ist in Großbritannien nach Dicey letztlich *"little else than the right to write or say anything which a jury, consisting of twelve shopkeepers, think it expedient should be said or written"*[42]. Auch die Einführung der Pressefreiheit war daher nicht Ausdruck einer positiven Forderung nach der Verwirklichung von Bürgerrechten, sondern schlicht die Abschaffung einer lästig gewordenen Vorschrift. 1695 legte das House of Lords dem Unterhaus eine Neufassung des Gesetzes zur Lizenzierung der Presse vor, das umfassende Zensurregelungen enthielt. Das Unterhaus lehnte den Entwurf mit folgender Begründung ab: *"The Licencing Act is condemned not as a thing essentially evil, but on account of the petty grievances, the exactions, the jobs, the commercial restrictions, the domiciliary visits, which were incidental to it"*[43].

Daher hatte auch die Pressefreiheit traditionell keinen hervorgehobenen Stellenwert innerhalb der Meinungsfreiheit[44]. Sie war lediglich eine spezielle Ausprägung der

---

38 Loewenstein, Karl, Staatsrecht und Staatspraxis von Großbritannien, Berlin, Heidelberg, New-York 1967, S. 261.
39 In Lehrbüchern wird zur Illustration, wie allmächtig das Parlament ist, gerne folgendes Beispiel angeführt: das Parlament habe zur Tudor-Zeit ein Gesetz verabschiedet, das vorsah, einen gewissen Richard Rose, Koch des Bischofs von Rochester bei lebendigem Leib zu kochen, da er der Vergiftung verdächtigt wurde, s. James, Philip, Introduction to English Law, 12. Auflage, London 1989, S. 157.
40 Dicey A.V., The law of the constitution, 7.Aufl. London 1908, S. 240; ähnlich: Odgers, Libel and Slander, Introduction. 3. Aufl. 1896, S. 12.
41 Dicey a.a.O. S. 269.
42 Dicey a.a.O. S. 249.
43 Dicey A.V., The law of the constitution, 7.Aufl. London 1908, S. 261.
44 Barendt, Eric, Does anyone have any rights to free speech, Current Legal Problems, 1991, 63, 65.

allgemeinen gewohnheitsrechtlichen Gewährleistung und gab der Presse auch keine Rechte, die darüber hinausgingen. Pressefreiheit war, so Dicey nicht mehr als das Recht des Herausgebers, das in der Zeitung zu schreiben, was er auch an eine Mauer schreiben könnte[45].

2. Entwicklungslinien

Die für die französische und die italienische Rechtsprechung festgestellte Entwicklung der als Abwehrrecht formulierten Gewährleistungen auf Meinungsfreiheit zu einer staatlichen Schutzpflicht für den Pluralismus in den Medien hat in Großbritannien mangels Verfassungstext ebenfalls keine Parallele.

Vor entsprechenden Schwierigkeiten steht die Verfassungsrechtsdiskussion[46] in Großbritannien bei der theoretischen Begründung für die Mediengesetzgebung. Unter dem Einfluß der Bewegung für eine geschriebene Verfassung (Bill of Rights[47]), der Europäischen Menschenrechtskonvention, den kontinentaleuropäischen und der amerikanischen Verfassungen, verliert der Gedanke der Parlamentssouveränität an Bedeutung und man sucht nach allgemeingültigen Begründungen für die Gewährleistung bestimmter Rechte. Dies gilt insbesondere für den Bereich der Kommunikationsgrundrechte. Dabei ist auffällig, daß die entsprechenden Autoren stark auf verfassungsphilosophische Argumente zurückgreifen und auf diese Weise ein Fundament schaffen, das im kontinentaleuropäischen Bereich durch die Grundrechtstexte und deren Auslegung durch die Verfassungsgerichte besteht. Da es ein geschriebenes Grundrecht auf Meinungsfreiheit als Grundlage für die Auslegung in Großbritannien nicht gibt, wird nicht selten auf Milton zurückgegriffen, der mit der Aeropagitica im 17. Jahrhundert die theoretischen Grundlagen für den Kampf um Meinungs- und Pressefreiheit legte[48].

Noch häufiger setzen sich die Autoren mit John Stuart Mills *"On Liberty"* auseinander. Der englische Moral- und Wirtschaftsphilosoph (1806 - 1873), schuf mit dem *"Argument from Truth"* und dem *"Argument from Democracy"* das Fundament für eine philosphische Herleitung des Free-Speech-Principle. Nach dem *"Argument from Truth"* ist Meinungsfreiheit unerläßlich für die Wahrheitsfindung. Da jede Überzeugung falsch sein könne, berge die Unterdrückung gegenteiliger Überzeugungen das Risiko, etwas

---

45 Dicey a.a.O.
46 Standardwerke sind: Barendt, Eric, Freedom of Speech, Oxford 1987; Gibbons, Thomas Regulating The Media, London 1991.
47 zur "Bill of Rights"-Bewegung für die Übernahme der EMRK als englischen Grundrechtekatalog s. E.C.S. Wade, A.W. Bradley, Constitutional and administrative law, London 1985, S. 500; ders., Constitutional Fundamentals, London 1980; Jennings, Ivor, The Law and the Constitution, 5. Aufl., London 1959, S. 318; Heuston, R.F.V., Essays in Constitutional Law, 2. Aufl. London 1962, S. 24; De Smith, Stanley, Alexander, Street, Harry, Constitutional and Administrative Law, 6. Aufl. London 1989; Barendt, Eric, Freedom of Speech, Oxford 1987, 299.
48 S. bspw. Barendt, Eric, Freedom of Speech, Oxfort 1987, S. 11ff m. w. Nachweisen.

falsches zu glauben und die Wahrheit zu unterdrücken[49]. Nach dem *"Argument from Democracy"* setzt die Demokratie als Staatsform die Existenz des mündigen informierten Bürgers voraus. Weil es nicht möglich ist, zu wählen, ohne umfassend informiert zu sein, ist die Verhinderung des Zutritts zur Information eine ebenso ernste und schwere Verletzung der Demokratie, wie die Verhinderung des Wahlrechts. Wenn das Volk souverän ist, ist die Regierung Diener des Volkes und muß sich nach seinen Wünschen richten. Hierzu muß es die Wünsche des Volkes kennen, dies setzt wiederum voraus, daß das Volk die Möglichkeit hat, seine Ansichten frei zu äußern. Sieht man weiterhin die Regierung als den Diener des Volkes an, so ist Zensur durch die Regierung annomal. Dies führte nämlich dazu, daß die Diener die Information vorauswählen, die dem Souvereign zugänglich sein soll, obwohl es logischerweise eigentlich umgekehrt sein müßte. Während in der englischen Literatur weitgehend Konsens darüber besteht, daß die Meinungsfreiheit aus diesen Gründen eine zentrale Funktion im Staatsleben einnimmt, ist umstritten, welche Rolle der Staat hierbei spielen soll[50].

Die eine Richtung vertraut auf die Kräfte des Marktes für die Herstellung eines pluralistischen Mediensystems (aa), während die andere Richtung die staatliche Schutzpflicht für den Erhalt und die Ausübbarkeit des Grundrechtes plädiert und ein staatliches Tätigwerden in diesem Bereich fordert um die Millschen Ziele zu erreichen (bb). Beide Richtungen halten eine Konzentrationskontrolle für erforderlich, soweit der private Mediensektor betroffen ist.

a)   Pluralismus durch Wettbewerb

Nach Veljanovsky[51] ist der Wettbewerb zwischen Medienunternehmen am besten geeignet, die Anforderungen der Demokratie an Pluralität und Verschiedenartigkeit der Medien zu befriedigen. *"Competitive media create a marketplace which gives all sides a hearing, and in which truth is most likely to triumph."* Durch die technische Entwicklung im Rundfunk sei eine solche Organisationsform nun möglich. Kabel- und Satellit hätten den Frequenzengpaß überwunden, die Notwendigkeit einer inhaltlichen Regulierung durch den Staat sei damit entfallen. Die Funktionsfähigkeit des Marktes müsse allerdings durch Konzentrationskontrolle abgesichert werden, um eine Monopolisierung des Marktes zu verhindern. In der Begründung hierfür klingen, wie auch oben schon deutlich die Millschen Argumente an: *"It follows that an excessive diminution in the*

---

49 Mill, James Stuart, On Liberty, London 1836.
50 Barendt, Eric, Freedom of Speech, Oxford 1987; ders, Press and Broadcasting Freedom: does anyone have any rights to free speech?, Current Legal Problems, 1991, 63ff, ders., Freedom of Speech, Oxford 1987, Gibbons, Thomas Freedom of the Press: Ownership and Editorial Values, Public Law 1992, 279ff, ders., Regulating the Media, London 1991, (Peacock), Report of the Committee on Financing the BBC, London 1986, para. 592; Porter, Vincent, Democracy and Broadcasting Pluralisme Essential issues in the re-regulating of broadcasting, London 1989; Veljanovski, Cento, The Media in Britain Today, London 1990, S. 15.
51 Veljanovski, a.a.O.

number of different "gateways" for the dissemination of news, views and opinions is detrimental to the proper functioning of democracy and freedom of expression". Auch der Peacock-Bericht[52] schlägt ein Marktsystem für den Rundfunk vor. Der Bericht nennt zwei verfassungsrechtliche Gründe, warum eine Deregulierung des Rundfunks nötig sei: Zum einen wird auf die amerikanische Verfassung Bezug genommen, in deren First Admentment jedes Gesetz, das die Meinungs- und Pressefreiheit einschränkt verboten ist, zum anderen wird auf die britische Tradition der Pressefreiheit verwiesen und die Parallele der Presse zum Rundfunk. Staatliche Regulierung des Rundfunks sei danach nur soweit zulässig, wie dies aufgrund der technischen Grenzen nötig sei. Die inhaltliche Regulierung sei durch *"consumer sovereignty"* zu ersetzen: *"British broadcasting should move towards a sophisticated market system based on consumer sovereignty. That is a system which recognises that viewers and listeners are the best ultimate judges of their own interest, which they can best satisfy if they have the option of purchasing the broadcasting services they require from as many alternative sources of supply as possible."*[53].

b) Pluralismus durch staatliche Intervention

Wenn Wahrheit und Demokratie Ziele der Meinungsfreiheit seien, so Barendt[54], so sei damit auch eine staatliche Ausgestaltungspflicht für die Medienordnung aus dem Free-Speech-Grundsatz begründet. Diceys Vorstellung von der Meinungsfreiheit lediglich als Freiheit von staatlicher Beeinflussung sei heute überholt[55]. Dies sei offensichtlich für den Rundfunk, wo das Gesetz den Veranstaltern beträchtliche Schranken auferlegte, was den Inhalt des Programmes und die Äußerung politischer Ansichten angehe. Auch für moderne Presseunternehmen gelte, daß nicht jedem das gleiche Recht auf freie Meinungsäußerung in der Presse zugebilligt werden könne, gleichgültig, ob er Leser, Journalist, Setzer, Herausgeber oder Eigentümer der Zeitung sei. Die Rechte der einzelnen Betroffenen kollidierten hier. Mit der Ansicht, Freedom of Speech sei nichts weiter als ein Bündel individueller Abwehrrechte gegen staatliche Willkür seien die modernen Zusammenhänge nicht zu erfassen. Freedom of Speech sei vielmehr als ein *"Institutional Right"*[56] im Sinne des deutschen Bundesverfassungsgerichts zu begreifen, die Medien genössen Freiheit, um ein Forum für eine lebendige und ungehinderte öffentliche Debatte zu bilden. Daher sei die Presse- und Rundfunkfreiheit auch *"instrumental rather than fundamental rights".*

---

52 (Peacock), Report of the Committee on Financing the BBC, Cmnd 9824, 1986 Nr. 546.
53 (Peacock),a.a.O. Nr. 592.
54 Barendt, Eric, Freedom of Speech, Oxford 1987, S. 11ff.
55 Barendt, Eric, Press and Broadcasting Freedom: does anyone have any rights to free speech?, Current Legal Problems, 1991, 63, 65.
56 Barendt, Eric, Broadcasting Law, A comparative Study, Oxford 1993, S. 35.

Daraus folge, daß der Gesetzgeber Rechte von Eigentümern und selbst von Verlegern einschränken müsse, um das Allgemeininteresse an der Meinungsfreiheit zu sichern. Daraus könne jedoch in anderen Bereichen auch folgen, daß die Medien von gesetzlichen Beschränkungen befreit werden müßten. *"Dies ist in der entscheidenden Rolle begründet, die die Medien bei der Förderung der mit der Meinungsfreiheit verbundenen Werten spielen oder wenigstens spielen sollten, insbesondere der Öffentlichkeit ein weites Spektrum an Informationen und Meinungen zugänglich zu machen"*[57]. Diese institutionelle oder auch instrumentelle Seite von Free-Speech müsse mit dem subjektiven Recht auf Veranstaltung von Rundfunk und Verlegertätigkeit, das Barendt grundsätzlich anerkennt, zum Ausgleich gebracht werden[58]. In diesem Rahmen befürwortet er ein effizienteres Schadensersatzrecht bei Persönlichkeitsverletzungen durch Presseveröffentlichung, Gegendarstellungsrechte und das Recht auf Kurzberichterstattung. Allerdings folge aus der Meinungsfreiheit kein durchsetzbares Informationsrecht des Bürgers auf z.B. eine bestimmte Sportübertragung. Sicherlich gehöre es auch nicht zur Rundfunkfreiheit, eine unbegrenzte Anzahl von Rundfunksendern zu besitzen[59]. Die Medienfreiheit erfordere machmal die Tätigkeit des Gesetzgebers um Oligopole zu verhindern. In diesem Rahmen hält Barendt auch eine Konzentrationskontrolle für erforderlich: *"The ownership of private television and radio channels by a handful of operators, particularly if these individuals or consortia also effectively control the press that circulats in the relevant area, also poses considerable dangers for the values underlying freedom of speech: vigorous public debate on current political questions and the exposure of the public to a variety of views."*[60]

Zweifelhaft sei, inwieweit es für die Gewährleistung der *"institutionellen Freiheit"* gerechtfertigt sei, den Rundfunk einer Sondergesetzgebung zu unterwerfen, die, würde sie im Bereich der Printmedien angewandt, als eine *"monstrous infringement of freedom of speech and of the press"* gelten würde[61]. Das Argument der Frequenzknappheit sei mit dem Fortschritt bei Kabel und Satellit wesentlich schwächer geworden und möglicherweise habe der Unterschied bei der Regulierung zwischen Rundfunk und Presse mehr traditionellen als rationalen Charakter, *"vergleichbar mit dem Unterschied zwischen Alkohol und Cannabis"*[62]. Die im Rundfunkgesetz verankerte Anforderung an angemessen unparteiliche Berichterstattung (*"due impartiality"*) sei bei einer lockeren Interpretation hinnehmbar, wäre jedoch bei einer strengen Durchsetzung durch die Aufsichtsbehörde mit der Rundfunkfreiheit unvereinbar. Derzeit sei die traditionelle Sicht der Rund-

---

57   Barendt, Eric, Press and Broadcasting Freedom: does anyone have any rights to free speech?, Current Legal Problems, 1991, 63, 67; ders., Libertà di parola in Gran Bretagna, NOMOS 1989, 7ff.
58   Barendt, Press and Broadcasting Freedom..., a.a.O., 77.
59   Barendt, Press and Broadcasting Freedom ..., a.a.O., 80.
60   Barendt, Freedom of Speech, Oxfort 1987, S. 327.
61   Barendt, Eric, Press and Broadcasting Freedom: does anyone have any rights to free speech?, Current Legal Problems, 1991, 63, 75; ders, Broadcasting Law, Oxford 1993, S. 4ff.
62   Barendt, Eric, Freedom of Speech, Oxford 1987, S. 106.

funkregulierung durch einige inhaltliche Programmanforderungen noch vorzugswürdig. Es sei jedoch fraglich, ob die Unparteilichkeitsbestimmungen im Rundfunkgesetz tatsächlich zu einem lebendigen und interessanten Programm führten und so die Meinungsfreiheit förderten.

Problematisch an dieser Sicht der Medienfreiheit sei, daß sie durch die Gesetzgebung einen verstärkten Staatseinfluß führen könne. Die Presse habe sich verständlicherweise gegen jede Art der Sondergesetzgebung bisher zur Wehr gesetzt, Rundfunkveranstalter hätten zu einem gewissen Grad gelernt damit zu leben. Der Gefahr, die Regierung könne die Medienfreiheit unter dem Vorwand, sie zu schützen, in Wahrheit einschränken, könne im Rahmen des traditionellen britischen Verfassungssystems nur ungenügend begegnet werden. Die Gerichte seien in Großbritannien mangels eines auslegungsfähigen Verfassungstextes nicht in der Lage, das Grundrecht adäquat zu schützen, wenn es mit anderen öffentlichen Werten und Interessen in Konflikt gerate[63]. Eine Übernahme der EMRK in englisches Recht biete sich hier an, Art. 10 EMRK biete einen zeitgemäßen Schutz der Meinungsfreiheit[64]. Zudem seien englische Juristen aufgrund des wachsenden Einflusses der Konvention auch in Großbritannien zunehmend mit ihrer Auslegung vertraut. Die Rechtsprechung des deutschen Bundesverfassungsgerichts und des französischen Conseil Costitutionnel zeige, wie erfolgreich auf diese Weise Fehler des Gesetzgebers korrigiert werden könnten[65].

Auch nach Gibbons ist die traditionelle Sichtweise von Free-Speech als reiner Freiraum von staatlichen Eingriffen überholt. *"The principal objection to the traditional approach to press freedom is, that it ignores the extent of economic power in controlling communication"*[66]. Die Konzentration der ökonomischen Resourcen der Medien auf wenige Eigentümer sei ähnlich wie eine staatliche Zensur geeignet, die Meinungsfreiheit des Einzelnen zu unterdrücken. Die Tatsache, daß hier das private Monopol und die staatliche Zensur die gleiche Wirkung entfalteten, rechtfertige eine staatliche Regelungstätigkeit in diesem Bereich. Für die Bedeutung der Medien geht auch Gibbons[67] von den Millschen Free-Speech-Argumenten aus. Wenn das Demokratie-Argument die Grundlage für die Verwirklichung der Demokratie sei, dann seien die Medien das Forum, in dem sich heute dieser Prozeß vollziehe. Diese Stellung der Medien verschaffe ihnen beträchtliche Macht. Sie könnten den Zugang zu gewissen Kenntnissen beschränken und dafür sorgen, daß eine Vielfalt von Ansichten möglicherweise nicht allgemein zugänglich

---

63 Barendt, a.a.O, S. 299.
64 Barendt, a.a.O., S. 305.
65 Barendt, Eric, Press and Broadcasting Freedom: does anyone have any rights to free speech?, Current Legal Problems, 1991, 63, 80.
66 Gibbons, Thomas Freedom of the Press: Ownership and Editorial Values, Public Law 1992, 279, 282f.
67 Gibbons, Thomas Regulating The Media, London 1991; ders. Freedom of the Press: Ownership and Editorial Values, Public Law 1992, 279, 283; Porter, Vincent, Democracy and Broadcasting Pluralisme Essential issues in the re-regulating of broadcasting, London 1989.

ist[68]. Daher sei eine staatliche Einflußnahme zum Schutz dieser Werte grundsätzlich erforderlich. Zwar beinhalte das Prinzip der Meinungsfreiheit kein Zugangsrecht zu den Medien in dem Sinne, daß jeder über den Rundfunk und die Presse tatsächlich zu Wort kommen müsse, dies lasse bereits der Engpaß bei den Verbreitungsmitteln nicht zu. Hiervon sei jedoch die staatliche Verpflichtung zu trennen, den Meinungsrichtungen in den Medien umfassend Verbreitung zu verschaffen, um so einen Dialog zwischen einzelnen Meinungen und der Öffentlichkeit herzustellen. Dies bedeute in erster Linie, daß die Medien nicht von Partikularinteressen bestimmt werden dürften und daß das Zu-Wort-Kommen der weniger Mächtigen gewährleistet werden müsse. Denn soziale und ökonomische Hindernisse seien ebenso geeignet, die Verbreitung von Informationen und Meinungen zu unterdrücken, wie rechtliche Beschränkungen der Meinungsfreiheit.

Bei der Regulierung der Medien sei zu berücksichtigen, daß der größte Teil ihrer Produktion in Unterhaltung bestehe und ihre Hauptfunktion eher kommerziell als verfassungsorientiert sei. Die Medien seien jedoch mehr als nur ein Unterhaltungsangebot, sie seien Gegenstand öffentlichen Interesses (public-interest). Diese Funktion könne ein reines Markt-System nur ungenügend wahrnehmen, daher hätten die gesetzlichen Vorschriften weiterhin andere Regulierungsmechanismen vorzusehen. Der Marktmechanismus sei davon gekennzeichnet, daß er Probleme im Hinblick auf individuelle Präferenzen löse. Doch im politischen und moralischen Bereich hätten andere Überlegungen Vorrang. Die Urteile eines demokratischen Bürgers seien wenigstens theoretisch nicht der pure Ausdruck persönlicher Vorlieben, sonden sie kämen aus einer kritischen Auseinandersetzung mit den Fragen der Politik. Die Medien könnten als eine kulturelle Quelle gesehen werden, die solche Fragen durch eine sachliche Diskussion prüften[69].

Der Staat könne nun auf zwei verschiedenen Wegen zum Schutz dieser Rechte tätig werden: Zum einen könne er über eine externe Kontrolle dafür sorgen, daß es möglichst viele unterschiedliche Quellen zum Schutz der Medienfreiheit gibt, zum anderen könne er eine interne Kontrolle über Medienunternehmen ausüben, um auf diese Weise sicherzustellen, daß die Macht über Meinungsverbreitungseinrichtungen nicht mißbraucht wird[70]:

"It is a corollary of the view that the goals of truth and participation in a democracy can best be achieved when communication is free from particular concentrations of power."[71]

Für den Rundfunk sieht Gibbons das Public-Service-Modell als geeignet an, diese Funktion zu erfüllen. Eine Regulierung, die für die Programme inhaltliche Vorgaben an Unparteilichkeit, korrekte Berichterstattung, Teilhabe und Ausgeglichenheit[72] stelle, sei

---

68   Gibbons, Thomas Freedom of the Press: Ownership and Editorial Values, Public Law 1992, 279, 290.
69   Gibbons, Thomas Regulating The Media, London 1991, S. 180.
70   Gibbons, Thomas Freedom of the Press: Ownership and Editorial Values, Public Law 1992, 279, 291.
71   Gibbons, a.a.O., S.23.
72   Gibbons, a.a.O., S. 22.

besser als das Marktsystem geeignet, die Funktion der Medien zu erfüllen. Für den privaten Rundfunk sei daneben eine Konzentrationskontrolle erforderlich. Für die Presse akzeptiert Gibbons beide Möglichkeiten. Einerseits die Konzentrationskontrolle, die nach den Erfahrungen mit den bisherigen Regelungen effektiver ausgestaltet werden müßte und andererseits eine inhaltliche Regulierung der Presse, die sich am Vorbild des Rundfunks orientieren könnte. Hier müßte hauptsächlich der redaktionelle Freiraum des Herausgebers gegenüber dem Eigentümer der Zeitung geschützt werden. Ein *"code"*, der die Trennung der finanziellen von den herausgeberischen Entscheidungen vorsehe, die Verankerung des Gebots der korrekten Information, ein Gegendarstellungsrecht, die Trennung von Kommentar und Nachricht und das Recht des Herausgebers die Mutterfirma und ihre Beteiligten zu kritisieren. Die damit verbundene Einschränkung des Eigentums sei vor dem Hintergrund der überragenden Gemeinschaftswerte vom Eigentümer hinzunehmen, da Eigentum niemals schrankenlos gewährleistet sei.

3. Subjektives Recht auf die Tätigkeit als Verleger und Rundfunkveranstalter

Aus der oben (a) beschriebenen verfassungsrechtlichen Sondersituation wird deutlich, daß subjektive Rechtspositionen in Großbritannien allenfalls schwach existieren und immer der parlamentarischen Disposition unterliegen. Dennoch entfaltet natürlich die traditionelle Gewährleistung eine eigene Kraft, die auch das Parlament nicht ungebunden läßt. Das Grundrecht auf Gründung und den Betrieb eines Presseunternehmens ist insoweit durch Verfassungsübung gewährleistet. Wenn unter diesen Vorbehalten von einem subjektiven Recht auf die Tätigkeit als Presseverleger gesprochen werden kann, so ist die Frage nach einem subjektiven Recht auf die Veranstaltung von Rundfunk bisher in Großbritannien völlig irrelevant geblieben. Die Rundfunkfreiheit, so Barendt, sei im britischen Recht bei langem nicht die Freiheit, das im Fernsehen oder im Radio zu sagen, was man auch an eine Mauer schreiben könnte[73].

III Das Regelungssystem der Konzentrationsbekämpfung

Die Regierung hatte im White Paper 1988 ausgeführt, es sei für eine größere Auswahl und Vielfalt von Programmen essentiell, daß das Eigentum am privaten Rundfunk weit gestreut bleibe. Allerdings sollten die bestehenden Fusionssperren entfernt werden, was die Regierung damit begründete, daß *"the regulation of the ITC should bite on performance, rather than through an extensive and rigid set of disqualifications"*[74]. Dies ist verwunderlich, da es eigentlich doch Ziel der Regierung war, die inhaltliche Kontrolle

---

73 Barendt, a.a.O.
74 Home Office, Broadcasting in the 90's: Competition, Choice and Quality, London 1988, S. 31.

zu lockern, also gerade nicht auf die Programmleistung (performance) bei der Regulierung abzustellen, sondern Vielfalt durch äußere Faktoren, nämlich eine Vielfalt von Eigentümern zu schaffen. Außerdem war die Regierung der Ansicht, *"takeovers can be a useful way of bringing new ideas and talent into television and reinforcing pressures for efficiency"*[75]. Jedoch müßten klare Grenzen für die Konzentration insbesondere für exzessive Konzentration mit anderen Medienbereichen gesetzt werden, *"in order to keep the market open for newcomers and to prevent any tendency towards editorial uniformity or domination by a few groups"*[76]. Dabei solle das Gesetz möglichst weitgehend das flexible Mittel der Verordnungsermächtigung nutzen, um schnell auf veränderte Umstände reagieren zu können.

Mit dem Broadcasting Act 1990 wurde schließlich ein Regelungswerk Gesetz, dessen Konzentrationsvorschriften allein weit umfangreicher sind, als das erste Gesetz über den privaten Rundfunk insgesamt[77]. Statt der Zulieferer für das Programm der Aufsichtsbehörde (*"Contractors"*) sind nun die eigenverantwortlichen Lizenznehmer Adressaten der Vorschriften. Konzentrationsbekämpfung betreibt das Gesetz durch die Vergabe und den Entzug von Lizenzen. Bewerber, die Konzentrationsvorschriften nicht erfüllen, erhalten keine Lizenz (Art. 5 Abs.1a 1.Alt BA). Verändert ein Lizenznehmer seine Gesellschaftsstruktur derart, daß er gegen die Vorschriften verstößt oder veräußert er seine Lizenz an ein Unternehmen oder eine Person, die für sich die Konzentrationsvoraussetzungen erfüllt, so kann die Aufsichtsbehörde die Lizenz einziehen (Art. 5 Abs.1a 2.Alt i.V.m. Art. 3 Abs. 6 BA).

Wie im White Paper angekündigt, sind Fusionen zwischen den Lizenznehmern grundsätzlich nicht mehr zustimmungsbedürftig, jedoch verboten, soweit sie dazu führen, daß eine der *"ownership"* oder *"cross-ownership"* Bestimmungen erfüllt ist (vgl. u. III 3). Eine Ausnahme galt für das erste Jahr nach der Vergabe der Channel 3 Lizenzen, für das der Broadcasting Act ein sog. Merger-Moratorium enthält. Hier mußte die ITC der Fusion zustimmen (Art. 21 Abs.1, 2 BA). Die von der ITC vergebenen Lizenzen entfalteten Wirkung ab dem 1. Januar 1993, so daß das Moratorium zum 31. Dezember 1993 auslief[78]. Eine weitere Novellierung plant die Regierung für 1996[79].

---

75 Home Office, a.a.O., S.17.
76 Home Office, a.a.O., S.11.
77 Barendt, Eric, Broadcasting Law, A comparative Study, Oxford 1993, S. 128ff.
78 Allerdings haben zwei Lizenznehmer Yorkshire und Tyne Tees bereits im Juni 1992 fusioniert, die ITC hat ihre Genehmigung gegeben, s. Financial Times, 19.6.92, hier wird vermutet, daß beide Lizenznehmer sich bei der Ersteigerung der Lizenz finanziell übernommen hätten; Beide gehörten zu den höchsten Bietern und zahlen jeweils ca. 20 Mio £ pro Jahr Lizenzgebühr an die Staatskasse.
79 Vgl. hierzu näher: Edwards, Stephen, Mass Communications and New Technologies, Vortrag bei der Deutsch Amerikanischen Juristenvereinigung in Köln am 30.05.1995, Manuskript.

1. Doppellizenzen

Die eigentlichen Konzentrationsvorschriften des Gesetzes finden sich in Teil 3 von Schedule 2, Art. 2: Eine juristische oder natürliche Person darf im jeweiligen Bereich nur folgende Lizenzen besitzen:
- eine für ein überregionales Channel 3, Channel 5 oder Hörfunkprogramm;
- zwei, bei regionalen Channel 3 Lizenzen;
- sechs, für sog. restricted radio[80] services;
- zwanzig Lizenzen für lokalen Hörfunk.

Eine Lizenz ist generell nur mit Zustimmung der Behörde übertragbar (Art. 3 Abs.6 BA). Diese Bestimmungen hat der Minister durch die Verwaltungsvorschrift vom 10.5.1991 (VO)[81] präzisiert, zu deren Erlaß er nach Zustimmung beider Parlamentskammern gemäß Schedule 2 Part I, Art. 4 BA ermächtigt ist.

a) Fernsehen

Art.3 legt fest, daß ein Veranstalter nicht zwei Lizenzen für die größeren Regionen[82] halten kann. Nach Art. 4 ist auch die Lizenzierung von einigen Gebieten, die aneinander angrenzen an den gleichen Veranstalter untersagt[83]. Nach der Fusion von Yorkshire und Tyne Tees[84], die Lizenznehmer für Yorkshire und Nordost-England, die unter das Verbot nach Art. 4 Abs.2 Nr.2c fallen würde, herrschte zunächst Verständnislosigkeit, warum die ITC dies nicht aufgrund der Verwaltungsvorschrift untersagt hatte. Das Rätsel löst sich bei genauem Lesen der vorhergehenden Paragraphen der Vorschrift: Nach Art. 1 Abs. 4 soll Art. 4 keine Wirkung mehr nach der Lizenzvergabe entfalten. Da die Lizenzvergabe zum Fusionszeitpunkt bereits abgeschlossen war, war die Regelung in

---

80 Hierunter versteht das Gesetz Hörfunk, der für eine bestimmte Einrichtung oder ein bestimmtes Ereignis veranstaltet wird, s. Art. 84 Abs.2a (iii) BA.
81 The Broadcasting (Restrictions on the Holding of Licences) Order 1991, No. 1176.
82 Art. 3 Abs. 3 nennt hier die Sendegebiete: Zentral-Schottland, Ost-, West-, und die Süd-Midlands, Ostengland, London, Nordwest-England, Süd- und Südost-England, Wales und West-England und Yorkshire.
83 Art. 4 Abs.2 nennt folgende Kombinationen:
    a)   Küstengebiete und Isle of Man mit:
          - Zentral-Schottland,
          - Nordost-England
          - oder Nordwest-England
    b)   Nord-Schottland mit Zentral-Schottland
    c)   Nordost-England mit Yorkshire
    d)   Südwest-England mit
          - Süd- und Südost-England oder
          - Wales und Westengland
84 s. Financial Times v. 19.6.92.

Art. 4 Abs. 3 der Verordnung gegenstandslos geworden, die Fusion unter diesem Gesichtspunkt also eindeutig zulässig[85].

b) *Hörfunk*

Für den Hörfunk hat sich der Verordnungsgeber ein kompliziertes Punktesystem ausgedacht, das von überregionalem Hörfunk mit der Höchstzahl von 25 Punkten über verschiedene Größen lokalen Hörfunks bis zu den *"restricted radio service"* Angeboten reicht (Art. 11 Abs.1)[86]. Die Punktezahl ist entsprechend der Einwohnerzahl von über 15jährigen gestaffelt (Art. 11 Abs.2). Wird die Lizenz für eine Mittelwellenfrequenz erteilt, so verringert sich die Punktzahl um ein Drittel (Art. 11 Abs.3 VO). Über den Maßstab der Einwohnerzahl und der daraus geschätzten Zuhörerzahl (bei Übertragung über UKW mehr als über Mittelwelle) will die Verordnung erreichen, daß der Einfluß einzelner Lizenzinhaber im Gesamtbereich des Hörfunks auf ein bestimmtes Maß beschränkt bleibt.

Die Verordnung bestimmt folgende Margen:

- Art. 12 Abs.1: kein Lizenznehmer darf mehr als 15 v. H. der Gesamtpunktzahl aus allen Lizenzen halten. Reduziert sich allerdings die Gesamtpunktzahl nach der Lizenzvergabe, weil einzelne Stationen ausscheiden, so muß der Lizenznehmer nach Abs. 2 keine Lizenzen abgeben.
- Art. 12 Abs.3: Ein Lizenznehmer darf nicht mehr als zwei Lizenzen an lokalen Sendern erhalten, die in die höchste Kategorie fallen.
- Art. 12 Abs.4: Ein Lizenznehmer darf unabhängig davon nicht mehr als sechs Lokal-Lizenzen der höchsten und zweithöchsten Kategorie halten.
- Art. 12 Abs.5: Ist der Lizenznehmer Inhaber eines überregionalen Senders, so kann er nicht mehr als vier Lizenzen für die höchste und zweithöchste Kategorie erhalten.

Überlappende Gebiete:
Art. 13 VO ist besonders relevant, da durch diese Regelung direkter Wettbewerb zwischen den Sendern innerhalb des gleichen Gebietes erhalten werden soll. Inwieweit es gelingt, durch konkurrierende Programme den Zuhörern tatsächlich eine Wahlmöglichkeit zu bieten, ist entscheidend für die Glaubwürdigkeit des Gesetzesziels, Regulierung und Monopol durch ein veritables Marktsystem zu ersetzen. Eine wesentliche (substantially) Überlappung im Sinne dieser Regelungen ist nach Art. 13 Abs.6 VO

---

85 Da das gesamte Regelungswerk nach Ansicht aller Beteiligten verworren und widersprüchlich ist, kann auch ein solcher Gesetzeskniff nicht verwundern. Die Frage bleibt, warum Art. 4 der Verwaltungsvorschrift so eindeutig bestimmt: " ..shall not at any time hold two licences to provide regional Channel 3 services if they are for any of the combinations of areas specified in paragraph (2)..."(in Abs. 2 sind die benachbarten Regionen aufgelistet, für die die Unvereinbarkeitsregelung gilt).

86 Die sechs größeren Lokalsender in London erhielten beispielsweise 15 Punkte, s. Radio Authority, Ownership Guidelines, i.d.Fassung v. 12.11.91, hektographiert.

gegeben, wenn mindestens die Hälfte der über 15 Jahre alten potentiellen Hörer zu beiden Sendegebieten gehören.
- Art. 13 Abs.2: Ein Lizenznehmer für ein Lokalprogramm darf keine Lizenz für ein Gebiet halten, das im wesentlichen das Gleiche ist (which is substantially the same), wie für das Gebiet seiner eigenen Lizenz und auf dem gleichen Frequenzband ausgestrahlt wird. Dies bedeutet, daß ein lokaler Rundfunkveranstalter, der sein Programm auf UKW ausstrahlt, zwar kein weiteres Programm über UKW im gleichen Gebiet veranstalten darf, er kann jedoch eine zweite Lizenz für dieses Gebiet jedoch auf Mittelwelle erhalten. Wie bereits erwähnt, vergibt die Radio Authority die komplementären Mittelwelle- und UKW-Frequenzen zwar nach wie vor an die gleichen Lizenznehmer, jedoch für unterschiedliche Programme.

c) *Channel 3 Newscaster*

Spezielle Vorschriften für den Bereich der Nachrichten finden sich in Art. 32 Abs. 9 BA: Das Nachrichtenunternehmen für Channel 3 ist selbständig und wird von der Aufsichtsbehörde ausgewählt. Kein Programmveranstalter von Channel 3 und Channel 5 darf an dieser Gesellschaft mehr als 20 v. H. halten. Insgesamt dürfen die Lizenzinhaber für regionale Channel 3 Programme nicht die Grenze von 50 v. H. Anteil- oder Stimmrechten erreichen. Dies bedeutet eine Änderung gegenüber der alten Rechtslage, nach der Produktionsgesellschaft des News-Casters von den ITV-Gesellschaften gemeinsam gehalten wurde[87].

d) *Channel 3-Network*

Wie bereits oben erwähnt, schließen sich die Channel 3 Lizenzinhaber zu einem Netzwerk zusammen, das die Bildung eines überregionalen Programmes ermöglicht. Noch unter dem ersten Rundfunkgesetz wollte die Aufsichtsbehörde ein Netzwerk installieren, bei dem vier konkurrierende Programmzulieferer die regionalen Veranstalter versorgen sollten. In der Praxis entstand jedoch ein anderes System: Die vier größten Lizenzinhaber, *"Big Four"* genannt, entwickelten ein Netz für ein landesweites Programm, in dem sie Programmteile untereinander austauschten und an die zehn regionalen Lizenzinhaber gegen Beteiligung an den Werbeeinnahmen überließen. Später kam noch ein fünftes Programmunternehmen dazu, so daß man heute von den *"Big Five"* spricht[88].

---

87 Die ITC ist nach Auskunft einer der Behördenleiter unzufrieden mit dieser Regelung und möchte sie im Rahmen der nächsten Gesetzesnovelle geändert sehen. Nach ihrer Ansicht sollten die ITV-Gesellschaften den Nachrichtenlieferanten kontrollieren können. Die gegenwärtige Regelung gehe auf die Initiative eines Direktors des Nachrichtenunternehmens ITN zurück, der die Ausstrahlung von Nachrichten in ITV ausweiten wollte, womit die ITV-Gesellschaften nicht einverstanden waren, da dies zu Lasten ihrer eigenen politischen Magazine gehen würde.
88 Gibbons, a.a.O., S. 64.

Der Pilkington Bericht[89] stellte 1962 fest, daß die Veranstalter über das Netzwerk die Zulassungspraxis der Behörde umgingen. Erhielt einer der großen fünf keine Zulassung, so beschränkte er sich auf seine Tätigkeit als Programmzulieferer, die ihm weitgehend gleiche Möglichkeiten eröffnete. Das System des Netzwerks war vielfältiger Kritik ausgesetzt[90], die hauptsächlich auf die Quasimonopolstellung der Veranstalter konzentriert war. Der Programmarkt sei dadurch stark verschlossen, mit der Konsequenz, daß die kleineren Produktionsgesellschaften nur geringe Entfaltungsmöglichkeiten besaßen. Insgesamt wird die Verbindung der regionalen Gesellschaften zu einem überregionalen Netzwerk als grundlegend für das Funktionieren von Channel 3 gesehen[91], so daß Netzwerkbestimmungen auch wieder Eingang in das Gesetz von 1990 gefunden haben. Erst am Ende des Gesetzgebungsverfahren wurden umfassende Kontrollkompetenzen für die ITC und für die allgemeine Wettbewerbsbehörde Office of Fair Trading (OFT) bei der Networkbildung in das Gesetz eingefügt. So sind die relevanten Bestimmungen in Art. 39 und Schedule 4 nicht nur zu einem interessanten Lehrstück über das Zusammenspiel zweier Behörden mit unterschiedlicher Zielsetzung und überlappenden Kompetenzen geworden, sie enthalten auch eine, soweit ersichtlich, einzigartige Inkorporation des europäischen Wettbewerbsrechts in ein britisches Gesetz, dessen Interpretation und Ausübung beträchtliche Schwierigkeiten bereitet. Die Regelungen sind im Einzelnen unten bei der Erörterung der Doppelkontrolle durch Wettbewerbs- und Rundfunkbehörde besprochen (vgl. u. 7. e).

2. Beteiligungen

a) Fernsehen

Die Regelungen über Beteiligungen eines Lizenzinhabers an einem anderen finden sich teils in Schedule 2 Teil 3 des Broadcasting Act, zum anderen in der bereits erwähnten Verwaltungsvorschrift vom 10.5.91. Im Gesetz selbst (Schedule 2 Teil 3 Art. 5 Abs. 2 BA) ist lediglich festgelegt, daß ein Lizenzinhaber einer Programmkategorie nicht mehr als 20 v. H. Anteile an einer anderen Kategorie halten darf. Kategorien sind hierbei regionale Channel 3, überregionale Channel 3 und Channel 5 Lizenzen. Die 20 v. H. Regel gilt auch für Verflechtungen zwischen Channel 3 und Channel 5 auf der einen Seite, landesweitem Radio und für die verschiedenen Arten von Satellitenübertragung auf der anderen Seite. Sie gilt auch dort, wo sich die Sendegebiete, der regionalen Channel 3 Sender, der lokalen Hörfunkstationen und der lokalen Zulieferer sich maßgeblich überschneiden. Eine maßgebliche Überschneidung will die ITC bereits bei 5 v.

---

89 Pilkington, Report of the Committee on Broadcasting 1960, London 1962, Rn.550.
90 s. Nachweise bei Gibbons a.a.O. S. 65.
91 Art. 39 Abs.1b BA: being arrangements made for the purpose of enabling regional Channel 3 services (taken as a whole) to be a nationwide system of such services which is able to compete effectively with other television programme services provided in the United Kingdom.

H. Überlappung der Sendegebiete annehmen[92]. Der Minister ist berechtigt, sowohl die Prozentzahl im Verordnungswege zu ändern, als auch zusätzliche Beschränkungen zu verfügen (Abs. 2).

Dies hat er mit der Verordnung vom 10.5.91 getan:
- Art. 9 VO: legt zusätzlich zur obengenannten 20 v. H. Beschränkung fest, daß eine dritte Beteiligung in einer der genannten Kategorien die 5 v. H. Grenze nicht überschreiten darf.
- Art. 5 Abs.1 VO: Ein Inhaber von zwei regionalen Channel 3 Lizenzen soll nicht mehr als 20 v. H. Anteile an einem weiteren Lizenzinhaber für ein regionales Channel 3 Programm halten.
- Art. 5 Abs.2 VO: Ein Inhaber von zwei regionalen Channel 3 Lizenzen, der zwischen 5 v. H. und 20 v. H. an einem dritten Lizenznehmer für ein regionales Channel 3 Programm hält, darf nicht mehr als 5 v. H. eines weiteren Lizenznehmers derselben Kategorie halten.
- Art. 6 Abs.1 VO: Ein Inhaber einer regionalen Channel 3 Lizenz, der an einer zweiten mit mehr als 20 v. H. beteiligt ist (nicht über 50 v. H., sonst griffe die Kontrollfiktion und er würde zum Lizenznehmer auch dieses Programmes), darf sich an keinem anderen Lizenznehmer dieser Kategorie mit mehr als 20 v. H. beteiligen.
- Art. 6 Abs.2 VO: Ein Lizenznehmer, der an einer zweiten Lizenz mit mehr als 20 v. H. beteiligt ist und an einer dritten zwischen 5 v. H. und 20 v. H., darf an einer weiteren Lizenz nur noch 5 v. H. erwerben.
- Art. 7 VO: enthält Bestimmungen für die Mehrfachbeteiligung an verschiedenen überregionalen Channel 3 Lizenzen. Da die Behörde nur eine überregionale Lizenz vergeben hat, sind diese Bestimmungen derzeit ohne Bedeutung.
- Art. 8 VO: bestimmt in vorauseilender Vorsicht, wieviele Channel 5 Beteiligungen von einem Lizenznehmer gehalten werden dürfen. Auch dies ist derzeit völlig ohne Bedeutung, da es höchst unwahrscheinlich ist, daß in nächster Zeit ein fünftes terrestrisches Programm entsteht.

Darüber hinaus trifft die Verordnung Bestimmungen für Anteilsbesitzer, die nicht selbst Lizenzinhaber sind (outside participation):
- Art. 10 Abs.1a VO: Wer jeweils mehr als 20 v. H. der Anteile bei zwei Lizenznehmern für regionales Channel 3 Fernsehen hält, darf an einem Dritten nur bis zu 20 v. H. halten
- Art. 10 Abs.1b VO: handelt es sich bei einer der Lizenzen um ein überregionales Channel 3 oder Channel 5 Programm, so ist nur eine weitere Beteiligung über 20 v. H. gestattet.
- Art. 10 Abs.2 VO: hat der Anteilsinhaber das Maximum der beiden vorangegangenen Regelungen nach Art. 10 VO erreicht, so kann er nur noch 5 v. H. Anteile an

---

92 Mündliche Auskunft eines Abteilungsleiters der ITC.

weiteren Channel 3 und Channel 5 Gesellschaften erwerben, jedoch nach Abs.3 nicht mehr als an insgesamt drei Lizenznehmern.

Die ITC ist mit dieser Regelung unzufrieden, da sie den Anteilsinhaber, der nicht selbst Lizenznehmer ist, schlechter stellt, als einen Lizenznehmer, der keiner Beschränkung bezüglich der unter 5 v. H. Anteile unterliegt. Die Gesetzgebungsmaterialien sagen nichts über die Motivation für diese Regelung aus, möglicherweise war die Überzeugung ausschlaggebend, daß niemand, der nicht direkt als Lizenznehmer in Erscheinung tritt und damit auch an die inhaltlichen Anforderungen des Broadcasting Act gebunden ist, über indirekte Beteiligungen einen wesentlichen Einfluß auf den Rundfunkmarkt erhalten soll.

b) *Hörfunk*

Für den Hörfunk fingiert die Verordnung die Lizenznehmerschaft ab einer Beteiligung, die 20 v. H. übersteigt, jedoch eine Kontrolle nicht begründet. Es werden jedoch nur die Hälfte der Punkte berechnet (Art. 11 Abs. 5 VO). Kontrolliert die Person jedoch den anderen Sender i.S.v. Schedule 2, Teil 1, Art. 1 Abs. 3b), so wird die volle Punktzahl angerechnet.

Für Überlappungen legt Art. 13 Abs.1 VO fest, daß ein Lizenznehmer, der aufgrund eines Lizenzverbot wegen Überlappung keine zweite Lizenz erhalten darf, auch keinen Anteil über 20 v. H. an einer solchen zweiten Lizenz erwerben darf. Nach Abs. 3 gilt hiervon jedoch eine Ausnahme, wenn die potentielle Hörerschaft der zweiten Lizenz nicht mehr als 10 v. H. der ersten Lizenz ausmacht. Nach Abs. 4 ist er bei einem weiteren vergleichbaren Fall allerdings auf 20 v. H. beschränkt. Zur Erläuterung ein Beispiel: Der Lizenznehmer eines großen lokalen Hörfunksenders auf UKW beabsichtigt den Erwerb eines kleineren Senders ebenfalls auf UKW innerhalb seines Verbreitungsgebietes, der von weniger als 10 v. H. seiner potentiellen Hörer empfangen werden kann. Hier kann er einen Anteil erwerben, der unterhalb der Kontrollschwelle liegt, also gewöhnlich unter 50 v. H.. Wird der kleinere Sender von mehr als 10 v. H. seiner potentiellen Hörer empfangen, so kann er nur Anteile in Höhe von bis zu 20 v. H. erwerben.

Eine Ausnahme von diesen Beschränkungen macht die Verordnung für solche Lizenznehmer, die unter dem alten Gesetz Lizenzen erhalten hatten, die in der neuen Lizenzierungsperiode gegen die Verordnung verstoßen würde (Art. 13 Abs. 5). Im Gegensatz zu den Fernsehlizenzen sehen weder Gesetz noch Verordnung spezielle Regelungen für Anteilsinhaber vor, die nicht selbst Lizenznehmer sind.

3. *Cross-Ownership (Intermediäre Konzentration)*

Regelungen zur intermediären Verflechtung (cross-ownership) zwischen Hörfunk und Fernsehen auf der einen Seite und Presse auf der anderen Seite, enthält Teil IV von

Schedule 2 und die Verordnung No.1176: Eigentümer landesweit verbreiteter Tageszeitungen dürfen nicht mehr als 20 v. H. der Anteile an einem Channel 3, Channel 5 oder einem überregionalen Hörfunkprogramm halten und nicht mehr als 5 v. H. an einer zweiten Beteiligung. Die Behörden haben die Möglichkeit, für eine Zeitung die Eigenschaft *"überregional"* zu fingieren, wenn sie es im Rahmen der Konzentrationskontrolle für nötig halten (Schedule 2 Teil IV Art. 1). Lokale Tageszeitungen unterliegen Beschränkungen nur insoweit, als sie nicht mehr als 20 v. H. an regionalen Channel 3 Programmen halten dürfen, deren Sendegebiet das Verbreitungsgebiet der Zeitung *"to a significant extend"* überlappt (Schedule 2 Teil IV Art. 3 Abs.2). Während die RA für den Hörfunk die Schwelle bei 50 v. H. erreicht sieht[93], vertritt die ITC für den Fernsehbereich die Ansicht, daß diese bereits bei 5 v. H. erreicht sei[94]. Außerdem dürfen lokale und überregionale Zeitungsverleger nicht mehr als 20 v. H. Anteile an einem lokalen Hörfunksender oder einem Zulieferer halten. All diese Regelungen gelten umgekehrt auch für Rundfunkveranstalter, die Beteiligungen an der Presse erwerben. Nach Art. 15 der Verordnung gelten ähnliche Beschränkungen für die Beteiligung an Satellitenprogrammen, die über den direktstrahlenden Satelliten Marco Polo auf Großbritannien zugewiesenen Frequenzen ausgestrahlt werden (sog. Domestic direct Satellite Broadcasting).

4. Non-Domestic-Direct-Satellite-Broadcasting

Keine Regelung trifft das Gesetz für die Beteiligung von Presse an Satellitenprogrammen, die nicht auf zugewiesenen Frequenzen ausgestrahlt werden, sondern wie BSkyB auf dem luxemburgischen Satelliten ASTRA. Die Regierung war der Ansicht, daß Beteiligungssperren dazu führen würden, daß keine Investitionen in diesem Bereich getätigt würden, oder daß Interessenten von ausländischen Stützpunkten über ASTRA nach Großbritannien senden würden. Jedenfalls sei für den Satellitenbereich ein solch weites Programmspektrum zu erwarten, daß die Zeitungsverleger keine vorherrschende Stellung mit ihren Programmen haben würden[95]. Dies wird in der Literatur kritisiert, da damit die Gefahr verkannt würde, die aus einer gemeinsamen Unternehmenspolitik für den Pressemarkt erwachse[96].

---

93 Radio Authority, Ownership Guidelines, i.d.Fassung v. 12.11.91, hektographiert, S. 5.
94 Mündliche Auskunft eines Abteilungsleiters der ITC.
95 Gibbons, a.a.O., S. 79.
96 Bei der Ersteigerung der Fußball-Erstliga-Rechte soll Rupert Murdoch versprochen haben, die gesamte publizistische Macht von 40 Mio verkauften Exemplaren seiner Zeitungen einzusetzen, um die Fußballclubs zu unterstützen, wenn der Zuschlag an BSkyB falle s. The Independent v. 30.6.92.

5. *Kontrolle (Lizenzfiktion für "control" und "associate")*

Übt eine natürliche oder juristische Person Kontrolle über einen Lizenzinhaber aus, so wird er für die Konzentrations- und Ausschlußvorschriften als Lizenzinhaber behandelt. Der Begriff Kontrolle ist im BA sehr weit gefaßt: Eine Person übt über eine juristische Person Kontrolle aus, wenn sie die faktische Möglichkeit hierzu besitzt und wenn sie ein Interesse an der Kontrolle hat. Das Interesse wird vermutet, wenn die Person mehr als 50 v. H. der Anteile oder Stimmrechte an der kontrollierten Körperschaft besitzt. Darüberhinaus auch ohne Beherrschungsinteresse, wenn sie über Anteils- oder Stimmrechte über die Möglichkeit verfügt, sicherzustellen, daß die Geschäfte der Gesellschaft in Übereinstimmung mit seinem Willen getätigt werden (Schedule 2, Teil 1, Art. 1 Abs. 3 b). Dem steht gleich, wenn die kontrollierende Person über den Gesellschaftsvertrag oder eine andere Absprache die Möglichkeit hat, die Geschäftspolitik zu lenken. Ein sog. *"associate"* wird wie der Verantwortliche eines Lizenzinhabers behandelt. Darunter versteht das Gesetz den Ehegatten, alle Verwandte ersten und zweiten Grades, juristische Personen die von solchen Verwandten geführt werden und Personen, die zusammenarbeiten, um eine solche juristische Person zu kontrollieren (Schedule 2, Teil 1, Art. 1 Abs. 2 Art. 3)[97].

6. *Kompetenzen der Aufsichtsbehörde bei Verstößen gegen Konzentrationsvorschriften*

a) Vor der Zulassung

Ein weiteres Instrument der Konzentrationsbekämpfung steht der ITC über die Lizenzvergabe zu. Zwar hat sie, wie oben ausgeführt (vgl. o. I 4.a) wenn der Bewerber alle Anforderungen erfüllt, die Lizenz grundsätzlich an denjenigen zu vergeben, der das höchste Gebot abgegeben hat, jedoch kann sie hiervon abweichen, wenn außergewöhnliche Umstände vorliegen (Art. 17 Abs.3). Die Ausnahme nach Art. 17 Abs.3 BA gibt nun der Behörde einen Freiraum, den sie, wie in der Literatur vorgeschlagen[98], auch zur Konzentrationsbekämpfung nutzen könnte. Sind für die ITC außergewöhnliche Umstände gegeben, so kann sie die Lizenz an einen Bewerber vergeben, der ein geringeres Gebot abgegeben hat, als der Bewerber mit dem höchsten Gebot, obwohl dieser alle Anforderungen an den *"quality Threshold"* und die finanzielle Seriosität erfüllt. Diese Vorschrift wurde recht spät im Gesetzgebungsprozeß eingefügt, um *"the harshness of*

---

[97] Die ITC hat keine Margen festgelegt, ab welcher Beteiligungsschwelle sie von der Ausübung von Kontrolle ausgeht; auch lehnt sie es ab, zusätzliche Voraussetzungen zu nennen, wie etwa besondere vertragliche Absprachen, Ernennungsrechte, Stimmrechtsbündelungen o.ä. Bei einer Beteiligung von 50% hat sie die Annahme der Kontrolle bereits abgelehnt.

[98] Jackson, Angela, Playing the trump card, The ITC and s 17 (3) of the broadcasting Act 1990, International Media Law 1991, 42ff; dies., The Trumper out trumped, The ITC and Judicial Review, International Media Law 1990, 80ff.

the free-market, revenue-maximising competitive tender" abzumildern[99]. Eine Definition, wann *"exceptional circumstances"* vorliegen, gibt das Gesetz nicht, um die ITC nicht einzuschränken. Ist die ITC der Meinung, ein Bewerber bietet ein qualitativ besseres Programm, als der Bewerber mit dem höchsten Gebot, so wird sie allerdings dies eher auf Art. 16, denn auf Art. 17 Abs.3 stützen, da sie bei einer Ablehnung nach Art. 16 keine umfangreiche, u.U. angreifbare Begründung geben muß. Als außergewöhnliche Umstände sind denkbar, eine besonders große geographische Reichweite, die der *"underbidder"* verspricht, besondere lokale Verwurzelung. Falls er bisher bereits Lizenzinhaber war, könnte auch eine Kontinuität des Programmes oder die Produktion einer besonders beliebten Sendung, die zur nationalen Institution geworden ist, eine Rolle spielen. Da die Aufsichtsbehörde die Aufgabe hat, den Wettbewerb zu schützen Art. 2 Abs.2a), wäre auch die Gefährdung des Wettbewerbs durch den Höchstbietenden ein Grund, die Lizenz an einen *"underbidder"* zu geben. Besteht beispielsweise die Gefahr, daß der Höchstbieter durch anderweitige Interessen z.B. der Produktion von Gütern, die im Fernsehen beworben werden, wettbewerbschädigenden Einfluß auf die Rundfunklandschaft nimmt, so könnte die ITC mit dieser Begründung die Lizenz verweigern[100]. Das Gleiche gilt für den Fall, wenn die ITC glaubt, der Bewerber sei zu stark mit anderen Medienunternehmen verschachtelt, ohne daß er über die Ownership-Rules abgelehnt werden müßte.

Schließlich kann eine Behörde Lizenzen auch an Bedingungen, wie z.B. die Veränderung der Beteiligungsstruktur knüpfen (Art. 5 BA).

b)   *Nach der Zulassung*

Zur Durchsetzung der Konzentrationsregeln stehen den Behörden Auskunftsrechte zur Verfügung, die sie mithilfe von Bußgeldern durchsetzen können. Bei Verstößen kommt ein Zulassungswiderruf in Betracht. Eine grundsätzliche Zustimmung der Behörde zu Beteiligungsveränderungen ist jedoch nicht mehr erforderlich, dagegen bedarf die Übertragung der Zulassung der Zustimmung der Behörde (Art. 3 Abs. 6 BA).

7.   Das Verhältnis der wettbewerbsrechtlichen zur medienrechtlichen Kontrolle

a)   *Konzentrationsbekämpfung im Wettbewerbsrecht*

Das Wettbewerbsrecht ist in Großbritannien seit 1948 kodifiziert und enthält seit dem Monopolies and Mergers Act 1965 Bestimmungen zur Fusionskontrolle[101]. Seit 1973

---

99   Jackson, Angela, Playing the trump card, The ITC and s 17 (3) of the broadcasting Act 1990, International Media Law 1991, 42.
100 Jackson a.a.O. S.44.
101 Allen, Wiliam, Competition Laws of United Kingdom and Republic of Ireland, London 1990, Art. 9 S.2.

ist die Fusionskontrolle im Fair Trading Act (FTA) geregelt. Gemeinsam mit dem Competition Act in der Fassung von 1989 und den EG-Wettbewerbsregeln bildet er heute die Basis des Wettbewerbsrechts Großbritanniens. Zuständig für die Überwachung des Gesetzes ist der Director General of Fair Trading (DGFT). Ihm untersteht die Wettbewerbsbehörde Office of Fair Trading (OFT). Der Minister kann innerhalb von sechs Monaten nach einem Zusammenschluß einen Fall aufgreifen (Art. 67 Abs.3) und an die Mergers and Monopolies Commission (MMC) überweisen. Die MMC erstattet dem Minister nach Untersuchung des Falles Bericht (Art. 4ff). Kommt die Kommission zum Ergebnis, daß ein Zusammenschluß rechtswidrig ist, so empfielt sie dem Minister die Untersagung. Die letzte Entscheidung liegt allerdings beim Minister selbst.

Kriterium für die Untersagung (Eingreifkriterium) ist im englischen Recht nicht die Marktbeherrschung, sondern der Verstoß gegen das öffentliche Interesse (*"public interest"*). In diese Prüfung fließen folgende Interessen und Werte ein:

- Die Erhaltung und Förderung wirksamen Wettbewerbs zwischen Personen, die Waren und Dienstleistungen in Großbritannien produzieren und vertreiben;
- Die Förderung der Interessen der Endverbraucher, Zwischenhändler und anderer Nutzer von Gütern und Dienstleistungen in Großbritannien bezüglich Preis, Qualität und Vielfalt;
- Die Förderung der Kostenminimierung, der Entwicklung und Nutzung neuer Technologien durch Wettbewerb und der Offenhaltung der bestehenden Märkte für neue Wettbewerber
- Die Erhaltung und Förderung einer ausgeglichenen geographischen Verteilung von Industrie und Arbeitsplätzen in Großbritannien
- Die Erhaltung und Förderung des Wettbewerbs in Märkten außerhalb Großbritanniens für die Hersteller und Lieferanten von Waren und Dienstleistungen innerhalb Großbritanniens.

Das englische Wettbewerbsrecht unterscheidet sich also grundlegend vom deutschen Recht, da hier die negative Auswirkung auf den Wettbewerb nur eines von zahlreichen Kriterien ist, die in die Abwägung einfließen[102]. Das Gesetz enthält spezielle Regelun-

---

102 Originaltext von Art. 84:
(1) In determining for any purposes to which this section applies whether any particular matter operates, or may be expected to operate, against the public interest, the commission shall take into account all relevant and, among other things, shall have regard to the desirability
(a) of maintaining and promoting effective competition between persons supplying goods and services in the United Kingdom;
(b) of promoting the interests of consumers, purchasers and other users of goods and services in the unitded Kingdom in respect of the prices charged for them and in respect of their quality and the variety of goods and services supplied;
(c) of promoting, through competition, the reduction of costs and the development and use of new techniques and new products, and of facilitating the entry of new competitiors into existing markets;
(d) of maintaining and promoting the balanced distribution of industry and employment in the United Kingdom; and

gen für Zeitungsfusionen, die explizit medienrechtliche Kriterien in die Public Interest Prüfung einbeziehen: die Notwendigkeit der korrekten Wiedergabe von Nachrichten und die freie Meinungsäußerung[103].

b) Verhältnis zum Medienrecht

aa) Alte Rechtslage

Nach der alten Rechtslage war der Rundfunk vom Anwendungsbereich des Wettbewerbsrechts ausnommen (Art. 137 Abs. 3 FTA alte Fassung). Grund hierfür war die staatliche Organisation und Verantwortung des privaten Rundfunks. Damit war er aus dem Wirtschaftsleben gewissermaßen ausgegliedert und einem speziellen Reglement unterworfen, das andere Zielsetzungen verfolgte, als das allgemeine Wettbewerbsrecht. Wie oben beschrieben (vgl. I 3), hatte die Rundfunkbehörde bei Fusionen von Unternehmen, die als Contractor verpflichtet waren, ein vertragliches Zustimmungsrecht und übernahm damit die Funktion der Wettbewerbsbehörde, jedoch unter den speziellen rundfunkrechtlichen, dem Public-Service verpflichteten Vorzeichen.

Auch außerhalb der eigentlichen Rundfunkfusionskontrolle spielten Rundfunkbeteiligungen keine Rolle für die Wettbewerbsbehörde. Im Fusionsfall United Newspapers Plc - Fleet Holdings Plc war die MMC mit der Behauptung konfrontiert, die Fusion verstärke die intermediäre Verflechtung, da beide Unternehmen Rundfunkbeteiligungen hielten. Auch konkurrierten Zeitung und Rundfunk grundsätzlich um die gleichen Werbeaufträge. Selbst wenn durch den Zusammenschluß keine beherrschende Stellung in einzelnen Bereichen entstehe, werde doch bei Gesamtbetrachtung die Meinungsmacht des fusionierten Unternehmens stärker sein, als der einzelnen. Beide bereits großen Unternehmen könnten durch verstärkte Marktmacht schädlichen Einfluß auf den Wettbewerb haben, z.B. Marktzutrittschancen verringern oder kleinere Konkurrenten insbesondere im regionalen Bereich durch kombinierte Anzeigentarife aus dem Markt drängen[104]. Die MMC bestritt nicht die behaupteten Zusammenhänge, sie führte jedoch aus, daß eine Rundfunkbeteiligung keinen Einfluß auf die Möglichkeit der Zeitung habe, die Meinungsfreiheit und die korrekte Berichterstattung zu gefährden. Die Rund-

---

(e) of maintaining and promoting competitive activity in markets outside the United Kingdom on the part of producers of goods, and of suppliers of goods and services, in the United Kingdom.

(2) This section applies to the purposes of any functions of the Commission under this Act other than functions to which section 59(3) of this Act applies.

103 Art. 59 Abs.3 lautet: On a reference made to them under this section (in his Act referred to as a "newspaper merger reference") the commission shall report to the Secretary of State whether the transfer in qestion may be expected to operate against the public interest, taking into account all matters which appear in the circumstances to be relevant and, in particular, the need for accurate presentation of news and free expression of opinion.

104 House of Commons Papers, 1984-85 cmnd 9619

funkunternehmen seien aufgrund der Kontrolle auf eine korrekte Berichterstattung und Berücksichtigung der Ziele der Meinungsfreiheit verpflichtet und könnten daher bei der Prüfung nach Art. 59 Abs. 3 FTA unberücksichtigt bleiben.

bb) Neue Rechtslage

Der Broadcasting Act 1990 hat dem Wettbewerbsrecht eine aktive Rolle im Rundfunk zugewiesen und zuvor geltende Beschränkungen aufgehoben: In Art. 2 Abs.3, 85 Abs.4 BA[105], ist klargestellt, daß keine der den Rundfunkbehörden gegebenen Aufgaben, die Kompetenzen der Wettbewerbsbehörden tangieren soll. Damit wurde auch eine Änderung des Fair Trading Acts nötig, die durch Art. 192f BA in Art. 137 Abs. 3 FTA eingefügt wurde.

Bei der Anwendung des Wettbewerbsrechts im Rundfunk kann man nun zwischen originären und delegativen Aufgaben entscheiden. Im ersten Fall wird die Wettbewerbsbehörde aufgrund ihrer generellen Kompetenz tätig, im zweiten Fall handelt es sich um eine ausdrückliche Aufgabenzuweisung des Rundfunkrechts an das Wettbewerbsrecht.

c) Originäre Aufgaben des Wettbewerbsrechts im Rundfunkrecht

Das Wettbewerbsrecht selbst enthält keine Sonderregelungen für den Rundfunk. Auch muß eine analoge Anwendung der Presseregelungen ausscheiden, da die englische Rechtsdogmatik grundsätzlich keine Analogien zuläßt[106]. Für die Behandlung von Rundfunkfusionen bleiben die allgemeinen Regelungen, nach denen der DGFT dem Minister eine Überweisung an die MMC empfehlen kann (Art. 67 Abs. 3 FTA), wenn die Aufgreifkriterien erfüllt sind. Wie oben ausgeführt, muß hierzu ein Zusammenschluß zweier Unternehmen vorliegen. Weiterhin muß der Zusammenschluß entweder zu einem Monopol führen oder das Übernahmeobjekt muß einen Bruttoumsatz von 30 Millionen englische Pfund haben. Das ohnehin kaum gebräuchliche Monopolkriterium wird im Rundfunk noch schwieriger verwertbar sein, da nach der Formulierung eindeutig auch der staatliche Rundfunk Berücksichtigung findet, der derzeit allein einen ca. 45 prozentigen Marktanteil besitzt. Zur Anwendung könnte also lediglich das Bruttoumsatzkriterium kommen. Bei den Unternehmensgrößen der z.Z. lizenzierten Channel 3 Veranstalter ist diese Schwelle kein Hindernis: Yorkshire TV, einer der größten Lizenznehmer hatte 1991 einen Bruttoumsatz von über 191 Mio £, selbst einer der kleinsten Lizenznehmer Tyne Tees TV hatte 1990 einen Bruttoumsatz von über 61 Mio £[107].

---

105 Art. 2 Abs.3 BA lautet: "Subsection 2(a)(ii) shall not be construed as affecting the discharge by the Director General of Fair Trading, the Secretary of State or the Monopolies and Mergers Commission of any of his or their functions in connection with competition." Subsection 2(a)(ii) beinhaltet die Verpflichtung der ITC für "fair and effective competition" zu sorgen.
106 James, Phillip S., Introduction to English Law, London 12. Aufl. 1989.
107 The James Capel Media Book 1992, Capel, James, London 1992, S. 168, 172.

Eine wettbewerbsrechtliche Fusionskontrolle würde also nicht an den Aufgreifkriterien scheitern und der Minister für Handel und Industrie könnte einen solchen Zusammenschluß an die Monopolkommission überweisen.
Diese hätte dann zu klären, inwieweit der Zusammenschluß gegen das öffentliche Interesse (public interest) verstieße. Dabei hätte sie die in Art. 84 FTA genannten Kriterien zu berücksichtigen, also zu prüfen, inwieweit die Fusion den Wettbewerb erhält, die Interessen der Endverbraucher fördert, zur Kostenminimierung und Entwicklung neuer Technologien beiträgt, die Märkte für neue Wettbewerber offen hält und eine ausgeglichene geographische Verteilung von Industrie und Arbeitsplätzen in Großbritannien erhält. Auch die Märkte außerhalb Großbritanniens finden Berücksichtigung, soweit sie auf die Inlandmärkte zurückwirken. Da die MMC bei ihrer Prüfung nicht auf die genannten Punkte beschränkt ist, könnte die Kommission auch medienrechtliche Kriterien anwenden, wie sie in Art. 59 Abs. 3 FTA für Zeitungsfusionen genannt sind.
Bisher liegen keine veröffentlichten Entscheidungen der Wettbewerbsbehörden zu Rundfunkfusionen nach dem neuen Gesetz vor. Zwei Zusammenschlüsse im Rundfunkbereich hätten die Aufgreifkriterien des FTA erfüllt: Die Fusion der beiden Satellitenfernseh-Veranstalter BSB und Sky zu BSkyB wurde vom Office of Fair Trading geprüft, jedoch vom Minister nicht an die MMC überwiesen, da er der Ansicht war, daß nur eines der beiden Unternehmen überlebensfähig war und deshalb diesen Fall nicht aufgreifen wollte[108]. Auch der Zusammenschluß von Yorkshire TV und Tynes Tees erfüllte die Aufgreifkriterien, nach der Genehmigung durch die ITC führte die Wettbewerbsbehörde jedoch keine weitere Prüfung mehr durch.
Eine Antwort auf die Frage, ob die Wettbewerbsbehörden bei den künftig in großem Maße erwarteten Zusammenschlüssen der Channel 3 Unternehmen eine aktive Rolle übernehmen wird, muß sich zwangsläufig im Spekulativen bewegen. Der Gesetzgeber hat den privaten Rundfunk für das Wettbewerbsrecht geöffnet, da er den Rundfunk in den allgemeinen Wirtschaftsprozeß eingliedern wollte. Für die spezifisch medienrechtlichen Bereiche sollte dagegen weiterhin die Aufsichtsbehörde zuständig bleiben. Daher kann angenommen werden, daß sich die Wettbewerbsbehörde bei einer Prüfung eines Zusammenschlusses von Rundfunkunternehmen nicht auf die medienspezifischen Kriterien wie sie in der Pressefusionskontrolle gebräuchlich sind, beziehen würde. Eine Prüfung würde sich auf die allgemeinen Maßstäbe des Art. 84 FTA beschränken. Allerdings ist anzunehmen, daß die MMC bei einer zukünftigen Prüfung von Pressefällen, bei denen die Unternehmen Rundfunkbeteiligungen halten, diese nicht mehr außer acht lassen wird. Das bisher gebrauchte Argument, eine Rundfunkbeteiligung könne sich nicht auf die Meinungsfreiheit und die korrekte Berichterstattung auswirken, da der private Rundfunk aufgrund seiner strengen Regulierung irrelevant sei, ist mit der neuen "Light-Touch" - Regulierung nicht mehr zu vereinbaren. Rundfunkunternehmen unterliegen zwar, wie gezeigt, immer noch inhaltlichen Bindungen, diese sind jedoch wesentlich schwächer ausgeformt, als unter dem alten Reglement.

---

108   Mündliche Auskunft des Office of Fair Trading.

d) Delegative Aufgaben des Wettbewerbsrechts im Medienrecht

Die Wettbewerbsbehörde hat nach dem Broadcasting Act 1990 zwei delegative Aufgaben im Rundfunkrecht erhalten. Zum einen hat sich die Quote für die Verwendung unabhängiger Produzenten durch die BBC nach Art. 186 BA zu überwachen[109]. Da dies nicht den privaten Rundfunk betrifft, soll auf diesen Komplex hier nicht weiter eingegangen werden. Zum zweiten hat sie nach Art. 39 BA und Schedule 4 bei der Bildung des Channel 3 Networks mitzuwirken. Hier hat der Gesetzgeber eine ebenso interessante wie komplizierte Regelung geschaffen, um zwei Kontrollbehörden mit unterschiedlichen Regelungsaufträgen zum Ausgleich zu bringen. Da die Ausgestaltung des Verhältnisses Rundfunk- und Wettbewerbsbehörde auch im deutschen Recht Probleme aufwirft, soll es im folgenden näher behandelt werden.

Da die ITC als Aufsichtsbehörde nun nicht mehr als Programmverantwortliche agiert, gibt sie die Network-Arrangements nicht vor, sondern sie wirkt auf eine Einigung der Lizenznehmer hin und macht diese zum Teil des Lizenzvertrages (Art. 39 Abs.4). Hierzu hat die ITC gemäß Art. 39 Abs. 3 zunächst Richtlinien ausgegeben und diese von der Wettbewerbsbehörde genehmigen lassen[110]. Nach Art. 39 Abs. 2 hat der Lizenzanwärter bereits in seiner Bewerbung einen Vorschlag zur Gestaltung des Netzwerkes zu machen, die die ITC unmittelbar nach Ende der Bewerbungsfrist an den Director General of Fair Trading (DGFT) weiterreicht. Der DGFT veröffentlicht die Netzwerkpläne dann zunächst so, daß alle Betroffenen davon Kenntnis nehmen können (Art. 1 Abs. 1 von Schedule 4), Dann unterzieht er die Regelung einem *"Competition Test"* (Art. 2 von Schedule 4) und erstattet binnen sechs Monaten Bericht (Schedule 4 Art. 1 Abs.1c).

aa) Competition Test

Der Competition Test ist bestanden, wenn die Absprache:
(1) bei keinerlei wirtschaftlicher Tätigkeit in Großbritannien den Wettbewerb behindert. Für eine Behinderung genügt bereits eine Bedrohung des Wettbewerbs oder die Absicht dazu (Art. 2 Abs.1 a von Schedule 4). Nach mündlich geäußerter Einschätzung im OFT sei eine Genehmigung nach diesem Absatz kaum zu erwarten, da die Bildung des Netzwerkes an sich wettbewerbsbehindernd sei. Zum Regelfall werde die Genehmigung nach Art. 2 Abs. 1b, wenn die Netzwerkvereinbarung:
(2) eine behindernde Wirkung zwar haben könnte, jedoch die Kriterien aus Art. 85 Abs. 3 EWGV erfüllt sind, nämlich eine Absprache, die dazu beiträgt, die Produktion oder den Vertrieb von Gütern oder den technischen oder ökonomischen Fortschritt zu fördern. Dabei sollen Faktoren außerhalb von Großbritannien unberücksichtigt bleiben.

---

109 S. hierzu: Anual Report of the Director General of Fair Trading, London 1991, S.41.
110 ITC, Channel 3 Networking Arrangements: Statement of Principles as approved by the Independent Television Commission, hektographiert April 1992.

Bei der Beurteilung dieser Fragen hat die Kartellbehörde die Rechtsprechung des Europäischen Gerichtshofes oder eines anderen europäischen Gerichtes bei der Auslegung von Art. 85 Abs. 3 EWGV zu berücksichtigen (Art. 2 Abs. 3 von Schedule 4). Änderungswünsche des DGFT haben die Lizenznehmer bzw. die ITC zu berücksichtigen und in die Verträge einzufügen. Gegen den Beschluß des DGFT gibt eine Art interne Berufung in Art. 4 von Schedule 4: sowohl die Zulassungsbehörde als auch der Lizenzbewerber kann sich innerhalb von vier Wochen an die Monopolies and Mergers Commission (MMC) wenden. Die MMC überprüft anhand des *"competition test"*, d.h. vollinhaltlich sowohl die Netzwerkabreden, als auch die Veränderungen, die der DGFT in seinem Bericht vorgeschlagen hat. Hierzu ist ihr eine Frist von drei Monaten gegeben, die sie bei Bedarf einmal um den gleichen Zeitraum verlängern kann. Die Prüfung endet mit einem Bericht der MMC. Dieser soll die von ihr für erforderlich gehaltenen Änderungen der Netzwerkabreden enthalten, die für alle Beteiligten verbindlich sind (Art. 5 von Schedule 4). Hält die MMC keine Änderungen für erforderlich, so veröffentlicht sie auch hierüber eine Notiz (Art. 5 Abs.3 von Schedule 4). Gegen die Entscheidung der MMC kann bei den ordentlichen Gerichten Klage erhoben werden, die jedoch keine inhaltliche Prüfung vornehmen, sondern nur nachprüfen sollen, ob die Behörde ihre Entscheidung formell korrekt getroffen und ihren Beurteilungsspielraum nicht überschritten hat. Der DGFT hat das Recht, jederzeit von neuem die Netzwerkabreden zu überprüfen (Art. 7 von Schedule 4), außerdem kann er Informationen direkt von den einzelnen Lizenznehmern anfordern, die auskunftsverpflichtet sind (Art. 8 von Schedule 4).

Die Wettbewerbsbehörde OFT hat eine eigene Arbeitsgruppe für die Kontrolle des Netzwerkes eingerichtet, die jedoch zum Zeitpunkt des Abschlusses dieses Teiles der Arbeit noch in der Planungsphase war und sich auf einige mündliche Hinweise beschränkte, die hier wiedergegeben seien: Ziel der Netzwerk-Kontrolle durch das OFT ist die Verhinderung eines geschlossenen wettbewerbsfeindlichen Systems, das weder unabhängigen Produktionsgesellschaften noch den kleineren Lizenznehmern eine Beteiligung gestatten würde. Unter dem Vorgängergesetz teilten sich die Big-Five die Einnahmen aus den Netzwerksendungen untereinander auf, unabhängige Produzenten waren vornehmlich auf Produktionen für Channel 4 angewiesen, kleinere Lizenznehmer beschränkten sich auf die Ausstrahlung der regionalen Fensterprogramme, übernahmen die Netzwerkprogramme, deren Werbeeinnahmen zum größten Teil den Big-Five zuflossen.

bb) Anwendung von Art. 85 Abs. 3 EWGV

Wie OFT die Prüfung des Channel 3 Netzwerkes aufgrund der Kriterien aus Art.85 Abs.3 EWGV durchführen wird, muß zwangsläufig im Spekulativen bleiben. Die Ar-

beitsgruppe im OFT[111] hat jedoch als Vorlage für die Prüfung des Netzwerkes nach Art. 85 Abs. 3 EWGV einen Parallelfall der Kommission[112] aus dem Jahre 1989 gewählt, der im folgenden dargestellt und auf seine Konsequenzen für den Competition Test bei Channel 3 Network untersucht werden soll:
United International Pictures (UIP)[113] ist ein Gemeinschaftsunternehmen, das von einer Reihe von Mutterunternehmen gegründet wurde, die sich alle mit der Finanzierung, Produktion und dem Vertrieb von Filmen und anderen Unterhaltungsprogrammen zur Verbreitung in Filmtheatern, im Fernsehen usw. beschäftigten. Jedes Mutterunternehmen räumte UIP das Exklusivrecht für die Vertreibung der Filme, die sie produzierte oder erwarb ein. Ziel war, die Kosten der Mutterunternehmen zu minimieren, die u.a. durch mehrfache Vertriebsnetze entstehen. Im Gesellschaftsvertrag war festgelegt, daß die Geschäftsführung von UIP in den Händen eines Direktors liegen sollte, der einem Rat verantwortlich sein sollte. Die Mitglieder des Rates sollten in gleicher Anzahl von jeder Muttergesellschaft bestellt werden. Der Rat sollte wiederum von einem *"partners committee"* überwacht werden, diesem fiel die Letztentscheidungsbefugnis über UIP zu. Die Kommission hatte zunächst festgestellt, daß der Vertrag gegen Art. 85 Abs.1 EWGV verstieß. Die Absprache wirke wettbewerbsbeschränkend, da die Muttergesellschaften keine eigenen miteinander konkurrierenden Vertriebssysteme mehr besäßen. Dies schränke die Entscheidungsmacht der einzelnen Gesellschaften ein. In allen wesentlichen Entscheidungen seien sie durch den Vertrag zu einer Absprache mit den anderen Mitgliedsunternehmen gezwungen.

Auch das Channel 3 Netzwerk besteht aus einer Dachorganisation einzelner selbstständiger Unternehmen, die im Wettbewerb stehen. Zwar unterliegt dieser einer Art natürlichen Beschränkung durch den Gesetzgeber, der die Sendegebiete regional festgeschrieben hat, dennoch konkurrieren die Lizenznehmer um Werbeeinnahmen[114], wie die EG-Kommission bei der Prüfung eines Zusammenschlußfalles zwischen Channel 3 Gesellschaften, bzw. deren Gesellschafter festgestellt hat. Außerdem konkurrieren sie um Programme unabhängiger Produzenten. Legt nun das Netzwerk einen großen Programmanteil für alle Lizenznehmer auf die gleiche Weise fest, so wird in diesem Bereich der Wettbewerb eingeschränkt. Werbeeinnahmen werden zentral aquiriert und das Netzwerk nimmt Sendezeiten in Anspruch, die der Lizenznehmer sonst vielleicht mit dem Programm eines unabhängigen Produzenten gefüllt hätte. Die Entscheidungsmacht über diesen Programmraum zu verfügen, hat der Lizenznehmer jedoch abgegeben.

Im UIP Fall hat die Kommission, gemäß ihrer gewöhnlichen Vorgehensweise zunächst die Parteien aufgefordert, Änderungen in den Vertrag einzufügen, bevor sie prüfte, ob

---

111 Internes Arbeitspapier der Arbeitsgruppe, Broadcasting Act: The Competition Test: Article 85(3): The Commission Decision in the Case of United International Pictures, undatiert.
112 Kommission der EG, Official Journal, C 286/4 1988; 4 CLMR 109, 1989; L 226/25, 1989.
113 Entscheidung v. 12.7.1989, ABl. L.226 v. 3.8.1989; Wettbewerbsbericht 1989, S. 68f.
114 EG-Kommission, Beschluß v. 13.1.92, Case No. IV/M176 - Sunrise.

die Absprache eine Ausnahmegenehmigung nach Art.85 Abs.3 rechtfertigte. Die Vertragspartner erklärten sich bereit, eine Klausel in den Vertrag einzufügen, nach der UIP sein Vertriebssystem auch für Dritte innerhalb der Gemeinschaft öffne. Außerdem sollte jeder Partner in der Lage sein, selbst Filme zu kaufen und zu verkaufen, ohne daß UIP eingeschaltet werden mußte. Schließlich verpflichtete sich UIP, ein Schiedsgericht einzurichten, um Konflikte mit den Abnehmern der Filme zu schlichten. Eine entsprechende Verfahrensweise ist im Channel 3 Network durch die ständige Veröffentlichungspflicht und separate Prüfung durch beide Behörden gesetzlich gesichert.

Die Kommission beurteilte die Absprache sodann unter den vier, in Art. 85 Abs.3 EWGV genannten Kriterien, die ihrer Ansicht nach kumulativ vorliegen müssen. Sie sind im folgenden aufgelistet und einzeln auf ihre Tauglichkeit zur Prüfung des Channel 3 Netzwerkes geprüft:

(1)   Die Absprache muß beitragen entweder:
-       zur Verbesserung der Produktion oder dem Vertrieb von Gütern oder Dienstleistungen
-       oder dazu, den technischen oder wirtschaftlichen Fortschritt zu fördern.

Hier war die Kommission der Ansicht, daß die Absprache wirtschaftliche Vorteile brächte, die ohne die Absprache nicht erreicht werden könnten. Die Errichtung des Gemeinschaftsunternehmens ermögliche die effektivere Verteilung der Produkte der Muttergesellschaften. Das Netzwerk sichere einen wirtschaftlichen Vertrieb in einem Markt, der von Rezession und hohen finanziellen Risiken geprägt sei. Die Muttergesellschaften hätten durch das Netzwerk eine höhere Effizienz erreicht, indem sie doppelte Vertriebsnetze vermieden, die einen erheblichen Kostenfaktor bildeten. Für Channel 3 ist dieses Kriterium ohne Bedeutung, da der Vorteil zum ersten allzu offensichtlich ist, denn ohne Netzwerk könnten die einzelnen Lizenznehmer kein Vollprogramm ausstrahlen, zum anderen ist die Bildung des Netzwerkes gesetzlich vorgeschrieben und steht im Gegensatz zum UIP-Netzwerk nicht zur Disposition.

(2)   Die Absprache muß die Verbraucher angemessen am entstehenden Gewinn aus der Absprache beteiligen

Hier glaubte die Kommission, daß die Absprache in ihrer modifizierten Form auch den Verbrauchern (Filmtheaterbesitzern, und schließlich auch der Öffentlichkeit) einen angemessenen Teil des Gewinns zukommen lasse, indem sie Qualität und Service der Angebote verbesserte. Ein weniger kostenintensives Vertriebsnetz trage letztlich zu einer effektiveren Verteilung der Filme an den Endverbraucher bei, der sowohl schnelleren Zugang, als auch regelmäßige Lieferung erhalten werde. Außerdem könne UIP aufgrund der Absprache engere Verbindungen zu kleinen und regionalen Filmtheatern aufbauen und besser auf deren Wünsche eingehen. Schließlich werde auch der Kinobesucher von einem verbesserten Lieferungsnetz von Filmen profitieren.

Auch dieses Kriterium ist für die Prüfung von Channel 3 wenig hilfreich, da es ohne Netzwerk kein Channel 3 Vollprogramm gäbe und die Existenz des Programmes in jedem Fall den Verbrauchern, hier den Zuschauern Gewinn bringt. Es stellt aber zumindest klar, daß der Vorteil nicht geldwert sein muß.

(3) Die Absprache darf nur solche Beschränkungen des Wettbewerbs enthalten, die für die Verwirklichung der Ziele unerläßlich sind. Hier vertrat die Kommission die Ansicht, daß die Absprachen keine unnötig wettbewerbsbehindernden Klauseln enthielte. Die Bildung des Gemeinschaftsunternehmens sei unverzichtbar für ein Fortbestehen des internationalen Vertriebsnetzes der Mutterunternehmen. Alternative, weniger wettbewerbsbehindernde Absprachen, wie die Nutzung von unabhängigen Filmvertreibern, seien nicht in gleicher Weise geeignet, die von UIP erwarteten Vorteile zu erreichen. Die negativen Auswirkungen, die gewöhnlich von derartigen Absprachen auf den Wettbewerb zu erwarten sind, werden verringert durch die Vertragsänderung, nach der UIP auch Dritten offensteht.

Hier hat die Kommission eigenartigerweise nochmal die Existenz des Netzwerks und erst zuletzt die konkrete Ausgestaltung geprüft. Die Bedeutung für das Channel 3 Netzwerk liege in der Milderung der negativen Auswirkungen durch die Öffnung für Dritte. Hauptkritikpunkt an den bisherigen Netzwerkvereinbarungen für ITV war nämlich, daß sie den fünf größten Lizenznehmer gestatteten den Markt unter sich aufzuteilen. Kleinere Lizenznehmer oder unabhängige Produzenten kamen kaum zum Zug[115]. Gemäß der Argumentation der EG-Kommission verstießen im Netzwerkvertrag Absprachen gegen dieses Kriterium, die die geschilderte Praxis aufrechterhielten. Das Netzwerk darf den Wettbewerb nur soweit beschränken, wie es zur Koordinierung des überregionalen Programmes nötig ist. Hierfür muß er aktive Vorkehrungen, auch in der Zusammensetzung der Netzwerkkoordinierung so treffen, daß unabhängige Produzenten und kleinere Lizenznehmer berücksichtigt werden.

(4) Die Absprache darf keine Möglichkeiten eröffnen, für einen wesentlichen Teil der betreffenden Waren den Wettbewerb auszuschalten.

Die Kommission berief sich hier auf eine vorangegangene Untersuchung über die Marktanteile der Muttergesellschaften, die in wesentlichen Teilen gemeinsam auf 22 v. H. geschätzt wurden. Daher war die Kommission der Meinung, daß die Absprache keinen wesentlichen Teil des Wettbewerbs ausschalte. Schließlich trage die Einrichtung einer Schiedsstelle dazu bei, daß unabhängige Produzenten die Angebote von UIP effektiv nutzen könnten. Dieses Kriterium würde beispielsweise eine Quote für unabhängige Produzenten in Channel 3 rechtfertigen, denn wenn diese wie bisher kaum berücksichtigt werden, so ist Wettbewerb in einem wesentlichen Teil des privaten Rundfunks unterbunden, der Netzwerkvertrag verstieße gegen Art. 85 EWGV.

All diese Überlegungen sind, wie bereits erwähnt nur Spekulationen über die Maßstäbe, die OFT heranziehen könnte, um mithilfe der Entscheidungspraxis von Art. 85 Abs. 3 EWGV den Netzwerkvertrag zu überprüfen.

---

115 Gibbons, a.a.O., S. 64.

cc) Ratio legis

Offensichtlich wollte der Gesetzgeber mit dieser ungewöhnlichen Regelung einen Kompetenzkonflikt mit einer weiteren Behörde vermeiden: Die EG-Kommission ist nach Art. 85 EWGV originär zuständig, für die Überprüfung einer Absprache, wie sie das Channel 3 Netzwerk darstellt. Da das ITV-Netzwerk seit langem bereits Kritik wegen seiner Wettbewerbsfeindlichkeit ausgesetzt war[116], konnte nicht ausgeschlossen werden, daß sich eines Tages die EG-Kommission mit dieser Absprache beschäftigen würde, und sie u.U. für nichtig erklären würde. Um zu verhindern, daß die Funktionsfähigkeit des Netz-werkes durch Einschreiten der EG-Kommission gestört wird, hat der Gesetzgeber die Prüfung des europäischen Wettbewerbsrechts in das englische Rundfunkgesetz integriert. Diese Prüfung, die auch an die Auslegung des EuGH zu Art.85 EWGV gebunden ist (Art. 2 Abs.3 von Schedule 4), soll dafür sorgen, daß schon vor der Bildung des Netzwerkes Widersprüche mit dem europäischen Recht ausgeschlossen werden.

dd) Der Netzwerk-Vertrag

Die Lizenznehmer haben sich schließlich im Mai 1992 auf einen Netzwerkvertrag[117] geeinigt, der von der ITC angenommen wurde und zum Abschluß dieses Teiles der Arbeit noch dem Office of Fair Trading zur Prüfung vorlag. Das neue Network wird verwaltet von der noch zu gründenden ITV-Association (ITVA), in deren Aufsichtsrat (Council) alle Lizenznehmer vertreten sind. Sie bestellen den ITV-Network-Director und dessen Stellvertreter, die das Netzwerk koordinieren, d.h. für die gleichzeitige Ausstrahlung der Programme über alle Lizenznehmer sorgen. Die Direktoren koordinieren auch die Programmvorschläge, die entweder von den Lizenznehmern selbst, oder von unabhängigen Produzenten kommen. Im letzteren Fall kann der Programmvertrag nicht zwischen ITVA und dem Produzenten abgeschlossen werden, da ITVA nur Koordinator und nicht Lizenznehmer ist. Zum Abschluß kann der Lizenznehmer nicht gezwungen werden, lehnen alle Lizenznehmer das vom Direktor vorgeschlagene Programm ab, so kann das Programm nicht über das Netzwerk gesendet werden. Möglicherweise liegt in der Stellung der unabhängigen Produzenten ein Punkt, den das OFT beanstanden wird. Nach obengeschildertem Verfahren gibt es keine Sicherheit, daß unabhängige Produzenten überhaupt regelmäßig Berücksichtigung im Netzwerk finden können. Theoretisch kann jeder Vorschlag von den Lizenznehmern abgelehnt und das

---

116 Gibbons, a.a.O., S. 66.
117 ITC, Channel 3 Networking Arrangements: Statement of Principles as approved by the Independent Television Commission, hektographiert 1992.

Netzwerk-Programm ausschließlich mit eigenem Material gefüllt werden[118]. Eine Absprache, die dies zuläßt, verstößt jedoch gegen den Grundsatz aus Art.85 Abs.3 EWGV, daß Absprachen unwirksam sind, die den Wettbewerb stärker beschränken, als dies zur Erreichung des Zweckes nötig ist. Die EG-Kommission wertete die Öffnung des Netzwerkes für Außenstehende in der UIP-Entscheidung als Zeichen dafür, daß der Wettbewerb nicht mehr als nötig eingeschränkt worden war. Das OFT könnte nun argumentieren, das Channel 3 Netzwerk schaffe keine wirksame Öffnung für unabhängige Produzenten und beschränke damit den Wettbewerb mehr als zur Schaffung eines gemeinsamen Programmes notwendig.

Da der Netzwerkvertrag bereits von der ITC gebilligt worden ist, birgt ein mögliches Einschreiten des DGFT Konfliktpotential. Die Zuständigkeit zweier Behörden für das gleiche Regelungsobjekt (Dual Control) ist jedoch gegenwärtig kein seltenes Phänomen in Großbritannien, wie der folgende Abschnitt zeigt, der das Problem jedoch nur anreißen kann.

e)   Dual-Control

Die englische Regierung hat in den letzten zwei Jahrzehnten zahlreiche staatliche Bereiche privatisiert. Neben dem Rundfunk sind zu nennen: Telekommunikation, Wasserversorgung, Gas und Elektrizität. Wirtschaftlicher Wettbewerb sollte dabei in allen Bereichen zur Erhöhung der Effizienz, besserem Service für die Konsumenten und preiswerteren Leistungen beitragen. Für den Elektrizitätsbereich formulierte die Regierung diese Ziele in einem White-Paper 1988 folgendermaßen: *"Competition is the best guarantee of the customers interest, security must be maintained, customers should be given rights and choices and not merely safeguards"*[119]. Regelmäßig schuf der Gesetzgeber eine spezielle Aufsichtsbehörde für den zu privatisierenden Bereich, die eine staatliche Minimumkontrolle ausüben sollte. Diese Kontrollbehörden haben auf den entsprechenden Sektor zugeschnittene Aufgaben: So hat z.B. der Director General of Telecommunications nach Art. 3 Telecommunications Act 1984 die Aufgabe, dafür zu sorgen, daß die Öffentlichkeit mit Telekommunikationsdiensten versorgt wird. Er hat sicherzustellen, daß das lizenzierte Unternehmen in der Lage ist, den Service zu finanzieren, er soll Verbraucherinteressen schützen, die Forschung und die internationale Wettbewerbsfähigkeit fördern. Entsprechend soll nach Art. 4 Gas Act 1986 der Director General of Gas Supply dafür sorgen, daß die mit der Gaslieferung beauftragten Unternehmen den Bedarf auf ökonomische Weise befriedigen können, finanziell dazu in der Lage sind, die Verbraucherinteressen berücksichtigen, effizient arbeiten, die Öffentlichkeit vor Gefahren schützen. Ähnliche Regelungen gelten nach Art. 32ff Water Industry

---

118   Zwar müssen die Lizenzverträge des einzelnen Veranstalters mit der ITC nach Art. 16 Abs.2h BA eine Verpflichtung enthalten, daß mindestens 25% des Programminhaltes im Jahr von unabhängigen Produzenten stammt.
119   White Paper on Privatising Electricity, House of Commons Papers 1988 cmd 322.

Act 1991 und Art. 43 Electricity Act 1989. In allen Gesetzen soll die Behörde gleichzeitig für wirksamen Wettbewerb im privatisierten Bereich sorgen. Auf diese Weise soll durch ein Minimum an inhaltlicher Kontrolle zusammen mit der wirksamen Absicherung des wirtschaftlichen Wettbewerbs das Ziel erreicht werden, dem Bürger einen effizienteren kostengünstigeren und vielfältigeren Service für alle frühren Staatsindustrien zu gewährleisten. In dieses Gesamtkonzept fügt sich der Broadcasting Act nahtlos ein.

Teil 2: Konzentrationsbekämpfung im Rechtsvergleich

1. Die verfassungsdogmatische Verankerung des Pluralismusprinzips

a) Bedeutung des Pluralismusprinzips

Es kann festgestellt werden, daß der Pluralismus in allen vier Rechtsordnungen eine zentrale Bedeutung für das Medienrecht besitzt. In Deutschland, Frankreich und Italien haben die Verfassungsgerichte prägenden Einfluß auf diese Entwicklung genommen. Das deutsche Bundesverfassungsgericht hat in seinen Urteilen zu Rundfunk und Presse immer wieder die Bedeutung der Meinungsvielfalt betont. Der französische Conseil Constitutionnel[1] fordert, daß der *"caractère pluraliste des courants d'expression socioculturels"* in Rundfunk und Presse zur Geltung kommen muß. Die italienische Corte Costituzionale hat in ihrer Rechtsprechung zum Rundfunk den Begriff des *"principio pluralistico"* geprägt[2]. In Großbritannien spielen zwar die Gerichte aufgrund der besonderen verfassungsrechtlichen Situation kaum eine Rolle bei der Entwicklung der medienrechtlichen Dogmatik, in der Literatur hat sich der Pluralismus jedoch ebenfalls als zentraler Wert etabliert (vgl. o. Teil 1 D II).

In den Verfassungstexten Deutschlands, Frankreichs und Italiens kommt der Begriff *"Pluralismus"* nicht vor. Dennoch haben die Verfassungsgerichte und die Literatur in den untersuchten Ländern den medienrechtlichen Pluralismusbegriff weitgehend parallel aus einer Verbindung der Kommunikationsgrundrechte mit dem Demokratieprinzip entwickelt:

Die Kommunikationsgrundrechte enthalten ihrem Wortlaut nach Abwehrrechte des Bürgers gegen den Staat. Nach Art. 11 der französischen Menschenrechtserklärung hat jeder Bürger das Recht frei zu reden, zu schreiben und zu drucken; Art. 21 der italienischen Verfassung garantiert jedermann das Recht auf freie Verbreitung des eigenen Gedankens in Wort, Schrift und jedem sonstigen Verbreitungsmittel und Art 5 Abs. 1 S. 1 GG gewährleistet ebenfalls für jedermann das Recht, seine Meinung in Wort, Schrift und Bild frei zu äußern und zu verbreiten und sich aus allgemein zugänglichen Quellen ungehindert zu unterrichten.

Diese Rechte dienen nach einhelliger Ansicht der Verfassungsgerichte und der Literatur nicht ausschließlich der freien Selbstentfaltung, sondern werden im Zusammenhang mit dem Demokratieprinzip gesehen. Die Bedeutung der Meinungsfreiheit für die Demokratie hat bereits J.S. Mill[3] zu Beginn des Neunzehnten Jahrhunderts beschrieben (vgl. u. Teil 1 C II 2). Nach seinem *"Argument from Democracy"* ist die Gewährung der

---

[1] CCF, Urteil vom 27.7.1982 und Urteil vom 18.9.1986, abgedruckt in: C. Debbasch, Les grands arrêts du droit de l'audiovisuel, 1991, S. 248ff.
[2] CCI, Urteil Nr. 826/1988, Giurisprudenza Costituzionale I 1989, 3893, 3939.
[3] J.S. Mill, On Liberty, London 1836, S. 42ff.

Meinungsfreiheit Voraussetzung für eine funktionsfähige Demokratie, da nur der mündige und informierte Bürger in der Lage ist, eine gute Regierung zu wählen und zu kontrollieren.

Die verfassungsrechtliche Dogmatik in allen vier untersuchten Rechtsordnungen überträgt nun die Bedeutung der Meinungsfreiheit für die Demokratie auf Rundfunk und Presse. Sie geht davon aus, daß die politische Willensbildung heute weitgehend über die Medien erfolgt. Die Medien seien daher, so das Bundesverfassungsgericht, *"schlechthin konstituierend für die demokratische Ordnung"*[4].

An dieser Stelle findet nun der Pluralismusbegriff Eingang in die Diskussion: Wenn die Medien Träger des Meinungsbildungsprozesses sind, so müssen sie die Vielfalt der bestehenden Meinungen zum Ausdruck bringen[5]. Sonst, so die dahinterstehende Logik, wird der Prozeß der politischen Willensbildung verzerrt. Die Bürger können sich nicht umfassend informieren, und sie können auch nicht nach Belieben an der Diskussion aktiv teilnehmen. Pluralismus, so die CCI, drückt sich in der konkreten Wahlmöglichkeit aus einer Vielfalt von Informationsquellen für alle Bürger aus[6], in einem System der freiheitlichen Demokratie müsse die Vielfalt der Informationsquellen und der freie Zugang zu ihnen gewährleistet sein[7]. Fast wortgleich argumentiert der CCF: Pluralismus in den Medien sei ein eigenes Verfassungsziel, das sich aus Art. 11 der Menschenrechtserklärung ergebe[8]. Insofern sei der Pluralismus eine Bedingung für die Demokratie[9]. Auch in Großbritannien wird in Weiterentwicklung der Millschen Argumente der Pluralismus als selbständiger Verfassungswert gesehen, der aus dem Free-Speech-Principle folge[10].

b)   Dogmatische Sonderstellung des Rundfunks bei der Pluralismussicherung

In der Rechtsprechung des französischen und italienischen Verfassungsgerichts ist zunächst der Versuch zu beobachten, einheitliche verfassungsrechtliche Vorgaben für Rundfunk und Presse zugrunde zu legen. Am deutlichsten wird dies in den Urteilen des CCF, der wortgleiche Formulierungen für seine Rechtsprechung zu Rundfunk und Presse benutzt (vgl. o. Teil 1, A II, 2). Die CCI hat ihre Urteile im Medienbereich zwar weniger parallel ausgerichtet, doch auch hier kommt für beide Medien gleichermaßen zum Ausdruck, daß die Grundrechtsgewährleistung für Rundfunk und Presse den gleichen Charakter besitzt (vgl. o. Teil 1, B II 4b). Die Situation in Großbritannien ist aufgrund der gänzlich anderen verfassungsrechtlichen Ausgangslage nicht vergleichbar,

---

4   BVerfGE 7, 198, 208.
5   BVerfGE 57, 295, 319ff; 73, 118, 152f; 74, 297, 320.
6   CCI, Urteil Nr. 826/1988, Giurisprudenza Costituzionale I 1989, 3893, 3928.
7   CCI, Urteil Nr. 105/1972, Giurisprudenza Costituzionale 1972, 1196, 1203.
8   CCF, Urteil v. 10./11. Okt. 1984, Rec. Cost. 1984-1986, 78, 85.
9   CCF, Urteil v. 18. Sept. 1986, JO 19. Sept. 1986, S. 11294ff.
10 Barendt, Eric, Freedom of Speech, Oxford 1987, S. 11ff; Gibbons, Thomas, Regulating the Media, London 1991, S. 180ff.

jedoch wird auch hier in der Literatur das Problem der unterschiedlichen Behandlung in der Regelungspraxis gesehen.

Insgesamt ist festzustellen, daß Rundfunk und Presse stark von der jeweiligen rechtlichen Tradition der einzelnen Medien geprägt sind[11]. Während der Rundfunk in allen vier Ländern eine starke staatliche Tradition besitzt, die sich nicht nur im Willen, inhaltlichen Einfluß zu nehmen widerspiegelt, sondern auch in einer Fürsorgepflicht des Staates für die Bürger, wie sie vor allem in der englischen, aber auch in der italienischen und französischen Rundfunkgeschichte deutlich wird, ist die Presse seit dem ausgehenden 19. Jahrhundert in allen vier Ländern privat organisiert und auf Distanz zum Staat bedacht. Eine unterschiedliche rechtliche Einordnung von Rundfunk und Presse rechtfertigte sich in der Vergangenheit auch durch den unterschiedlich großen technischen und finanziellen Aufwand. Schließlich waren die Verbreitungswege für den Rundfunk aus technischen Gründen soweit beschränkt, daß ein staatliches Monopol allein aus Verteilungsgesichtspunkten gerechtfertigt werden konnte.

Sowohl der finanzielle als auch der technische Unterschied zwischen Rundfunk und Presse haben jedoch in den vergangenen Jahrzehnten an Bedeutung verloren[12]. Es ist heute nicht wesentlich teurer, ein regionales Hörfunkprogramm zu veranstalten, als eine Tages- oder Wochenzeitung zu lancieren[13].

Ein struktureller Unterschied zwischen Rundfunk und Presse bleibt jedenfalls derzeit bestehen: Während sich die Presse zu einem Gutteil aus dem Verkauf finanziert, ist der Rundfunk in der Praxis derzeit meist noch werbefinanziert. Dies führt dazu, daß der bereits im Pressebereich stark vorhandene Konzentrationstrend im Rundfunk noch stärker ausgeprägt ist. Da sich die Kosten eines Rundfunkprogrammes für eine größere Rezipientenzahl kaum erhöhen, der Erlös an Werbeeinnahmen jedoch proportional steigt, sind größere wirtschaftliche Einheiten gegenüber kleineren Unternehmen überproportional im Vorteil. Sie können zu gleichhohen Kosten einen höheren Gewinn erzielen.

Wie sich dies im bereits angebrochenen digitalen Zeitalter verhalten wird, läßt sich noch nicht mit Sicherheit absehen. Untersuchungen[14] erwarten das Entstehen einer Vielzahl von entgeltfinanzierten Spartenkanälen, die sich auf spezielle Interessen richten und ähnlich wie Fachzeitschriften von einem kleineren Rezipientenkreis finanziert werden können. Auch sollen, der Presse vergleichbar, Mischformen zwischen werbe- und entgeltfinanzierten Programmen entstehen. Schließlich werden Print- und elektronische Medien in Zukunft immer weiter zusammenwachsen. Bereits heute ist es möglich,

---

11 Vgl. Barendt, Eric, Broadcasting Law, A comparative Study, Oxford 1993, S. 2.
12 So auch Barendt, a.a.O., S. 4f.
13 Barendt, a.a.O., S. 6.
14 Eberle, Öffentlich-rechtliches Fernsehen im digitalen Zeitalter in: Becker, Lerche, Mestmäcker (Hrsg): Festschrift für Kreile, S. 167 ff., 175; PROGNOS-Studie für die Bayerische Landesmedienanstalt, "Wirtschaftliche Chancen des digitalen Fernsehens, Basel 1994.

Presseprodukte am heimischen Bildschirm abzurufen und sich mithilfe interaktiver Dienste Nachrichtensendungen selbst zusammenzustellen[15].

All dies wird den Unterschied zwischen Rundfunk und Presse weiter verwischen und die Rechtfertigung einer verfassungsrechtliche Differenzierung erschweren. Das Recht muß jedoch mit der tatsächlichen Entwicklung Schritt halten. Für den Rundfunk hat dies am deutlichsten das französische Verfassungsgericht betont.[16]

c) *Charakteristika eines pluralistischen Mediensystems*

Einig sind sich Gerichte und Literatur in allen untersuchten Rechtsordnungen darin, daß ein pluralistisches Mediensystem weder staatlich noch einseitig privat beherrscht sein darf.

Neben diesen negativen Merkmalen werden darüber hinaus für den Rundfunk regelmäßig positive Merkmale genannt. Sie werden zum einen demokratietheoretisch begründet. Der Rundfunk habe alle Meinungen und Meinungsströmungen zum Ausdruck zu bringen, er habe gleichsam eine Schablone dessen zu sein, was sich in der Gesellschaft an Stimmungen und Meinungen abspiele.

Hierbei ist auffällig, daß die Pluralismusvorstellungen stark von der staatstheoretischen Gruppenrepräsentationstheorie (vgl. o. Teil 1 A II 1) geprägt sind. Sowohl in der Rechtsprechung des Bundesverfassungsgerichts, wie auch bei den Verfassungsgerichten in Frankreich und Italien läßt sich dieser Einfluß deutlich verfolgen. Beständig sprechen alle drei Gerichte vom *"Zuwortkommen aller in der Gesellschaft vertretenen Gruppen"* (BVerfG[17]), dem *"Pluralismus der sozio-kulturellen Strömungen"* (CCF[18]) und den *"in der Gesellschaft relevanten Gruppen"* (CCI[19]). Das Gruppenmodell birgt zwei Gefahren für das Verständnis des medienrechtlichen Pluralismus: Zum einen ist die Organisationsvorstellung *"ein Medium eine Gruppe"* zu stark im Pressemodell des 19. Jahrhunderts verhaftet und taugt nicht zur Analyse des heutigen Medienmarktes. Überregionale und regionale Zeitungen werden aus wirtschaftlichen Interessen mehr und mehr zu Forumszeitungen, die zwar immer noch eine Grundtenzenz verfolgen, die jedoch für das Gros der politischen Themen nicht mehr als einheitliche Gruppenmeinung auftreten. Für den privaten Rundfunk, soweit er überhaupt am politischen Meinungsbildungsprozeß teilnimmt[20], gilt dies aufgrund seiner auf eine große Rezipientenzahl angelegten Struktur in noch stärkerem Maße. Zuweilen kann allerdings auch beobachtet werden,

---

15 Prognos, a.a.O.
16 CCF 18.Sept. 1986, JO 19.Sept.1986, S.11294, 11296.
17 BVerfGE 73, 118, 174.
18 Urteil v. 27.7.1982, Rec.Cost. S.48.
19 Giurisprudenza Costituzionale I 1989, 3893, 3928ff.
20 Zumindest im privaten Hörfunk, der nicht selten ein Programm mit nur minimalen Wortbeiträgen liefert, kann man daran mit einigem Recht zweifeln, auch wenn man grundsätzlich mit dem BVerfG und dem CCI der Ansicht ist, daß sich die politische Willensbildung und die Informationsvermittlung nicht ausschließlich in politischen Sendungen vollziehe, sondern ebenso in allen anderen Programmsparten.

daß die Medien den Interessen einer einzelnen Person dienstbar gemacht werden. So ist nicht nur in Deutschland festzustellen, daß die Medien in Einzelfällen sehr gezielt zur Beeinflussung der öffentlichen Meinung eingesetzt werden[21].

Zum anderen lenkt das Gruppenmodell von der heutigen Hauptfunktion der Medien ab: der Kontrolle und Diskussion politischer Entscheidungen durch Rundfunk und Presse. Das Bundesverfassungsgericht hat diese Aufgabe für die Presse im Spiegelurteil beschrieben[22]: *"in der repräsentativen Demokratie steht die Presse zugleich als ständiges Verbindungs- und Kontrollorgan zwischen dem Volk und seinen gewählten Vertretern in Parlament und Regierung. Sie faßt die in der Gesellschaft und ihren Gruppen unaufhörlich sich neu bildenden Meinungen und Forderungen kritisch zusammen, stellt sie zur Erörterung und trägt sie an die politisch handelnden Staatsorgane heran, die auf diese Weise ihre Entscheidungen auch in Einzelfragen der Tagespolitik ständig am Maßstab der im Volk tatsächlich vertretenen Auffassungen messen können".*

Zwar taucht auch hier wieder die Formulierung der *"Gesellschaft und ihrer Gruppen"* auf, ersichtlich geht es jedoch weniger um den Ausgleich der unterschiedlichen Gruppeninteressen, als vielmehr um die Frage der Regierungskontrolle. Es ist kaum anzunehmen, daß das Gericht diese Aufgabe bei entsprechender Gelegenheit für den Rundfunk anders definieren würde als für die Presse. Mehr noch als das parlamentarische System von Regierung und Opposition, allenfalls vergleichbar mit dem Korrektiv der Verfassungsgerichtsbarkeit, übernehmen die Medien in der heutigen Gesellschaft die Aufgabe der Politikkontrolle. Eigenartigerweise erwähnt weder das italienische noch das französische Verfassungsgericht eine solche Funktion der Medien. Stattdessen bleiben sie in der Logik des Gruppendenkens verhaftet. Ihnen geht es vorrangig um die Forumsfunktion des Rundfunks als Spiegel der Gesellschaft und nicht um eine eigenständige Rolle in der staatlichen Ordnung.

Positive Vorstellungen von einem pluralistischen Rundfunksystem resultieren auch aus der etatistischen Tradition, die in allen vier Staaten die Rundfunkgeschichte bis in die Gegenwart geprägt hat. Bei der Untersuchung der Rundfunkgeschichte in Frankreich, Italien und Großbritannien ist festzustellen, daß alle drei Rechtsordnungen eine lange Tradition einer staatlichen Fürsorgepflicht für ein umfassendes Rundfunkprogramm kennen. Der vom Bundesverfassungsgericht verwendete Begriff der Grundversorgung[23] deckt sich im wesentlichen mit dem Public-Service in Großbritannien, dem Service-

---

21   Beispiele für Cross Promotion in Großbritannien: Gibbons, Thomas, Freedom of the Press: Ownership and Editorial Values, Public Law 1992, 279ff, 285; Sadler, John, Enquiry into Standards of Cross Media Promotion, Report to the Secretary of State for Trade and Industry, London 1991. Für Deutschland finden sich Beispiele bei: Weiß, Hans-Jürgen, Gramatins, Andrejs, Die Berichterstattung und Kommentierung der Tagespresse zu SAT1 (Okt. 1984- Januar 1985), Media Perspektiven 1985, 581ff; ders., Die Tendenz der Berichterstattung und Kommentierung der Tagespresse zur Neuordnung des Rundfunkwesens in der Bundesrepublik Deutschland (Okt. 1984-Jan.1985), Media Perspektiven 1985, 845ff.
22   BVerfGE 20, 162, 174.
23   Vgl. BVerfGE 74, 297, 349.

Public in Frankreich und dem Servizio Pubblico in Italien. Alle vier Begriffe umfassen zum einen die Vermittlung neutraler vollständiger Information über politische Geschehnisse. Der Bezug zum Pluralismus als Verbindung der Kommunikationsgrundrechte mit dem Demokratieprinzip ist hier offensichtlich. Zum anderen umfassen sie jedoch die Bereiche Bildung und Unterhaltung, die ebenfalls Bestandteil des Public-Service-Prinzips sind. Hier erschließt sich die Bedeutung für den Medienpluralismus erst bei Einbeziehung des oben erörterten staatstheoretischen Pluralismusbegriffes. Verdienst der staatstheoretischen Pluralismustheorie ist es, die Gruppenorientiertheit der Bürger erkannt zu haben. Auf der Suche nach dem Grundkonsens, der für das gesellschaftliche Zusammenleben der unterschiedlichen Gruppen erforderlich ist, wird z.B. ein integrativ wirkendes Staatsoberhaupt genannt (vgl. o. Teil 1 A II 1). Doch sind es in der modernen Gesellschaft nicht vor allem die Medien und hier insbesondere das Fernsehen, die diese Funktion wahrnehmen? In der englischen und französischen Literatur wurde dieses Phänomen deutlich erkannt. Die obengenannten Regierungsberichte beschreiben fast gleichlautend, die Rolle des Rundfunks in der Gesellschaft: So spricht der Moinot-Bericht davon, daß der Rundfunk die Aufgabe habe, *"den Dialog zwischen den unterschiedlichen Teilen der Nation zu fördern"*[24] während der Peacock-Report die Formulierung verwendet: Der britische Rundfunk sollte ein gemeinsames Wertesystem bieten, das Großbritannien als eine Gemeinschaft, Gesellschaft, Kultur und politische Ordnung widerspiegelt. Der Rundfunk sei das Hauptforum, das die Nation in die Lage versetzt, in Dialog zu treten (*"to talk to itself"*)[25]. Sinn eines umfassenden Grundversorgungsprogrammes ist also nicht nur die Vermittlung von Information für die Förderung der demokratischen Willensbildung. Es hat darüber hinaus das Ziel, einen gesellschaftlichen Grundkonsens zu fördern.

Aus diesen Gemeinsamkeiten läßt sich ein Pluralismusbegriff herausarbeiten, dessen Bestandteile in allen untersuchten Rechtsordnungen anerkannt sind. Er umfaßt im Einzelnen folgende sechs Komponenten:

(1) Staatsfreiheit

Der Staat darf sich keinesfalls der Medien zur Propaganda bedienen. Zwar sind die Medienfreiheiten nicht in allen untersuchten Rechtsordnungen als Abwehrrechte des Bürgers gegen den Staat anerkannt. Unbestritten ist jedoch die demokratieschädliche Konsequenz staatlicher Einflußnahme auf die Medien.

---

24   Moinot, Pierre, Pour une reforme de l'audiovisuel, Rapport au premier ministre de la commission de réflexion et d'orientation, Documentation Francaise, Paris 1981.
25   Peacock Report of the Committee on Financing the BBC, London 1986, cmd 580; vgl. ähnlich auch: Barendt, Eric, Broadcasting Law, A comparative Study, Oxford 1993, S. 53f.

(2)   Freiheit von einseitiger privater Beherrschung

Es muß verhindert werden, daß einzelne private Personen oder Unternehmen einen beherrschenden Einfluß auf die Medien gewinnen. Dies würde zum einen das Zugangsrecht anderer Bürger behindern. Zum anderen könnten die Medien dann ihre Kontrollfunktion für die Politik nicht mehr wahrnehmen.

*(3)   **Wiedergabe von Meinungsvielfalt***

Es muß gewährleistet werden, daß Presse und Rundfunk alle vertretenen Meinungsströmungen wiederspiegeln, damit sich der Einzelne umfassend informieren kann und damit auf diese Weise der Prozeß der öffentlichen Meinungsbildung ungehindert ablaufen kann.

*(4)   **Wiedergabe von inhaltlicher Vielfalt***

Jedenfalls im Rundfunk sollten möglichst alle Sparten berücksichtigt werden, um so das gesamte Spektrum der vorhandenen Themen zu erfassen. Neben politischen Sendungen sollen Shows, Sport, Spiel- und Fernsehfilme berücksichtigt werden.

(5)   Politikkontrolle

Zu einem pluralistischen Mediensystem gehört die Ausübung von investigativem Journalismus. Während die Medien für die Meinungsvielfalt lediglich die vertretenen Strömungen wiederspiegeln, übernehmen sie hier eine eigene Funktion, indem sie Mißstände in Politik, Verwaltung und Gesellschaft aufdecken.

*(6)   **Beitrag zur kulturellen Zusammengehörigkeit des Landes***

Mit der Unterschiedlichkeit der Programme und der Vielfalt der wiedergegebenen Strömungen erfüllen die Medien die Funktion, ein Auseinanderfallen der Gesellschaft in einzelne Gruppen mit gegensätzlichen Interessen zu verhindern. Für diesen Bestandteil des Pluralismus sind insbesondere Rundfunkprogramme und Pressepublikationen erforderlich, die ein Massenpublikum aller gesellschaftlichen Schichten erreichen.

d)   Verhältnis zwischen Pluralismus und Individualrecht

aa)   Problem

Sehr streitig ist in Deutschland, wie das Pluralismusprinzip in die Grundrechtsstruktur der Rundfunkfreiheit aus Art. 5 Abs. 1 S. 2 GG einzuordnen ist. Das Bundesverfassungsgericht hat die Frage, ob ein Individualrecht auf Rundfunkveranstaltung aus Art. 5 Abs. 1 S. 2 GG folgt, bisher dahinstehen lassen[26], scheint jedoch, im Gegensatz zur Rechtsprechung bei der Presse, ein Individualrecht im Rundfunk (vgl. o. Teil 1 A II 2 c) abzulehnen. In der Literatur wird dies z.T. als inkonsequent angesehen, da sich der Rundfunk von der Presse nicht strukturell unterscheide[27] (vgl. o. Teil 1 A II 3).

Im folgenden soll untersucht werden, wie in Frankreich und Italien das Verhältnis zwischen dem Pluralismusprinzip und den Abwehrrechten bei Presse und Rundfunk gesehen wird. Die Rechtslage in Großbritannien bleibt dabei außen vor. Da es dort keinen geschriebenen Grundrechtskatalog gibt, spielt die Abgrenzung zwischen individueller und institutioneller Gewährleistung keine Rolle.

bb) Lösungen in Frankreich und Italien

Der subjektiv-rechtliche Gehalt der Pressefreiheit im Sinne eines Verlegerrechts ist in Frankreich und Italien ebenso wie in Deutschland anerkannt. Die italienische Verfassung garantiert dies in Art. 21 Abs. 2, der jedermann das Recht gibt, seine Meinung auch in Schrift frei zu äußern und zu verbreiten. Auch Art. 11 der französischen Menschenrechtsdeklaration gewährleistet mit der Formulierung *"Jeder Bürger kann ... frei drucken"* die Pressefreiheit in Frankreich ausdrücklich.

Beide Gerichte erkennen auch für den Rundfunk ein Individualrecht neben dem Pluralismusprinzip an. Das französische Gericht hat am deutlichsten den subjektiv rechtlichen Gehalt betont: Die Veranstaltung von Rundfunk falle unter die Ausübung der Kommunikationsfreiheit, es sei eine *"liberté publique"* betroffen. Hier dürfe der Gesetzgeber nicht über das Maß hinaus Regelungen treffen, das erforderlich ist, um die Freiheit zu schützen[28]. Auch die italienische Rechtsprechung erkennt ein Individualrecht auf Rundfunkveranstaltung grundsätzlich an. Den staatlichen Monopolvorbehalt für den Rundfunk bezeichnet die CCI als eine *"schwere Einschränkung des fundamentalen Freiheitsprinzips"*[29].

Es bleibt also zunächst festzuhalten, daß das Pluralismusprinzip im Rundfunk im französischen und italienischen Recht nicht das Individualrecht auf Rundfunkveranstaltung ersetzt. Der Pluralismus steht nach der Rechtsprechung beider Gerichte als eigenständiges Verfassungsprinzip neben dem Individualrecht.

---

26   BVerfGE 73, 118, 152.
27   Bremer, Eckhard, Freiheit durch Organisation oder Organisation statt Freiheit - "Ausgestaltung" der Rundfunkfreiheit als Problem von Grundrechtstheorie und Grundrechtsinterpretation, Vortrag, gehalten am 23.4.93 in Heidelberg, 1993.
28   CCF Urteil v. 27.7.1982, Rec. Cost. S. 48.
29   CCI Nr. 202/1976, Giurisprudenza Costituzionale I 1976, 1267, 1283.

Wie beschreiben die Gerichte nun das Verhältnis zwischen Individualrecht und Pluralismus? Das französische und das italienische Gericht sehen in staatlichem Handeln zum Schutz des Pluralismus der Medien einen Eingriff in die Kommunikationsfreiheit, der zu rechtfertigen ist. Für den CCF führt der Weg über Art. 34 der Verfassung, der dem Gesetzgeber die Verwirklichung der Grundfreiheiten (*"libertés publiques"*) aufträgt. Der Gesetzgeber ist einerseits verpflichtet, Regelungen zu schaffen, um dem Bürger die Wahrnehmung der individuellen Kommunikationsfreiheit zu ermöglichen. Zum anderen hat er dieser Freiheit dort Grenzen zu setzen, wo dies aufgrund technischer Beschränkungen und anderer Verfassungsprinzipien, wie des Pluralismus erforderlich ist[30]. Hierdurch hält das Gericht die Genehmigungspflicht für den privaten Rundfunk und inhaltliche Auflagen für gerechtfertigt. Dabei hat der Gesetzgeber die schonendste Regelung für die Beschränkung der Individualfreiheit zu wählen. Ganz ähnlich argumentiert auch die CCI: Dem subjektiven Recht auf Rundfunkveranstaltung stehe der Pluralismus als Verfassungsgebot gegenüber und müsse mit diesem zum Ausgleich gebracht werden. Es handele sich hier um eine Kollision von Verfassungsgütern. Für diesen Fall hat das Gericht einen harmonischen Ausgleich und eine gegenseitige Koordination zwischen diesen Werten gefordert, so daß eine eventuelle Beschränkung eines Wertes den Anforderungen an die Verhältnismäßigkeit genüge[31]. Die Parallele zur *"praktischen Konkordanz"*[32] im deutschen Verfassungsrecht ist augenfällig, hat doch auch das Bundesverfassungsgericht ausgeführt, daß kollidierende Verfassungswerte im Konfliktfall zum Ausgleich gebracht werden müssen. Ließe sich dies nicht erreichen, so sei unter besonderer Berücksichtigung der falltypischen Gestaltung zu entscheiden, welches Interesse zurückzustehen habe. Beide Verfassungswerte seien dabei in ihrer Beziehung zur Menschenwürde als dem Mittelpunkt des Wertesystems der Verfassung zu sehen.

Zwar lassen sich dogmatische Ansätze unterschiedlicher Verfassungssysteme nur bedingt übertragen. Hier läßt sich jedoch feststellen, daß die französische, italienische und deutsche Verfassungsordnung trotz vieler Unterschiede im einzelnen grundsätzlich vergleichbar sind: Alle drei Verfassungsordnungen besitzen einen in etwa die gleichen Gewährleistungen umfassenden Grundrechtskatalog. Dabei hat die französische Menschenrechtserklärung sowohl dem deutschen als auch dem italienischen Verfassungstext als Vorbild gedient. Der Gesetzgeber ist in allen drei Ländern beim Erlaß von Regelungen an die Beachtung der Grundrechte gebunden. Dieser Bindung wird durch Gesetzeskontrolle eines unabhängigen Verfassungsgerichtes Wirkung verliehen. Ob diese Gesetzeskontrolle zu jedem Zeitpunkt, wie in Deutschland und Italien oder nur direkt vor der Ausfertigung des Gesetzes, wie in Frankreich, möglich ist, spielt dabei keine entscheidende Rolle. Alle drei Verfassungsgerichte sehen die Grundrechte in einer doppelten Funktion: zum einen sind sie Abwehrrechte des Bürgers gegen staatliche

---

30 Debbasch, Charles, Les grands arrets du droit de l'audiovisuel, Paris 1991, S. 202.
31 CCI 826/1988, Giurisprudenza Costituzionale, 1988, 3893, 3934.
32 Hesse, Konrad, Grundzüge des Verfassungsrechts der Bundesrepublik Deutschland, 18. Aufl. Heidelberg 1991, Rn. 72.

Eingriffe, zum anderen wird ihnen in der Auslegung nach objektiven Verfassungsprinzipien wie dem Demokratieprinzip eine Wirkung zugeschrieben, die eine staatliche Tätigkeit im Grundrechtsbereich zum Schutz der objektiven Grundrechtsdimension erforderlich macht.

Das letztgenannte Phänomen stellt die Gerichte vor die gleiche Aufgabe: sich tendenziell widersprechende individualrechtliche und objektivrechtliche Schutzrichtungen sind zum Ausgleich zu bringen. Die erstere verlangt vom Gesetzgeber Abstinenz während die zweite ihn zu Regelungen in eben diesem Bereich auf den Plan ruft. Das deutsche Gericht läßt mit der Interpretation der Rundfunkfreiheit als ausschließlich institutionelles Recht eine Diskrepanz zur Pressefreiheit entstehen, für die es die dogmatische Begründung letztlich schuldig bleibt.

Diese Diskrepanz vermeiden die beiden anderen Verfassungsgerichtshöfe auf folgende Weise: Der Conseil Constitutionnel weist dem Gesetzgeber eine doppelte Aufgabe bei der Grundrechtsinterpretation zu[33]. Zum einen soll der Gesetzgeber die Grundrechte effektivieren, d.h. für den Bürger tatsächlich wahrnehmbar machen. Zum anderen hat er für einen Ausgleich (conciliation) zwischen kollidierenden Verfassungswerten und tatsächlichen Hindernissen zu sorgen. Im Rundfunkbereich hat der Gesetzgeber also das Individualrecht mit dem Pluralismusprinzip zum Ausgleich zu bringen. Der Pluralismus ist dabei zum einen ein selbständiges Verfassungsprinzip mit Affinität zum Demokratieprinzip und hat zum anderen die Funktion der Effektivierung des Individualrechts auf Informationsfreiheit. Für den Gesetzgeber bedeutet dies, daß er das Individualrecht so weit wie nach dem technischen Stand und ohne Schaden für den Pluralismus möglich, zu gestatten hat, denn er darf im Grundrechtsbereich nur tätig werden, um die Freiheit zu intensivieren. Er ist jedoch auch verpflichtet, die Individualfreiheit beispielsweise durch Konzentrationsregeln einzuschränken, wenn dies zum Schutz des Pluralismus erforderlich ist. Beide Gewährleistungen sind soweit wie möglich für den Bürger real zu machen. Ebenso argumentiert die Corte Costituzionale. Auch sie erkennt ein Individualrecht auf Rundfunk- und Presseveranstaltung an und hat im Rahmen ihrer Medienrechtsprechung zum einen ein selbständiges Pluralismusprinzip entwickelt, dessen Bedeutung sie für die demokratische Ordnung betont. Zum anderen zieht sie die Verbindung zur Effektivierung der Informations- und Meinungsäußerungsfreiheit. Auch sie schafft einen Ausgleichsmechanismus zwischen Individualrecht und Pluralismusprinzip. Ganz wie in der französischen Verfassung Art. 34 oder die praktische Konkordanz in der deutschen Verfassungsdogmatik hat der Gesetzgeber in Italien die Aufgabe, unter Wahrung des Verhältnismäßigkeitsprinzips die Verfassungswerte zum Ausgleich zu bringen.

---

33 S. hierzu: Arnold, Rainer, Ausgestaltung und Begrenzung von Grundrechten im französischen Verfassungsrecht - Rechtsvergleichende Überlegungen zur Rechtsprechung des CC, JöR (38) 1990, 197, 201.

2. Wettbewerbsrecht und Medienrecht

a) Positive Ordnung oder Eingliederung in den allgemeinen Wirtschaftsbereich

aa) Lösungsansätze in den untersuchten Rechtsordnungen

Der Streit um die Frage nach positiven Ordnungsprinzipien für den Rundfunk findet sich auch im Ausland wieder. Mit den seit den Siebziger Jahren absehbaren Möglichkeiten eines erweiterten Programmspektrums begann in Frankreich und Großbritannien die Diskussion über eine Liberalisierung des Rundfunks. In beiden Ländern wurden Regierungskommissionen beauftragt, die Berichte über die Einführung privaten Rundfunks vorlegten. Während die französische Kommission[34] zu dem Ergebnis gelangte, daß der Pluralismus im privaten Rundfunk durch eine weitgehende inhaltliche Kontrolle durch den Staat gesichert werden sollte, plädierte der Peacock-Report[35] in Großbritannien für mehr Wettbewerb im Rundfunk und für eine Liberalisierung der Kontrolle. Pluralismus, so das Credo, werde sich durch mehr *"Consumer-Sovereignty"* von selbst durchsetzen. Ähnliche Ansichten wurden auch in der französischen Literatur und Politik vertreten[36]. Beide Gesetzgeber verzichteten jedoch darauf, den Rundfunk tatsächlich in den freien Wettbewerb zu überführen. Sie konsolidierten die Stellung des privaten Rundfunks[37] und schufen umfangreiche Regelungswerke und Aufsichtsbehörden für den privaten Rundfunk. Wettbewerb wurde nur partiell zugelassen und eine inhaltliche Kontrolle über das Programm beibehalten. Das französische Verfassungsgericht und die herrschende Meinung in der Literatur[38] billigten diese Regelung. Nach der Ansicht des CCF[39] ist der Gesetzgeber verpflichtet, positive Regelungen zum Schutz des Pluralismus im Rundfunk zu erlassen. Auch in Großbritannien ist das duale System aus einem öffentlichen Rundfunk und einem bedingt dem Wettbewerb ausgesetzten privaten Be-

---

34 Moinot, Pierre, Pour une reforme de l'audiovisuel, Rapport au premier ministre de la commission de réflexion et d'orientation, Documentation Francaise, Paris 1981.
35 Peacock Report of the Committee on Financing the BBC, London 1986.
36 Balle, Francis, Médias et Sociétés, Presse, Audiovisuel, Telecommunications, Paris 6. Aufl. 1992, S. 218; Assemblée National, 26.4.1982, M.Madelin, Journal Officiel 27.4. S.1307.
37 Vgl. Hoffmann-Riem, Wolfgang, Erosionen des Rundfunkrechts, Tendenzen der Rundfunkrechtsentwicklungen in Westeuropa, München 1990, S. 45ff.
38 Cousin, Bertrand, Delcros, Bertrand, Le droit de la communication, Presse écrite et audiovisuel, Bd 1 1990, S 321ff; Debbasch, Charles Le principe constitutionnel de la liberté de la communication audiovisuelle, La commission nationale de la communication et des libertés, Aix-Marseille 1988, S..9ff; Debbasch, Charles Les grands arrêts du droit de l'audiovisuel, Paris 1991, S.201ff, 267ff, 331; Favoreu, Luis, Chronique Constitutionnelle, Le droit constitutionnel jurisprudentiel, Revue de droit publique 1986, 395ff; Favoreu, Luis, Philip, Loic, Les grandes décisions du conseil constitutionnel, Paris 6. Aufl. 1991, S. 610; Luchaire, Francois, La protection constitutionnelle des Droits et des Libertés, Paris 2. Aufl. 1987, 135ff; Morange, Jean, Droits de l'homme et libertés publiques, Paris 2. Aufl. 1989, 267ff; Truchet, Didier, Vers un droit commun de la communication?, Rev. fr. Droit adm. 1987, 347ff.
39 CCF 18.Sept. 1986, JO 19.Sept.1986, S.11294, 11298.

reich anerkannt[40]. In Italien verlief die Entwicklung weniger geregelt. Eine klare Regierungspolitik gab es aufgrund der zahlreichen Krisen bis in die Neunzigerjahre hinein ebensowenig, wie eine gesetzliche Regelung. Die Entwicklung des Rundfunks erfolgte demnach tatsächlich unter den Bedingungen des freien Wettbewerbs[41] und ohne inhaltliche Regulierung. Das italienische Verfassungsgericht forderte zwar immer wieder eine positive Ordnung für den privaten Rundfunk, konnte sich jedoch bis 1990 mit dieser Forderung nicht durchsetzen.

Weder nach der deutschen noch nach der französischen Rechtsprechung ist der Gesetzgeber aufgrund des Pluralismusprinzips zur Verwirklichung eines bestimmten Regelungsmodells gezwungen. Festgelegt ist nur das Ziel, ein pluralistisches Rundfunksystem zu garantieren. Wie die Gesetzgeber dieses Ziel in die Praxis umsetzen, ist in gewissen, von den Gerichten vorgegebenen Schranken, ihre eigene Entscheidung. Nach der Rechtsprechung des deutschen Bundesverfassungsgerichts[42] kann der Gesetzgeber zwischen mehreren zulässigen Regelungsmodellen wählen. Die Verfassung legt ihn weder auf eine private oder öffentlichrechtliche Organisationsform fest, noch zwingt sie zur konsistenten Verwirklichung eines einmal gewählten Modells. Auch der CCF hat dem Gesetzgeber einen weiten Spielraum für die Ausgestaltung der *"libertés publiques"* nach Art. 34 der französischen Verfassung zugebilligt. Hierzu gehöre nicht nur die Gründung und Auflösung der Aufsichtsbehörde, sondern auch die Frage, ob neben dem privaten Rundfunk noch ein staatlicher Sektor bestehen müsse. Die CCI dagegen hat einen Gestaltungsspielraum des Gesetzgebers nicht ausdrücklich erwähnt. Ihre Regelungsvorgaben sind in vielen Bereichen sehr viel verbindlicher, als die der anderen beiden Gerichte. Der Gesetzgeber hat auch keine Freiheit bei der Modellwahl. Für das englische Verfassungsverständnis ist die Frage nach einer Ausgestaltungsfreiheit des Gesetzgebers nicht relevant, da das Parlament traditionell völlige Freiheit bei der Gesetzgebung auch im Grundrechtsbereich besitzt.

Im Rahmen der beschriebenen Regelungsfreiräume ist der Gesetzgeber nach Ansicht aller drei Gerichte verpflichtet, ausgestaltende Regelungen für den Rundfunk zu erlassen. Der italienische Gerichtshof macht dabei die strengsten Vorgaben. Für ihn ist der staatliche Rundfunk in seiner binnenpluralistischen Organisationsform zwingend. Eine grundsätzliche Zulassungspflicht des privaten Rundfunks ergebe sich aus dem Individualrechtscharakter des Art. 21 der Verfassung. Dieser sei außenpluralistisch zu organisieren, eine binnenpluralistische Form entspreche nicht seinem Charakter und sei daher nicht geeignet, den Pluralismus zu sichern. Der französische Gerichtshof hat das außenpluralistische Modell für den privaten Rundfunk als verfassungsgemäß erachtet, es

---

40 Vgl. Gibbons, Thomas, Regulating the Media, London 1991, S. 15; Barendt, Eric, Freedom of Speech, Oxford 1987, S. 44ff.
41 Lehnfeld, Uwe, Rundfunk unter den Bedingungen des freien Wettbewerbs am Beispiel Italien, Berlin 1986.
42 BVerfGE 83, 238, 325f.

hat allerdings verlangt, daß das Gesetz verfassungskonform so ausgelegt wird, daß die Aufsichtsbehörde binnenpluralistische Sicherungen zu fordern habe, falls in einem Gebiet eine ausreichend pluralistische Anzahl von Veranstaltern nicht bestehe. Die Zulassung privaten Rundfunks hat das Gericht nicht ausdrücklich zur Regelungsvorgabe gemacht. Aus seiner Aussage, der Gesetzgeber habe das Individualrecht mit den technischen Beschränkungen und verfassungsrechtlichen Werten in Ausgleich zu bringen, darf jedoch vermutet werden, daß ein grundsätzliches Verbot privaten Rundfunks als unzulässig anzusehen wäre. Die Rechtsprechung des Bundesverfassungsgerichts weicht hiervon ab: Das deutsche Gericht läßt dem Gesetzgeber völlig freie Wahl zwischen einem rein öffentlichrechtlichen und einem privaten Modell. Seine Vorgaben beziehen sich lediglich auf die Verfassungsmäßigkeit einzelner Modelle. Allerdings hat es ebenso wie das französische Gericht das außenpluralistische Modell nur dann als zulässig erachtet, wenn der Gesetzgeber für den Fall einer unzureichenden Veranstalterzahl binnenpluralistische Sicherungen vorsieht. Alle drei Gerichte stellen Regelungsanforderungen bezüglich der Konzentrationsbekämpfung.

bb) Stellungnahme

Eine Entscheidung der Frage *"positive Ordnung oder freier Wettbewerb"* sollte sich an den oben herausgearbeiteten Bestandteilen des Pluralismusgebots orientieren. Eine den verfassungsrechtlich gebotenen Anforderungen entsprechendes Mediensystem muß demnach folgende Voraussetzungen erfüllen:
- Es muß die Entstehung einseitiger staatlicher oder privater Machtposition verhindern.
- Es sollte das Entstehen maximaler inhaltlicher und Meinungsvielfalt der Medien fördern.
- Es sollte das Ziel der Politikkontrolle fördern und einen Beitrag zur kulturellen Zusammengehörigkeit des Landes leisten.

Es ist in der augenblicklichen technischen Umbruchsituation schwer zu beurteilen, ob diese Anforderungen ausschließlich durch eine positive Ordnung mit einem großen öffentlichrechtlichen Sektor und einer strikten Regulierung des privaten Bereichs zu erfüllen sind oder ob eine völlige Deregulierung des Rundfunks diese Anforderungen ebenso erfüllen würde. Jedenfalls in der derzeitigen Phase darf auf eine wirksame Konzentrationsbekämpfung nicht verzichtet werden. Die Zusammenballung von Medienmacht in einer Hand muß durch staatliche Tätigkeit zu verhindern sein.

Zwar ist das verfassungsgerichtliche Gebot nach *"gleichgewichtiger Vielfalt"* im Rundfunk wenig realistisch[43], denn Vielfalt läßt sich nicht *"herstellen"*. Das Bundesverfassungsgericht hat deshalb *"gleichgewichtig"* als Zielwert für den Gesetzgeber defi-

---

43   Hoppmann, Erich, Meinungswettbewerb als Entdeckungsverfahren, in: Mestmäcker, Ernst-Joachim, Offene Rundfunkordnung, 1988 Gütersloh, S. 187.

niert[44]. Dennoch muß festgestellt werden, daß sich die öffentliche Meinung grundsätzlich ungleichgewichtig bildet[45]. Daher ist das Bild von der gleichgewichtigen Vielfalt grundsätzlich zu statisch, um die Zusammenhänge der Meinungsbildung in den Medien zu beschreiben. Darüber hinaus entspricht das gleichgewichtige Zuwortkommen aller Meinungen oder Strömungen einem zu statischen Verständnis des Pluralismus. Ausgewogenheit und Pluralismus sind keineswegs Äquvivalente. Zwar ist die Wiedergabe aller in der Gesellschaft vertretenen Meinungsströmungen ein Bestandteil des Pluralismusprinzips (vgl. o. 3b). Doch die Gewichtung der einzelnen Strömungen kann nicht statisch sondern nur dynamisch erfolgen. Daher mag die Ausgewogenheit zwar ein wichtiger Bestandteil für die Programmgestaltung des öffentlichrechtlichen Rundfunks sein, für die Beurteilung der Gesamt-Medienlandschaft ist sie dies jedoch nicht.

Insoweit kann es dahingestellt bleiben, ob es Ziel des Medienrechts ist, gleichgewichtige Vielfalt herzustellen[46] oder ob sie den Meinungswettbewerb über Erhaltung des wirtschaftlichen Wettbewerb fördern will[47]. Da sich ein gleichgewichtiges System jedenfalls nicht herstellen läßt, kann es Ziel der entsprechenden Gesetzgebung nur sein, eine einseitige Vermachtung zu bekämpfen und die Meinungsvielfalt zu fördern.

Die Frage, inwieweit sich maximale Vielfalt nur durch staatliche Gewährleistung oder nur durch private wirtschaftliche Konkurrenz entfalten kann, nähert sich ihrem Charakter nach einer Glaubensfrage. Wirtschaftswissenschaftliche Untersuchungen, wie die von Engelke[48] vorgelegte, kommen zu keinem eindeutigen Ergebnis. Engelke scheint jedoch dazu zu tendieren, dem wirtschaftlichen Wettbewerb die Fähigkeit abzusprechen, maximale Vielfalt im Rundfunk hervorzubringen[49]. Andere Autoren sind der Ansicht, daß das Prinzip der spontanen Ordnung, das alle ökonomischen Zusammenhänge regiere (und diese ließen sich nicht von den publizistischen lösen) sich nur bei staatlicher Abstinenz bzw. der Beschränkung auf das Setzen allgemeiner Regeln entfalten könne. Erfahrungswerte liegen diesbezüglich nur für die Presse vor. Der wirtschaftliche Wettbewerb hat im Bereich der landesweiten Verbreitung der Tagespresse zumindest zu einer begrenzten Vielfalt geführt[50]. Nimmt man die zahlreichen Publikationen auf dem Zeitschriftenmarkt hinzu, so kann über mangelnde Vielfalt hier nicht geklagt werden[51]. Ob im Rundfunk eine ähnliche Bandbreite entstehen wird, läßt sich in der augenblick-

---

44 BVerfGE 73, 118, 156.
45 Hoppmann, a.a.O.
46 Vgl. hierzu Engel, Christoph, Vorsorge gegen die Konzentration im privaten Rundfunk mit den Mitteln des Rundfunkrechts - eine Analyse von § 21 Rundfunkstaatsvertrag 1991, ZUM 1993, 557, 569.
47 Vgl. Wallenberg, Gabriela v., Aktuelle kartellrechtliche Fragen im Rundfunk, WuW 1991, 963, 969.
48 Engelke, Heinrich, Die Interpretation der Rundfunkfreiheit des Grundgesetzes: Eine Analyse aus ökonomischer Sicht, Frankfurt u.a. 1992.
49 Engelke, a.a.O., S. 222.
50 BVerfGE 73, 118, 156.
51 Rager, Günther, Weber, Bernd (Hrsg.), Publizistische Vielfalt zwischen Markt und Politik - Mehr Medien-mehr Inhalte?, Düsseldorf u.a. 1992, S. 7.

lichen Umbruchsituation kaum beurteilen. Die kommenden Jahre werden eine starke Programmvermehrung und damit einhergehend eine Programmdifferenzierung mit sich bringen[52]. Die damit einhergehende Verringerung der Programm- und Übertragungskosten weist auf eine Angleichung des Rundfunks an die Presse hin. Denkbar wäre jedoch auch eine Entwicklung hin zu einer weiteren Konzentration durch die Kontrolle der Zugangsmöglichkeiten für entgeltfinanziertes Fernsehen, wie es sich im Rahmen des Media Service GmbH - Verfahrens vor der Europäischen Kommission abzeichnete[53]. Gleichfalls ist unsicher, ob ein auf freiem Wettbewerb beruhendes System in der Lage ist, die kulturelle Zusammengehörigkeit des Landes zu fördern. Aufgrund der Werbefinanzierung, so wird argumentiert, sei der private Rundfunk gezwungen, ein grundsätzlich massenattraktives, an Einschaltquoten orientiertes Programm zu machen, das gewisse Bevölkerungsgruppen und Interessen aufgrund mangelhafter Kaufkraft vernachlässige[54]. Andererseits ist eine immer stärkere Differenzierung der Programme zu beobachten, die auch ein stärkere Zielgenauigkeit der Werbung erlaubt. Hier könnte sich eine ähnliche Entwicklung wie bei der Special-Interest-Presse anbahnen, die auch Minderheitsinteressen berücksichtigt.

Angesichts der weitreichenden technischen Veränderungen, die sich im Rundfunk abzeichnen (Abruf von Fernsehprogrammen über das Telefonnetz, Erhöhung der Programmzahl durch Komprimierung, flächendeckende Verbreitung des Satellitendirektempfangs usw.[55]) lassen sich zuverlässige Prognosen derzeit nicht machen. Daher erscheint es angebracht, bis auf weiteres das augenblickliche duale System beizubehalten. Sollte sich abzeichnen, daß der wirtschaftliche Wettbewerb geeignet ist, die obengenannten Pluralismusbestandteile wirksam zu gewährleisten, so greift das Individualrecht auf Rundfunkveranstaltung Stück für Stück Raum. Denn dann entfällt die Berechtigung des Staates, regulierend in die Rundfunkveranstaltung einzugreifen und damit Individualrechte zu beschränken. Im Wege des oben beschriebenen Ausgleichs unterschiedlicher Verfassungsgüter hat der Gesetzgeber dann die *"positive Ordnung"* zu reduzieren und den rechtlichen Rahmen des Rundfunks dem der Presse anzugleichen.

b)   Verhältnis der wettbewerbsrechtlichen zur medienrechtlichen Kontrolle

In Deutschland ist das Verhältnis zwischen beiden Regelungsmaterien für die Anwendung im Rundfunkbereich umstritten. Dieser Streit ist in weiten Teilen von der Frage der Regelungskompetenz im föderalen Bundesstaat bestimmt[56]. Denn das Rund-

---

52 PROGNOS-Studie für die Bayerische Landesmedienanstalt, "Wirtschaftliche Chancen des digitalen Fernsehens, Basel 1994.
53 Vgl. Entscheidung der EG-Kommission, Amtsbl. der EG v. 31.12.1994 Nr. L 364/1.
54 Engelke, a.a.O.
55 DER SPIEGEL 19/1993, 220ff; Focus 15/1993, 108f u. 16/1993, 120f; FAZ v. 13.04.1994, S. T2.
56 Vgl. Wittig-Terhard, Margret, Rundfunk und Kartellrecht, AfP 1986, 298ff; Stock, Martin, Rundfunk und Kartellrecht, AfP 1989, 627ff; Gabriel-Bräutigam, Karin, Rundfunkkompetenz und

funkrecht folgt aus einer originären Landeskompetenz[57], während das Wettbewerbsrecht Regelungsaufgabe des Bundes gem. Art. 74 Nr. 11 GG ist. Bei Rundfunkunternehmen treffen sie auf den gleichen Regelungsgegenstand. Für die Klärung dieser Frage bietet die Heranziehung der untersuchten ausländischen Rechtsordnungen keine Anregungen. Eine vergleichbare föderale Organisation findet sich in keinem der untersuchten Länder. Streitig ist jedoch auch, wie die Kompetenzen zwischen Rundfunk- und Wettbewerbsbehörde verteilt sind (vgl. o. Teil 1 A II 2 f). Beide Kontrollbehörden befassen sich mit demselben Regelungsgegenstand. Sie kontrollieren die Programmunternehmen auf ihre gesellschaftsrechtliche Zusammensetzung hin. Da das Bundeskartellamt bei seiner Prüfung allein das Kriterium der Störung des wirtschaftlichen Wettbewerbs berücksichtigen darf und die Rundfunkbehörden bezüglich der Sicherung des Pluralismus prüfen, können hier Konflikte auftreten.

aa)   Lösungen in den untersuchten Rechtsordnungen

Eine wettbewerbsrechtliche Kontrolle existiert in allen untersuchten Rechtsordnungen. In Frankreich besteht das *"Gesetz über die Kontrolle der wirtschaftlichen Konzentration in Frankreich"* von 1977 (s. o. Teil 1 B IV). In Italien wurde im Jahre 1990 das allgemeine Kartellgesetz verabschiedet (s. o. Teil 1 C IV). In Großbritannien enthält der *Fair Trading Act* von 1973 (s. o. Teil 1 D III 7) Regelungen zur Konzentrationskontrolle[58]. Unterschiede zwischen dem deutschen und den ausländischen Wettbewerbsordnungen zeigen sich jedoch bei der Bestimmung des Regelungszweckes. Zwei Gruppen gibt es: Das deutsche und das neue italienische Kartellgesetz dienen ausschließlich der Sicherung des wirtschaftlichen Wettbewerbs und dem Schutz des Marktes (vgl. o. Teil 1 A III 1 b), C III 6a). Sie sind wettbewerbspolitisch orientiert, während das französische und das englische Wettbewerbsrecht nach wie vor auch industriepolitische Ziele verfolgen[59]. Am stärksten zeigt sich dies bei der *"Public Interest"*-Prüfung des englischen Fair Trading Act. Der Schutz des wirtschaftlichen Wettbewerbs erscheint hier nur als eines von zahlreichen berücksichtigenden Regelungsziele. Das französische Gesetz ist zwar ausdrücklich auf den Schutz des wirtschaftlichen Wettbewerbs verpflichtet, auch hier finden jedoch in beträchtlichem Maße industriepolitische Wertungen Eingang. Die Berücksichtigung industriepolitischer Zielsetzungen und die Entscheidung durch den Minister und nicht durch eine unabhängige Behörde nach objektiven Marktabgrenzungskriterien bietet in Großbritannien und Frankreich beträchtlichen Spielraum für staatlichen Einfluß (vgl. u.

Rundfunkfreiheit - Eine Untersuchung über das Verhältnis der Rundfunkhoheit der Länder zu den Gesetzgebungszuständigkeiten des Bundes, Baden-Baden 1990.
57   BVerfGE 12, 205, 260f.
58   Vgl. o. Landesberichte u. Paschke, a.a.O., Rn. 12f.
59   Zum Gegensatz zwischen Wettbewerbs- und Industriepolitik bei der Schaffung der europäischen Fusionskontrolle s. Mestmäcker, Ernst-Joachim, Fusionskontrolle im gemeinsamen Markt zwischen Wettbewerbs- und Industriepolitik, EuR 1988, 349ff.

Teil 1 D III 7a; B IV 2). Insoweit ist es unter dem Gesichtspunkt der Staatsfreiheit nur konsequent, daß das französische Rundfunkgesetz die Geltung der wettbewerbsrechtlichen Konzentrationskontrolle auf Rundfunkunternehmen generell ausschließt (vgl. u. Teil 1 B IV 2). Eine Anregung für die deutsche Situation kann hierin aus obengenannten Gründen jedoch nicht gesehen werden.

In Großbritannien und Italien dagegen gilt die wettbewerbsrechtliche Kontrolle neben den rundfunkrechtlichen Bestimmungen. In beiden Ländern wurde jedoch das Konfliktpotential einer konkurrierenden Zuständigkeit gesehen und durch prozedurale Bestimmungen aufgefangen. Während das englische Rundfunkgesetz eine umfassende gegenseitige Konsultationspflicht vorsieht (vgl. o. Teil 1 C III 7d), hat das italienische Gesetz die Ausübung der wettbewerbsrechtlichen Kontrolle vollständig auf die rundfunkrechtliche Aufsichtsbehörde übertragen (vgl. o. Teil 1 B IV 2).

Aus rechtsvergleichender Sicht ist darüber hinaus festzustellen, daß die medienrechtliche Konzentrationsbekämpfung in allen untersuchten Rechtsordnungen von Medienbehörden zum Schutz des Pluralismus ausgeübt wird. Kartellbehörden sind an der Kontrolle z.T. beteiligt, sie üben jedoch nicht Kompetenzen des Medienrechts aus.

bb) *Stellungnahme*

Eine klare Kompetenzabgrenzung zwischen Bundeskartellamt und Landesmedienanstalten erscheint auch für die deutsche Rechtslage wünschenswert. Um die Einheit der Rechtsordnung zu wahren, sollten gegensätzliche Kontrollentscheidungen durch einen Abstimmungsmechanismus vermieden werden. Anregungen können sowohl die englische als auch die italienische Regelung bieten. So könnte z.B. ein gesetzlich geregelter Abstimmungsmodus vergleichbar den Regelungen in Großbritannien für die Prüfung der wettbewerbsrechtlichen Kompatibilität des Channel 3 Networks (vgl. o. Teil 1 C III 7d) als Vorbild für eine deutsche Regelung dienen. Auf diese Weise könnten durch ein ausgestaltetes Verfahren mit genau festgelegten Fristen Kompetenzstreitigkeiten, wie sie in Deutschland vorgekommen sind, bereits im Ansatz ausgeschlossen werden. Insbesondere könnte verhindert werden, daß eine doppelte Prüfung mit anschließender gerichtlicher Auseinandersetzung die Zulassung privater Veranstalter verzögert.

Auch an eine Übertragung der kartellrechtlichen Zuständigkeit für Rundfunkunternehmen auf die Medienbehörde, wie sie in Italien geltendes Recht ist, ließe sich denken. Diese sollte allerdings nicht, wie in Italien, die Übertragung der Kompetenz für die Pressekontrolle einschließen. Denn diese ist in Deutschland bereits von Verfassungs wegen dem Bund zugeordnet. Die Pressefusionskontrolle des Bundeskartellamtes ist außerdem von anerkannt hoher Qualität und sichert sowohl den wirtschaftlichen als auch den publizistischen Wettbewerb wirksam. Für die Rundfunkkontrolle könnte das Bundeskartellamt wirtschaftlichen Sachverstand zur Verfügung stellen, über den die Landesmedienanstalten aus personellen Gründen nur bedingt verfügen. Die Beurteilung von Beteiligungsverhältnissen und die Vornahme einer sachgerechten Zurechnung stellte sie in der Vergangenheit immer wieder vor erhebliche Probleme[60]. Allerdings müßte ein solcher Abstimmungs- oder Kompetenzübertragungsmechanismus in Deutschland eine gesetzliche Grundlage erhalten. Denn die Weitergabe von vertraulichen Geschäftsinformationen der Rundfunkunternehmen erweist sich als Eingriff in den Grundrechtsbereich und unterliegt daher dem Gesetzesvorbehalt[61].

3. Dem Marktanteilsmodell vergleichbare Ansätze in den ausländischen Rechtsordnungen

In der Diskussion um die Einführung des Marktanteilsmodells wurde von den Gegnern immer wieder eingewandt, daß international keinerlei Erfahrungen mit diesem Modell bestünden[62]. Dies trifft nur bedingt zu. Das italienische, das französische und das Rundfunkrecht in Großbritannien enthalten Vergleichsansätze. Zwar gehen sie grundsätzlich von einem System der Beteiligungsbeschränkungen aus, kennen jedoch in einzelnen Bereichen die Anknüpfung an die Reichweite eines Veranstalters.

a) Frankreich

So knüpfen die Regelungen des französischen Rundfunkgesetzes für eine Beschränkung der Lizenzkumulation im regionalen Bereich nicht an die Anzahl der Lizenzen sondern an die Zahl der erreichbaren Zuschauer an. Bei der terrestrischen Verbreitung darf ein Gebiet von sechs Millionen Zuschauern abgedeckt werden, bei der Kabelverbreitung sind acht Millionen zulässig (vgl. § 41 Abs. 4, 6 frz. RfG). Im Vergleich zu der Zuschauermessung des Marktanteilsmodells erweist sich diese Erfassung der Meinungsmacht als das gröbere Instrument. Während das französische Modell fingiert, daß ein erreichbarer Zuschauer dem Meinungseinfluß ausgesetzt ist, fingiert das deutsche Modell lediglich, daß ein erreichter Zuschauer den Meinungseinfluß tatsächlich rezipiert. Um eine Vermutung, die der Wirklichkeit nicht zwangsläufig entsprechen muß, handelt es sich in beiden Fällen[63]. Lassen sich die Meßprobleme zufriedenstellend lösen, so ist der Marktanteilsansatz der französischen Lösung vorzuziehen.

---

60 Landesmedienanstalten, Erfahrungsbericht der Landesmedienanstalten zur Sicherung der Veranstalter- und Beteiligungsvielfalt im bundesweit verbreiteten Rundfunk (DLM-Konzentrationsbericht), hektographierte Fassung, 1995, S. 47.
61 Vgl. Engel, Christoph, Vorsorge gegen die Konzentration im privaten Rundfunk mit den Mitteln des Rundfunkrechts - eine Analyse von § 21 Rundfunkstaatsvertrag 1991, ZUM 1993, 557, 574.
62 Vgl. z.B. RTL-Chef Dr. Helmut Thoma bei einer Veranstaltung in Köln am 23. 03.1995
63 Hierzu für das deutsche Recht kritisch vgl. Paschke, Marian, Plog, Philipp, Fortschritte bei der Konzentrationskontrolle im Rundfunk? in: Prinz, Matthias, Peters, Butz (Hrsg.), Medienrecht im Wandel - Festschrift für Manfred Engelschall, Baden-Baden 1996, S. 99, 110.

b)   Italien

Das italienische Recht enthält eine Kumulationsregelung bei der vertikalen und diagonalen Kontrolle. Die Ressourcenakkumulation gem. Art. 15 Abs. 2 it. RfG nimmt den Branchenumsatz aller Medien- und medienverwandter Unternehmen als Anknüpfungspunkt und beschränkt diesen für ein Unternehmen auf 25 v.H. Die Anknüpfung an Umsatzzahlen war auch für das deutsche Recht vorgeschlagen worden, konnte sich jedoch nicht durchsetzen[64]. Sie ist der Messung der Zuschaueranteile i.E. nicht vorzuziehen, da sie an ein Kriterium anknüpft, das von der Messung der Meinungsmacht weiter entfernt ist als der Zuschaueranteil[65].

c)   Großbritannien

In Großbritannien hat das zuständige Ministerium in einem Greenbook die Einführung eines Marktanteilsmodells vorgeschlagen[66]. Anders als das deutsche Modell sollten sie den gesamten Medienmarkt erfassen und mittels eines Systems unterschiedlich gewichteter Medienbereiche die Meinungsmacht erfassen. Als Höchstschwelle sieht dieser Entwurf zwar einen wesentlich geringeren Prozentsatz als das deutsche Modell vor. Zulässig soll die Beherrschung von 15 v.H. des Medienmarktes sein. Berücksichtigt man allerdings, daß hierbei auch die verwandten Märkte einbezogen sind, so mag sich die Differenz hierdurch wieder ausgleichen. Gescheitert ist dieses Modell bisher an der Frage zuverlässiger Messung der Meinungsmacht[67]. Anders als das deutsche Marktanteilsmodell, das zwischen einzelnen Sparten des Rundfunks kaum differenziert, war in Großbritannien der gesetzgeberische Ehrgeiz von vornherein zu hoch angesetzt. Eine Erfassung der Meinungsrelevanz einzelner Medienbereiche kann durch objektive und justitiable Maßstäbe kaum erfolgen. In Deutschland steht hier auch das Postulat des Bundesverfassungsgerichts entgegen, daß es sich der Gesetzgeber nicht anmaßen dürfe, zwischen einzelnen Sparten zu differenzieren, da auch Unterhaltungsprogramme auf die Meinungsbildung einwirken können. Eine Differenzierung käme daher in eine gefährliche Nähe zur Zensur.
In Großbritannien gibt es auch ein Vorbild für den Kontrahierungszwang bei der Auswahl unabhängiger Fensterprogrammveranstalter gem. § 31 RfStV. Auch in Channel 3 müssen die regionalen Veranstalter gemeinsam mit der Aufsichtsbehörde ein unabhängiges Unternehmen mit der Produktion der überregionalen Nachrichtensendung beauf-

---

64   Vgl. Kübler, Friedrich, Konzentrationskontrolle des bundesweiten Rundfunks, in: Die Sicherung der Meinungsvielfalt, Schriftenreihe der Landesmedienanstalten (bd. 4), S. 287, 306 ff.
65   Differenzierend vgl. Paschke, Plog, a.a.O., S. 110.
66   Vgl. die Nachweise bei: Doyle, Gillian, Deregulierung für den Multimediamarkt, Media Perspektiven 1996, 164, 165 f.
67   Vgl. Doyle a.a.O., 167.

tragen (vgl. hierzu o. D III 1c). Bewährt haben sich diese Regelungen allerdings nach übereinstimmender Ansicht der Behörde und der Veranstalter nicht.

4. Beschränkungen bezüglich der Anzahl der Programme

a) Vergleich

Anders als der Rundfunkstaatsvertrag, der die Konzentrationbekämpfung durch Beschränkung der Beteiligungshöhe aufgegeben hat, bedienen sich die meisten Landesmediengesetze nach wie vor der Beteiligungsbeschränkung. Exemplarisch soll der Vergleich auf das Landesmediengesetz Baden-Württemberg beschränkt bleiben. Nach § 22 Abs. 1 LMedienG Baden-Württemberg kann eine juristische oder natürliche Person lediglich ein Programm pro Verbreitungsgebiet veranstalten. Etwas anderes gilt in Italien, wo ein Veranstalter auf lokaler Ebene eine zweite Zulassung erhalten kann, soweit eine Frequenz bei der Verteilung ohne weiteren Antragsteller geblieben ist.
Eine Mehrfachzulassung zur Veranstaltung regionalen Hörfunks und Fernsehens für unterschiedliche Verbreitungsgebiete ist in allen Rechtsordnungen grundsätzlich zulässig. Nur in Deutschland jedoch unterliegt sie keinen Beschränkungen[68]. Liegen die Gebiete in unterschiedlichen Bundesländern, so ist eine Mehrfachzulassung ohne jede Kontrolle möglich[69]. Beantragt ein Veranstalter in Baden-Württemberg eine zweite Zulassung, so kann die Landesrundfunkanstalt im Rahmen ihrer Abwägungskompetenz diese verweigern, wenn er bereits in anderen Gebieten als Veranstalter vertreten ist. In Frankreich dagegen ist die Zulassungsmöglichkeit von regionalem Hörfunk auf die Gesamteinwohnerzahl von 15 Millionen beschränkt, soweit daneben eine Zulassung für die Ausstrahlung von landesweitem Rundfunk gehalten wird. In Italien liegt die Einwohnerhöchstgrenze für die Verbreitung regionalen Rundfunks sogar bei nur 10 Millionen. In Großbritannien ist die Gesamtanzahl regionaler und lokaler Zulassungen für den Rundundfunk nach einem komplizierten Punktesystem beschränkt.
Der Grund für das Fehlen einer entsprechenden Regelung im Landesmediengesetz Baden-Württemberg, wie auch in den anderen Rundfunkgesetzen der Länder liegt zum einen in der föderalen Geltungsbeschränkung der Gesetze[70]. Zum anderen ist er wohl in einer Sichtweise des Pluralismus zu suchen, die sich auf den jeweiligen Rezipientenkreis beschränkt. Eine Gefahr für den Pluralismus wird nur dann gesehen, wenn innerhalb des entsprechenden Verbreitungsgebietes ein Ungleichgewicht durch vorherrschende Meinungsmacht entsteht.

---

68 Vgl. auch Holznagel, Bernd, Konzentrationsbekämpfung im privaten Rundfunk, ZUM 1991, 263, 2
69 Kritisch diesbezüglich auch: Holznagel, a.a.O. 271.
70 Vgl. VG Hannover Beschluß v. 02.04.1993, AfP 1993, 691.

b) Stellungnahme

Zur Verhinderung einseitiger privater Macht ist die Zulassungsbeschränkung grundsätzlich geeignet. Zwischen publizistischem und wirtschaftlichem Wettbewerb besteht unstreitig ein Zusammenhang insoweit, als das Bestehen unabhängiger wirtschaftlicher Einheiten das Entstehen einseitiger Meinungsmacht verhindern[71].
Die Zulassungsbeschränkung versagt als Regelungsinstrument jedoch dort, wo Konkurrenten aufgrund eigener wirtschaftlicher Schwäche den Betrieb einstellen müssen. So zeigt z.B. die Erfahrung mit dem Landesmediengesetz Baden-Württemberg[72] deutlich, daß die heute bestehenden lokalen Doppelmonopole nicht aufgrund eines Versagens der Zulassungsbeschränkung im Landesmediengesetz Baden-Württemberg entstanden sind. Ursache war vielmehr die Tatsache, daß die lokalen Werbemärkte für den Hörfunk regelmäßig nicht in der Lage sind, mehr als einen Veranstalter zu finanzieren. In größeren Märkten wie dem landesweiten Fernsehmarkt dürfte die Zulassungsbeschränkung dagegen prinzipiell geeignet sein, einen funktionierenden Markt zu erhalten.
Ob die Zulassungsbeschränkung zu dem Bestehen von Meinungsvielfalt beitragen kann, ist dagegen zweifelhaft. Die Vorstellung, jede in der Gesellschaft vertretene Meinungsströmung könnte über ein eigenes Rundfunkprogramm zu Wort kommen, dürfte unter den gegenwärtigen technischen Voraussetzungen illusorisch sein. Diese Sichtweise verkennt bereits den Stellenwert des politischen Äußerungswillens bei den Veranstaltern von Rundfunk. Vielmehr sind Rundfunkveranstalter aufgrund des ökonomischen Drucks, dem sie ausgesetzt sind, generell bemüht, entweder unterschiedliche Stimmen im Programm zum Ausdruck zu bringen oder ihr Programm möglichst meinungsneutral zu halten.

Andererseits stellt jedes Programm eines selbständigen Veranstalters eine Möglichkeit mehr dar, eine Meinung zur Geltung zu bringen, die ein anderer Veranstalter nicht berücksichtigen will; oder mit Veljanovski ausgedrückt (vgl. o. Teil 1 C II 2 a): *"It follows that an excessive diminution in the number of different "gateways" for the dissemination of news, views and opinions is detrimental to the proper functioning of democracy and freedom of expression"*[73].
Für die Gewährleistung von inhaltlicher Vielfalt ist die Zulassungsbeschränkung wirkungslos. Eine Anzahl unterschiedlicher Veranstalter garantiert keineswegs inhaltliche Programmvielfalt. Oft ist sogar das Gegenteil der Fall: Das Bestehen wirtschaftlicher Konkurrenz um möglichst viele Rezipienten führt bei einer engen Marktsituation, wie

---

71 Vgl. BVerfGE 73, 118, 174; Mestmäcker, Ernst-Joachim, Die Anwendbarkeit des Gesetzes gegen Wettbewerbsbeschränkungen auf Zusammenschlüsse zu Rundfunkunternehmen, GRUR Int. 1983, 553ff; Kübler, Friedrich, Medienverflechtung, eine rechtsvergleichende Untersuchung, der Marktstrukturprobleme des privaten Rundfunks, Frankfurt/Main 1982, S 17f.
72 Landesanstalt für Kommunikation, Bericht, an die Landesregierung gemäß § 88 Landesmediengesetz Baden-Württemberg, Stuttgart 1989, S. 14ff.
73 Veljanovski, The Media in Britain Today, London 1990, S. 15.

sie z.B. auf den Lokalradiomärkten in Baden-Württemberg gegeben war, zu einem inhaltsarmen Programm, da die Produktion von vielfältigen Inhalten einen hohen Finanzaufwand erfordert, der bei starker Konkurrenz von keinem der Marktteilnehmer erwirtschaftet werden kann[74]. Auch zur Förderung eines gesellschaftlichen Grundkonsenses ist ein System konkurrierender Veranstalter nicht automatisch in der Lage. Die *"Möglichkeit der Nation, zu sich selbst zu sprechen"*[75] ist mit großem finanziellem Aufwand verbunden. Sie erfordert Eigenproduktionen, eine journalistisch anspruchsvolle Belegschaft, die wiederum eine gesicherte wirtschaftliche Lage voraussetzt. Anderseits: gewährleistet die Zulassungsbeschränkung eine Konkurrenz unterschiedlicher Veranstalter, so erhält sie damit auch die Konkurrenz um politische Informationen für den Rezipienten und um die wirksame Wahrnehmung der Kontrollfunktion, die vom Rezipienten mit Einschaltquoten belohnt wird. Jedoch bedarf es auch für die Wahrnehmung dieser Pluralismusaufgabe eines aufwendigen journalistischen Apparates, der wiederum eine gesicherte Finanzlage voraussetzt. Starke Konkurrenz kann daher im Rundfunk dazu führen, daß informationsorientierte Angebote zugunsten von billigeren und u.U. auch einschaltstärkeren Unterhaltungsprogrammen vernachlässigt werden[76].

5. *Beschränkungen, die an die Beteiligungshöhe anknüpfen*

Während der Rundfunkstaatsvertrag die Beteiligungsbeschränkungen aufgehoben hat, ist diese Methode der Konzentrationsbekämpfung in den meisten Landesgesetzen nach wie vor enthalten. Die Vorwürfe[77] gegen diese Bestimmungen lassen sich wie folgt zusammenfassen: Diese Beschränkung habe zur Konsequenz, daß der enge Kreis der an der Rundfunkveranstaltung interessierten Unternehmen in wechselnden Konstellationen *"Zwangshochzeiten"* eingingen. Auf diese Weise werde indirekt die Verflechtung gefördert. Darüber hinaus machen die Unternehmen beträchtliche Reibungsverluste geltend, die bei der Abstimmung über die Geschäftspolitik unter den verschiedenen Teilhabern entstünden und die Landesmedienanstalten beklagen die zunehmenden Versuche der einzelnen Unternehmen durch Schachtelbeteiligungen und versteckte Anteile über Strohmänner die Kontrolle über den Zulassungsinhaber trotz der Beteiligungsschranke zu erlangen.

---

74 Vgl. Landesanstalt für Kommunikation, Bericht, an die Landesregierung gemäß § 88 Landesmediengesetz Baden-Württemberg, Stuttgart 1989, S. 14ff.
75 Peacock Report of the Committee on Financing the BBC, London 1986, cmd 580; vgl. ähnlich auch: Barendt, Eric, Broadcasting Law, A comparative Study, Oxford 1993, S. 53f.
76 Korn, Stephen, in: DAJV-Letter 1993, Sicherung des Pluralismus durch Medienkonzentrationskontrolle, 37ff, 39.
77 Vgl. die Stellungnahmen v. Hege u. Lück bei Deck, Markus, Siefarth, Christof, Sicherung des Pluralismus durch Medienkonzentrationskontrolle?, DAJV-Newsletter 1993, 37ff.

a) Rechtslage in den untersuchten Rechtsordnungen

In diesem Zusammenhang wird auf Großbritannien verwiesen[78], wo eine solche Beteiligungsbeschränkung nicht bestehe und das Prinzip *"one man one show"* für klare Verhältnisse sorge. Doch gilt dieses Prinzip in Großbritannien in dieser Weise nur für das Channel 5 Programm. Für andere Programme gibt es die Möglichkeit eines hundertprozentigen Erwerbs nur für die Channel 3-Lizenzen, die lediglich den 15. Teil des Gesamtprogrammes ausmachen und für die Kabel- und Satellitenprogramme. Außerdem kennt auch das englische Gesetz Beteiligungsgrenzen. Das selbständige Nachrichtenunternehmen für Channel 3 z.B. kann nicht von einer Person gehalten werden. Selbst der Gesamtanteil aller übrigen Channel 3 Lizenznehmer ist auf 50 v. H. begrenzt.

Das französische Gesetz kannte bisher eine noch intensivere Begrenzung der Beteiligung an landesweiten Programmen. Dort waren lediglich 25 v. H. der Kapital- und Stimmrechtsanteile an einem landesweit verbreiteten terrestrischen Programm zulässig. Seit der Änderung des Rundfunkgesetzes im Februar 1994 (vgl. o. Teil 1 B III) ist die Schwelle auf 49 v. H. angehoben[79]. Darüber hinaus wird die französische Regel in der Frage der Leitungspraxis von der Aufsichtsbehörde in einem wichtigen Punkt anders gehandhabt als die deutsche. Während man in Deutschland davon ausgeht, daß den größeren Anteilsinhabern in den Gesellschaftsverträgen Einfluß auf die Programmkonzeption und -gestaltung eingeräumt ist[80], verlangt der CSA die Nennung eines Gesellschafters, der die Leitungsmacht innehat und die Geschäftsführung bestellt. Ob dies im Innenverhältnis auch tatsächlich zu einer völligen Ausschaltung des Einflusses der übrigen Gesellschafter auf die Programmkonzeption führt, ist unklar. Jedenfalls scheint es im Falle von La Cinq (s.o. Teil 1 B III 6) tatsächlich zu einer wechselnden Kontrolle unterschiedlicher Beteiligter gekommen zu sein und nicht zu einer gemeinsamen Abstimmung der Gesellschafter über die Geschäftspolitik.

b) Stellungnahme

Fraglich ist, inwieweit eine grundsätzliche Verhinderung der hundertprozentigen Beherrschung eines Veranstalters durch eine Person dem Pluralismus dient. Für das Zuwortkommen aller unterschiedlichen Meinungsrichtungen innerhalb eines Senders, ist die Beschränkung auf 50 v. H. sicherlich nur von eingeschränktem Nutzen. Es erscheint bereits nicht sehr wirklichkeitsnah, daß die einzelnen Stimmrechts- und Kapitalbeteiligungen tatsächlich unterschiedliche politische und kulturelle Ansichten vertreten. In jedem Fall werden sie wohl dadurch geeint, daß alle ihrer Kapitalbeteili-

---

78 Schmidt, Anette, Konzentrationstendenzen im Bereich des Rundfunks und ihre Rechtsprobleme - Diskussionsbericht der gleichlautenden Arbeitssitzung am 9. Okt. 1992, ZUM 1993, 19ff.

79 Vgl. Rony, Hervé, La nouvelle loi du 1er Fevrier 1994 sur la communication audiovisuelle, leggipresse 1994, 14ff.

80 Bundesregierung, Antwort auf die Große Anfrage der SPD zu Konzentrationserscheinungen bei elektronischen Medien v. 24.3.93, BT-Drs. 12/4622, S.9.

gung einen möglichst großen wirtschaftlichen Erfolg wünschen. Die Hypothese, daß politische Fragen zu einzelnen Tagesthemen, die im Programm aufgrund unterschiedlicher Ansichten in der Gesellschafterzusammensetzung kontrovers behandelt werden, ist sicherlich praxisfremd. Ein weiteres Mal scheinen hier die staatstheoretischen Pluralismusvorstellungen in grober Vereinfachung durch. Auch die Vorstellung, unterschiedliche gesellschaftliche Gruppen könnten sich in unterschiedlichen Kapitalbeteiligungen eines Unternehmens widerspiegeln, das Umsätze in Milliardenhöhe verwaltet, ist nicht realistisch. Ebenso wie im übrigen Wirtschaftsbereich werden Kapitalbeteiligungen an Rundfunkunternehmen aus Gründen der Gewinnmaximierung gehalten und nicht, um einer bestimmten gesellschaftlichen Interessengruppe zum Durchbruch zu verhelfen. Dies zeigt sich auch daran, daß gesellschaftliche Gruppen wie Kirchen, Parteien, Gewerkschaften oder andere Verbände kaum Beteiligungen an Rundfunkunternehmen halten[81].

Ein wichtiger Aspekt des Pluralismus besteht jedoch auch darin, daß eine zu große Machtausübung einzelner, sei es des Staates, sei es Privater, verhindert werden muß, um den Prozeß der demokratischen Willensbildung nicht zu gefährden. Eine einzelne Person oder ein einzelnes Unternehmen darf nicht die Möglichkeit haben, über die Beherrschung des Rundfunks, einen übergewichtigen Einfluß auf die öffentliche Meinung zu nehmen. Hier kann die vollständige Beherrschung eines landesweit ausgestrahlten Fernsehprogrammes in der Tat zu einem ungleichgewichtigen Einfluß Einzelner führen. Allerdings ist zu bedenken, daß dieser u.U. größer sein kann, wenn ein einzelner Anteilsinhaber an unterschiedlichen Programmen beteiligt ist. Möglicherweise kann er hier mehr Einfluß ausüben, als bei der vollständigen Beherrschung eines einzelnen Programmes. Insbesondere wenn man die Verflechtungserscheinungen in der bundesdeutschen Medienlandschaft[82] und die Schwierigkeiten der Landesmedienbehörden und des Bundeskartellamtes[83] betrachtet, den wahren Beteiligungsgrad festzu-

---

81 Vgl. die Beteiligungsauflistung in: Europäisches Medieninstitut, Bericht über die Entwicklung der Meinungsvielfalt und der Konzentration im privaten Rundfunk gemäß § 21 Abs. 6, Staatsvertrag über den Rundfunk im vereinten Deutschland, hektographierte Fassung, 1994, S. 36.
82 Röper, Horst, Statt Vielfalt Poly-Monopole - Konzentrationstendenzen auf dem Markt der Neuen Medien, Media Perspektiven 1984, 98ff; ders, Formation deutscher Medien-Multis, Media Perspektiven 1985, 120ff; ders., Stand der Verflechtung von privatem Rundfunk und Presse, Media Perspektiven 1986, 281ff; ders., Formationen deutscher Medienmultis 1991, Media Perspektiven 1992, 2ff; ders., Formationen deutscher Medienmultis 1992, Media Perspektiven 1993, 56ff.
83 S. hierzu die Berichte des Bundeskartellamtes: Tätigkeitsbericht 1985/86, BT-Ds. 11/554; Tätigkeitsbericht 1983/84, ZHR 148 (1984), 474ff, Tätigkeitsbericht 1989/90, Bundestagsdrucksache 12/847., Bonn 1991; und: Roth, Wulf-Henning, Rundfunk und Kartellrecht, AfP 1986, 287ff; Greiffenberg, Horst, Mestmäcker, Ernst-Joachim (Hrsg.), Medienrechtliche und kartellrechtliche Kontrolle der Konzentration im Rundfunk, Offene Rundfunkordnung., Gütersloh 1988.S. 313ff; Hendricks, Birger, Landesrundfunkgesetze und Medienverflechtung, Anmerkungen zum 5. Hauptgutachten der Monopolkommission, Media-Perspektiven 84, 923ff.; Holznagel, Bernd, Konzentrationsbekämpfung im privaten Rundfunk, ZUM 1991, 263ff.

stellen, so kann man an der pluralismusfördernden Wirkung der Beteiligungssperre zweifeln.

6. *Bedeutung intermediärer Beschränkungen*

a) *Verflechtung zwischen Presse und Rundfunk auf landesweiter Ebene*

Der Rundfunkstaatsvertrag enthält nur eine rudimentäre Beschränkung der Verflechtung von Presse und Rundfunk. Sie kann erst Anwendung finden, wenn ein Unternehmen bereits kurz unter der Schwelle von 30 v.H. der Marktanteile angelangt ist. Dann wird auch die Stellung auf dem Pressemarkt in die Prüfung einbezogen (vgl. § 26 Abs. 2 RfStV)[84].

Betrachtet man dies vor dem Hintergrund der französischen, italienischen und englischen Regelungen so erscheint dies erstaunlich, denn alle drei Rechtsordnungen sehen in unterschiedlicher Intensität eine Beschränkung der Kombination des privaten Rundfunks mit anderen Medien vor. Die strengste Regelung besitzt Großbritannien: Dort ist ein überregionaler Tageszeitungsverleger, gleichgültig wie hoch sein Marktanteil ist, von der Veranstaltung eines (terrestrischen) Fernsehprogrammes ausgeschlossen, seine Beteiligungsmöglichkeit an eine Lizenzinhaber beschränkt sich auf 20 v. H. für die erste und 5 v. H. für die zweite Beteiligung. Allerdings relativiert sich diese niedrige Schwelle durch die gänzliche Abwesenheit einer Regelung für die immer wichtiger werdende *"non-domestic"* Satellitenübertragung. Die französische und die italienische Regelung ist demgegenüber großzügiger: In Frankreich kann ein Tageszeitungsverleger mit einem Marktanteil von über 20 v. H. eine Beteiligung am landesweiten Fernsehen in Höhe von 25 v. H. halten, soweit er keine Kabel- oder Hörfunkzulassungen für die landesweite Ausstrahlung besitzt. Auch hier ist jedoch die Satellitenübertragung (soweit sie ein eigenes Programm transportiert) nicht beschränkt. In Italien kann ein Tageszeitungsverleger mit einem Marktanteil von 16 v. H. eine Zulassung für ein landesweites Programm erhalten. Erst für die zweite Zulassung muß sich sein Anteil zwischen 8 und 16 v. H. bewegen. Will er eine dritte Zulassung erhalten, so hat er den Tageszeitungsanteil auf unter 8 v. H. zu reduzieren. Zudem ist in Italien immer noch der Tatbestand der Ressourcenakkumulation zu berücksichtigen, der ebenfalls eine intermediäre Komponente enthält (vgl. o. Teil 1 C III 2c).

Das Fehlen einer intermediären Konzentrationsbeschränkung auf bundesweiter Ebene in Deutschland ruft im Ausland regelmäßig Erstaunen hervor. Daß der Gesetzgeber auf eine entsprechende Regel verzichtet hat, erklärt sich wohl in erster Linie aus dem überragenden Einfluß des Bundesverfassungsgerichts auf die deutsche Rundfunkordnung. Das Gericht hat im vierten Rundfunkurteil zwar Beschränkungen zur Verhinderung einer exzessiven Verflechtung zwischen Rundfunk und Presse angemahnt, es hat jedoch gleichzeitig festgestellt, daß auf dem Markt der bundesweit verbreiteten Tageszeitungen

---

84   Zur Kritik vgl. Paschke, Plog, a.a.O., S. 110.

eine beherrschende Stellung bisher nicht entstanden sei. Konkrete Forderungen hat das Gericht nur für die lokale Verbreitung von Rundfunk aufgestellt[85].

Betrachtet man die Frage der Notwendigkeit einer Beschränkung der intermediären Konzentration zwischen Rundfunk- und Presseunternehmen auf landesweiter Ebene vor dem Hintergrund der oben erarbeiteten Pluralismusgrundsätze, so kann festgestellt werden, daß eine exzessive Verflechtung zwischen diesen beiden Medienbereichen, die beide die gleiche Bedeutung für die Pluralismussicherung besitzen, schädlich ist. Sie birgt die Gefahr einer einseitigen privaten Vermachtung der Medien und damit einer Einschränkung der Meinungsvielfalt. Insbesondere droht durch die Verbindung von Rundfunk- und Presseunternehmen in einer Hand eine gegenseitige publizistische Unterstützung und damit einer Absicherung der Marktposition des Eigentümers (*"cross media promotion"*). Dies trifft jedoch einen Nerv des Pluralismus[86]. Sieht man die Medien als vierte Gewalt, als Kontrollorgan der Politik, so ist die Kontrolle der Medien selbst ein eminent wichtiger Faktor des Pluralismus. Politische Organe werden auf Zeit bestellt und sind abwählbar. Die Medien unterliegen keiner vergleichbaren Beschränkung. Ihre Kontrolle kann zwar über die Rezipienten erfolgen, die gegebenenfalls abschalten oder den Kauf unterlassen können. Besitzen diese jedoch nicht die erforderlichen Informationen hierfür, so läuft die Kontrollfunktion leer. Daher ist die Berichterstattung der Medien über die Medien unverzichtbar für ein pluralistisches System. Untersuchungen in Großbritannien[87] und Deutschland[88] zeigen, wie groß die Gefahr der publizistischen Unterstützung von Presseorganen für neue Rundfunkprogramme ist, wenn Presse- und Rundfunkunternehmen gesellschaftsrechtlich verflochten sind. Zweifelhaft ist allerdings, ob die in Frankreich, Italien und Großbritannien bestehenden Regelungen in diesem Bereich wirkliche Beschränkungen setzen und ob sie als Vorbild für eine deutsche Regelung tauglich sind. Die Beschränkungen in Frankreich, Italien und Großbritannien beziehen sich nicht auf den gesamten Pressebereich, sondern lediglich auf die als besonders *"meinungsrelevant"* eingestuften Tageszeitungsverleger. Auffällig ist, daß das französische und das italienische Gesetz dabei Schwellen gewählt haben, die im Zeitpunkt der Gesetzgebungsverfahren von keinem Unternehmen überschritten wurden und somit keinen Anlaß zur Entflechtung gaben. Als Vorbild für das deutsche Recht sicherlich zu großzügig erscheint die italienische Regelung, die bei einem geringen Beherrschungsgrad des Tageszeitungsmarktes die Beherrschung des ge-

---

85 BVerfGE 73, 118, 175; 83, 238, 324.
86 Vgl. Barendt, Eric, Broadcasting Law, A comparative Study, Oxford 1993, S. 124.
87 Sadler, John, Enquiry into Standards of Cross Media Promotion, Report to the Secretary of State for Trade and Industry, London 1991.
88 Weiß, Hans-Jürgen, Rundfunkinteressen und Pressejournalismus - Abschließende Analysen und Anmerkungen zu zwei inhaltsanalytischen Zeitungsstudien, Media Perspektiven 1986, 53ff; ders., Gramatins, Andreas, Die Berichterstattung und Kommentierung der Tagespresse zu SAT1 (Okt. 1984- Januar 1985, Media Perspektiven 1985, 581ff; Weiß, Hans-Jürgen, Die Tendenz der Berichterstattung und Kommentierung der Tagespresse zur Neuordnung des Rundfunkwesens in der Bundesrepublik Deutschland (Okt. 1984-Jan.1985), Media Perspektiven 1985, 845ff.

samten privaten Rundfunksektors ermöglicht und bei einem Beherrschungsgrad von 15 v. H. im Tageszeitungsbereich immer noch die Beherrschung von zwei Drittel der derzeit bestehenden Rundfunkprogramme erlaubt. Die französische Regelung beschränkt in den Zwei-von-vier-Regeln die Verflechtung von Fernsehen und Tageszeitung nicht, wenn das betreffende Unternehmen im Kabel- und Hörfunkbereich auf landesweiter Ebene nicht tätig ist (Art. 41 Abs. 1 RfG). In Großbritannien dagegen, ist der Anteil eines landesweiten Tageszeitungsverlegers an einem terrestrischen Rundfunkunternehmen auf 20 v. H. beschränkt, keine Sonderregelung für Presseverleger gibt es allerdings bei der Anzahl der Beteiligung an unterschiedlichen Lizenzinhabern. Auch für den Bereich der direkt empfangbaren Satellitenprogramme von einem Satelliten, der Großbritannien nicht als sog. *"domestic satellite"* zugeteilt ist, besteht keine Beschränkung. Der *"non-domestic"*-Satellitenempfang ist jedoch neben der terrestrischen Verbreitung der praktisch bedeutsamste. Die Regelungen in Frankreich, Italien und Großbritannien liefern demnach keine sinnvollen Vorbilder für eine gesetzliche Regelung der intermediären Konzentrationsbeschränkung auf landesweiter Ebene.

b)   Verflechtung zwischen Rundfunk und Presse auf regionaler und lokaler Ebene

Zwar haben einige Landesmediengesetze die Entstehung eines lokalen Doppelmonopols durch Beschränkungen der Pressebeteiligung und durch Verzicht auf lokalen Rundfunk zugunsten einer landesweiten Kette verzichtet, andere lassen ein lokales Doppelmonopol jedoch zu. Zwei Gesetze fördern eine solche Konstellation durch ihr Regelungsmodell: Das Landesrundfunkgesetz Nordrhein-Westfalen sieht für den lokalen Bereich eine 75 prozentige Pressebeteiligung vor. Durch die Trennung von Betriebs- und Veranstaltergesellschaft sucht es die schädlichen Auswirkungen auf den Pluralismus auszugleichen. Inwieweit dieses Bemühen erfolgreich ist, kann abschließend noch nicht beurteilt werden[89]. Das Landesmediengesetz Baden-Württemberg dagegen läßt die Beherrschung eines lokalen Senders durch den lokalen Presseverleger ebenfalls zu, ohne eine wirksame interne Sicherung vorzusehen. Anders als das nordrhein-westfälische Gesetz ist hier keine adäquate Sicherung für den Pluralismus vorgesehen.

aa)   Regelungslage in den untersuchten ausländischen Rechtsordnungen

Eine solche binnenpluralistische Kontrolle für den privaten Rundfunk ist in allen drei ausländischen Rechtsordnungen unbekannt, in Italien wurde sie vom Verfassungsgericht sogar explizit als für den privaten Bereich untauglich abgelehnt. Lediglich in Deutschland hat das Verfassungsgericht diese Variante der Pluralismussicherung für tauglich

---

89   Hirsch, Nicole: Das Zwei-Säulen-Modell für lokalen Rundfunk in Nordrhein-Westfalen - Ein Versuch zur gesellschaftlichen Steuerung privatkommerziellen Rundfunks, RuF 1991, 173ff; Hadamik, Sabine, Landesmedienordnung und Wettbewerbsrecht, AfP 1989, 643ff;Weiß, Ralph, Rudolph, Werner, Lokalradios in Nordrhein-Westfalen und lokale Information, Media Perspektiven 1993, 75ff.

gehalten. Anregungen für eine sinnvolle Konzentrationsbekämpfung zur Verhinderung des lokalen Doppelmonopols bieten jedoch weder Frankreich noch Italien. In Frankreich ist es aufgrund der lokalen Zwei-von-vier-Regeln möglich, daß der einzige Tageszeitungsverleger den einzigen lokalen Rundfunksender betreibt, soweit er auf die Veranstaltung von Kabel- und terrestrischem Fernsehen verzichtet. In Italien bestehen keinerlei Vorkehrungen gegen die lokale Verflechtung zwischen Rundfunk und Presse. Lediglich in Großbritannien gibt es eine Inkompatibilitätsregelung in diesem Bereich. Überlappen sich das Verbreitungsgebiet des lokalen Tageszeitungsverlegers und des lokalen Hörfunk- oder Fernsehveranstalters zu einem wesentlichen Teil (significant extend), so ist die wechselseitige Beteiligung auf 20 v. H. begrenzt. Allerdings wird die Überlappung von der Fernsehbehörde wesentlich enger ausgelegt als von der Radiobehörde. Während die ITC eine wesentliche Überlappung bereits bei 5 v. H. gegeben sieht, nimmt die RA diese erst bei 50 v. H. an (s.o. Teil 1 D III 2 b).

c)   Stellungnahme

Bei der Verflechtung zwischen Rundfunk und Presse auf lokaler oder regionaler Ebene, sind die Gefahren für den Pluralismus sicherlich noch größer als bei der bundesweiten Ausstrahlung. Im Pressebereich sind in Deutschland Alleinstellungen von lokalen Tageszeitungen mittlerweile in der Mehrheit[90]. Da der lokale Werbemarkt für den Rundfunk begrenzt ist und vielerorts bereits ein einziger lokaler Sender Schwierigkeiten hat, seinen Betrieb aus Werbung zu finanzieren, entstehen hier besonders leicht lokale Doppelmonopole aus Tageszeitung und Rundfunk.
Ein lokales Doppelmonopol gehört jedoch mit zu den schädlichsten Konstellationen für ein pluralistisches Mediensystem. Nach den oben herausgearbeiteten Grundsätzen ist das Bestehen einer potentiellen Konkurrenz und die Verhinderung vorherrschender Meinungsmacht essentieller Bestandteil der Grundrechtsgewährleistung. Gerichte und Literatur in allen vier Verfassungsordnungen sind sich hier einig. Dies gilt gerade auch für den lokalen und regionalen Bereich. Dort kann eine Monopolisierung auch nicht etwa durch ein pluralistisches Angebot auf bundesweiter Ebene ausgeglichen werden kann. Die Möglichkeit, sich aus unterschiedlichen Quellen über seine Nahwelt zu informieren, läßt sich nicht durch überregionale Information ausgleichen[91].
Eine der britischen Regelung nachgebildete Formulierung könnte z.B. für das Landesmediengesetz Baden-Württemberg als Vorbild dienen. Sie würde die untaugliche gremienpluralistische Lösung wenigstens für die intermediäre Kontrolle überflüssig machen.

---

90   Röper, Horst, Formationen deutscher Medienmultis 1992, Media Perspektiven 1993, 56ff.
91   Rager, Günther, Weber, Bernd (Hrsg.), Publizistische Vielfalt zwischen Markt und Politik - Mehr Medien-mehr Inhalte?, Düsseldorf u.a. 1992, S. 7.

d) Gesetzgebungsvorschlag

Die entsprechende Formulierung könnte lauten:
"*§ 24 Abs. 4 wird folgendermaßen neu gefaßt:*
Ist ein Veranstalter ein Zeitungsverleger, der bei den im Verbreitungsgebiet des Rundfunkprogrammes verkauften Tageszeitungen einen Marktanteil von mehr als 50 vom Hundert hat, so ist er von der Zulassung eines Rundfunkprogrammes für dieses Verbreitungsgebiet ausgeschlossen. Eine Beteiligung an einer Anbietergemeinschaft zur Veranstaltung von Rundfunk in diesem Verbreitungsgebiet ist bis zu einem Stimm- oder Kapitalanteil von 20 v. H. oder einem entsprechenden Einfluß bei der Programmgestaltung möglich. Das gleiche gilt, wenn sich die Verbreitungsgebiete des Rundfunks und der Tageszeitung wesentlich überlappen. Als wesentlich ist in der Regel eine Überlappung von 5 v. H. der Sendegebiete zu betrachten".

7. Erfassung gesellschaftsrechtlich vermittelter Kontrolltatbestände

a) Stimm-, Kapitalmehrheit oder vertragliche Beherrschung

Besitzt eine Person die Stimm- oder Kapitalmehrheit an einem Unternehmen, das an einem Veranstalter beteiligt ist, so wird diese Person in allen vier Rechtsordnungen so behandelt, als sei sie direkt an dem Veranstalter beteiligt[92]. Das Gleiche gilt für den Fall, daß statt der Kapital- oder Stimmrechtsmehrheit eine vertragliche Beherrschung besteht.

Beispielsweise hat eine Gesellschaft B, die keine weiteren Rundfunkbeteiligungen besitzt, 30 v. H. der Anteile am Zulassungsbewerber A erworben, der ein bundesweites Fernsehvollprogramm veranstalten will. An B ist C mit 51 v. H. beteiligt. C selbst ist bereits an einem bundesweiten Fernsehvollprogramm mit 30 v. H. beteiligt.
Im deutschen Recht werden C und B als einheitliches Unternehmen bei der Bewertung der Beteiligungsschwellen behandelt. Dies folgt aus § 28 Abs. 1 RfStV i.V.m. § 15 AktG. Gem. § 28 Abs. 1 RfStV sind die Anteile unterschiedlicher Unternehmen zusammenzufassen, wenn sie den Tatbestand des verbundenen Unternehmens gem. § 15 AktG erfüllen[93]. Zu beachten ist hier, daß der Rundfunkstaatsvertrag zwar ausdrücklich nur auf die Tatbestände der abhängigen und herrschenden Unternehmen (§ 17 AktG) und der Konzernunternehmen (§ 18 AktG) verweist. Von der Verweisung erfaßt sind jedoch auch der Fall des Mehrheitsbesitzes gem. § 16 AktG und der Fall des Unternehmensvertrages gem. §§ 291, 292 AktG. Für § 16 AktG folgt dies aus der Verweisung in § 17 Abs. 2 AktG, der eine Vermutung für die Abhängigkeit enthält, wenn die Voraussetzungen des § 16 AktG erfüllt sind. §§ 291, 292 AktG sind durch § 18 Abs. 1 S. 2 AktG

---

92 Zu den Grundlagen des sog. Zurechnungsdurchgriffes im deutschen Recht vgl. Huber, Andrea, Öffentliches Medienrecht und privatrechtliche Zurechnung, Baden-Baden 1992, S. 70ff.
93 Vgl. hierzu ausführlich: Huber a.a.O.

einbezogen[94]. Lediglich § 19 AktG, der Tatbestand der wechselseitig beteiligten Unternehmen wird nicht erfaßt[95]

Im genannten Beispiel wird vermutet, daß B ein von C abhängiges Unternehmen ist i.S.v. § 28 Abs. 1 RfStV, §§ 15 Abs. 1 2. Alt, § 17 Abs. 1, 2, § 16 Abs. 1 AktG. Die Anteile beider Unternehmen sind gem. § 28 Abs. 1 RfStV zusammenzufassen. Sowohl C als auch B werden behandelt, als sei jeder von ihnen an zwei Rundfunkveranstaltern mit 30 v. H. beteiligt.

Auch im französischen Recht werden die Anteile von C und B zusammengefaßt. Dies folgt aus Art. 41 Abs. 2 Abschn. 2 RfG i.V.m. Art. 355 Abs. 1 des Gesetzes über Handelsgesellschaften. Das französische Gesetz stellt dabei ausschließlich auf die Stimmverhältnisse in der Gesellschafterversammlung ab. Eine Beherrschung wird hiernach vermutet, wenn über direkt oder indirekt gehaltene Kapitalanteile eine solche Stimmenmehrheit eines Beteiligten entsteht. Vertragliche Bindungen stehen dem gleich. Die im Beispiel genannten Beteiligungshöhen von 30 v. H. von B und C am Zulassungsbewerber A wären nach der Novellierung des französischen Gesetzes ebenfalls nicht zulässig (vgl. o. Teil 1 B III 1 a)

Auch in Italien erfolgt die Zurechnung eines Mehrheitsbeteiligten an Unternehmen, die an einem Zulassungsinhaber beteiligt sind, über einen Verweis in das Gesellschaftsrecht. Art. 37 und Art. 19 Abs. 5 des Rundfunkgesetzes verweisen auf Art. 2359 Codice Civile. Auch hier wird auf die Stimmrechtsmehrheit abgestellt. Vertragliche Bindungen werden diesem Tatbestand gleichgestellt.

Da in Italien grundsätzlich die Beherrschung von drei Veranstaltern zulässig ist, wäre die im Beispiel genannte Konstellation konzentrationsrechtlich unbedenklich.

Allein das englische Rundfunkgesetz kommt ohne eine Verweisung auf das Gesellschaftsrecht aus. Hier definiert das Rundfunkrecht selbst den Kontrolltatbestand. Dies geschieht jedoch in entsprechender Weise wie in den übrigen Rechtsordnungen: Bei einer Mehrheit der Stimm- oder Kapitalanteile wird ein Beherrschungsinteresse vermutet, die Anteile der betroffenen Unternehmen werden zusammengerechnet. Das gleiche gilt bei vertraglichen Bindungen (vgl. Broadcasting Act Schedule 2 Teil 1 Art. 1 Abs. 3b).

Ob die Beteiligungskonstellation des obengenannten Beispieles in Großbritannien unzulässig wäre, kann nicht einheitlich beantwortet werden. Das Channel-3-System besteht aus zahlreichen regionalen Veranstaltern, die der ARD vergleichbar ein gemeinsames Programm mit regionalen Fenstern produzieren. Eine Beteiligung an mehreren dieser regionalen Veranstalter ist zwar in weitergehendem Umfang zulässig, sie kann jedoch mit der Lage in den übrigen untersuchten Rechtsordnungen nicht gleichgesetzt werden, da sie nicht das bundesweite Programm sondern nur einen Anteil betrifft. Die Regelungen

---

94 Vgl. Engel, a.a.O. Fn. 46.
95 A.A. Heinrich, Jürgen, Ökonomische und publizistische Konzentration im deutschen Fernsehsektor 1992/93: Dominanz der Kirch-Gruppe weiter gestiegen, Media Perspektiven 1993, S. 267ff, 273.

über die landesweiten Programme laufen derzeit leer, da sich das vom Gesetz vorgesehene fünfte Fernsehprogramm bisher nicht gebildet hat und da die über ASTRA verbreiteten BSkyB-Programme von Konzentrationsbeschränkungen weitgehend ausgenommen sind (vgl. o. Teil 1 D III).

Grundsätzlich kann festgestellt werden, daß die Umgehung von Konzentrationsregelungen durch indirekte Beherrschung bei Bestehen von Kapital-, Stimmrechtsmehrheiten oder vertraglichen Bindungen in allen untersuchten Rechtsordnungen auf ähnliche Weise erfaßt wird. Problematisch ist hier auch weniger die Erfassung der Beteiligung, als vielmehr der Nachweis versteckter und verschachtelter Kontrolle durch die Aufsichtsbehörde.

b) *Negativvermutungen für die Zurechnung*

Einige der deutschen Landesmediengesetze enthalten eine Negativvermutung. Sie schließen die Möglichkeit wesentlichen Einfluß auf einen Zulassungsinhaber auszuüben dann von vornherein aus, wenn sein Anteil einen bestimmten Prozentsatz nicht übersteigt (z.B. LMedienG BaWü § 22 Abs. 2 S. 12. Hs.). Oberhalb dieser Schwelle ist die Behörde also berechtigt, für einen Anteilsinhaber beherrschenden Einfluß zu vermuten und ihm daher die Zulassung zu verweigern.
Der Staatsvertrag vermutet unterhalb der Schwelle von 25 v.H., daß kein beherrschender Einfluß besteht (vgl. § 28 Abs. 1 RfStV).
In Frankreich stellt der Verweis auf Art. 355-1 des Gesellschaftsrechtsgesetzes klar, daß eine solche Vermutung erst ab einem Anteil von 40 v. H. zulässig ist. Nach Art. 2359 des italienischen Codice Civile kommt die faktische Beherrschung durch einen Minderheitsgesellschafter nur dann infrage, wenn er eine Stimmenmehrheit aufgrund einer dauerhaften Abwesenheit eines anderen Gesellschafters ausüben kann. In Großbritannien existiert keine derartige Regel.

c) *Indirekte Beherrschung durch Treuhand*

Für den Fall, daß ein Unternehmen oder eine Person über Treuhänder die Kontrolle über einen Zulassungsinhaber ausübt, hat das italienische Recht durch seinen vollständigen Ausschluß von Treuhandunternehmen an Zulassungsinhabern eine Regelung gefunden (Art. 17 Abs. 5 S. 1 Ital. RfG). Auch dies betrifft jedoch lediglich den Fall des eingetragenen Treuhandunternehmens. Das französische Recht geht hier den Weg des Strohmannverbotes, das im Rundfunkgesetz strafbewehrt ist (Artt. 35, 74 frz. RfG). In der Praxis fordert die Behörde eine eidesstattliche Versicherung des Beteiligten, die Anteile für eigene Rechnung zu halten. Das deutsche Recht kennt hier im Staatsvertrag den "*entsprechenden Einfluß*" nach § 28 Abs. 2 RfStV der grundsätzlich geeignet ist, auch "*interesselose*" Beteiligungen einem Interessierten zuzuordnen.

8. Erfassung faktischer Kontrolltatbestände

Als faktische Kontrolle bezeichnet man solche Einflüsse auf einen Veranstalter, die nicht durch den Gesellschaftsvertrag und nicht in erster Linie über die Anteile bzw. Stimmrechte ausgeübt werden. Außer der Frage der Programmzulieferung, gemeinsamer Benutzung von Sendeeinrichtungen und Programmproduktionsmitteln ist hier die Erfassung familiärer Bindungen von besonderer Bedeutung.

a) Programmzulieferung

Diese Form des Einflusses hat besondere Auswirkungen auf den Pluralismus: in seiner extremen Form führt er zu völligen Fremdsteuerung des Zulassungsinhabers bei äußerlichem Erhalt seiner Selbständigkeit. Die Eingliederung von Veranstaltern in Networks durch gleichzeitige Ausstrahlung des gleichen Programmes von unterschiedlichen, rechtlich selbständigen Veranstaltern, hat in Italien zur Entstehung des landesweiten Fernsehduopols von Fininvest - RAI geführt. Doch die Möglichkeit einen Teil des ausgestrahlten Programmes von einem Zulieferer zu beziehen, hat regelmäßig auch positive Auswirkungen auf den Pluralismus: In Deutschland spielt die Programmzulieferung vor allem im Bereich des lokalen und regionalen Hörfunks eine wichtige Rolle. Sie hilft den Veranstaltern den immensen Kostendruck eines vollständig selbstproduzierten Programmes zu vermindern und kann so dazu beitragen, daß unterschiedliche Veranstalter wenigstens teilweise unterschiedliche Programme anbieten[96]. Dies gilt allerdings nur für den Fall, daß der einzelne Veranstalter weiterhin einen Teil seines Programmes eigenständig gestaltet. Das Landesmediengesetz Baden-Württemberg hat in § 22 Abs. 3 Regelungen für die Programmzulieferung getroffen. Sie müssen einen genau definierten, angemessenen Mindestanteil von eigenproduziertem Programm enthalten. Ist das Programm eines Veranstalters völlig fremdgestaltet, so ist zudem an das Entfallen der Zulassungsbedingungen wegen ungenehmigter Übertragung der Sendelizenz zu denken. Der Staatsvertrag fingiert in § 28 Abs. 1 RfStV für die Zulieferung eines wesentlichen Programmteils die Eigenschaft als Zulassungsinhaber. Beantragt der Zulieferer eine eigene Zulassung, so ist dies nur unter den Konzentrationskontrollbestimmungen des RfStV möglich. Das gleiche gilt für den Fall, daß ein Zulassungsbewerber sein Programm mit dem gleichen Zulieferer zu füllen gedenkt.

---

[96] Bucher, Schröter, Privatrechtliche Horfunkprogramme zwischen Kommerzialisierung und publizistischen Anspruch, Media Perspektiven 1990, 517ff; Bucher, Schröter, Privatrechtliche Horfunkprogramme zwischen Kommerzialisierung und publizistischen Anspruch, Media Perspektiven 1990, 517ff; Wöste, Marlene, Programmquellen privater Radios in Deutschland. Rahmenprogramme, Beitragsanbieter und PR-Audioanbieter, Media Perspektiven 1991, 561ff.

Das französische und das englische Recht behelfen sich mit einem Punktesystem, in die einzelnen Hörfunkveranstalter eingeteilt werden[97]. Es ist wegen seiner komplizierten Fassung als Modell für Deutschland nicht zu empfehlen.

b) Erfassung familiärer Bindungen

Die Erfassung von Bindungen die über Familienbeziehungen vermittelt werden, sind besonders schwer zu erfassen. Ein Beispiel gibt das Zulassungsverfahren für das Deutschen Sportfernsehen (DSF)[98]. Hier ging es um die Frage, ob die von Thomas Kirch gehaltenen Anteile an diesem Veranstalter seinem Vater Leo Kirch zuzurechnen sind, der damit die Schwelle des § 28 Abs. 2 RStV überschritten hätte[99]. Der Staatsvertrag enthält keine spezifische Regelung, die eine Erfassung von Verwandtenbeteiligungen regelt, es wäre jedoch möglich ein solches Verhältnis unter einen *"entsprechenden Einfluß"* i. S. v. § 28 Abs. 2 RStV einzuordnen. In der Direktorenkonferenz konnte im Falle Kirch keine Einigung darüber erzielt werden, ob dieser Fall vorlag. Die unterschiedlichen Ansichten führten schließlich zu einer Genehmigung durch die Bayrische Landesmedienanstalt, die von der Berliner Behörde angefochten wurde. Der Bayrische Verwaltungsgerichtshof nimmt keine eigene Abwägung bezüglich der Frage vor, ob der Antragsteller die Voraussetzungen zur Zulassung erfüllt hatte. Das Gericht war jedoch der Meinung, daß die Zulassungsbehörde in jedem Falle die Pflicht gehabt hätte, vor der Zulassung eine intensivere Prüfung durchzuführen. Der Bewerber trage die Beweislast dafür, daß *"die für die Wahrung der Medienvielfalt tatbestandlichen Vorgaben eingehalten sind..."* Er habe alle Bedenken zur vollen Überzeugung der Antragsgegnerin beweiskräftig auszuräumen, bevor er zugelassen werden könne. Die Behörde habe hier Abwägungsdefizite erkennen lassen[100].

Ein Fall der Verwandtenbeteiligung ist auch in Italien medienrechtlich relevant geworden, als nach dem Inkrafttreten des Mediengesetzes Berlusconi eine Tageszeitungsbeteiligung neben der Inhaberschaft von drei privaten Rundfunksendern nicht mehr gestattet war. Die Abtretung der Mehrheit an der Tageszeitung La Stampa an seinen Bruder wurde von der Aufsichtsbehörde als Umgehung der Antikonzentrationsregeln aufgefaßt, doch auch hier war ein entsprechender Nachweis nicht zu führen[101], obwohl das italienische Art. 2359 Codice Civile grundsätzlich auch die über Verwandtschaft vermittelte Kontrolle umfaßt (vgl. o. Teil 1 C III 3a).

---

97 Zur franz. Regelung s. Oehler, Lokale Radio-Networks in Frankreich, Media Perspektiven 1988, 358ff.
98 Vgl. Wallenberg, Gabriela v. Anmerkungen zu den Beschlüssen betreffend die Zulassung des Deutschen Sportfernsehens (DSF) zum Sendebetrieb, ZUM 1993, 276ff.
99 Zahlen zu den Beteiligungsverhältnissen bei: Röper, Horst, Formationen deutscher Medienmultis 1992, Media Perspektiven 1993, 56ff und BReg. a.a.O., S. 11f.
100 BayVGH Beschluß v. 24.3.1993, Az.: 25 CS 93.483, Umdruck S. 27.
101 Sauer, Ulrike, Auswirkungen des neuen Mediengesetzes in Italien, Media Perspektiven 1991, 161ff.

Das französische Mediengesetz sieht keinerlei Regelungen diesbezüglich vor. Das Problem wird soweit ersichtlich in der Literatur auch nicht diskutiert. Lediglich das englische Gesetz enthält eine die Verwandtenbeteiligung betreffende Bestimmung: Hier werden Anteile von Familienangehörigen und Angestellten dem Zulassungsinhaber bzw. Beteiligten zugerechnet.
Daß eine explizitere Verwandtenzurechnung, als sie mit § 28 Abs. 4 RfStV aufgenommen wurde, wünschenswert ist, wird bezweifelt, da sie zu stark mit gesellschaftsrechtlichen Grundsätzen kollidiere[102]. Dies ist insoweit richtig, daß der BGH festgestellt hat, daß ein Erfahrungssatz, nahe Angehörige verfolgten stets gemeinsame Interessen, nicht bestehe[103]. Doch findet eine Verwandtenzurechnung jedenfalls dann statt, wenn die Angehörigen in der Vergangenheit eine gemeinsame Geschäftspolitik verfolgt haben[104]. Auf der Grundlage dieser Rechtsprechung böte sich eine kombinierte Klausel an, die eine Zurechnung bei Verwandten dann vornimmt, wenn sie bereits in der Vergangenheit eine abgestimmte Geschäftspolitik betrieben haben. Dies bedeutete jedoch zugleich, daß eine Zurechnung von Verwandten bei Fehlen der zweiten Voraussetzung nicht erfolgen könnte. Auf diese Weise wären jedoch Fälle von der Zurechnung ausgeschlossen, in welchen z.B. ein gerade volljähriges gewordener Sohn oder Tochter zum ersten Mal in Geschäftsbeziehungen mit den Eltern tritt. Statt der Schließung einer Regelungslücke wäre so eine weitere Lücke eröffnet. Daher bleibt eine der aktuellen Gesetzeslage entsprechende Generalklausel vorzuziehen. Auf der Grundlage der oben zitierten Rechtsprechung kann eine Zurechnung von Verwandtenbeteiligungen auch ohne spezifische gesetzliche Regelung vorgenommen werden.

9. *Erfassung von Konzentrationstendenzen im Gesamtmedienbereich durch eine Ressourcenakkumulation*

Eine Gefährdung des Pluralismus geht, wie beschrieben, nicht nur von einer einseitigen Beherrschung der Medien innerhalb eines Verbreitungsgebietes aus, sondern ergibt sich auch aus einem Gesamtmachtzuwachs eines Beteiligten. Daß das Problem erkannt wurde, ergibt sich jedoch aus dem Forschungsauftrag für den Medienbericht gem. § 21 Abs. 6 Nr. 2 RfStV 1991. Hiernach sollen auch die horizontalen Verflechtungen zwischen Rundfunkveranstaltern in verschiedenen Verbreitungsgebieten untersucht werden. Unter dem Stichwort *"Ressourcenakkumulation"* ist jedoch nicht nur die Erfassung von Rundfunkbeteiligungen in unterschiedlichen Verbreitungsgebieten zu verstehen. Erfaßt wird hierdurch vielmehr das Gesamtengagement eines Unternehmens im

---

102 Ebenfalls ablehnend: Huber, Andrea, Öffentliches Medienrecht und privatrechtliche Zurechnung, Baden-Baden 1992, S. 71ff.
103 BGHZ 77,94, 105, 106; 80, 69, 73; BGH NJW 1993, 1200, 1201 f; vgl. hierzu Paschke Marian, Reuter, Christian, Der Gleichordnungskonzern als Zurechnungsgrund im Kartellrecht, ZHR 158 (1994), 390, 397.
104 BGH NJW 1993, 1200, 1202; Paschke, Reuter, a.a.O., 398.

Medienbereich. Hierzu gehören neben Rundfunk- und Pressebeteiligungen auch die Tätigkeit im Werbebereich, im Filmhandel und in der Produktion. Eine starke oder gar monopolistische Position insbesondere im Bereich des Filmmarktes verschafft einem Unternehmen auf dem Markt der Rundfunkveranstalter einen beträchtlichen Wettbewerbsvorteil.

a)   Regelungen in den untersuchten Rechtsordnungen

Während Großbritannien ebenfalls keine Regelungen zur Ressourcenakkumulation kennt, sehen sowohl Frankreich als auch Italien entsprechende Modelle vor. Das italienische Gesetz nimmt in Art. 15 Abs. 2 die Einnahmen zur Referenz, die der betreffende im Bereich der Massenmedien erzielt. Hierzu gehören Einnahmen aus Rundfunk, Presse, Verlagstätigkeit, Werbung. Außerdem der Produktion, Nutzung und dem Verkauf von audiovisuellen Produkten. Ein Unternehmen, das seinen Hauptumsatz in diesem Bereich erzielt, darf nicht mehr als 25 v. H. der Gesamteinnahmen in diesem Bereich akkumulieren. Wenn das Unternehmen schwerpunktmäßig in anderen Bereichen tätig ist, so liegt die Schwelle bei 20 v. H.. Praktische Erfahrungen mit der Kontrolle dieser Regeln liegen in Italien, soweit ersichtlich, noch nicht vor. Neben den Problemen bei der Bestimmung der Prozentanteile und der Berechnung des Gesamtsektors wird die Durchsetzung auch dadurch erschwert werden, daß der Gesetzgeber keine adäquaten Sanktionsmittel geschaffen hat. Zwar sind Geschäfte, die unter Verletzung dieser Regel zustandekommen nichtig, die Aufsichtsbehörde ist jedoch zur Geltendmachung mangels Rechtsschutzinteresse nicht klagebefugt. Das Mittel des Lizenzentzuges steht ihr nur als ultima ratio zu, unterhalb dieser Schwelle ist sie auf Hinweise beschränkt (vgl. o. Teil 1 B III).
Das französische Recht sieht zur Erfassung der Ressourcenakkumulation die sog. Zwei-von-vier-Regeln vor (vgl. Art. 41 Abs. 1 u. 2 franz. Rundfunkgesetz). Sie erstrecken sich jedoch ausschließlich auf den Rundfunk- und Pressebereich und erfassen nicht die übrigen im italienischen Gesetz genannten Gebiete. Auch setzen sie nicht am Umsatz an, sondern beziehen sich auf Verbreitungsgebiete und Zulassungen.

b)   Stellungnahme

Ob die genannten Modelle Anregungen für eine deutsche Regelung zur Ressourcenakkumulation bieten können, die über die Schwellenvermutung des § 26 RfStV hinausgehen, erscheint zweifelhaft. Die französischen Zwei-von-vier-Regeln erscheinen bereits deshalb ungenügend, da sie auf den Bereich der klassischen Medien beschränkt sind, d.h. lediglich Presse und Rundfunk erfassen. Die wichtigen Bereiche Werbung und Rechtehandel sind hierbei nicht erfaßt. Auch läßt die Berechnungstechnik insoweit Lücken, als sie z.B. das lokale Doppelmonopol von Rundfunk und Presse zuläßt. Darüber hinaus ist die Unterscheidung der einzelnen Verbreitungswege (Kabel, terrestrisch und Satellit) nicht mehr zeitgemäß. In Deutschland erfolgt die Verbreitung im Fernsehbereich und in den letzten Jahren auch beim Hörfunk zunehmend über alle drei Verbreitungsarten, um auf diese Weise zu einer maximalen Rezipientenzahl zu gelangen. Die italienische Regelung begegnet zum einen wegen ihrer Berechnungsschwierigkeiten Zweifeln. Zum anderen müßten die Sanktionsmöglichkeiten differenziert werden. Darüber hinaus begegnet die Erfassung der gesamten Massenmedien auch unter dem Gesichtspunkt des Verhältnismäßigkeitsgrundsatzes Zweifeln. Zur Sicherung des Pluralismus muß eine übermächtige Stellung im Bereich der Meinungsmedien ausgeschlossen werden. Eine solche kann durch die Beherrschung insbesondere Filmrechtemarktes verstärkt werden, da die Verfügungsmacht über diese Rechte unmittelbar über den wirtschaftlichen Erfolg eines Programmes bestimmt. Ohne einen ausreichenden Fundus an Filmrechten ist auch die Herstellung eines meinungsbezogenen Programmes nicht durchführbar. Eine Erstreckung der Kontrolle auf weitere Medienbereiche, wie z.B. Druckereien und Fachzeitschriften dient nicht der Sicherung des Pluralismus. Eine private Machtposition auf dem Meinungsmarkt würde hierdurch nicht weiter verstärkt. Eine staatliche Regulierung im Medienbereich ist jedoch nur soweit zulässig, als sie der Sicherung des Pluralismus dient. Geht sie darüber hinaus, wird sie unverhältnismäßig und greift damit in Rechtspositionen der Regelungsobjekte ein.

10. Transparenzbestimmungen

Regelmäßig sind Verschachtelungsbeteiligungen der im Rundfunk engagierten Unternehmen so undurchsichtig, daß es den Landesmedienanstalten schwer fällt, festzustellen, wie die einzelnen Beteiligungen zuzuordnen sind[105]. Die Landesmediengesetze, die für das Verfahren der Zulassung auch für den Staatsvertrag die entsprechenden Bestimmungen enthalten, sehen Auskunftspflichten der Zulassungsbewerber vor[106]. Falsche Angaben sind bußgeldbewehrt und können zum Widerruf der Zulassung führen[107]. Wie ein sinnvoller Ausgleich zwischen dem Bedarf an Geheimnisschutz des Unternehmens und dem Informationsinteresse der Aufsichtsbehörde und der Öffentlichkeit zu schaffen ist, ist jedoch bisher ungeklärt.

---

105 Vgl. Holznagel, Bernd, Konzentrationsbekämpfung im privaten Rundfunk, ZUM 1991, 263, 270; Ziethen, Michael, Rechtliche Spielräume der Lizenzierung und Kontrolle: ausgewählte Regelungsfelder, in: Presse- und Informationsamt der Landesregierung Nordrhein-Westfalen (Hrsg.) Rundfunkaufsicht Bd. III, Düsseldorf 1989, S. 125ff, 137; Thaenert, Wolfgang, Programm- und Konzentrationskontrolle privater Rundfunkveranstalter, in: Die Landesmedienanstalten (Hrsg.) DLM-Jahrbuch 1989/90, S. 31, 47.
106 Zu den gesellschaftsrechtlichen Transparenzvorschriften vgl. Bremer, Eckhard, Esser, Michael, Hoffmann, Martin, Der Rundfunk in der Verfassungs- und Wirtschaftsordnung in Deutschland, Baden-Baden 1992, S. 67f.
107 § 82 Abs. 1 Nr. 1 LMedienG BaWü; § 51 Nr. 2 BremLMG, § 55 Abs. 1 Nr. 2 HPRG; § 67 Abs. 1 Nr. 1 LRG NRW.

In Frankreich spielt die Frage der Medientransparenz eine wesentlich größere Rolle als in Deutschland. Regelungen bestehen hier auch um für die Öffentlichkeit die Verhältnisse durchsichtig zu machen. Transparenz im Medienbereich wird als Teil des Pluralismus verstanden. Nur wenn der Bürger die Herkunft der Information kennt, kann er sie sinnvoll gewichten. So sieht das französische Rundfunkgesetz in Anlehnung an das Pressegesetz Veröffentlichungsvorschriften über die Eigentümerstellung des Zulassungsinhabers vor, die teils im Programm ausgestrahlt, teils im Sendehaus einsehbar sein müssen. Handelt es sich bei dem Rundfunkunternehmen um eine Aktiengesellschaft, so ist die Führung von Namensaktien zwingend vorgeschrieben. Da das Gesetz hier, ebenso wie für die Informationspflichten gegenüber der Behörde, die entsprechenden Verpflichtungen nur auf das Rundfunkunternehmen selbst, nicht aber auf dessen Beteiligte erstreckt, ist die Transparenzpflicht nur bedingt geeignet, die wahren Eigentumsverhältnisse im Rundfunk offenzulegen. Das gleiche gilt für das italienische und das englische Rundfunkgesetz. Auch hier existiert keine Pflicht, des beteiligten Unternehmens seinerseits die Beteiligten zu nennen. Für die Erfassung und Zurechnung indirekter Beteiligungen sind die Behörden also in allen vier Staaten auf Vermutungen angewiesen. Dies wird insbesondere für eventuelle Beteiligungsveränderungen nach der Zulassung als unbefriedigend angesehen. Lediglich bei der Zulassung selbst können die Behörden diese solange verweigern, bis ihrer Ansicht nach die Beteiligungsverhältnisse ausreichend offengelegt sind.

Eine wichtige Voraussetzung für eine wirksame Konzentrationsbekämpfung durch die Aufsichtsbehörde ist die Kenntnis der tatsächlichen Beteiligungsverhältnisse. Die Bundesregierung hat ebenso wie der Bayerische Verwaltungsgerichtshof betont, daß die Rundfunkfreiheit nicht das Recht umfaßt, unerkannt Rundfunk zu veranstalten[108]: *"Wer seine persönlichen Verhältnisse und seine geschäftlichen Verflechtungen nicht offenlegen will oder kann, ist kein geeigneter Anbieter im privaten Rundfunk"*[109]. Insoweit stimmen die ausländischen Regelungen mit der deutschen Rechtslage überein. Allerdings ist auch festzustellen, daß weder in Frankreich, noch in Italien noch in Großbritannien dieser Konflikt gelöst wurde. In allen drei Ländern bildet die Zuverlässigkeit der Angaben der Zulassungsbewerber einen Schwachpunkt im Kontrollsystem. Das in Frankreich ganz selbstverständlich angewandte Mittel der Verpflichtung zur Abgabe einer eidesstattlichen Versicherung wurde nun in den deutschen RfStV übernommen (vgl. § 22 Abs. 3 RfStV). In Frankreich wird sie dem Leitungsorgan des Zulassungsinhabers auferlegt, eine Falschaussage ist strafbewehrt (vgl. o. Teil 1 B III 7). In den deutschen Landesmediengesetzen ist zwar die Pflicht vorgesehen, der Behörde wahrheitsgemäß Auskunft über die Zulassung betreffende Sachverhalte zu geben. Doch ist die reine Falschaussage mit Ausnahme von der Rechtslage in Bayern gegenüber der Behörde nicht strafrechtlich sanktioniert. Lediglich bei der Zulassungserteilung kann die Behörde von einer Erteilung absehen, wenn sie davon ausgeht, daß der Bewerber

---

108 BReg. a.a.O., S. 16.
109 BayVGH Beschluß v. 24.3.1993, a.a.O.

falsche Angaben macht (vgl. o. Teil 1 A III 2 f). Die Möglichkeit der Behörde, von Zulassungsinhabern oder -bewerbern eine eidesstattliche Versicherung zu fordern, macht die Landesmedienanstalt zu einer "zuständigen Stelle" i.S.v. § 153 StGB und verschafft der Wahrheitspflicht damit mehr Gewicht[110].

---

[110] Vgl. Dörr, Dieter, Das für die Medienkonzentration maßgebliche Verfahrensrecht, in Landesmedienanstalten (Hrsg.), Die Sicherung der Meinungsvielfalt, Berlin 1995, S. 331 ff, 3.1.

Teil 3: Sicherung des Pluralismus durch eine europäische Konzentrationsbekämpfungsregelung

In diversen Literaturbeiträgen[1] und Äußerungen europäischer Institutionen[2] wurde in den vergangenen Jahren die Forderung erhoben, eine medienspezifische europäische Konzentrationskontrolle zu schaffen. Insbesondere das Europäische Parlament[3] übt beträchtlichen Druck auf die EG-Kommission aus, um die Ausarbeitung eines Richtlinienvorschlages zur pluralismussichernden Medienkonzentrationskontrolle zu erreichen.

Ziel des folgenden Abschnittes ist es, zu klären, inwieweit eine europäische Konzentrationskontrolle zur Pluralismussicherung geeignet und unter Berücksichtigung des europarechtlichen und deutschen Kompetenzgefüges zulässig wäre. Hierzu sollen zunächst die bestehenden Initiativen dargestellt werden.

I Initiativen

1. Grünbuch der EU-Kommission und Studie des Europarates

Zwei europäische Institutionen haben sich der Frage einer europäischen Konzentrationskontrolle angenommen. Sowohl der Europarat[4] als auch die Kommission der Europäischen Gemeinschaften[5] haben unter dem Blickwinkel des Pluralismusschutzes die Frage der Konzentrationsbekämpfung im Rundfunk untersucht. Beide haben die entsprechenden Regelungen und die verfassungsrechtliche Ausgangslage in den europäischen

---

[1] Brühann, Ulf, Pluralismus und Medienkonzentration im Binnenmarkt, ZUM 1993, 600, 604; Deck, Markus, Siefarth, Christof, Sicherung des Pluralismus durch Medienkonzentrationskontrolle?, DAJV-Newsletter 1993, 37ff; Schwartz, Ivo, Subsidiarität und EG-Kompetenzen. Der neue Titel "Kultur" Medienvielfalt und Binnenmarkt, AfP 1993, 409, 419; Wagner, Christoph, Konzentrationskontrolle im Medien-Binnenmarkt der EG, Wettbewerbsrechtliche und medienspezifische Ansätze, AfP 1992, 1, 12.

[2] Kommission der EG, Mitteilung der Kommission an den Rat und das Europäische Parlament, Reaktionen auf den Konsultationsprozeß zum Grünbuch "Pluralismus und Medienkonzentration im Binnenmarkt", Kom. (94) 353 endg.; Europarat, Etude sur les concentrations des media en Europe (analyse juridique) - Note du Secrétariat Général préparée par la Directions des Droits de l'Homme, Comité directeur sur les moyens de communication de masse, Straßburg 1992.

[3] Europäisches Parlament, Entschließung vom 15.02.1990 über "Konzentration von Medienunternehmen", ABL. C 68 v. 19.03.1990, S. 137 ff; Entschließung zur Medienkonzentration und Meinungsvielfalt v. 16.09.1992, RuF 1993, 106ff.

[4] Europarat, Etude sur les concentrations des media en Europe (analyse juridique) - Note du Secrétariat Général préparée par la Directions des Droits de l'Homme, Comite directeur sur les moyens de communication de masse, Straßburg 1992.

[5] Kommission der EG, Grünbuch: Pluralismus und Medienkonzentration, Komm (92) 480 endg.

Staaten analysiert und versucht, die Bedeutung des Pluralismus für den Medienbereich zu erfassen. Während sich die Europaratstudie auf eine Analyse der rechtlichen und wirtschaftlichen[6] Aspekte der Konzentrationsbekämpfung im Medienbereich beschränkt, und daher im folgenden unberücksichtigt bleiben soll, enthält das Grünbuch der EG-Kommission auch konkrete Vorschläge für eine europäische Regelung. Die Autoren des Grünbuches neigen der Ansicht zu, daß eine Vereinheitlichung der nationalen Vorschriften auf einem mittleren Niveau wünschenswert wäre[7]. Favorisiert wird dabei das Marktanteilsmodell, das insbesondere der durch die Digitalisierung verursachten Vervielfachung der Übertragungsmöglichkeiten am besten gerecht werde[8]. Eine Harmonisierung nur der Transparenzregelungen wird dagegen nicht angestrebt[9]. Allerdings konnte hierüber weder zwischen den einzelnen Generaldirektionen innerhalb der Kommission noch im Ministerrat eine Einigung herbeigeführt werden. Daher leitete die zuständige Generaldirektion XV eine zweite Konsultationsrunde ein, um in diesem Rahmen insbesondere Fragen der Zurechnung zu untersuchen[10].

2.   *Regelungsziele: Sicherung des Pluralismus und Schutz des Binnenmarktes*

Die Befürworter einer europäischen Konzentrationskontrolle gehen von unterschiedlichen Regelungszielen aus. Das Europäische Parlament, unterstützt von Stimmen in der Literatur fordert eine europäische Konzentrationskontrolle, um den Pluralismus zu sichern[11]. Diese Richtung beruft sich darauf, daß der Pluralismus ein auch vom EuGH anerkanntes Schutzgut sei und daher auf europäischer Ebene geschützt werden müsse. Die derzeit bestehenden Konzentrationskontrollregelungen verfolgten mit der Wettbewerbssicherung ein Regelungsziel, das zum Schutz des Pluralismus nur indirekt beitragen könne. Insbesondere das wettbewerbsrechtliche Charakteristikum, Medienaktivitäten in unterschiedliche Teilmärkte aufzuteilen, führe dazu, daß die pluralismusschädliche Wirkung der sektorübergreifenden Konzentration nicht erfasst werde[12]. Zudem verfolge die Gemeinschaft das industriepolitische Ziel, die Entstehung großer europäischer Medienkonzerne zu fördern, um gegen die amerikanische und asiatische Konkurrenz bestehen zu können.

---

6   Europarat, Steering Committee on the Mass Media, Study on media concentrations in Europe, CDMM (92) 8 Vol II prov.
7   Grünbuch, a.a.O., S. 101.
8   Mitteilung der Kommission an den Rat und das Europäische Parlament, Reaktionen auf den Konsultationsprozeß zum Grünbuch "Pluralismus und Medienkonzentration im Binnenmarkt", Kom(94) 353 endg., S. 36.
9   Mitteilung der Kommission, a.a.O., S. 18.
10 Mitteilung der Kommission, a.a.O., S. 48.
11 Vgl. Europäisches Parlament, Entschließung zur Medienkonzentration und Meinungsvielfalt, RuF 1993, 106ff; Wagner, Christoph, Konzentrationskontrolle im Medien-Binnenmarkt der EG, AfP 1992, 1ff, 5.
12 Wagner a.a.O., 11.

Dies könne jedoch leicht in einen Gegensatz zu dem Ziel der Pluralismussicherung geraten, denn unter diesem Aspekt müsse u.U. das Erreichen einer gewissen Größe als schädlich angesehen werden[13]. Eine pluralismussichernde Regelung müsse daher Macht und Größe von Medienunternehmen beschränken.

Vorwiegend von der EG-Kommission[14] aber auch in der Literatur[15] wird dagegen eine Regelung mit dem Ziel gefordert, die nationalen Kontrolltatbestände zu harmonisieren. Dies sei zur Sicherung des freien Dienstleistungsverkehrs erforderlich, denn die teilweise sehr komplizierten nationalen Regelungen schreckten Investoren aus anderen Mitgliedsstaaten ab. Außerdem führe die Unterschiedlichkeit der Regelungen dazu, daß sich Investoren in Staaten mit liberaleren Regelungen niederließen. Auf diese Weise könnten sich "paradis d´acceuil" bilden. Darunter versteht man Länder, die aufgrund mangelnder Konzentrationsvorschriften verstärkt Medieninvestitionen auf Kosten von stärker regulierten Ländern anziehen. Durch die zunehmende Verbreitung des Satellitendirektempfangs und der aufgrund der Rundfunkrichtlinie[16] im Rahmen bestehender Kapazitäten verbindlichen Kabeleinspeisung von Programmen, die in einem anderen Mitgliedsstaat zugelassen sind, werde dieses Phänomen verstärkt.

Eine Harmonisierung der nationalen Kontrollvorschriften sei demnach erforderlich, um den freien Verkehr von Dienstleistungen in der Gemeinschaft zu sichern. Sie füge sich auch in die übrige Gemeinschaftspolitik ein, die den Bereich der Kommunikationsindustrien durch eine Liberalisierung der Regelungen zu stärken suche. Aufgrund der gründlichen Vorarbeit der Kommission sei es auch zu erwarten, daß die gemeinschaftsrechtlichen Regelungen eine höhere Qualität aufwiesen, als dies bei einigen Regelungen der Mitgliedsstaaten der Fall sei.

Es bleibt festzuhalten, daß die Forderung nach einer europäischen Konzentrationskontrolle zur Verwirklichung von zwei völlig unterschiedlichen Regelungszielen erhoben wird:

Während die erste Richtung den Pluralismus durch Konzentrationstendenzen bedroht sieht, befürchtet die andere Richtung, Medienunternehmen könnten durch unterschiedliche Regelungen zur Medienkonzentrationskontrolle in ihrer Niederlassungsfreiheit und Wettbewerbsfähigkeit behindert werden. So fordert die erste Richtung beschränkende Regelungen, während die zweite Richtung auf eine Liberalisierung der Beschränkungen

---

13 Wagner, a.a.O., 10 ff.
14 Vgl. Kommission der EG, Grünbuch: Pluralismus und Medienkonzentration, Komm (92) 480 endg.; Mitteilung der Kommission an den Rat und das Europäische Parlament, Reaktionen auf den Konsultationsprozeß zum Grünbuch "Pluralismus und Medienkonzentration im Binnenmarkt", Kom. (94) 353 endg.
15 Wobei es sich allerdings um derzeitige oder ehemalige Kommissionsbeamte handelt: Brühann, Ulf, Pluralismus und Medienkonzentration im Binnenmarkt, ZUM 1993, 600, 604; Schwartz, Ivo, Subsidiarität und EG-Kompetenzen. Der neue Titel "Kultur" Medienvielfalt und Binnenmarkt, AfP 1993, 409, 419.
16 Richtlinie des Rates vom 03.10.1989 zur Koordinierung bestimmter Rechts- und Verwaltungsvorschriften der Mitgliedsstaaten über die Ausübung der Fernsehtätigkeit, 89/552/EWG, ABl. Nr. L 298/23 v. 17.10.1989.

hinwirkt. Nach der ersten Richtung käme regelungstechnisch auch eine neben den nationalen Bestimmungen stehende Regelung in Betracht, die ausschließlich Anwendung auf grenzüberschreitende Vorgänge fände. Dies wäre für die zweite Richtung nicht akzeptabel. Beschränkungen der Niederlassungsfreiheit und des Wettbewerbs könnten nur durch eine Harmonisierung der nationalen Kontrolltatbestände beseitigt werden. Nur wenn die nationalen Medienkonzentrationskontrollsysteme vollständig durch ein europäisches System ersetzt würden, wäre das Ziel einer vollständigen Beseitigung dieser Hindernisse zu erreichen. Auch die Möglichkeit einer Inländerdiskriminierung, wie sie z.B. in Art. 3 der Rundfunkrichtlinie vorgesehen ist, wäre somit nicht möglich. Denn für die Anwendung der Konzentrationskontrollvorschriften ist der Ort der Niederlassung entscheidend. Dieser befindet sich jedoch bei Unternehmen, die in einem Land außerhalb ihres ursprünglichen Mitgliedsstaates tätig werden, im Inland. Eine Regelung kann daher nur dann harmonisierende Wirkung entfalten, wenn sie eine verbindliche Angleichung der einzelstaatlichen Vorschriften zur Folge hat, ohne daß den Mitgliedsstaaten die Möglichkeit verbleibt, für Inländer striktere Regelungen zu erlassen.

II Geeignetheit

Im folgenden ist zu klären, ob eine europäische Konzentrationskontrolle zur Erreichung der soeben angesprochenen Regelungsziele geeignet wäre. Dabei zeigt sich zunächst, daß das Regelungsziel Pluralismussicherung zu ungenau definiert ist, um festzustellen, ob eine europäische Regelung dieses Rechtsgut wirksam sichern könnte.

1. Sicherung des Pluralismus

Regelmäßig wird in der Literatur nicht zwischen der Sicherung eines europäischen Pluralismus und der Sicherung des Pluralismus in den Einzelstaaten unterschieden. Das Regelungsziel "Pluralismussicherung" scheint vielmehr synonym zu stehen, für einen als bedrohlich empfundenen Zuwachs an wirtschaftlicher und publizistischer Macht von einzelnen Medienunternehmen[17]. Vor dem Hintergrund der oben herausgearbeiteten Pluralismusbestandteile (vgl. o. Teil 2, 1c) ist jedoch zu differenzieren:

a) Sicherung eines europäischen Pluralismus

Denkbar wäre die Notwendigkeit einer Sicherung eines europäischen Pluralismus. Möglicherweise kann davon ausgegangen werden, daß mit der Herstellung des Binnenmarktes und dem Ausbau europäischer Institutionen, insbesondere mit der Stärkung des

---

17   Vgl. Europäisches Parlament, Entschließung zur Medienkonzentration und Meinungsvielfalt, RuF 1993, 106, 107.

europäischen Parlaments ein europäischer Meinungsmarkt und eine europäische Identität entstanden sind oder jedenfalls demnächst entstehen werden. Die für die nationale Pluralismussicherung festgestellten Regelungsziele für ein pluralistisches Rundfunksystem (Freiheit von staatlicher und privater Beherrschung, Sicherung der Meinungs- und inhaltlichen Vielfalt, Politikkontrolle durch die Medien und Förderung der kulturellen Identität des Landes, vgl. o. Teil 2 1 c) könnten nun auf ein größeres Gebilde, die europäische Union anwendbar sein.

Doch die Entstehung eines einheitlichen europäischen Staates mit einem einheitlichen Staatsvolk und eigener kultureller Identität liegt nach wie vor in weiter Ferne. Zwar gibt es Direktwahlen für das Europäische Parlament, doch mangelt es an einem europaweiten Wahlkampf, für den sich ein Markt der Meinungen bilden könnte. Die Kandidaten bewerben sich zwar für einen Sitz in einer europäischen Institution, sie werden jedoch ausschließlich von den Wählern eines Mitgliedsstaates gewählt und führen in diesem Land ihren Wahlkampf. Auch unabhängig von Wahlen werden die Gemeinschaft betreffende Themen zwar auf europäischer Ebene durch den Ministerrat oder die Kommission entschieden, der Prozeß der politischen Willensbildung bleibt jedoch auf die nationale Ebene beschränkt. Eine europäische Öffentlichkeit, deren Meinung in die eine oder andere Seite ausschlagen könnte, ist bisher nicht entstanden[18].

b)   Sicherung des Pluralismus zum Schutz vor kultureller Überfremdung auf nationaler Ebene

Denkbar wäre weiterhin, daß eine europäische Konzentrationskontrolle die Pluralismuskomponente "Sicherung der kulturellen Identität" der Einzelstaaten sichern soll (vgl. o. Teil 2 1 c). Dann müßte eine solche Regelung garantieren, daß nicht ein Veranstalter eines Staates die Medienlandschaft in einem anderen Staat derart beherrscht, daß dort eine kulturelle Überfremdung eintritt. Eine solche Gefahr wird zwar hin und wieder beschworen[19], erscheint jedoch nicht sehr realistisch. Dennoch gibt es durchaus Beispiele für eine extensive grenzüberschreitende Tätigkeit von Rundfunkveranstaltern: Den größten Umfang an internationalen Aktivitäten hat sicherlich die CLT-UFA erreicht.

Andere vergleichbar europäisch ausgerichtete Medienunternehmen gibt es bisher innerhalb der europäischen Gemeinschaft nicht. Allerdings verfügen einige Unternehmen über einzelne Rundfunkbeteiligungen in einem anderen Mitgliedsstaat (Pressebeteiligungen sollen hier ausgeklammert bleiben). So halten Leo Kirch und

---

18 Grimm, Dieter, Der Mangel an europäischer Demokratie, DER SPIEGEL 19.10.1992, S. 57ff; ebenso: Kresse, Herrmann (Hrsg.), Pluralismus, Markt und Medienkonzentration: Positionen, Berlin 1995, S. 90.

19 Europarat, Etude sur les concentrations des media en Europe (analyse juridique) - Note du Secrétariat Général préparée par la Directions des Droits de l'Homme, Comite directeur sur les moyens de communication de masse, Straßburg 1992, S. 33.

Silvio Berlusconi wechselseitig Beteiligungen im Einflußbereich des jeweils anderen. Kirch besitzt einen Anteil an dem italienischen Pay-TV-Veranstalter Telepiù, während die Fininvest Holding von Silvio Berlusconi am Deutschen Sportfernsehen beteiligt ist. Der australische Unternehmer Rupert Murdoch hat über seine in Großbritannien angesiedelte Holding News International eine Beteiligung von 49 v.h. am deutschen TV Programm VOX erworben. Hieran ist neben der Bertelsmann AG auch Canal + mit 24,9 v. H. beteiligt. Canal + hält mit einem Anteil von 25 v. H. an Premiere noch eine weitere Beteiligung in Deutschland.

Schließlich sind amerikanische Unternehmen wie Time Warner (VIVA1, VIVA2, NTV, HH1) und Viacom (MTV, Nickelodeon) in Deutschland mit Beteiligungen vertreten, die allerdings auf den Gesamtmarkt betrachtet keinen großen Stellenwert besitzen.

Es kann somit festgestellt werden, daß lediglich CLT-UFA über marktbeherrschende Stellungen in Mitgliedsstaaten verfügt, die außerhalb ihres Stammsitzes liegen. Dieses Unternehmen veranstaltet ihre Programme jedoch regelmäßig mit lokalen Partnern gemeinsam, denn eine Aufoktruktion einer fremden Kultur würde sich negativ auf den wirtschaftlichen Erfolg des Programmes auswirken. Eine diesbezügliche Gefahr für den nationalen Pluralismus ist also kaum anzunehmen.

c)   Sicherung des Pluralismus zum Schutz vor einseitiger Beherrschung nationaler Medienmärkte

Möglicherweise könnte sich eine europaweite Medienkonzentration jedoch dergestalt auf den Pluralismus in den Einzelstaaten auswirken, daß in den jeweiligen Staaten eine einseitige Beherrschung durch einzelne Personen oder Unternehmen eintreten könnte. Die durch den EG-Vertrag und die Rundfunkrichtlinie garantierte Dienstleistungs- und Niederlassungsfreiheit ermöglicht es jedem europäischen Unternehmen in jedem Mitgliedsstaat Rundfunk zu veranstalten bzw. sich dort niederzulassen.

Möglich erscheint es daher, daß ein großer europaweit agierender Medienkonzern aufgrund seiner Finanzmacht und seines Know-how in einzelnen Staaten nationalen Unternehmen derart überlegen ist, daß er durch Verdrängungsstrategien eine marktbeherrschende Stellung auf nationalen Medienmärkten erhält. Um dies zu verhindern, müßte eine europäische Regelung die Anzahl der in Europa gehaltenen Lizenzen oder Beteiligungen begrenzen. Eine Harmonisierung der einzelstaatlichen Bestimmungen, wie dies bisher vorgeschlagen wird, würde hierfür nicht ausreichen.

Nach den bisherigen Erfahrungen hat sich jedoch gezeigt, daß der Zugang ausländischer Veranstalter in anderen Mitgliedsstaaten keinesfalls zu einer Gefährdung des Pluralismus führt, sondern sich regelmäßig positiv auf die Veranstaltervielfalt auswirkt. Denn nationale Medienmärkte sind häufig bereits stark konzentriert; daher sind es oft ausländische Unternehmen, die allein in der Lage sind, mit den starken nationalen Veranstaltern zu konkurrieren und somit die Vielfalt zu erweitern.

Darüber hinaus wird die Gefahr des Ausweichens vor den strengen Regelungen einzelner Staaten in Staaten mit liberaleren Regelungen ("forum shopping") für eine Harmonisierung der einzelnen Medienkonzentrationskontrollbestimmungen angeführt[20]. Die durch die Rundfunkrichtlinie garantierte Freiheit, von einem Mitgliedsstaat Programme in andere Mitgliedsstaaten auszustrahlen, soweit diese Programme in einem Mitgliedsstaat rechtlich zulässig veranstaltet werden, erhält durch die zunehmende Satellitenverbreitung[21] eine neue Dimension. So könnte ein Veranstalter, der aufgrund der konzentrationsrechtlichen Bestimmungen seines Heimatlandes keine Lizenz erhalten könnte, eine Genehmigung in einem anderen Mitgliedsstaat beantragen und dann sein Programm über Satellit in das Heimatland übertragen.

Läßt sich dabei nachweisen, daß die Person oder das Unternehmen zur Umgehung der Bestimmungen im Heimatland handelt, so kann dessen Aufsichtsbehörde nach der Rechtsprechung des EuGH die nationalen Bestimmungen auf ihn anwenden[22]. Im TV-10-Urteil[23] hatte der Gerichtshof den Fall eines niederländischen Rundfunkveranstalters zu entscheiden, der sein Programm von Luxemburg aus über den ASTRA-Satelliten ausstrahlte, da er in den Niederlanden aus Gründen nationalen Rundfunkrechts keine Lizenz erhalten konnte. Die niederländische Aufsichtsbehörde weigerte sich, dieses Programm in ihre Kabelnetze einzuspeisen, obwohl sie aufgrund der Rundfunkrichtlinie verpflichtet war, die Weiterverbreitung auch im Kabelnetz zu ermöglichen. Der Gerichtshof gab der Behörde recht. Die Veranstaltung des Programmes von Luxemburg aus sei lediglich zur Umgehung des holländischen Rundfunkrechts erfolgt. Dies zeige sich daran, daß der größte Teil des Programmes in den Niederlanden produziert wurde, die Sendeleitung aus niederländischen Angestellten bestand, das Programm auf niederländisch ausgestrahlt wurde und offensichtlich für das dortige Publikum bestimmt war. Zudem hätte der Veranstalter nach der Weigerung der Aufsichtsbehörde, die Einspeisung in das Kabelnetz vorzunehmen, das Programm sofort beendet. Somit sei die Dienstleistungsfreiheit lediglich zur Umgehung nationaler Vorschriften genutzt worden. Dies berechtigt jedoch die nationalen Behörden nach der Rechtsprechung des EuGH[24] dazu, den ausländischen Dienstleister wie ein inländisches Rechtssubjekt zu behandeln und die strengeren inländischen Vorschriften anzuwenden.

Für die Kabelverbreitung lassen sich Umgehungsfälle demnach auch ohne eine europäische Konzentrationskontrolle lösen. Dies gilt jedoch nur beschränkt für den Satellitendi-

---

20   Kommission der EG, Mitteilung der Kommission an den Rat und das Europäische Parlament, Reaktionen auf den Konsultationsprozeß zum Grünbuch "Pluralismus und Medienkonzentration im Binnenmarkt", Kom. (94) 353 endg., S. 38.
21   Vgl. Schmitt-Beck, Rüdiger, Satellitenfernsehen in Deutschland - Eine Bestandsaufnahme von Angebot, Empfangswegen und Reichweiten der neuen Satellitenprogramme, Media Perspektiven 1992, 470ff.
22   "Van Binsbergen" Urteil Nr. 33/74 v. 03.12.1974, Slg. 1974, 1299.
23   "TV 10", Urteil Nr. C-23/93 v. 05.10.1994, abgedr. in ZUM 1995, 327 f; vgl. hierzu: Trautwein, Thomas, Grenzen der Dienstleistungsfreiheit im Fernsehbereich, ZUM 1995, 324 f.
24   Van Binsbergen, Nr. 33/74, v. 03.12.1974, Slg. 1974,1299.

rektempfang. Für diese Verbreitungsart besitzt die nationale Aufsichtsbehörde keine direkte Handhabe gegen aus Umgehungsgründen aus dem Ausland eingestrahlte Programme. Kaum in Betracht kommt die Ausstrahlung eines Störsignals, da dies sowohl andere Programme als auch die Ausstrahlung des zu unterdrückenden Programmes in anderen Mitgliedsstaaten beeinträchtigen würde[25]. Daher wäre die Behörde darauf verwiesen, über die eigene Regierung diplomatischen Einfluß auf die Regierung des Sendelandes zu nehmen. Häufig wird dies ein langwieriger und wenig erfolgversprechender Weg sein.

Darüber hinaus sind Grenzfälle denkbar, in welchen eine Umgehung nicht eindeutig feststellbar ist. Etwa wenn ein österreichischer Veranstalter von Deutschland aus sendet, weil er die österreichischen Konzentrationsvorgaben nicht erfüllen kann, sein Programm jedoch auch von deutschen Zuschauern empfangen wird. Hier läßt sich der Umgehungstatbestand schon allein aufgrund der Sprachgleichheit nicht eindeutig nachweisen.

Obwohl sich derzeit keine praktischen Fälle abzeichnen, wäre eine Harmonisierung der einzelnen nationalen Medienkonzentrationsbestimmungen geeignet, um zu verhindern, daß sich ein Veranstalter als Sitz den Mitgliedsstaat mit den günstigsten Rechtsgrundlagen aussucht. Dies könnte wiederum Auswirkungen auf die nationalen Regelungen der Medienkonzentrationskontrolle haben. Gesetzgeber könnten auf wirksame Beschränkungen verzichten, da sie befürchten, daß der Veranstalter sich ansonsten in einem anderen Mitgliedsstaat niederläßt und damit zum einen Arbeitsplätze einer Zukunftsindustrie nicht im eigenen Land entstehen würden und zum anderen der Veranstalter jeglicher Kontrolle durch die inländische Behörde vollständig entgeht. In Großbritannien war diese Überlegung dafür ausschlaggebend, um Veranstalter von Satellitenfernsehen geringeren Beschränkungen zu unterwerfen (vgl. o. Teil 1 D I 4 a dd).

Schließlich wird befürchtet, daß sich Veranstalter, die in ihrem jeweiligen Mitgliedsstaat marktbeherrschend sind, wechselseitig Beteiligungen einräumen und dabei auf inhaltliche Einflußnahme verzichten, um so in ihrem Heimatland über das gesetzlich zulässige Ausmaß Programme beherrschen zu können[26]. Dieses Phänomen könnte jedoch durch eine reine Harmonisierung der nationalen Beschränkungen nicht beseitigt werden. Erforderlich wäre vielmehr eine Regelung, die eine Anzahl von Zulassungen und Beteiligungen eines Unternehmens oder einer Person für alle Mitgliedsstaaten beschränkt. Erfolgversprechender erscheint jedoch eine konsequente Anwendung der nationalen Umgehungsregelungen. Denn bei der Einräumung einer einflußlosen Beteili-

---

25   Engel, Christoph, Vorsorge gegen die Konzentration im privaten Rundfunk mit den Mitteln des Rundfunkrechts - eine Analyse von § 21 Rundfunkstaatsvertrag 1991, ZUM 1993, 557, 559; Herzog in: Maunz/Dürig/Herzog/Scholz, Grundgesetz Kommentar, München 1992, Art. 5 Abs. I, II Rn. 225.

26   Dies wird z.B. bei der Beteiligung von Kirch an Telepiù und von Berlusconi an Pro Sieben vermutet.

gung handelt es sich um den Einsatz eines Strohmannes, der, wie gezeigt, in allen hier untersuchten Mitgliedsstaaten sanktioniert wird. Gelingt es den nationalen Behörden nicht, einen entsprechenden Nachweis zu führen, so spricht nichts dafür, daß eine europäische Regelung die Beweislage verbessern könnte.

2. Sicherung der Niederlassungsfreiheit

Im folgenden soll untersucht werden, ob eine Harmonisierung der nationalen Konzentrationskontrollbestimmungen zur Sicherung der Niederlassungsfreiheit geeignet ist. Der durch den EG-Vertrag garantierte freie Wirtschaftsraum ohne Binnengrenzen könnte dadurch beeinträchtigt sein, daß Medienunternehmen aufgrund unterschiedlicher nationaler Konzentrationsbestimmungen von grenzüberschreitenden Investitionen abgehalten werden. Sie könnten daran gehindert sein, weil die einzelnen nationalen Bestimmungen derart undurchsichtig sind, daß dadurch bei potentiellen ausländischen Veranstaltern ein Klima der Unsicherheit entsteht, das Investitionen verhindert. Im Rahmen ihrer Fragebogenaktion bei den interessierten Kreisen wurde der EG-Kommission das Bestehen eines Investitionshemmnisses bestätigt [27].

Zur Rechtfertigung der Notwendigkeit einer medienspezifischen Konzentrationsregelung darf dieses Argument jedoch nicht überschätzt werden. Zunächst ist festzustellen, daß in allen Wirtschaftsbereichen unterschiedliche rechtliche Regelungen in den verschiedenen Mitgliedsstaaten bestehen. Auch ein Arzneimittelhersteller oder Autofabrikant, der in einem anderen Mitgliedsstaat eine Fertigung aufbauen möchte, muß sich zunächst Kenntnis über die einheimischen Bestimmungen verschaffen. Eine französische Versicherung oder Bank, die sich in Deutschland niederlassen möchte, findet hier keineswegs die gleichen rechtlichen Voraussetzungen vor, wie in Frankreich. Typischerweise wird das ausländische Unternehmen durch Anwerben inländischen Personals oder durch die Beauftragung von Anwaltssozietäten sich zunächst einen Überblick über die Rechtslage verschaffen, um dann möglichst mit lokalen Partnern den Marktzutritt zu wagen. Diesbezüglich unterscheidet sich der Medienbereich nicht von anderen Wirtschaftssektoren. So läßt sich auch gerade in Deutschland beobachten, daß zahlreiche ausländische Unternehmen (CLT, Time Warner, Viacom, CNN) den Markt betreten haben, obwohl es sich aufgrund der regionalen Rechtszersplitterung hierbei vielleicht um den rechtlich schwierigsten Markt Europas handelt. Letztlich ausschlaggebend für eine Investition werden die Chancen auf dem jeweiligen Werbe- oder Konsumentenmarkt sein. Schätzt ein Unternehmen diese als gut ein, so wird es sich von komplizierten Regelungen nicht abhalten lassen.

---

27   Vgl. Kommission der EG, Mitteilung der Kommission an den Rat und das Europäische Parlament, Reaktionen auf den Konsultationsprozeß zum Grünbuch "Pluralismus und Medienkonzentration im Binnenmarkt", Kom. (94) 353 endg., S. 19.

3. Schutz vor Wettbewerbsbeschränkungen

Eine Harmonisierung der Konzentrationsvorschriften könnte dagegen erforderlich sein, um gleiche Chancen für Unternehmen aus unterschiedlichen Herkunftsstaaten zu garantieren. So besteht z.B. in Frankreich nicht die Möglichkeit, einen landesweiten Rundfunkveranstalter zu 100% zu halten, während dies in Italien grundsätzlich erlaubt ist (vgl. o. Teil 1 B III 1 - Frankreich und Teil 1 C III 1 für Italien). Im Rahmen der Dienstleistungsfreiheit könnte jedoch ein italienischer Veranstalter nach Großbritannien ausstrahlen und wäre damit gegenüber den englischen Veranstaltern bevorzugt. Für Frankreich ist dieses Phänomen bereits seit Jahrzehnten Realität. Bereits während der Zeit des staatlichen Rundfunkmonopols wurde dieses durch Veranstalter umgangen, die aus den Nachbarländern Monaco, Luxemburg oder Belgien einstrahlten. Eine Harmonisierung der Eigentumsregelungen würde sicherlich dazu beitragen, dieses Phänomen zu reduzieren. Doch würde eine Harmonisierung der Konzentrationskontrolle für sich genommen nicht alle Anreize für eine Flucht von Veranstaltern in einen weniger regulierten ausländischen Staat nehmen. Gerade die in Art. 3 der Rundfunkrichtlinie zulässige Inländerdiskriminierung bezüglich der dort geregelten Sachverhalte des Jugendschutzes, europäischer Quoten oder der Werbebeschränkungen könnten ebenfalls eine Flucht ins Ausland bewirken. In diesem Bereich wurde jedoch absichtlich auf eine vollständige Harmonisierung verzichtet.

Wie die Kommission selbst festgestellt hat, sind die Gefahren, die von der Rechtszersplitterung durch die unterschiedlichen Bestimmungen zur Medienkonzentrationskontrolle für den Binnenmarkt ausgehen, derzeit weitgehend potentieller Natur[28]. Dies liegt zum einen daran, daß der Umfang des grenzüberschreitenden Rundfunks noch weit hinter anderen Wirtschaftsbereichen zurückliegt. Zum anderen sind zwar durch die Satelliten- und Kabelverbreitung die Möglichkeiten des Forum Shopping grundsätzlich gegeben, andererseits ist festzustellen, daß diese Möglichkeit nicht allzu oft genutzt wird. Veranstalter von Vollprogrammen oder Informationsprogrammen sind regelmäßig auf einen festen Standort in demjenigen Land angewiesen, in welchem sie ihre Berichterstattung betreiben. Die theoretisch bestehende Möglichkeit, beschränkenden Regelungen durch Verlegung des Standort-Landes zu entgehen, wird daher praktisch nur selten genutzt.

4. Zwischenergebnis

Obwohl weder der Pluralismus noch der Binnenmarkt derzeit akut durch die Rechtszersplitterung der Medienkonzentrationskontrolle bedroht erscheint, ist zuzugeben, daß in gewissem Umfang potentielle Gefahren für beide Werte bestehen, die eine Eignung der Harmonisierung von Konzentrationsbestimmungen zur Erreichung dieses Regelungsziels jedenfalls nicht a priori ausschließen.

---

28   Grünbuch a.a.O., S. 98.

Im folgenden ist zu prüfen, inwieweit die EU berechtigt wäre, Maßnahmen zum Schutz dieser Ziele zu erlassen.

II Zulässigkeit

Inwieweit die Europäische Gemeinschaft in einem Bereich rechtssetzungsbefugt ist, bestimmt sich nach dem Prinzip der begrenzten Einzelermächtigung[29]. Hiernach darf die Gemeinschaft nur in denjenigen Bereichen Regelungen treffen, in welchen sie durch den Vertrag ausdrücklich ermächtigt ist. Eindeutig keine Ermächtigung besitzt die Gemeinschaft z.B. im Bereich der Staatsangehörigkeit; für die Eigentumsordnung ist die Zuständigkeit in Art. 222 EGV sogar ausdrücklich ausgeschlossen[30].
Hat die Prüfung ergeben, daß die Gemeinschaft grundsätzlich in einem Bereich rechtssetzungsbefugt ist, so bedeutet dies jedoch noch nicht, daß eine bestimmte Regelung tatsächlich zulässig ist. Zu prüfen ist nun zum einen, ob das Subsidiaritätsprinzip, gem. Art. 3b Abs. 1 EGV dazu zwingt, die Regelung den Mitgliedsstaaten selbst zu überlassen. Greift das Subsidiaritätsprinzip nicht ein, so ist eine Regelung dennoch unzulässig, wenn sie gem. Art. 3b Abs. 3 EGV nicht zur Erreichung des Zieles erforderlich ist oder wenn sie nicht verhältnismäßig ist.
Demnach ist zunächst zu prüfen, ob eine Regelung zur Harmonisierung der einzelstaatlichen Konzentrationskontrollvorschriften eine Kompetenzgrundlage im EGV findet.

1. Kompetenzgrundlage

Hierbei ist nach dem Regelungsziel zu differenzieren: In Betracht kommen die Sicherung des Pluralismus, der Niederlassungsfreiheit oder des Wettbewerbs im Binnenmarkt.

a) Kompetenz zur Rechtsangleichung zur Sicherung des Pluralismus

Eine ausdrückliche Kompetenz der Gemeinschaft für die Sicherung des Pluralismus findet sich im EGV nicht. Denkbar wäre es, die Kompetenz aus einer allgemeinen Verpflichtung der Gemeinschaft zum Schutz der Grundrechte herzuleiten. Diese Möglichkeit klingt in Art. F Abs. 2 EGV an. Auch der EuGH hat entschieden, daß die Achtung

---

29   Vgl. hierzu BVerfG, Urteil v. 22.03.1995, 2 BvG 1/89, Umdruck S. 50; vgl. hierzu: Deringer, Arved, Pyrrossieg der Länder, ZUM 1995, 316 ff; Kresse, Herrmann, Heintze, Matthias, Der Rundfunk: das "jedenfalls auch kulturelle Phänomen - Ein Pyrros-Sieg der Länder?, Beilage zum Medienspiegel, v. 10.04.1995.
30   Schweitzer, Hummer, Europarecht, 4. Aufl. Neuwied usw. 1993, S. 75.

der Grundrechte, wie sie die Europäische Menschenrechtskonvention statuiert, im Rahmen der Strukturen und der Ziele der Gemeinschaft gewährleistet werden muß[31]. Im Rahmen des Art. 10 EMRK sieht das Gericht auch den Pluralismus verankert[32]. Doch setzt diese Berücksichtigung der Grundrechte das Bestehen eines Gemeinschaftszieles voraus und schafft nicht ein eigenständiges Ziel. Die Berücksichtigung des Pluralismus bei einer Rechtssetzung durch die Gemeinschaft kommt demnach nur dann in Betracht, wenn eine Kompetenz bereits auf einer anderen Grundlage besteht.

Eine solche Kompetenz könnte sich aus Art. 3p EGV ergeben. Hier ist bestimmt, daß die Tätigkeit der Gemeinschaft einen Beitrag zur Entfaltung des Kulturlebens in den Mitgliedstaaten umfaßt. Dies wird durch den Titel IX Kultur mit seinem einzigen Art. 128 EGV präzisiert: *"Die Gemeinschaft leistet einen Beitrag zur Entfaltung der Mitgliedstaaten unter Wahrung ihrer nationalen und regionalen Vielfalt sowie gleichzeitiger Hervorhebung des gemeinsamen kulturellen Erbes"* und in Abs. 4: *"Die Gemeinschaft trägt den kulturellen Aspekten bei ihrer Tätigkeit aufgrund anderer Bestimmungen dieses Vertrages Rechnung"*. Da die Sicherung des Pluralismus zweifellos keine originär wirtschaftliche, sondern eine kulturelle und politische Zielsetzung ist, könnten die genannten Regelungen als Kompetenzgrundlage in Betracht kommen.

Es herrscht jedoch weitgehend[33] Einigkeit darüber, daß der Titel IX keine eigenständige Kompetenzgrundlage bildet, sondern nur als Annex für eine bereits bestehende Kompetenz herangezogen werden kann[34]. Grund hierfür ist die Befürchtung, diese Vorschrift könnte zu einer alles überwuchernden Universalzuständigkeit werden[35]. Daher soll Art. 128 Abs. 4 EGV nur eine "Mitberücksichtigung" bei der Ausübung vorhandener Kompetenzen ermöglichen[36]. In diesem Rahmen wäre auch die Sicherung des Pluralismus ein zulässiges Regelungsziel[37]. Nicht zulässig dürfte dagegen der Erlaß von Bestimmungen allein zum Schutz des Pluralismus sein.

---

31 EuGH, 17.12.1970, Nr. 11/70, "internationale Handelsgesellschaft, S.g. 1970, 1125.
32 EuGH, 25.07.1991, Rs. 288/89 u. 353/89, ohne daß das Gericht den Begriff "Pluralismus" bei dieser Gelegenheit konkretisiert hätte.
33 A.A. offensichtlich: Kresse, Herrmann, Heintze, Matthias, Der Rundfunk: "das jedenfalls auch kulturelle Phänomen" - Ein Pyrrhus-Sieg der Länder?-, Medienspiegel v. 10.04.1995, Beilage, S. 6.
34 Stauffenberg, Langenfeld, Maastricht - ein Fortschritt für Europa?, ZRP 1992, 252, 254f; , 417; Carl Eugen Eberle, Das europäische Recht und die Medien am Beispiel des Rundfunkrechts, AfP 1993, 422, 426.
35 Eberle, a.a.O. 426.
36 Schwartz, a.a.O. 417.
37 Schwartz, a.a.O. 417.

b) Kompetenz zur Rechtsangleichung der nationalen Konzentrationskontrollbestimmungen aus Artt. 59 Abs. 1, 66 i.V.m. Art. 57 Abs. 2 EGV

Die EG-Kommission[38] und EuGH[39] leiten die Kompetenz zur Rechtsangleichung im Bereich des Rundfunks aus den Bestimmungen des EGV zur Herstellung der Dienstleistungs- und Niederlassungsfreiheit gem. Artt. 57, 59 EGV her. Ein Rundfunkveranstalter, der sich zumindest auch über Werbung oder Teilnehmerentgelte finanziere, erbringe Dienstleistungen gegen Entgelt. Dabei spiele es keine Rolle, ob eine direkte Entgeltbeziehung zwischen Rezipient und Veranstalter besteht[40]. Der Betrieb von Rundfunkunternehmen sei eine selbständige Tätigkeit i.S.v. Art. 57 EGV.

Vorallem in Deutschland war es jedoch lange umstritten, ob Rundfunk als Dienstleistung und selbständige Tätigkeit oder als ein kulturelles Gut zu qualifizieren ist[41]. Die Gegner einer Kompetenz der EG[42], insb. die deutschen Bundesländer leugnen nicht, daß die Veranstaltung von Rundfunk auch einen wirtschaftlichen Aspekt besitzt. Da jedoch nahezu jeder Bereich auch eine wirtschaftliche Dimension besitze, dehne sich auf diese Weise die Kompetenz der Gemeinschaft unkontrollierbar aus. Gebiete auf denen die EU nach dem Willen der vertragsschließenden Länder keine Kompetenz besitzen sollte, würden so in die Regelungskompetenz einbezogen. Es müsse daher der Schwerpunkt der Tätigkeit bestimmt werden. Liege dieser, wie bei der Rundfunkveranstaltung außerhalb der Kompetenz der Gemeinschaft, so könne eine Regelung nicht auf Kompetenzgrundlagen für wirtschaftliche Sachverhalte gestützt werden[43]. Das Bundesverfassungsgericht[44] hat zwar ebenfalls die Doppelnatur des Rundfunks betont, hat sich jedoch nicht gegen die durch den EuGH vorgenommene Einordnung als Dienstleistung gewandt.

---

38 Vgl. bereits: Kommission der EG, Grünbuch "Fernsehen ohne Grenzen", vom 14.06.1984 Kom (84) 300 endg.
39 Vgl. Slg. 1974, 409 - Sacchi; Slg. 1980, 833 - Debauve; Slg. 1980, 881 - Coditel; 1988, 2085 - Bond van Adverteeders.
40 So auch Bremer, Eckhard, Esser, Michael, Hoffmann, Martin, Der Rundfunk in der Verfassungs- und Wirtschaftsordnung in Deutschland, Baden-Baden 1992, S. 95; a.A.:
41 Zum Streitstand vgl.: Paschke, Marian, Medienrecht, Berlin u.a. 1993, S. 52 ff.; Petersen, Nikolaus, Rundfunkfreiheit und EG-Vertrag, Baden-Baden 1994, S. 36 ff; Jungbluth, Armin, Das Niederlassungsrecht der Rundfunkveranstalter in der Europäischen Gemeinschaft, Baden-Baden 1992, 160 ff; zur Diskussion bezgl. des öffentlich-rechtlichen Rundfunks vgl. Selmer, Peter, Gersdorf, Hubertus, Die Finanzierung des öffentlich-rechtlichen Rundfunks auf dem Prüfstand des EG-Beihilfenregiemes, Berlin 1994.
42 Ossenbühl, Fritz, Rundfunk zwischen nationalem Verfassungsrecht und europäischem Gemeinschaftsrecht, 1986, S. 23; Börner, Bodo, Kompetenz der EG zur Regelung einer Rundfunkordnung, ZUM 1985, 577 ff; vgl. die Parteivorträge (Lerche) in der Entscheidung des Bundesverfassungsgerichts vom 22.03.1995, 2 BvG 1/89, Umdruck S. 6 ff; .
43 BVerfG a.a.O., Umdruck S. 21; vgl. dazu: Kresse, Herrmann, Heintze, Matthias, Der Rundfunk: "das jedenfalls auch kulturelle Phänomen" - Ein Pyrrhus-Sieg der Länder?-, Medienspiegel v. 10.04.1995, Beilage.
44 BVerfG a.a.O., Umdruck S. 21.

Eine Einteilung nach Schwerpunkten erscheint nur schwer durchführbar. Während Aufsichtsbehörden und Gesetzgeber u.U. den Rundfunk als kulturelles Gut einstufen und entsprechend reglementieren, werden jedenfalls die privaten Veranstalter kaum einen Zweifel daran lassen, daß sie Rundfunk als Gewerbe zur Gewinnmaximierung betreiben. Auch aus der Sicht der Werbekunden stellt der Rundfunk in erster Linie eine Dienstleistung des Veranstalters dar, die es der werbetreibenden Wirtschaft ermöglicht, Kunden zu erreichen und für ihre Produkte zu interessieren. So ist der Schwerpunkt der Tätigkeit eine Frage der Perspektive und für die Feststellung der Regelungskompetenz kaum geeignet. Zwar unterliegen Rundfunkveranstalter, wie in dieser Arbeit gezeigt (vgl. Teil 1) in vielen Mitgliedsstaaten besonderen verfassungsrechtlichen Implikationen. Gleichzeitig sind sie, jedenfalls soweit der private Rundfunk betroffen ist, gewinnorientierte Unternehmen, die sich in soweit nicht von anderen Wirtschaftsbereichen unterscheiden[45]. Allerdings besteht diese Regelungskompetenz nicht uneingeschränkt. Bereits vor dem Inkrafttreten des Maastrichter Vertrages war anerkannt, daß die Kompetenzen unter Berücksichtigung des Grundsatzes der Gemeinschaftstreue auszuüben sind. So dürfen z.B. nicht die Schwerpunkte des nationalen Rechts durch die gemeinschaftsrechtliche Regelung außer Kraft gesetzt werden[46].
Der EG-Vertrag hat u.a. diesen Grundsatz mit den in Art. 3b verankerten Prinzipien der Subsidiarität, der Erforderlichkeit und der Verhältnismäßigkeit konkretisiert.

2. Subsidiarität

Nach Art. 3b Abs. 2 EGV darf die Gemeinschaft nach dem Subsidiaritätsprinzip in Bereichen, die nicht in ihre ausschließliche Zuständigkeit fallen, nur tätig werden, sofern und soweit die Ziele der in Betracht gezogenen Maßnahmen auf der Ebene der Mitgliedsstaaten nicht ausreichend erreicht werden können und daher wegen ihres Umfangs oder ihrer Wirkungen besser auf Gemeinschaftsebene erreicht werden können.
Die Anwendung des Subsidiaritätsgrundsatzes setzt demnach zunächst voraus, daß für die geplante Maßnahme keine ausschließliche Kompetenz der EG besteht. Ist dies der Fall, so ist die Gemeinschaft unabhängig davon regelungsbefugt, ob der betreffende Sachverhalt besser durch die Mitgliedsstaaten selbst geregelt werden könnte[47].
Die Herstellung der Niederlassungsfreiheit gehört zu den Bereichen ausschließlicher Zuständigkeit der Gemeinschaft[48], da sie eine der vier Grundfreiheiten des Art. 7 a EGV betrifft. Die Frage der Subsidiarität stellt sich also nicht, wenn eine europäische Medien-

---

45	Ebenso: Schwartz, Ivo, Rundfunk, EG-Kompetenzen und ihre Ausübung, ZUM 1991, 155 ff, Jungbluth, Armin, Das Niederlassungsrecht der Rundfunkveranstalter in der Europäischen Gemeinschaft, Baden-Baden 1992, S. 163 f.
46	Vgl. Paschke, Marian, Medienrecht, Berlin 1993, S. 53.
47	Schwartz, Ivo, Subsidiarität und EG-Kompetenzen. Der neue Titel "Kultur" Medienvielfalt und Binnenmarkt, AfP 1993, 409, 411.
48	Schwartz, a.a.O., 411.

konzentrationskontrolle mit dem Ziel der Verwirklichung der Niederlassungsfreiheit geschaffen werden sollte. Stützt sich eine solche Regelung dagegen auf das Regelungsziel der Beseitigung von Wettbewerbsbeschränkungen, so ist unklar, ob das Subsidiaritätsprinzip zur Anwendung gelangt. Denn ob die Regelungen zur Sicherung des Wettbewerbs in die ausschließliche oder in die konkurrierende Konkurrenz fallen, ist umstritten. Nach Ansicht der Kommission ist die konkurrierende Zuständigkeit betroffen[49]. Eine Literaturansicht[50] kommt dagegen zu dem Ergebnis, daß sich das Ziel der Binnenmarktherstellung nicht von dem der Wettbewerbssicherung trennen läßt und daß daher beide Bereiche in die ausschließliche Kompetenz der Gemeinschaft fallen. Dies erscheint einleuchtend, denn eine Entscheidung über die Niederlassung in einem Mitgliedsstaat ist vorrangig von den Wettbewerbsbedingungen abhängig, die das Unternehmen im Niederlassungsort vorfindet. Daher ist davon auszugehen, daß sich die Kompetenz für die Verwirklichung der vier Grundfreiheiten und den Schutz des Wettbewerbs nicht trennen lassen und damit beide in den Bereich der ausschließlichen Gesetzgebungskompetenz fallen.

Soll demnach eine europäische Medienkonzentrationskontrolle die Niederlassungsfreiheit oder den Wettbewerb sichern, so muß das Subsidiaritätsprinzip hierbei nicht geprüft werden. Da eine Kompetenz für die Sicherung des Pluralismus nicht besteht (vgl. o. 1a), ist diesbezüglich das Subsidiaritätsprinzip ebenfalls nicht zu berücksichtigen.

3. *Erforderlichkeit*

Nach Art. 3 b Abs. 3 EGV dürfen Maßnahmen der Gemeinschaft nicht über das für die Erreichung der Ziele dieses Vertrages erforderliche Maß hinausgehen. Dies wäre jedoch dann der Fall, wenn die genannten Regelungsziele bereits ausreichend durch das bestehende Europarecht gewährleistet wären. Anhand von Fallstudien soll daher untersucht werden, inwieweit das bestehende Recht für den Schutz des Pluralismus, der Niederlassungsfreiheit und des Wettbewerbs Lücken aufweist.

a)   Art. 85, 86 EGV

Art. 85 und 86 EGV sollen den wirtschaftlichen Wettbewerb innerhalb der Gemeinschaft durch das Verbot wettbewerbswidriger Vereinbarungen und des Mißbrauchs

---

49   Kommission der EG, Das Subsidiaritätsprinzip, Mitteilung an den Rat und das Europäische Parlament, Dok. SEK (92), 1990 endg. vom 27.10.1992.
50   Schwartz, a.a.O., 415.

marktbeherrschender Stellungen schützen[51]. Eine Sicherung des Pluralismus verfolgen die Wettbewerbsregelungen also nicht.

An Art. 86 EGV hat die Kommission bisher nur einen Konzentrationsvorgang im Medienbereich geprüft. Er betraf die Übernahme des italienischen Zeitungshauses Montadori durch die Fininvest-Holding von Silvio Berlusconi. Bei der Untersuchung dieser Übernahme gelangte die Kommission zu dem Ergebnis, daß eine beherrschende Stellung der Fininvest auf dem Markt für Zeitungs- und Zeitschriftenwerbung vor dem Zusammenschluß nicht vorlag, da die Fininvest hier nur 25 v. H. Marktanteil hatte. Art. 86 EGV setze jedoch voraus, daß eine marktbeherrschende Stellung bereits vor dem Zusammenschluß bestanden habe. Ein Einschreiten der Kommission gegen den Zusammenschluß unterblieb daher[52].

Für die Gewährleistung der genannten Regelungsziele folgt aus diesem Beispiel: Der Pluralismus in Italien wurde durch diesen Zusammenschluß sicherlich gefährdet, da der im Fernsehbereich beherrschende Anbieter seine starke Stellung im Print-Bereich weiter ausbaute. Hierdurch verstärkte sich die bereits ausgeprägte private Vermachtung. Die Anzahl der unabhängigen Stimmen auf dem italienischen Meinungsmarkt verringerte sich. Jedoch hat der die Gefährdung hervorrufende Zusammenschluß rein nationalen Bezug. Er wurde nicht durch eine grenzüberschreitende Tätigkeit sondern ausschließlich aufgrund eines Zusammenschlusses zweier inländischer Unternehmen hervorgerufen. Die Gefährdung entstand, weil die innerstaatliche Behörde die italienischen Pressekartellvorschriften nicht restriktiv anwandten, bzw. weil ein Medienkonzentrationsgesetz noch nicht verabschiedet war[53].

Für das Regelungsziel Sicherung des Wettbewerbs zeigt der Fininvest/Montadori-Fall deutlich, daß Art. 86 EGV im Ergebnis ungeeignet für eine effektive Kontrolle von Konzentrationsvorgängen ist, da diese Regelung erst eingreift, wenn bereits eine marktbeherrschende Stellung besteht und nicht deren Entstehen verhindert. Dies betrifft jedoch kein medienspezifisches Problem, sondern generell die Struktur der Art. 85 f. EGV. Dieses Defizit führte schließlich zur Verabschiedung der Fusionskontrollverordnung.

---

51   Zum Regelungsziel vgl. Grabitz, Koch (Bearb.), Kommentar zur Europäischen Union, 1990, vor Art. 85 EGV; Wagner, Christoph, Konzentrationskontrolle im Medien-Binnenmarkt der EG, Wettbewerbsrechtliche und medienspezifische Ansätze, AfP 1992, 1, 2f.
52   Rao, Giusseppe, Briefing. The Montadori La Repubblica Case, International Media Law 4/1990, S. 31 f.
53   Rao, a.a.O.

b) Fusionskontrollverordnung

Auch die am 21.09.1990 in Kraft getretene Verordnung bezweckt ausschließlich den Schutz des wirtschaftlichen Wettbewerbs[54]. Sie findet auf die Kontrolle von Medienunternehmen grundsätzlich Anwendung[55]. Allerdings greift die Verordnung aufgrund ihrer hohen Aufgreifschwellen (5 Milliarden Ecu weltweiter Umsatz[56]) bisher grundsätzlich nur für wenige Zusammenschlüsse zwischen reinen Medienunternehmen ein. Eine Absenkung der Schwellen wird zwar von der Kommission gewünscht, findet in den Mitgliedsstaaten jedoch derzeit keine Mehrheit[57].
Doch steht zu erwarten, daß sich in Zukunft immer stärker auch umsatzstarke Unternehmen im Medienbereich engagieren, die nicht zu den klassischen Hörfunk- und Fernsehveranstaltern gehören. Dies zeigt nicht zuletzt der Zusammenschlußfall "Media Service GmbH", der eine Integration der klassischen Medienaktivitäten Fernsehen, Presse, Filmhandel und Medienvertrieb und dem Bereich der Telekommunikationsleitungen herbeigeführt hätte, wäre er nicht durch die Kommission verboten worden (vgl. hierzu u. ee). Durch den Eintritt der umsatzstarken Elektrizitätsversorgungsunternehmen[58] in den bis 1998 vollständig zu liberalisierenden Telekommunikationsmarkt[59] sind durchaus weitere Großfusionen zwischen Leitungsträgern und "content-providern" denkbar, um eine Integration verschiedener Dienste zu Multimedia-Angeboten herbeizuführen[60]. Es ist also keinesfalls davon auszugehen, daß Medienfusionen in Zukunft aufgrund mangelnder Umsatzgröße von der Kontrolle ausgenommen bleiben.
Eine Ausnahme von der Kontrolle nach der FKVO besteht auch nicht gem. Art. 21 Abs. 3 FKVO. Nach dieser Regelung sind die Mitgliedsstaaten berechtigt, im Geltungsbereich der Verordnung, geeignete Maßnahmen zum Schutz der Medienvielfalt erlassen. Diese Vorschrift berechtigt die nationalen Behörden zwar dazu, Fusionen zu untersagen, die in den Geltungsbereich der Verordnung fallen und von der Kommission der EG freigegeben wurden. Insofern schränkt diese Bestimmung die Exklusivgeltung der

---

54 Paschke Marian, in: Glassen u.a., Frankfurter Kommentar zum GWB, Vorbemerkungen zu den §§ 23-24c, Rn. 98; zu der Diskussion im Vorfeld vgl. Mestmäcker, Ernst-Joachim, Fusionskontrolle im gemeinsamen Markt zwischen Wettbewerbs- und Industriepolitik, EuR 1988, 349ff.
55 Vgl. Paschke Marian, in: Glassen u.a., Frankfurter Kommentar zum GWB, Vorbemerkungen zu den §§ 23-24c, Rn. 98f.
56 Vgl. Art. 1 Abs. 2a FKVO.
57 Vgl. Drauz, Götz, Schröder, Dirk, Praxis der Europäischen Fusionskontrolle, 2. Aufl. Köln 1994, S. 9.
58 Vgl. Kommission der EG, Grünbuch über die Liberalisierung der Telekommunikationsinfrastruktur und der Kabelfernsehnetze, Teil II, XIII/154/94.
59 Vgl. Bundesministerium für Post und Telekommunikation, Eckpunkte eines künftigen Regulierungsrahmens im Telekommunikationsbereich, 27.03.1995 (hektographierte Fassung).
60 Müller-Using, Detlev, Lücke, Richard, Neue Teledienste und alter Rundfunkbegriff, Archiv für Post und Telekommunikation, 1995, 32 ff.

Verordnung ein. Sie gibt den nationalen Behörden jedoch nicht das Recht, einen Zusammenschluß zuzulassen, der von der EG-Kommission untersagt wurde[61].

Im folgenden sollen die bisherigen Anwendungsfälle der FKVO im Medienbereich dargestellt und auf Defizite bezüglich der Pluralismussicherung und der Gewährleistung des Wettbewerbs untersucht werden.

aa) BSB/Sky

BSB/Sky war der erste von der Kommission aufgegriffene Fall mit Medienberührung. Er betraf den Zusammenschluß zwischen den beiden englischen Satellitenveranstaltern British Satellite Broadcasting (BSB), einem Konsortium von britischen und französischen Medienunternehmen (Pearson, Reed International, Anglia, Granada, Chargeurs) und dem Sky Channel, der von News International, der Medienholding von Rupert Murdoch betrieben wurde. Beide Veranstalter bedienten sich unterschiedlicher Übertragungssysteme die bei den Empfängern unterschiedliche Satellitenempfangsanlagen erforderlich machten. Da beide Systeme mit wirtschaftlichen Schwierigkeiten kämpften, bildete sich bei den Veranstaltern die Meinung heraus, daß der englische Markt nur einen Satellitenveranstalter verkraften könne. Nur eine Fusion könne ein Scheitern beider Systeme verhindern. Da die Veranstalter die Operation nicht bei der Kommission anmeldeten, griff die Kommission den Fall von sich aus auf. Sie bejahte das Vorliegen eines Zusammenschlusses gem. § 3 Abs. 1 a FKVO, da zwei unabhängige Unternehmen verschmolzen wurden. Sowohl der Umsatz des Murdoch-Konzerns News International als auch der verbundene Umsatz des Konsortiums BSB überstieg die Schwelle des Art. 1 Abs. 2a FKVO. Allerdings stellte die Kommission fest, daß der gemeinschaftsweite Umsatz der beiden Beteiligten sich zu mehr als zwei Drittel auf Großbritannien konzentriere (Die außereuropäischen Beteiligungen von Rupert Murdoch blieben bei der Anrechnung unberücksichtigt). Dies schließt jedoch eine Anwendung der Verordnung gem. § 1 Abs. 2 4. HS FKVO aus. Die Zuständigkeit lag demnach bei der britischen Kartellbehörde, die jedoch keine Untersagung aussprach.

Für die genannten Regelungsziele folgt aus diesem Beispiel: Möglicherweise wurde der Pluralismus in Großbritannien durch den Zusammenschluß deshalb gefährdet, weil einer der am Zusammenschluß Beteiligten, Rupert Murdoch seine bereits starke Stellung auf den Medienmärkten in Großbritannien weiter ausbauen konnte. Die nationale Aufsichtsbehörde schreckte vor einem Verbot des Zusammenschlusses u.U. auch deshalb zurück, weil sie befürchtete, die Beteiligten würden dann die Ausstrahlung ihrer Programme aus einem anderen Mitgliedsstaat vornehmen und so die rechtlichen Beschränkungen in Großbritannien umgehen. Insofern könnte eine europäische Regelung also geeignet sein, unabhängig von Standorterwägungen pluralismusschädliche Verbindungen zu verhin-

---

[61] Fröhlinger, Magot, EG-Wettbewerbsrecht und Fernsehen, RuF 1993, 59, 63.

dern. Allerdings würde dies auch das Bestehen einer europäischen Aufsichtsbehörde voraussetzen. Eine solche Behörde wird jedoch weitgehend abgelehnt[62].
Darüber hinaus weist dieser Fall, ebenso wie der Fininvest/Montadori-Fall keine über das jeweilige Landesgebiet hinausreichende Relevanz auf. Um den Pluralismus in Großbritannien zu schützen wäre es daher Aufgabe der britischen Behörden gewesen, den Zusammenschluß zu untersagen. Eine Nothelferfunktion für versagende Schutzmechanismen des nationalen Rechts kann einer europäischen Regelung nicht zukommen.

bb) *ABC/Generale des Eaux/Canal+/W.H. Smith TV*

In dem Fall ABC/Generale des Eaux/Canal+/W.H. Smith TV[63] hat die Kommission dagegen die gemeinschaftsweite Bedeutung bejaht. Die amerikanische ABC, die französische Generale des Eaux und Canal+ wollten gemeinsam die Medienaktivitäten des britischen Unternehmers W.H. Smith übernehmen, darunter das European Sports Network TESN. Die Kommission sah die Märkte für Sportrechte, Programmproduktion, Fernsehwerbung und Fernsehveranstaltung betroffen. Sie stellte fest, daß mit der Verbreitung des Kabelfernsehens und des Pay-TV die Märkte im Umbruch seien und verzichtete auf eine genaue Festlegung der relevanten Märkte, da auch bei einer engen Marktdefinition eine beherrschende Stellung durch den Zusammenschluß nicht begründet werde. In allen betroffenen Marktsegmenten komme den Parteien nur eine mindere Bedeutung zu. Diese Entscheidung ist unter keinem Aspekt der genannten Regelungsziele zu beanstanden. Insbesondere ist keine Gefährdung des Pluralismus durch die Kooperation der Beteiligten ist ersichtlich.

cc) *Sunrise*

Der Fall "Sunrise" betraf ein Gemeinschaftsunternehmen von Walt Disney und verschiedenen Presseunternehmen und Rundfunkveranstaltern (The Guardian, Scottish Television, London Weekend Television und Carlton) zur Gründung eines Veranstalters für Frühstücksfernsehen. Zwar bejahte die Kommission eine gemeinschaftsweite Bedeutung, doch handelte es sich nicht um einen konzentrativen Zusammenschluß i.S.v. Art. 3 Abs. 2 S. 1 FKVO. Daher war die Verordnung nicht anwendbar.
Die Abgrenzung zwischen kooperativem und konzentrativem Zusammenschluß ist für die Beurteilung der Pluralismusgefährdung bedeutungslos. Doch in diesem konkreten Fall wäre wohl auch bei Vorliegen eines konzentrativen Zusammenschlusses eine

---

62 Vgl. Kommission der EG, Mitteilung der Kommission an den Rat und das Europäische Parlament, Reaktionen auf den Konsultationsprozeß zum Grünbuch "Pluralismus und Medienkonzentration im Binnenmarkt", Kom. (94) 353 endg., S. 21.

63 ABC/Generale des eaux/Canal+/W.H. Smith TV Case N. IV/M110 v. 10.09.1991 (unveröffentlicht).

Untersagung nicht im Interesse des Pluralismus angezeigt, da der Zusammenschluß nicht zu einer einseitigen Beherrschung des Meinungsmarktes in Großbritannien beigetragen hätte.

dd)   Kirch/Richemont/Telepiù

In der Entscheidung Kirch/Richemont/Telepiù[64] hatte die Kommission zu beurteilen, inwieweit die Erhöhung der Anteile von Leo Kirch und dem südafrikanischen Medienunternehmer Richemont an dem italienischen Pay-TV-Sender Telepiù zulässig war. Der ursprüngliche Inhaber der Kapitalmehrheit, die Fininvest-Holding von Silvio Berlusconi wurde durch das italienische Rundfunkrecht gezwungen, ihre Beteiligung zu reduzieren. Hier hat die Kommission sich bezüglich der Marktabgrenzung stärker festgelegt. Relevanter Produktmarkt sei der Markt für Pay-TV, geographisch relevanter Markt Italien. Pay-TV bilde gegenüber werbefinanziertem Fernsehen einen eigenständigen Produktmarkt, da bei Pay-TV ein Austauschverhältnis zwischen Zuschauer und Veranstalter bestehe, während ein solches Verhältnis bei werbefinanziertem Fernsehen lediglich zwischen Werbekunden und Veranstalter vorhanden sei. Die geographische Abgrenzung wird damit begründet, daß Fernsehmärkte insgesamt weiterhin durch Sprachbarrieren gekennzeichnet seien. Aufgrund dieser Marktabgrenzung stellte die Kommission fest, daß die Beteiligten, die ihre Anteile erhöhten, keine beherrschende Stellung auf dem relevanten Markt erhielten. Der Zusammenschluß wurde daher nicht beanstandet.

In diesem Fall wird vermutet, daß die Anteile von Leo Kirch lediglich treuhänderisch für die Fininvest-Gruppe gehalten werden, die im Gegenzug ihre Beteiligung am Deutschen Sportfernsehen nicht aktiv ausübe. Wie bereits ausgeführt, müßte eine solche Konstellation durch die nationalen Vorschriften zum Verbot von Strohmannverhältnissen erfaßt werden. Als Beispiel für die Notwendigkeit einer pluralismusschützenden europäischen Regelung ist dieser Fall nicht geeignet. Unter wettbewerbsrechtlichen Gesichtspunkten ist die Entscheidung ebenfalls nicht zu beanstanden.

ee)   Media Service GmbH

Das bisher größte und das einzige Verfahren im Medienbereich, das zu einer Untersagung geführt hat[65] betraf ein Gemeinschaftsunternehmen der Bertelsmann AG (Rundfunk- und Pressebeteiligungen, Produktion, Sportrechte, Herstellung und Vertrieb von Medienprodukten), der KirchGruppe (Film- und Sportrechte, Rundfunk- und Pressebeteiligungen) und der (damals noch) Deutschen Bundespost Telekom. Jeder der Be-

---

64   Bisher unpublizierte Entscheidung v. 02.08.1994 Case IV/M. 410, public version S. 3 f.
65   MSG Media Service, Entscheidung der Kommission vom. 09.11.1994, Nr. IV/M.469, ABl. Nr. L 364/1 v. 31.12.1994.

teiligten sollte ein Drittel des Stammkapitals und der Stimmrechte erhalten. Wesentliche Geschäftsentscheidungen sollten nur mit einer Mehrheit von 75% fallen. Geschäftszweck der Media Service GmbH (MSG) war die Erbringung von Dienstleistungen für die Abrechnung digitaler Pay-TV-Dienste. Die Beteiligten gingen davon aus, daß durch die Digitalisierung und die damit einhergehende Verzehnfachung der Fernsehübertragungswege eine Vielzahl von entgeltfinanzierten Programmen entstehen werde. Die MSG sollte hierfür sowohl die Installation der Ver- und Entschlüsselungstechnik übernehmen, als auch die Abrechnung für die Veranstalter bei den Endverbrauchern durchführen. Technisch gesehen sollte dies folgendermaßen ablaufen: Die MSG würde an die Endverbraucher zunächst mietweise einen Decoder abgeben, der an die Fernsehempfangsgeräte angeschlossen werden kann. Um die verschlüsselten Programme zu empfangen, steckt der Zuschauer in den Decoder eine sog. Smartcard ein, auf der die Benutzerinformationen und die Zugangsberechtigung gespeichert sind. Dadurch sollte die Freischaltung der verschlüsselten Programme erfolgen. Am Ende des Monats sollte die MSG gegenüber den Endverbrauchern abrechnen und den jeweiligen Anteil an die einzelnen Veranstalter überweisen.

Zahlreiche deutsche und internationale Konkurrenten der Beteiligten, das Bundeskartellamt und die deutschen Landesmedienanstalten befürchteten nun, daß der Zusammenschluß zu einer Verstopfung der Märkte im Bereich des digitalen Rundfunks führen würde, noch bevor diese entstanden seien[66].
Die Anwendbarkeit der FKVO auf diesen Zusammenschluß hing zunächst davon ab, ob es sich gem. Art. 3 Abs. 2 S. 2 FKVO um ein konzentratives Gemeinschaftsunternehmen (GU) handelt. Besitzt es dagegen lediglich koordinativen Charakter gem. Art. 3 Abs. 2 S. 1 FKVO, so fällt der Zusammenschluß aus dem Anwendungsbereich der Verordnung heraus, kann jedoch eine wettbewerbswidrige Handlung gem. Art. 85 EGV darstellen. Nach Art. 3 Abs. 2 S. 2 FKVO hat das GU dann eine konzentrative Funktion, wenn es auf Dauer alle Funktionen einer selbständigen wirtschaftlichen Einheit übernimmt und keine Koordinierung des Wettbewerbsverhaltens der Gründerunternehmen im Verhältnis zueinander oder im Verhältnis zu dem Gemeinschaftsunternehmen mit sich bringt.
Schwierig war die Prüfung dieser Frage im vorliegenden Fall deshalb, weil die Märkte auf denen die MSG aktiv werden sollte, zum Zeitpunkt der Entscheidung noch nicht existierten, es sich also um Zukunftsmärkte handelte. Dienstleistungen für digitales Pay-TV konnten erst dann erbracht werden, wenn Anbieter in diesem Bereich vorhanden waren und wenn die digitale Leitungstechnik zur Verfügung stehen würde. Die Kommission mußte demnach eine doppelte Prognose erstellen. Zum einen hatte sie eine Vorhersage darüber zu treffen, wie sich dieser Markt entwickeln werde, zum anderen

---

66   Vgl. Mitteilung der Beschwerdepunkte an die Parteien, Generaldirektion IV Wettbewerb, gem. Art. 18 FKVO (unveröffentlicht).

mußte sie prognostizieren, welche Stellung die MSG und die an ihr beteiligten Unternehmen auf diesen Märkten einnehmen würden.
Für die Abgrenzung zwischen konzentrativen und kooperativen Gemeinschaftsunternehmen stützte sich die Kommission mangels Marktdaten auf den Gesellschaftsvertrag[67]. Die hierin verankerte Eigenkapitalausstattung (60 Mio. DM) der MSG und die Nachschußpflicht der Beteiligten ließe es erwarten, daß die MSG keine bloßen Hilfsfunktionen für ihre Mutterunternehmen wahrnehmen werde, sondern als ein sog. Vollfunktionsunternehmen konzipiert sei.
Für die zweite Anwendungsvoraussetzung bewegte sich die Kommission dagegen wieder auf sicherem Boden der Fakten: Sie stellte fest, daß die Umsatzschwellen der Beteiligten gem. Art. 1 Abs. 2 FKVO überschritten waren[68]. Alle Beteiligten erreichten gemeinsam einen weltweiten Umsatz von 5 Milliarden ECU und mindestens zwei der beteiligten Unternehmen (Bertelsmann AG und Telekom) kamen auf einen gemeinschaftsweiten Umsatz von mind. 250 Mio. ECU. Da die Bertelsmann AG ca. 60 v. H. ihres Umsatzes im Ausland machte, griff auch der Vorbehalt des Art. 1 Abs. 2 letzter HS FKVO nicht ein.
Sodann befaßte sich die Kommission mit der Abgrenzung der relevanten Märkte[69]: Geographisch relevanter Markt sei das deutschsprachige Gebiet. Damit festigte die Kommission ihre bereits in der Telepiù Entscheidung angedeuteten Spruchpraxis, daß trotz des Bestehens einzelner grenzüberschreitender Veranstalter der relevante Produktmarkt für Pay-TV nach wie vor durch die Sprachgrenzen bestimmt sei. Dies werde auch auf die entsprechenden Dienstleistungen für digitales Pay-TV zutreffen.
Für die Tätigkeit der MSG selbst prognostizierte sie das Entstehen eines einheitlichen Marktes für Dienstleistungen für digitales Pay-TV. Auch hier konnte sich die Kommission nicht auf Marktdaten stützen, sondern ging von der Geschäftskonzeption der MSG aus, die alle einzelnen Dienstleistungen wie Decoderinstallation, Zugangskontrolle und Abonnentenverwaltung gegenüber Veranstaltern und Kunden selbst durchführen wollte. Allerdings schloß die Kommission auch nicht aus, daß getrennte Märkte für die einzelnen Dienstleistungen entstehen könnten[70].
Dies hänge jedoch davon ab, inwieweit eine Einigung in der Digital Video Broadcasting Group (einem Zusammenschluß von Industrievertretern zur Schaffung einheitlicher europäischer Normen im Bereich des digitalen Fernsehens) zur Schaffung eines sog. Common Interface erreicht werde. Von Seiten der Konkurrenten der an der MSG Beteiligten wurde befürchtet, daß die Bemühungen um ein offenes Zugangssystem für die Pay-TV Veranstaltung durch die Gründung der MSG konterkariert würden. Die Digital Video Broadcasting Group (DVB) bemühte sich zu diesem Zeitpunkt darum, einen einheitlichen Standard für die Ver- und Entschlüsselung von digitalen Pay-TV-

---

67   S. 2 Entscheidung.
68   S. 4 Entscheidung.
69   S. 5 Entscheidung.
70   S. 6 Entscheidung.

Programmen festzulegen. Jeder Decoder sollte ein sog. common interface erhalten. Darunter versteht man einen standardisierten Schnittpunkt, der es ermöglicht, Smartcards von unterschiedlichen Unternehmen einzusetzen. Programmanbieter, die ein eigenes Abrechensystem betreiben, können so die standardisierte Technik zur Ver- und Entschlüsselung eines anderen Unternehmens nutzen.

Bei den im analogen Bereich vorherrschenden sog. proprietären Systemen müssen Decoder- und Smartcard-Betreiber dagegen identisch sein. Dies bedeutet, daß ein Veranstalter von Pay-TV nur die Wahl hat, entweder einen eigenen Decoder bei seinen Zuschauern zu installieren oder sich der Dienstleistungen eines anderen Unternehmens zu bedienen. Im ersteren Fall hat er die immensen Kosten der Decoderinstallation zu tragen. Im letzeren Fall ist er auf die Konditionen eines Dienstleisters angewiesen, der möglicherweise von einem konkurrierenden Programmanbieter beherrscht wird. Da der Zuschauer regelmäßig nicht gewillt sein wird, mehr als einen Decoder an seinem Fernsehgerät anzuschließen, wird er den Anbieter mit dem umfangreichsten und attraktivsten Programmangebot wählen. Den proprietärdn Systemen immanent ist demnach ein starker Konzentrationsdrang. Die MSG beabsichtigte, bei ihren Kunden ein proprietäres System zu installieren und erklärte sich erst in der Endphase des Verfahrens dazu bereit, mit einem Common Interface zu arbeiten. Sie stellte jedoch diese Zusage unter die Bedingung, daß die Gefahr der Piraterie unter Kontrolle ausgeschaltet sei.

Die Kommission prognostizierte, daß die MSG aufgrund der Tatsache, daß sie als erstes Unternehmen am Markt tätig werden würde und da sie die Verbraucher zuerst mit einem Decodersystem ausrüsten würde, gute Chancen habe, eine marktbeherrschende Stellung auf Dauer zu erringen und andere Anbieter von einem Markteintritt abzuhalten. Auch hier arbeitet die Kommission also wieder mit einer schwer zu belegenden Prognose für die Entwicklung eines Zukunftsmarktes.

Diese Prognose wird allerdings gestützt durch die Analyse der Stammmärkte der Beteiligten. Diesbezüglich stellte die Kommission eine beherrschende Position aller drei an der MSG beteiligten Unternehmen fest. Die Telekom verfüge über das größte Kabelnetz Europas, die Bertelsmann AG und die KirchGruppe seien durch die Veranstaltung des bisher einzigen deutschen Pay-TV-Programmes beherrschend auf dem Markt der analogen entgeltfinanzierten Programme. Darüber hinaus verfügten sie durch ihre Beteiligung an werbefinanzierten TV-Veranstaltern über eine starke Stellung im Werbemarkt. Schließlich seien beide Unternehmen im Bereich der Sportrechte tätig. Bei den Filmrechten habe die KirchGruppe eine absolut marktbeherrschende Stellung inne.

Die Gründung der MSG führe zu einer Verstärkung der Stellung der Beteiligten in den Stammmärkten. Die Telekom könne auch nach der 1998 zu erwartenden Öffnung der Telekommunikationsmärkte durch das Anbieten von Dienstleistungen langfristig ihre Beherrschung des Netzmarktes absichern. Die Bertelsmann AG und die KirchGruppe erhielten die Möglichkeit, ihre beherrschende Stellung auf dem Markt für analoges Pay-TV auch im Markt der digitalen Übertragung zu erhalten.

Außerdem sei zu erwarten, daß die beherrschende Stellung der Bertelsmann AG und der KirchGruppe auf dem Programmmarkt ihre Stellung auf dem Dienstleistungsmarkt verstärke. Als potente Programmanbieter sei ihr Angebot attraktiver, als das Angebot eines im Programmmarkt weniger starken Anbieters. Dies sei auch dann der Fall, wenn die MSG sich nicht zur Verwendung eines proprietären Systems sondern zur Installation eines Commen Interface entschließe[71]. Auch wenn die Konsumenten zwischen unterschiedlichen Smartcards für den gleichen Decoder wählen könnten, sei zu erwarten, daß sie das Angebot bevorzugten, das ihnen einen einheitlichen Service aus einer Hand biete.

Demnach sei auf dem Zukunftsmarkt für Dienstleistungen für digitales Pay-TV zunächst eine Alleinstellung der MSG zu erwarten. Dies allein würde bei Zukunftsmärkten jedoch nicht zur Untersagung berechtigen. Denn bei noch nicht existierenden Märkten ist das erste Unternehmen, das den Markt betritt immer in einer Position der Alleinstellung. Hinzukommen muß nach Ansicht der Kommission vielmehr außerdem[72], daß diese Alleinstellung auf Dauer abgesichert wird. Dies sei aus den genannten Gründen bei der MSG der Fall.

Das Argument der Beteiligten, falls die MSG untersagt würde, entwickelte sich ein Markt für Dienstleistungen für digitales Pay TV wegen des großen Investitionsbedarfes überhaupt nicht, eine Behinderung des Wettbewerbs liege demnach mangels Wettbewerber nicht vor, ließ die Kommission nicht gelten. Für ihre eigene Prognose zog sie die Entwicklung der Mobilfunknetze in Deutschland heran, die einen noch höheren Investitionsbedarf erforderten. Auch dort sei es unabhängigen Anbietern gelungen, sich am Markt zu etablieren.

Unter den augenblicklichen Voraussetzungen sei demnach "realistischerweise" nicht mit einem Markteintritt anderer Anbieter zu rechnen, wenn die MSG ihre Geschäftstätigkeit in der augenblicklichen Konstellation aufnehme[73].

Die Kommission ging daher davon aus, daß die MSG wirksamen Wettbewerb in einem wesentlichen Teil der Gemeinschaft behindern würde und untersagte den Zusammenschluß am 09.11.1994.

Unter wettbewerbsrechtlichen Gesichtspunkten ist diese Entscheidung zweifellos nicht zu beanstanden. Allenfalls bedenkenswert wäre eine Stattgabe des vom deutschen Bundeskartellamt gestellten Rückverweisungsantrages gewesen, da der Fall stark national geprägte Züge aufwies. Die Kommission lehnte dies ohne weitere Begründung ab und verwies darauf, daß ein wichtiger Teilmarkt des europäischen Binnenmarktes betroffen sei. Im Laufe des Verfahrens intervenierten auch ausländische Industrievertreter, die deutlich machten, daß die Möglichkeit der MSG ein proprietäres System einzurichten, Signalwirkung auch für die Marktlage in den anderen Mitgliedsstaaten habe. Demnach

---

71 Entscheidung S. 14.
72 Entscheidung S. 10.
73 S. 11 Entscheidung.

betraf dieser Fall tatsächlich einen Binnenmarkt-Sachverhalt, der Verzicht auf eine Rückverweisung an die nationale Kartellbehörde ist also nicht zu beanstanden.

Die MSG-Entscheidung zeigt auch, daß das gemeinschaftsrechtliche Wettbewerbsrecht jedenfalls in diesem Fall in der Lage war, den Pluralismus wirksam zu sichern. Die Tätigkeit der MSG hätte dazu geführt, daß sich die wirtschaftliche Stellung der Beteiligten Bertelsmann AG und KirchGruppe verstärkt hätte. Dies hätte ohne Zweifel auch eine Verstärkung der Meinungsmacht bedeutet und damit den Pluralismus gefährdet.

c) Beurteilung

Anhand der Prüfung der aufgegriffenen Zusammenschlüsse haben sich keine Lücken für den Schutz des Pluralismus oder des Binnenmarktes ergeben, die eine spezifisch medienrechtliche Konzentrationskontrolle erforderlich scheinen lassen. Lediglich der Zusammenschlußfall BSkyB könnte nahelegen, daß die britische Wettbewerbsbehörde gegen den Zusammenschluß härter vorgegangen wäre, wenn ein Ausweichen des Veranstalters auf ein Land mit schwächeren Regelungen nicht möglich wäre. Da jedoch ein Ausweichen eines Vollprogrammveranstalters mit Nachrichten, Shows etc. in ein anderes Mitgliedsland regelmäßig mit Akzeptanzproblemen beim Publikum verknüpft sein wird, wird auch hierdurch die Erforderlichkeit einer Harmonisierung nur schwach begründet.

4. Verhältnismäßigkeit

Schließlich verlangt das Prinzip der Gemeinschaftstreue, daß die durch das Gemeinschaftsrecht verursachten Eingriffe in die Rechtsordnung der Mitgliedsstaaten verhältnismäßig sind[74]. Dies bedeutet, daß die Gemeinschaft grundsätzlich das mildeste Mittel zur Verwirklichung ihrer Ziele wählen muß. Ziel einer europäischen Regelung zur Medienkonzentrationskontrolle wäre die Gewährleistung der Niederlassungsfreiheit und der Wettbewerbsgleichheit im Binnenmarkt von Medienunternehmen. Als Mittel käme hierfür die Harmonisierung der nationalen Bestimmungen zur Medienkonzentrationskontrolle in Betracht.

Die vorliegende Studie hat gezeigt, daß die hier untersuchten Mitgliedsstaaten stark unterschiedliche Systeme zur Sicherung des Pluralismus verwenden. Sie unterscheiden sich sowohl im Verhältnis zwischen öffentlichrechtlichen und privaten Programmen als auch in der Vorgabe inhaltlicher Auflagen, wie sie z.B. in Frankreich und Großbritannien stark, in Italien und Deutschland dagegen überhaupt nicht verwandt werden. Auch die eigentliche Konzentrationskontrolle für den Rundfunk weist große Unterschiede auf. Während ein Veranstalter in Italien jedenfalls bisher noch drei landesweite Fernsehprogramme kontrollieren darf, ist in Deutschland und Frankreich eine vollstän-

---

74 Schwartz, Ivo, Subsidiarität und EG-Kompetenzen. Der neue Titel "Kultur" Medienvielfalt und Binnenmarkt, AfP 1993, 409, 416.

dige Kontrolle der Programmgesellschaft überhaupt nicht möglich. All dies weist darauf hin, daß eine Harmonisierung unabhängig davon, wie sie konkret ausgestaltet ist, einen starken Eingriff in die Rechtsordnung der Mitgliedsstaaten bedeuten würde. Nimmt man hinzu, wie sehr die Mediengesetzgebung in allen untersuchten Rechtsordnung in der Politik umstritten ist, so verstärkt sich der Eindruck, daß eine von europäischer Ebene erzwungene Änderung dieser Gesetze stark in die nationalen Gesetzgebungskompetenzen eingriffe.

Insbesondere für die deutsche Kompetenzordnung entstünde ein kaum lösbarer Konflikt. Ebenso wie die Fernsehrichtlinie beträfe eine Regelung zur Harmonisierung der Rundfunkkonzentrationskontrolle den Kompetenzbereich der Länder. Angesichts der Erfahrungen bei der Verabschiedung der Fernsehrichtlinie ist kaum anzunehmen, daß die Bundesländer bei einer Regelung zur Medienkonzentration zustimmen würden. Vielmehr wäre eine noch weitergehende Ablehnung zu erwarten, da die Länder hiermit ihre Rundfunkkomptenz weitgehend aufgeben müßten. Landesmediengesetze und Staatsverträge könnten lediglich den Inhalt einer diesbezüglich erlassenen EG-Richtlinie wiedergeben. Das Bundesverfassungsgericht[75] hat in einem solchen Fall die Bundesregierung verpflichtet, als Sachwalter der Länder bei der Europäischen Gemeinschaft aufzutreten. Dies beeinhaltet nicht nur Konsultationspflichten, sondern erfordert eine aktive Durchsetzung der Länderinteressen. Kommt eine den Länderinteressen widersprechende Regelung dennoch zustande, so muß die Bundesregierung beständig auf eine Aufhebung mit allen verfügbaren Mitteln kämpfen.

Wie das Bundesverfassungsgericht[76] feststellte, verletzte die Bundesregierung bei der Zustimmung zur Fernsehrichtlinie das Gebot des bundesfreundlichen Verhaltens, da sie nicht ausreichend zur Durchsetzung der Länderinteressen im Entscheidungsprozeß der EG beitrug. Diese Entscheidung und eine entsprechende Ablehnung der Länder für eine Harmonisierung der Medienkonzentrationskontrolle zwängen die Bundesregierung, mit allen Mitteln an einer Verhinderung einer solchen Regelung zu arbeiten. Käme sie dennoch zustande, so müßte sie beständig an ihrer Aufhebung arbeiten.

Angesichts dessen erscheint die Durchsetzung einer Harmonisierung nicht nur wenig wahrscheinlich. Sie wäre im Falle, daß sie zustande käme, auch ernsthaften Zweifeln bezüglich ihrer Verhältnismäßigkeit ausgesetzt.

---

75   BVerfG, a.a.O., S. 36.
76   BVerfG, a.a.O., S. 36.

Zusammenfassung

Gegenstand der vorliegenden Arbeit ist die Konzentrationsbekämpfung im privaten Rundfunk und ihr verfassungsrechtlicher Hintergrund, insbesondere der Pluralismusdogmatik. Mithilfe des rechtsvergleichenden Ansatzes werden dabei sowohl die rundfunkrechtliche Dogmatik des Bundesverfassungsgerichts als auch die aktuell geltenden Regelungen des Rundfunkstaatsvertrages und der Landesmediengesetze reflektiert und Alternativen aufgezeigt.

In einem ersten Teil der Arbeit werden in vier Länderberichten die Rundfunkordnungen und der verfassungsrechtliche Hintergrund in Deutschland, Frankreich, Italien und Großbritannien beschrieben. Ein weitgehend paralleler Aufbau der Länderberichte soll den Vergleich erleichtern. Hierzu dient auch die schematische Gegenüberstellung der Regelungssysteme der Konzentrationskontrolle im Anhang.

Als erstes Ergebnis des Vergleichs läßt sich feststellen, daß die Konzentrationsbekämpfungsbestimmungen in allen Rechtsordnungen damit gerechtfertigt werden, daß der "Pluralismus" geschützt werden müsse. Dabei kann auch festgestellt werden, daß dieser Begriff zwar unter einer gewissen Unschärfe leidet, er jedoch in allen untersuchten Rechtsordnungen eine weitgehend gleiche Bedeutung besitzt. Er umfaßt das Prinzip der Staatsfreiheit, den Schutz vor staatlicher Einflußnahme, einseitiger privater Beherrschung der Medien, den Schutz der Wiedergabe der Vielfalt der Meinungen und Inhalte in den Medien, die Funktion der Medien bei der Kontrolle der Politik und für die kulturelle Zusammengehörigkeit. Um diese Ziele zu gewährleisten, so fordern die Verfassungsrechtler in allen vier Ländern übereinstimmend, sind staatliche Regelungen erforderlich, die u.a. einen öffentlich-rechtlichen Rundfunk und gesetzliche Beschränkungen für den privaten Rundfunk umfassen. Konzentrationsbekämpfungsregelungen sollen in diesem System die einseitige private Vermachtung verhindern.

Als zweites Ergebnis des Vergleiches ist festzuhalten, daß das Bundesverfassungsgericht bei der dogmatischen Begründung der Rundfunkregulierung mit dem französischen und dem italienischen Schwestergericht zwar vielfach bis hin zu einzelnen Formulierungen übereinstimmt, jedoch in einem zentralen Punkt einen Sonderweg eingeschlagen hat. Dieser Punkt betrifft die Frage, ob die Rundfunkfreiheit als Abwehrrecht gegen den Staat anzuerkennen ist. Während das deutsche Gericht dies mit seiner "Ausgestaltungstheorie" bisher abgelehnt hat, haben die italienischen und französischen Richter dieses Recht anerkannt. Für die Konzentrationsbekämpfung bedeutet dies, daß der Staat nach der deutschen Rechtsprechung einen weitgehend unbegrenzten Spielraum bei der Regulierung besitzt. In Italien und Frankreich muß der Gesetzgeber dagegen Individualrecht und staatliche Schutzpflicht gegeneinander abwägen. Letztere Methode verwendet auch das Bundesverfassungsgericht in allen anderen Bereichen einschließlich der Presse, jedoch nicht in der Rundfunkrechtsprechung. Zwar wirkt sich diese Frage kaum auf die Regulierung insbesondere der Konzentrationsbekämpfung aus, doch wäre das Bundesverfassungsgericht weniger angreifbar, wenn es diese dogmatische Inkonsistenz beseitigen würde.

Auf der Ebene der konkreten Regulierung ist drittens ist festzustellen, daß in allen vier Ländern ein Sonderrecht für die Rundfunkkonzentrationskontrolle geschaffen wurde, das von eine Medienaufsichtsbehörde überwacht wird. Dabei stellte sich im Ausland, soweit ersichtlich, nicht die in Deutschland intensiv diskutierte Frage, ob die verfassungsrechtlichen Ziele auch über das allgemeine Wettbewerbsrecht erreicht werden könnten. Jedoch treffen die ausländischen Bestimmungen regelmäßig Vorkehrungen, um einen Kompetenzkonflikt zwischen den Medien- und Wettbewerbsbehörden auszuschließen. Eine entsprechende Regelung wäre auch für die deutschen Gesetze empfehlenswert.

Während das deutsche Recht mit dem Marktanteilsmodell ein völlig neues System der Anknüpfung zur Kontrolle geschaffen hat, knüpfen die übrigen Gesetzgeber weiterhin an die Anzahl der zugelassenen Programme an. Außerdem sehen die Gesetze in Frankreich eine Beteiligungshöchstgrenze für einzelne Programme vor. In Deutschland, Großbritannien und Italien ist es dagegen möglich, ein Programmveranstalterunternehmen vollständig zu beherrschen. Die Schranken werden in allen vier Gesetzen durch gesellschaftsrechtliche Kontrolltatbestände abgesichert. Die Erfahrungen der Aufsichtsbehörden bei der Überwachung sind jedoch eher negativ und die Möglichkeiten zur Umgehung vielfältig. Daher lassen sich zwar einzelne Anregungen für die deutsche Regulierung aus den ausländischen Erfahrungen gewinnen, insgesamt sind jedoch alle Rechtsordnungen von einer wirksamen und erfolgreichen Kontrolle weit entfernt.

Keine Alternative bietet die Einrichtung einer europäischen Konzentrationskontrolle. Sowohl der Europarat als auch die Kommission der Europäischen Union hat diesbezüglich Dokumente veröffentlicht und arbeitet an Regulierungsvorschlägen. Soweit diese Regelungen den Pluralismus schützen sollen, wäre zunächst zu klären, ob damit ein europäischer Pluralismus oder der Pluralismus in den jeweiligen Nationalstaaten gemeint ist. Für einen europäischen Pluralismus mangelt es jedenfalls an einer europäischen Öffentlichkeit, der nationale Pluralismus kann durch eine Gemeinschaftsaktion nicht wirksam geschützt werden. Zudem würde eine solche Regelung gegen das Subsidiaritätsprinzip verstoßen.

Literaturverzeichnis

I. Literatur über die Rechtslage in Deutschland

Bausch, Hans, ders (Hrsg.), Rundfunkpolitik nach 1945 Teil 1 u. 2, Rundfunk in Deutschland, München 1980.

Bock, Matthias, Ordnungsprinzipien im Wirtschaftsrecht der Telekommunikation, RabelsZ 58 (1994), 325ff.

Bremer, Eckhard, Die wettbewerbliche Ordnung des Rundfunks und die Rolle des Staates, unveröffentlichter Vortrag, gehalten auf dem Symposium "Neues Rundfunkrecht für die Russische Föderation" vom 17.-19.2.1993 in St. Petersburg.

Bremer, Eckhard, Esser, Michael, Hoffmann, Martin, Der Rundfunk in der Verfassungs- und Wirtschaftsordnung in Deutschland, Baden-Baden 1992.

Bremer, Eckhard, Freiheit durch Organisation oder Organisation statt Freiheit - "Ausgestaltung" der Rundfunkfreiheit als Problem von Grundrechtstheorie und Grundrechtsinterpretation, Vortrag, gehalten am 23.4.93 in Heidelberg, 1993.

Bucher, Schröter, Privatrechtliche Hörfunkprogramme zwischen Kommerzialisierung und publizistischen Anspruch, Media Perspektiven 1990, 517ff.

Bullinger, Martin, Elektronische Medien als Marktplatz der Meinungen, AöR 83, 206ff.

Bundeskartellamt, Untersagung eines Rundfunkzusammenschlusses wegen Verhinderung des Wettbewerbs zwischen öffentlich-rechtlichem und privatem Rundfunk, Beschl. 18.6.89, WuW/E, BKartA 2396.

Bundeskartellamt, Tätigkeitsbericht 1985/86, BT-Ds. 11/554.

Bundeskartellamt, Tätigkeitsbericht 1983/84, ZHR 148 (1984), 474ff.

Bundeskartellamt, Tätigkeitsbericht 1989/90, Bundestagsdrucksache 12/847, Bonn 1991.

Clausen, Muradian, Elisabeth, Konzentrationskontrolle im privaten Rundfunk - Der neue Rundfunkstaatsvertrag (RfStV) 1997, ZUM 1996, 934 ff.

Deck, Markus, Siefarth, Christof, Sicherung des Pluralismus durch Medienkonzentrationskontrolle?, DAJV-Newsletter 1993, 37ff.

Deringer, Arved, Fragen zur "Gemeinsamen Beherrschung", in: Erdmann, Willi et al. (Hrsg.), Festschrift für von Gamm, 1990, S. 559ff.

Deringer, Arved, Pyrrossieg der Länder, ZUM 1995, 316 ff.

Detjen, Joachim, Pluralistische Demokratie oder pluralistische Republik, in: Hartmann, Jürgen (Hrsg.), Pluralismus und Parlamentarismus in Theorie und Praxis - Winfried Steffani zum 65. Geburtstag, Opladen 1992.S. 27ff,

Diller, Ansger, Rundfunkpolitik im Dritten Reich, in: Bausch, Hans (Hrsg.), Rundfunk in Deutschland, Bd. 2, München 1980.

Dörr, Dieter, Das für die Medienkonzentration maßgebliche Verfahrensrecht, in: Die Landesmedienanstalten (Hrsg.), Die Sicherung der Meinungsvielfalt, Berlin 1995, S. 331 ff.

Drauz, Götz, Schröder, Dirk, Praxis der Europäischen Fusionskontrolle, 2. Aufl. Köln 1994.

Emmerich, Volker, Rundfunk im Wettbewerbsrecht, AfP 1989, 433ff.

Emmerich, Volker, Möglichkeiten und Grenzen der wirtschaftlichen Betätigung der öffentlich-rechtlichen Rundfunkanstalten, in: Steiner, Ulrich (Hrsg.), Sport und Medien, Heidelberg 1990.

Engel, Hamm, u.a., Mehr Markt im Hörfunk und Fernsehen, Kronberger Kreis, Bad-Homburg 1989.

Engel, Christoph, Vorsorge gegen die Konzentration im privaten Rundfunk mit den Mitteln des Rundfunkrechts - eine Analyse von § 21 Rundfunkstaatsvertrag 1991, ZUM 1993, 557ff.

Engel, Christoph, Die Messung der Fernsehnutzung als Voraussetzung eines Marktanteilsmodells zur Kontrolle der Medienkonzentration, ZUM 1995, 653 ff.

Engel, Christoph, Medienrechtliche Konzentrationsvorsorge, in: Die Sicherung der Meinungsvielfalt, Schriftenreihe der Landesmedienanstalten (Bd. 4), 1995, S. 221, 240 ff.

Engel, Christoph, Medienordnungsrecht, Baden-Baden 1996.

Engelke, Heinrich, Die Interpretation der Rundfunkfreiheit des Grundgesetzes: Eine Analyse aus ökonomischer Sicht, Frankfurt u.a. 1992.

Engels, Stefan, Verfassungsrechtliche Strukturvorgaben für Rundfunkkonzentrationsregelungen, ZUM 1996, 537 ff.

Europäisches Medieninstitut, Bericht über die Entwicklung der Meinungsvielfalt und der Konzentration im privaten Rundfunk gemäß § 21 Abs. 6, Staatsvertrag über den Rundfunk im vereinten Deutschland, hektographierte Fassung, 1994.

Fink, Udo, Wem dient die Rundfunkfreiheit, DÖV 1992, 806ff.

Fraenkel, Ernst, Der Pluralismus als Strukturelement der freiheitlich-rechtstaatlichen Demokratie, Verhandlungen des 45. deutschen Juristentages Bd. 2, B, München 1964.

Frank, Angela, Vielfalt durch Wettbewerb. Organisation und Kontrolle privaten Rundfunks im außenpluralen Modell, Frankfurt/Main 1987.

Frank, Götz, Die administrative Substituierung des Außenpluralismus im Landesmediengesetz Baden-Württemberg, ZUM 1986, 187ff.

Gabriel-Bräutigam, Karin, Rundfunkkompetenz und Rundfunkfreiheit - Eine Untersuchung über das Verhältnis der Rundfunkhoheit der Länder zu den Gesetzgebungszuständigkeiten des Bundes, Baden-Baden 1990.

Gerlach, M. Der Regierungsentwurf für eine Fünfte Katellgesetznovelle, WRP 1989, 289ff.

Grimm, Dieter, Der Mangel an europäischer Demokratie, Essay, Der Spiegel v. 19.10.1992, S. 57ff.

Hadamik, Sabine, Landesmedienordnung und Wettbewerbsrecht, AfP 1989, 643ff.

Harms, Wolfgang, Rundfunkmonopol und Marktkonkurrenz - Auswirkungen auf Medienstruktur und Medienwirtschaft, AfP 1981, 244ff.

Harms, Wolfgang, in: Benisch, Werner (Hrsg.) Gesetz gegen Wettbewerbsbeschränkungen und Europäisches Kartellrecht, Gemeinschaftskommentar, § 24, Rn. 860ff.

Harms, Wolfgang, Reperaturnovelle für das GWB, in: Helmrich (Hrsg.), Wettbewerbspolitik und Wettbewerbsrecht, 1987, 137ff.

Hege, Hans, Konzentrationskontrolle des privaten Fernsehens, AfP 1995, 537, 539.

Heinrich, Jürgen, Ökonomische und publizistische Konzentration im deutschen Fernsehsektor - Eine Analyse aus wirtschaftswissenschaftlicher Sicht, Media Perspektiven 1992, 338ff.

Heinrich, Jürgen, Ökonomische und publizistische Konzentration im deutschen Fernsehsektor 1992/93: Dominanz der Kirch-Gruppe weiter gestiegen, Media Perspektiven 1993, S. 267ff.

Hendricks, Birger, Landesrundfunkgesetze und Medienverflechtung, Anmerkungen zum 5. Hauptgutachten der Monopolkommission, Media-Perspektiven 84, 923ff.

Henle, Victor, Der ungleich - gleiche Thüringer und hessische Löwe, in: Direktorenkonferenz der Landesmedienanstalten, DLM-Jahrbuch 1992, München 1993, S. 68ff, 70.

Herzog, Roman, Stichwort: Pluralismus, in: Herzog, Roman et al. (Hrsg.), Evangelisches Staatslexikon Bd. 2, Stuttgart 1987.

Herzog in: Maunz/Dürig/Herzog/Scholz, Grundgesetz - Kommentar, München 1990, Art. 5.

Herrmann, Günter, Fernsehen und Hörfunk in der Verfassung der Bundesrepublik Deutschland, 1978.

Hesse, Albrecht, Ausgewählte Rechtsprechung mit grundsätzlicher Bedeutung für die Rundfunkordnung in der Bundesrepublik Deutschland, RuF 1993, 188ff.

Hesse, Albrecht, Rundfunkrecht, München 1990.

Hesse, Konrad, Grundzüge des Verfassungsrechts der Bundesrepublik Deutschland, Heidelberg 18. Aufl. 1991.

Hirsch, Nicole, Das Zwei-Säulen-Modell für lokalen Rundfunk in Nordrhein-Westfalen - Ein Versuch zur gesellschaftlichen Steuerung privatkommerziellen Rundfunks, RuF 1991, 173ff.

Hoffmann-Riem, Wolfgang, Massenmedien, in: Benda, Ernst et al. (Hrsg.), Handbuch des Verfassungsrechts der Bundesrepublik Deutschland, Berlin u.a. 1983, S. 389ff.

Hoffmann-Riem, Wolfgang, Rundfunkrecht und Wirtschaftsrecht - Ein Paradigmawechsel in der Rundfunkverfassung, in: ders. (Hrsg.), Rundfunk im Wettbewerbsrecht, Baden-Baden 1988.

Hoffmann-Riem, Wolfgang, Rundfunkaufsicht im Ausland: Großbritannien, USA und Frankreich 1989.

Hoffmann-Riem, Wolfgang, Rundfunkrecht neben Wirtschaftsrecht, Baden-Baden 1991.

Holznagel, Bernd, Konzentrationsbekämpfung im privaten Rundfunk, ZUM 1991, 263ff.

Holznagel, Bernd, Rundfunkrecht in Europa, Tübingen 1996.

Hoppmann, Erich, Meinungswettbewerb als Entdeckungsverfahren. Positive Rundfunkordnung im Kommunikationsprozeß freier Meinungsbildung, in: Mestmäcker, Ernst-Joachim (Hrsg.), Offene Rundfunkordnung, Gütersloh 1988.

Huber, Andrea, Öffentliches Medienrecht und privatrechtliche Zurechnung, Baden-Baden 1992.

Immenga, Ulrich, Rundfunk und Markt, AfP 1989, 621ff.

Immenga, Ulrich, Mestmäcker, Ernst-Joachim, GWB-Kommentar, 2. Aufl. München 1992.

Jarass, Hans, Kartellrecht und Landesrundfunkrecht, Köln 1991.

Jarass, Hans, In welcher Weise empfiehlt es sich, die Ordnung des Rundfunks und sein Verhältnis zu anderen Medien-auch unter dem Gesichtspunkt der Harmonisierung-zu regeln?, Verhandlungen des 56. Deutschen Juristentages, Bd. 1 Teil G, München 1986.

Kerber, Markus C., Die Unternehmensentflechtung nach dem GWB, Baden-Baden 1987.

Kiefer, Marie-Luise, Konzentrationskontrolle: Bemessungskriterien auf dem Prüfstand, Media Perspektiven 1995, 58 ff.

Klein, Hans Hugo, Die Grundrechte im demokratischen Staat, Stuttgart u.a. 1972.

Klein, Hans Hugo, Die Rundfunkfreiheit, München 1978.

Kleist, Thomas, Medienmonopoly im Konzentrationsprozeß, ZUM 1993, 503, 506.

Klingler, Walter, Schröter, Christian, Privatrechtlicher Hörfunk in Baden-Württemberg - Auf dem Weg zur landesweiten Kette, Media-Perspektiven 1989, 419ff.

Kreile, Johannes, Rundfunk im vereinten Deutschland, Überblick über den neuen Staatsvertrag, ZUM 1991, 568ff.

Kresse, Hermann, Die Rundfunkordnung in den neuen Bundesländern, Stuttgart 1992.

Kresse, Herrmann (Hrsg.), Pluralismus, Markt und Medienkonzentration: Positionen, Berlin 1995.

Kresse, Herrmann, Heintze, Matthias, Der Rundfunk: "das jedenfalls auch kulturelle Phänomen" - Ein Pyrrhus-Sieg der Länder?-, Medienspiegel v. 10.04.1995, Beilage.

Kübler, Friedrich, Die neue Rundfunkordnung: Marktstruktur und Wettbewerbsbedingungen, NJW 1987, 2961ff.

Kübler, Friedrich, Medienverflechtung, eine rechtsvergleichende Untersuchung, der Marktstrukturprobleme des privaten Rundfunks, Frankfurt/Main 1982.

Kübler, Friedrich, Massenkommunikation und Medienverfassung - Bemerkungen zur "institutionellen" Bedeutung der Presse- und Rundfunkfreiheit, in: Badura, Peter (Hrsg.), Wege und Verfahren des Verfassungslebens - Festschrift für Peter Lerche zum 65. Geburtstag, München 1993, S. 649ff.

Kübler, Friedrich, Konzentrationskontrolle des bundesweiten Rundfunks, in: Die Sicherung der Meinungsvielfalt, Schriftenreihe der Landesmedienanstalten (Bd. 4), S. 287, 306 ff.

Kuch, Hansjörg, Das Zuschaueranteilsmodell - Grundlage der Sicherung der Meinungsvielfalt im Fernsehen, ZUM 1997, 12, 14.

Kulka, Michael, Programmkoordinierung und Kartellrecht. Zur Anwendbarkeit des GWB auf die Programmtätigkeit der öffentlich-rechtlichen Rundfunkanstalten, AfP 1985, 177ff.

Kull, Edgar, Aktuelle Fragen der Rahmenbedingungen für privaten Rundfunk, AfP 1985, 265ff.

Kull, Edgar, Für den Rundfunkgesetzgeber fast Pleinpouvoir - Nachlese zum 6. Rundfunkurteil des Bundesverfassungsgerichts, AfP 1991, 716ff.

Kull, Edgar, Kommunikationsfreiheit und neue Medien, AfP 1977, 251ff.

Kull, Edgar, "Dienende Freiheit" - dienstbare Medien, in: Badura, Peter (Hrsg.), Wege und Verfahren des Verfassungslebens - Festschrift für Peter Lerche zum 65. Geburtstag, München 1993, S. 663ff.

Ladeur, Karl-Heinz, Kartellrecht und Rundfunkrecht, RuF 1990, 5ff.

Landesanstalt für Kommunikation, Bericht, an die Landesregierung gemäß § 88 Landesmediengesetz Baden-Württemberg, Stuttgart 1989.

Landesmedienanstalten (Hrsg.), Die Sicherung der Meinungsvielfalt, Berlin 1995.

Lehr, Verfassungs- und verwaltungsrechtliche Fragen der Novellierung der rundfunkrechtlichen Konzentrationskontrolle unter besonderer Berücksichtigung des Zuschaueranteilsmodells, ZUM 1995, 667 ff.

Lerche, Peter, Rundfunkmonopol, Frankfurt 1970.

Lerche, Peter, Landesbericht Bundesrepublik Deutschland, in: Bullinger, Martin, Kübler, Friedrich (Hrsg.), Rundfunkorganisation und Kommunikationsfreiheit, Baden-Baden 1979.S. 15ff,

Lerche, Peter, Presse und privater Rundfunk, Berlin 1984.

Lerche, Peter, Informationsfreiheit, in: Herzog, Roman et al. (Hrsg.), Evangelisches Staatslexikon, Stuttgart 3. Aufl. 1987.

Lerg, Winfried, B., Rundfunkpolitik in der Weimarer Republik, in: Bausch, Hans (Hrsg.), Rundfunk in Deutschland Bd. 1, München 1980.

Maunz/Dürig/Herzog/Scholz, Grundgesetz Kommentar, München 1992.

Mestmäcker, Ernst-Joachim, Fusionskontrolle im gemeinsamen Markt zwischen Wettbewerbs- und Industriepolitik, EuR 1988, 349ff.

Mestmäcker, Ernst-Joachim, Die Anwendbarkeit des Gesetzes gegen Wettbewerbsbeschränkungen auf Zusammenschlüsse zu Rundfunkunternehmen, GRUR Int. 1983, 553ff.

Mestmäcker, Ernst-Joachim, Gutachten, 56. Deutscher Juristentag Band II, O 9.

Mestmäcker, Ernst-Joachim, Kommentierung vor 23, in: Immenga, Ulrich, Mestmäcker, Ernst-Joachim, GWB Kommentar zum Kartellgesetz, München 2. Aufl. 1992.

Mestmäcker, Ernst-Joachim, in: Kommunikation ohne Monopole II, 1995, 13, 158 ff.

Monopolkommission, Hauptgutachten VI 1984/85, BT-Dr. 10/5860 Rz. 582.

Monopolkommission, Wettbewerbsprobleme bei der Einführung von privatem Hörfunk und Fernsehen, Sondergutachten 11, Baden-Baden 1981.

Monopolkommission, VII Hauptgutachten 1986/87, Baden-Baden 1988.

Monopolkommission, Hauptgutachten 1988/89, Baden-Baden 1990.

Monopolkommission, Industriepolitik und Wettbewerbspolitik, Hauptgutachten IX, Baden-Baden 1991.

Möschel, Wernhard, Fusionskontrolle im Rundfunk, in: Erdmann, Willi et al. (Hrsg.), Festschrift für Otto-Friedrich Frhr. v. Gamm, Köln u.a. 1990, S.627ff.

Müller-Using, Detlev, Lücke, Richard, Neue Teledienste und alter Rundfunkbegriff, Archiv für Post und Telekommunikation, 1995, 32 ff.

Niewiarra, Manfred, Öffentlich-rechtlicher Rundfunk und Fusionskontrolle, AfP 1989, 636ff.

Niewiarra, Manfred, Feststellungen zur Medienkonzentration, ZUM 1993, 2ff.

Oppermann, Bernd, Medienrecht, Privatrundfunk und Wettbewerb, ZUM 1990, 376ff.

Paschke, Marian, Medienrecht, Berlin u.a. 1993.

Paschke, Marian, Medienrecht- Disziplinbildende Sinneinheit übergreifender Rechtsgrundsätze oder Chimäre, ZUM 1990, 209ff.

Paschke, Marian, Der Zusammenschlußbegriff des Fusionskontrollrechts, Heidelberg 1990.

Paschke Marian, in: Glassen u.a., Frankfurter Kommentar zum GWB, Vorbemerkungen zu den §§ 23-24c; § 23 GWB.

Paschke Marian, Reuter, Christian, Der Gleichordnungskonzern als Zurechnungsgrund im Kartellrecht, ZHR 158 (1994), 390 ff.

Paschke, Marian, Plog, Philipp, Fortschritte bei der Konzentrationskontrolle im Rundfunk? in: Prinz, Matthias, Peters, Butz (Hrsg.), Medienrecht im Wandel - Festschrift für Manfred Engelschall, Baden-Baden 1996, S. 99 ff.

Pestalozza, Christian, Der Schutz vor der Rundfunkfreiheit in der Bundesrepublik Deutschland, NJW 1981, 2158ff.

Piette, Klaus-Walter, Meinungsvielfalt im privaten Rundfunk - Eine rechtsvergleichende Untersuchung der Privatfunkgesetzgebung in der Bundesrepublik Deutschland, München 1988.

Platho, Rolf, Die Grenzen der Beteiligung an privaten Fernsehveranstaltern - Versuch einer Systematisierung von § 21 RuFuStV, ZUM 1993, 278ff.

Prüfig, Karin, Formatradio, Stuttgart 1992.

Rager, Günther, Weber, Bernd, Publizistische Vielfalt zwischen Markt und Politik, Media Perspektiven 1992, 357ff.

Rager, Günther, Weber, Bernd, Publizistische Vielfalt zwischen Markt und Politik - Mehr Medien-mehr Inhalte?, Düsseldorf u.a. 1992.

Ricker, Reinhart, Schivy, Peter, Handbuch des Rundfunkverfassungsrechts, München 1997 (im Erscheinen).

Ricker, Reinhart, Rechtliche Grundlagen und Harmonisierung der Landesmediengesetze, ZRP 1986, 224ff.

Ricker, Reinhart, Die Novellierung des Saarländischen Rundfunkgesetzes im Lichte der Rundfunkfreiheit, ZUM 1991, 478ff.

Ricker, Reinhart, Der Rundfunkstaatsvertrag - Grundlage einer dualen Rundfunkordnung in der Bundesrepublik Deutschland, NJW 1988, 453ff.

Ricker, Reinhart, Rechtliche Grundlagen und Harmonisierung der Landesmediengesetze, ZRP 1986, 224ff.

Ricker, Reinhart, Staatsfreiheit und Rundfunkfinanzierung, NJW 1994, 2199f.

Ring, Wolf-Dieter, Tendenz 11/93, Bayerische Landesanstalt für Neue Medien, München, S. 24ff.

Ring, Wolf-Dieter, Medienrecht, Bd. II, Kommentar, Ergänzungslieferung April 1995.

Röper, Horst, Statt Vielfalt Poly-Monopole - Konzentrationstendenzen auf dem Markt der Neuen Medien, Media Perspektiven 1984, 98.

Röper, Horst, Formation deutscher Medien-Multis, Media Perspektiven 1985, 120ff.

Röper, Horst, Stand der Verflechtung von privatem Rundfunk und Presse, Media Perspektiven 1986, 281ff.

Röper, Horst, Formationen deutscher Medienmultis 1991, Media Perspektiven 1992, 2ff.

Röper, Horst, Formationen deutscher Medienmultis 1992, Media Perspektiven 1993, 56ff.

Roth, Wulf-Henning, Rundfunk und Kartellrecht, AfP 1986, 287ff.

Ruck, Silke, Zur Unterscheidung von Ausgestaltungs- und Schrankengesetzen im Bereich der Rundfunkfreiheit, AöR (117) 1992, 543ff.

Schmidt, Walter, Rundfunkvielfalt, Frankfurt 1984.

Schmitt, Carl, Der Hüter der Verfassung, Berlin 1931.

Schmitt, Carl, Der Begriff des Politischen, Berlin 1963.

Schmitt, Carl, Staat, Volk, Bewegung, Hamburg 1933.

Schmitt-Beck, Rüdiger, Satellitenfernsehen in Deutschland - Eine Bestandsaufnahme von Angebot, Empfangswegen und Reichweiten der neuen Satellitenprogramme, Media Perspektiven 1992, 470ff.

Scholz, Rupert, Das dritte Fernsehurteil des Bundeverfassungsgerichts, JZ 1981, 561ff.

Schuster, Detlev, Meinungsvielfalt in der dualen Rundfunkordnung, Berlin 1990.

Schütt-Wetschky, Eberhard, Haben wir eine akzeptable Pluralismustheorie?, in: Hartmann, Jürgen (Hrsg.), Pluralismus und Parlamentarismus in Theorie und Praxis, Opladen 1992.S. 91ff,

Seemann, Klaus, Zur Konkurrenzproblematik im dualen Rundfunksystem, ZUM 88, 67.

Seemann, Klaus, Das Fünfte Rundfunkurteil des Bundesverfassungsgerichts - Thesen und Perspektiven, DöV 1987, 844ff.

Spieler, Ekkehard, Fusionskontrolle im Medienbereich, Berlin 1988.

Steffani, Wilhelm, Pluralistische Demokratie, Opladen 1980.

Stock, Martin, Rundfunk und Kartellrecht, AfP 1989, 627ff.

Stock, Martin, Rundfunkrechtliche Konzentrationskontrolle - Altes und Neues, ZUM 1994, 306ff.

Stock, Martin, Der neue Rundfunkstaatsvertrag, Rundfunk und Fernsehen 1992, 189ff.

Thaenert, Wolfgang, Programm- und Konzentrationskontrolle privater Rundfunkveranstalter, in: Die Landesmedienanstalten (Hrsg.) DLM-Jahrbuch 1989/90, S. 31ff.

Thorn, Gaston, Vertrauen auf Checks and Balances, in: DLM-Jahrbuch 1992, München 1993.

Thüringer Landesanstalt für privaten Rundfunk, 1. Erfahrungsbericht, Arnstadt 1993.

Wagner, Christoph, Konzentrationskontrolle im privaten Rundfunk, RuF 1990, 165ff.

Wagner, Christoph, Landesmedienanstalten, Baden-Baden 1990.

Wagner, Christoph, Konzentrationskontrolle im Medien-Binnenmarkt der EG, AfP 1992, 1ff.

Wallenberg, Gabriela v., Die Regelungen im Rundfunkstaatsvertrag zur Sicherung der Meinungsvielfalt im privaten Rundfunk, ZUM 1992, 387ff.

Wallenberg, Gabriela v., Aktuelle kartellrechtliche Fragen im Rundfunk, WuW 1991, 963ff.

Wallenberg, Gabriela v. Anmerkungen zu den Beschlüssen betreffend die Zulassung des Deutschen Sportfernsehens (DSF) zum Sendebetrieb, ZUM 1993, 276ff.

Weiß, Hans-Jürgen, Gramatins, Andrejs, Die Berichterstattung und Kommentierung der Tagespresse zu SAT1 (Okt. 1984- Januar 1985, Media Perspektiven 1985, 581ff.

Weiß, Hans-Jürgen, Die Tendenz der Berichterstattung und Kommentierung der Tagespresse zur Neuordnung des Rundfunkwesens in der Bundesrepublik Deutschland (Okt. 1984-Jan.1985), Media Perspektiven 1985, 845ff.

Wieland, Joachim, Die Freiheit des Rundfunks - Zugleich ein Beitrag zur Dogmatik des Artikel 12 Absatz 1 GG, Berlin 1984.

Witt, Carola, Der Staatsvertrag über den Rundfunk im vereinten Deutschland. Ein Markstein für Bestand und Entwicklung des öffentlich-rechtlichen Rundfunks?, Media Perspektiven 1992, 24ff.

Wittig-Terhard, Margret, Rundfunk und Kartellrecht, AfP 1986, 298ff.

Wöste, Marlene, Programmquellen privater Radios in Deutschland. Rahmenprogramme, Beitragsanbieter und PR-Audioanbieter, Media Perspektiven 1991, 561ff.

Wöste, Marlene, Networkbildung durch die Hintertür - Programmzulieferer für den privaten Hörfunk in der Bundesrepublik - Eine Bestandsaufnahme, Media Perspektiven 1989, 9ff.

Ziethen, Michael, Rechtliche Spielräume der Lizenzierung und Kontrolle: ausgewählte Regelungsfelder, in: Presse- und Informationsamt der Landesregierung Nordrhein-Westfalen (Hrsg.) Rundfunkaufsicht Bd. III: Rundfunkaufsicht in vergleichender Analyse, Düsseldorf 1989, S. 125ff.

II. Literatur über die Rechtslage in Frankreich

Albert, Pierre, La Presse francaise, Paris 1978.

Balle, Francis, Medias et sociétés, Paris 1992.

Bienvenue, Jean-Jaques, Anmerkung zu Urteil des Conseil Constitutionnel v. 10/11.10.1984, L'Actualité juridique - Droit administratif 1984, 689ff.

Biolay, Jean-Jaques, Applications du droit de la concurrence aux entreprises du secteur de la communication audiovisuelle en France, Les petites affiches 27.10.1989 S.3ff.

Blaise, Jean Bernard, Fromont, Michel, Das Wirtschaftsrecht der Telekommunikation in Frankreich, Baden-Baden 1992.

Blaise, Jean-Bernard, La télévision sonore et visuelle, in: Mestmäcker, Ernst-Joachim (Hrsg.), Wirtschaftsrecht der internationalen Telekommunikation, Baden-Baden 1990.

Boutard-Labarde, Marie Chantal, Les règles de concurrence dans le droit de la communication audiovisuelle, Rev. fr. Droit adm. 1987, 410ff.

Boutard-Labarde, Marie Chantal, e nouveau droit de la concurrence: commentaire de l'ordonnance du 1er décembre 1986 relative à la liberté, Paris 1987.

Chevalier, Frederic-Michel, Les stratégies transnationales des groupes de communication en Europe, Le trimestre du Monde Nr.2, 1992, S. 75ff.

Conseil Supérieur de l'Audiovisuel, 3e rapport annuel 1991, Paris 1992.

Cousin, Bertrand, Delcros, Bertrand, Le droit de la communication - Presse ecrite et audiovisuel, Paris 1990.

Debbasch, Charles, Les grands arrèts du droit de l'audiovisuel, Paris 1991.

Debbasch, Charles, Droit de l'audiovisuel, Paris 2. Aufl. 1991.

Delcros, Bertrand, Vodan, Bianca, Le régime des autorisations dans la loi relative à la liberté de communication, Rev. fr. Droit adm. 1987, 386ff.

Delcros, Bertrand, Truchet, Didier, Controverse: les ondes appartiennent-elles au domaine public, Rev. fr. Droit adm. 1989, 251ff.

Derieux, Emmanuel, Pluralisme de l'information, Leggipresse 1991, 83ff.

Derieux, Emmanuel, Le nouveau statut de la communication - Les lois du 1er aout, 30 septembre et 27 novembre 1986, Revue du Droit Public 1987, 312ff.

Derieux, Emmanuel, Liberalisme et liberté de l'information, Trimedia Nr.5, 1980, S.8ff.

Derieux, Emmanuel, Droit de la Communication, Paris 1991.

Drago, Roland, Le conseil de la concurrence, La semaine juridique 1987 No. 42, 3300.

Drouot, Guy, Le secteur public de l'audiovisuel dans la loi du 30 septembre 1986, Rev. fr. Droit adm. 1987, 400ff.

Favoreu, Louis, Cronique Constitutionnelle, Revue de Droit Publique 1986, 480ff.

Favoreu, Luis, Loic, Philip, Les grands decisions du conseil constitutionnel, Paris 6. Aufl. 1991.

Gavalda, Christian, Boizard, Martine, Droit de l' audiovisuel, Paris 1989.

Genevois, Bruno, Le Conseil constitutionnel et la définition des pouvoirs du Conseil supérieur de l'audiovisuel (à propos de la décision no. 88-248 du 17.janvier 1989, Rev. fr. Droit adm. 1989, 215ff.

Levasseur, G., L'ordonnance du 26 aout 1944, l'Echo de la presse et de la publicité v. 4.10.1976, S.15ff.

Luchaire, Francois, La protection constitutionnelle des droits et des libertés, Paris 1989.

Madiot, Yves, Droits de l'homme, Paris 1991.

Masclet, Jean-Claude, La loi sur les entreprises de presse, L'actualité juridique - Droit administratif 1984, 644ff.

Meise, Martin, Der Werbemarkt in Frankreich - Das Fernsehen - ein Sieger mit Verlusten und Strukturproblemen, Media Perspektiven 1992, 554ff.

Meise, Martin, Zur Situation des französischen Fernsehens - Das duale System im Spannungsfeld zwischen Staat und Markt, Media Perspektiven 1992, 236ff.

Moniot, Pierre, Pour une reforme de l'audiovisuel - Rapport au Premier ministre de la Commission de réflexion et d'orientation, Paris 1981.

Morange, Jean, La Commission Nationale de la Communication et les Libertés de la communication audiovisuelle, Rev.fr.Droit adm. 1987, 372ff.

Morange, Jean, Le Conseil supérieur de l'audiovisuel, Rev. fr. Droit adm. 1989, 235ff.

Morange, Jean, Droit de l'audiovisuel: confrontation avec le droit communautaire et hésitations nationales commentaire de la loi du 18 jan. 1992 et de la dec. du CC du 15.1.92, Rev. fr. Droit adm. 1992, 251ff.

Morange, Jean, Droits de l'homme et libertés publiques, Paris 2. Aufl. 1989.

Nevoltry, Florence, Delcros, Bertrand, Le conseil supérieur de l'audiovisuel, Paris 1989.

Opitz, Gert, Das Rundfunksystem Frankreichs, Internationales Handbuch für Hörfunk und Fernsehen 1992/93, D 78ff, Baden-Baden 1992.

Ott, Michaela, Die Liberalisierung des französischen Rundfunks unter Francois Mitterand, Frankfurt 1990.

Patzwahl, Ulrich, Zur Kommerzialisierung des französischen privaten Hörfunks seit 1981, Media Perspektiven 1992, 306ff.

Pélieu, Jean-Pierre, Les limitations des concentrations dans le domaine des médias au regard de différentes législations européennes, Revue de l'UER 1990, 30ff.

Regourd, Serge, La dualité public-privé et le droit de la communication audiovisuelle, Rev. fr. Droit adm. 1987, 356ff.

Ress, Georg, Der Conseil Constitutionnel und der Schutz der Grundfreiheiten in Frankreich, JöR (23) 1974, 123ff.

Rivero, Jean, Les libertés publics, Paris 1980.

Rony, Hervé, Debbasch, Charles (Hrsg.), La reglementation des concentrations multimedias, La commission nationale de la communication et des libertés, Marseille 1988.

Rony, Hervé, La nouvelle loi du 1er Fevrier 1994 sur la communication audiovisuelle, leggipresse 1994, 14ff.

Schulz, Ferdinand, Konzentrationstrend in Frankreichs Medienlandschaft, Media Perspektiven 1990, 175ff.

Schwoebel, Jean, La presse, le pouvoir et l'argent, Paris 1968.

Storck, Michel, Définition légale du controle d'une société en droit francais, Revue des Sociétés 1986, 385ff.

Teidelt, Irene, Mediengesetzgebung in Frankreich: Trendwende nach dem Regierungswechsel, Media Perspektiven 1986, 531ff.

Teitgen-Colly, Catherine, Les autorités administratives indépendantes: histoire d'une institution, La vie judiciaire 11.-17.1.1988 S.1, 7ff.

Truchet, Didier, Vers un droit commun de la communication?, Rev. fr. Droit adm. 1987, 347ff.

Turpin, Didier, Neue Entwicklungen im Recht der audiovisuellen Kommunikation in Frankreich, ZUM 1988, 101ff.

Wachsmann, Patrick, Anmerkung zu Urteil Conseil Constitutionnel v. 18.9.1986, Actualité juridique - Droit administratif 1987, 111.

III.   Literatur über die Rechtslage in Italien:

Astuti, Guido, Bestand und Bedeutung der Grundrechte in Italien, EuGRZ 1981, 77ff.

Barile, Paolo, Libertà di manifestazione del pensiero, Mailand 1975.

Barile, Paolo, Diritti dell'uomo e libertà fondamentali, Bologna 1984.

Borello, Roberto, Cronaca di una incostituzionalità annunciata (ma non dichiarata), Giurisprudenza Costituzionale 1989, 3950ff.

Borello, Roberto, Verso la fine dell'era della supplenza? Luci ed ombre nel processo di normalizzazione del sistema radiotelevisivo, Giurisprudenza Costituzionale 1985 I, 831ff.

Capotosti, Piero Alberto, Tanto tuonò ..., ma non piove, Giurisprudenza Costituzionale 1990, 2622ff.

Ceniccola, Raffaele, La posizione giuridica delle emittenti radiotelevisive private - Urteilsanmerkung, Giurisprudenza di merito 1987, 481ff.

Chiola, Carlo, I commandamenti della Corte per il settore radiotelevisivo, Giurisprudenza Costituzionale 1974, 219ff.

Denozza, Frederico, Deutsches und italienisches Kartellrecht, Vortrag vor 14. Kongreß der Vereinigung für den Gedankenaustausch zwischen deutschen und italienischen Juristen am 9.Okt 1992.

Donativi, Vincenzo, L. 416/81 sull'editoria e transparenza del mercato: un piccolo grande velo sulla disclosure, Giurisprudenza Commerciale 1989 I, 318ff.

Esposito, Carlo, La libertà di espressione del pensiero nell'ordinamento italiano, Mailand 1958.

Fois, Sergio, libertà di diffusione del pensiero e monopolio radiotelevisivo, Giurisprudenza Costituzionale 1960, 1127ff.

Fois, Sergio, La natura dell'attività radiotelevisiva alla luce della giurisprudenza costituzionale, Giurisprudenza Costituzionale, 1977 440ff.

Ghidini, Gustavo, Antitrust all'italiana: la legge sull'editoria, Rivista delle Società 1989 I, 1188ff.

Günnel, Traudel, Legge Mammì, medium 3/92, S. 13ff.

Hartwig, Matthias, Die Rechtsprechung des italienischen Verfassungsgerichts zur Hörfunk- und Fernsehordnung, ZaÖRV 47 (1987), 665ff.

Jaeger, Pier Giusto, Anmerkung zu Tribunale Milano, Urteil v. 14.Mai 1986, Giurisprudenza Commerciale II 1986, 593ff.

Lehnfeld, Uwe, Rundfunk unter den Bedingungen des freien Wettbewerbs am Beispiel Italien, Berlin 1986.

Letzgus, Christof, Violini-Ferrari, Lorenza, Das Italienische Allgemeine Rundfunkgesetz zwischen aktuellem Duopol und erhofftem Pluralismus, RuF 1993, 20ff.

Meinel, Wulf, Italien: Die Stabilisierung eines Patts zwischen Unterhaltungsnetworks und der RAI, Media Perspektiven 1986, 582ff.

Minervini, Giustavo, Il divieto di concentrazione nell'editoria della stampa quotidiana. Nouvi profili, Giurisprudenza Commerciale 1988 I, 165ff.

Monaco, Luciano, Italien, in: Grabitz, Eberhard (Hrsg), Grundrechte in Europa und den USA, Kehl u.a. 1986.

Pace, Alessandro, Le trasmissioni radiotelevisive verso l'estero: dalla riserva allo Stato al regime di autorizzazione discrezionale, Giurisprudenza Costituzionale 1987 I, 1162ff.

Pace, Alessandro, Barile, Paolo (Hrsg.), La problematica del controllo sulle radiotelevisioni private, Radiotelevisione pubblica e privata in Italia, Mailand 1980.

Pace, Alessandro, Stampa, giornalismo, radiotelevisione, Mailand 1983.

Pace, Alessandro, Der Rundfunk in Italien - unter besonderer Berücksichtigung des Privatfunks, in: Grawert, Rolf (Hrsg.), Der Journalist in der Verfassungsordnung - Die Privatfunkordnung, S. 67ff. 1989.

Pardolesi, Roberto, Etere misto e pluralismo (annunciato), Foro italiano 1987, 3167ff.

Racké, Gerhard, Die rechtliche Stellung des italienischen Verfassungsgerichtshofs, Frankfurt 1970.

Rao, Giusseppe, The italian broadcasting system - legal (and political) aspects, European University Institute Working Papers No 88/369, Florenz 1988.

Rauen, Birgid, Italien: Kartellbildung von Medien und Industrie, Media-Perspektiven 1990, 156.

Rauen, Birgit, Der italienische Werbemarkt zwischen Wildwuchs und Regulierung, Media Perspektiven 1992, 569ff.

Rauen, Birgit, Vorläufige Genehmigung für Italiens Privatsender, Media Perspektiven 1985, 301ff.

Roppo, Enzo, Il servizio radiotelevisivo fra giudici, legislatore e sistema politico - Anmerkung zu Urteil des Corte Costituzionale 826/88, Giurisprudenza costituzionale 1989, 3945ff.

Roppo, Enzo, RAI, televisioni private e networks - Ancora sulla legittimità costituzionale del monopolio pubblico per le trasmissioni via etere su scala nazionale, Giurisprudenza Costituzionale 1982, 1953ff.

Roppo, Enzo, Zaccheria, Roberto et al. (Hrsg.), Il Sistema radiotelevisivo pubblico e privato, Mailand 1991.

Sandulli, Maria Allessandr, Santoro- Passarelli, Fr. et al. (Hrsg.), Radioaudizioni e televisione, Enciclopedia del diritto Bd. XXXVIII, Mailand 1987.S. 197ff,

Sauer, Ulrike, Auswirkungen des neuen Mediengesetzes in Italien, Media Perspektiven 1991, 161ff.

Schellenberg, Martin, Rundfunkkartellrecht - Anmerkung zu Corte Costituzionale, Urteil 826, 1988, in: , Di Majo, Adolfo u.a. (Hrsg.), Jahrbuch für Italienisches Recht Band 4, Heidelberg 1991, S. 129ff.

Siervo, Ugo del, Santoro-Passarelli, Fr. et al. (Hrsg.), Stampa - Diritto Pubblico, Enciclopedia del Diritto, Mailand 1990.S. 577ff.

Stuth, Sabine, Siclari, Massimo, Die Urteilstechnik des italienischen Verfassungsgerichtshofs, Neue Entwicklungen, EuGRZ 1989, 389ff.

Ubertazzi, Luigi Carlo, Fernsehen und EG-Kartellrecht, ZUM 1987, 508ff.

Wagner, Christoph, Duale Rundfunkordnung und Rundfunkwirklichkeit in Italien - Gegenwärtiges Erscheinungsbild und Perspektiven, ZUM 1989, 221ff.

Wrangel, Philipp Graf, Die Fusionskontrolle des italienischen Rundfunkgesetzes, GRUR int. 1991, 871ff.

Zaccaria, Roberto, L'alternativa posta dalla Corte: Monopolio pluralistico della radiotelevisione o liberalizzazione del servizio, Giurisprudenza Costituzionale 1974, 2169, 2177.

Zaccaria, Roberto, Radiotelevisione e costituzione, Mailand 1977.

IV. Literatur über die Rechtslage in Großbritannien

Allen, Wiliam, Hogan, Gerard, Competition Laws of United Kingdom and Republic of Ireland, London 1990.

Baldwin, Robert, Broadcasting after the Bill: Gold, franchises and murmurings of discontent, Media Law & Practice, 1990, 2ff.

Barendt, Eric, Does anyone have any rights to free speech, Current Legal Problems, 1991, 63ff.

Barendt, Eric, Libertà di parola in Gran Bretagna, NOMOS 1989, 7ff.

Barendt, Eric, Freedom of Speech, Oxford 1987.

Briggs A., Spicer J., The Franchise Affair, London 1986.

Briggs, A., A History of Broadcasting in the U.K., Bd. 1, The Birth of Broadcasting, London 1961.

Briggs, A., The History of Broadcasting in the United Kingdom, Bd. 4, Sound and Vision, London 1979.

Broadcasting Research Unit, The Public Service Idea in British Broadcasting - Main Principles, London 1985.

Dicey, A. V., Law of the Constitution, London, New York 1885.

Doyle, Gillian, Deregulierung für den Multimediamarkt, Media Perspektiven 1996, 164 ff.

Edwards, Stephen, Mass Communications and New Technologies, Vortrag bei der Deutsch Amerikanischen Juristenvereinigung in Köln am 30.05.1995, Manuskript.

Freeman, Peter, Whish, Richard et al. (Hrsg.), Butterworths Competition Law Vol 2, London 1992.

Gibbons, Thomas, Freedom of the Press: Ownership and Editorial Values, Public Law 1992, 279ff.

Gibbons, Thomas, Regulating The Media, London 1991.

Hearst, Stephen, Systemveränderungen im britischen Rundfunk, Media Perspektiven 1988, 775ff.

Hearst, Stephen, Der Peacock-Report, Eine Kritik, Media-Perspektiven 1986, 567ff.

Hearst, Stephen, Die neue Rundfunkgesetzgebung in Großbritannien, Media Perspektiven 1991 170ff.

Hitchens, L.P., Impartiality and the Broadcasting Act: riding the wrong horse, Media Law & Practice 1991, 48ff.

Hoffmann-Riem, Wolfgang, Zwischen ökonomischer Deregulierung und politisch-moralischer Überregulierung - zur Neuordnung des Rundfunksystems in Großbritannien, RuF 1991, 17ff.

Home Office, West Yorkshire Media and P, Research on the Range and Quality of Broadcasting Services, London 1986.

Humphreys, G., Hans-Bredow-Institut (Hrsg.), Großbritannien, Internationales Handbuch für Rundfunk und Fernsehen 1988/89 Teil E, Hamburg 1990, S. 67ff.

Humphreys, Peter, Hoffmann-Riem, Wolfgang (Hrsg.), Das Rundfunksystem Großbritanniens, Internationales Handbuch für Hörfunk und Fernsehen 1992/93 D 114, Baden-Baden 1992.

Independent Broadcasting A, Final Report & Accounts, London 1991.

Jackson, Angela, Playing the trump card, The ITC and s 17 (3) of the broadcasting Act 1990, International Media Law 1991, 42ff.

Jackson, Angela, The Trumper out trumped, The ITC and Judicial Review, International Media Law 1990, 80ff.

James Capel (Hrsg.), The James Capel Media Book 1992, London 1992.

James, Phillip S., Introduction to English Law, London 12. Aufl. 1989.

Jünemann, Bernhard, Meinungsfreiheit und Medienentwicklung - Der Wettbewerb von Presse, Funk und Kabel am Beispiel der Lokalmärkte in Großbritannien, Freiburg 1980.

Keane, John, The Media and Democracy, Cambridge 1989.

Key Note Market Review, Broadcasting in the 1990s, Hampton, Middlesex 1991.

Laski, Harold, The early History of the Corportation in England, Harvard Law Review 1916-1817, 561ff.

Lichtenberg, Jessica, Foundations and Limits of Freedom of the Press, Philosopy and Public Affairs 1987, 329ff.

Lincoln, M., Bullinger, Martin (Hrsg.), Landesbericht Großbritannien, in: Rundfunkordnung und Kommunikationsfreiheit,, Baden-Baden 1979.S. 125ff,

Loewenstein, Karl, Staatsrecht und Staatspraxis von Großbritannien, Berlin, Heidelberg, New-York 1967.

Mahle, W.A., Großbritannien, ein Modell für die Bundesrepublik?, Frankfurt 1984.

Meiklejohn, Alexander, The balancing of self-preservation against political freedom, California Law Review 49 (1961), 4.

Merkin, Robert, Harding, Georffrey, Encyclopedia of Competition Law, London 1991.

Merkin, Robert, Wiliams, Karen, Competition Law: Antitrust Policy in the U.K. and the EEC, London 1984.

Mill, John Stuart, On Liberty and Considerations on Representative Government, Oxford 1948.

Murdock, Graham, Ausverkauf des Familiensilbers - Das kommerzielle Fernsehen in Großbritannien nach der Lizenzauktion, Media Perspektiven 1992, 222ff.

(Peacock), Report of the Committee on Financing the BBC, Cmnd, 1986.

Porter, Vincent, Broadcasting regulation and the public interest: Vulnerable values and the new European media order, Media Law & Practice, 1992, 206ff.

Porter, Vincent, Democracy and Broadcasting Pluralisme Essential issues in the reregulating of broadcasting, London 1989.

Potter, Jeremy, Independent Television in Britain, Vol. 3 Politics and Control, 1968-1980, London 1989.

Radio Authority, Ownership Guidelines, Notes on the Interpretation of Schedule 2 of the Broadcasting Act 1990 as applied to Radio, hektographiert, London 1991.

Radio Authority, Independent Local Radio (Draft) Notes of Guidance for Local Licence Applicants Re-Advertised Licences, hektographiert, London 1992.

Reiter, Hans-Peter, Die Struktur des britischen Rundfunks, Pfaffenweiler 1986.

Reville, Nicholas, Broadcasting, The new Law, London 1991.

Royal Commission on the Press, Final Report, Parliamentary Papers 1977, Nr.40. 1977.

Sadler, John, Enquiry into Standards of Cross Media Promotion, Report to the Secretary of State for Trade and Industry, London 1991.

Schauer, Frederic, Free Speech, A Philosophical Enquriry, Cambridge 1982.

Sendall, Bernard, Independent Television in Britain, Vol.2: Expansion and Change, London 1983.

Veljanovski, Cento, The Media in Britain today, London 1990.

Wade, H.W.R., Constitutional Fundamentals, London 1980.

Whish, Richard, Competition Law, London 2. Aufl. 1989.

White, Stewart, Johnson, Tim, Administrative Discretion: New Presbyter or Old Priest, International Media Law 1990, 84ff.

Wiedemann, Verena, Law of International Telecommunications in the United Kingdom, Wirtschaftsrecht der internationalen Telekommunikation, Band 8.

Wilson, H.H., Pressure Group - The Campain for Commercial Television, London 1961.

V. *Rechtsvergleichende und europarechtliche Literatur*

Arnold, Rainer, Ausgestaltung und Begrenzung von Grundrechten im französischen Verfassungsrecht - Rechtsvergleichende Überlegungen zur Rechtsprechung des CC, JöR (38) 1989, 197ff.

Barendt, Eric, The Influence of the German and Italian Constitutional Courts on their National Broadcasting Systems, Public Law 1991, 93ff.

Barendt, Eric, Broadcasting Law, A comparative Study, Oxford 1993.

Börner, Bodo, Kompetenz der EG zur Regelung einer Rundfunkordnung, ZUM 1985, 577 ff.

Brühann, Ulf, Pluralismus und Medienkonzentration im Binnenmarkt, ZUM 1993, 600 ff.

Bullinger, Martin, Kübler, Friedrich (Hrsg.), Rundfunkorganisation und Kommunikationsfreiheit - Landesberichte und Generalbericht der Tagung für Rechtsvergleichung 1979 in Lausanne, Baden-Baden 1979.

Eberle, Carl Eugen, Das europäische Recht und die Medien am Beispiel des Rundfunkrechts, AfP 1993, 422ff.

Engel, Christoph, Einwirkungen des europäischen Menschenrechtsschutzes auf Meinungsäußerungsfreiheit und Pressefreiheit - insbesondere auf die Einführung von innerer Pressefreiheit, AfP 1994, 1ff.

Europäisches Parlament, Entschließung vom 15.02.1990 über "Konzentration von Medienunternehmen", ABL. C 68 v. 19.03.1990, S. 137 ff.

Europäisches Parlament, Entschließung zur Medienkonzentration und Meinungsvielfalt, RuF 1993, 106ff.

Europarat, Etude sur les concentrations des media en Europe (analyse juridique) - Note du Secrétariat Général préparée par la Directions des Droits de l'Homme, Comite directeur sur les moyens de communication de masse, Straßburg 1992.

Fröhlinger, Magot, EG-Wettbewerbsrecht und Fernsehen, RuF 1993, 59ff.

Hartmann, Jürgen, Verfassungsgericht, Grundrechte und Regierungssystem am Beispiel des Wandels der Verfassungsgerichtsbarkeit in Frankreich und Kanada, in: ders. (Hrsg.), Pluralismus und Parlamentarismus in Theorie und Praxis - Winfried Steffani zum 65. Geburtstag, Opladen 1992.

Höfling/Möwes/Pechstein, Europäisches Medienrecht, München 1991.

Hoffmann-Riem, Wolfgang, Erosionen des Rundfunkrechts, Tendenzen der Rundfunkrechtsentwicklungen in Westeuropa, München 1990.

Jungbluth, Armin, Das Niederlassungsrecht der Rundfunkveranstalter in der Europäischen Gemeinschaft, Baden-Baden 1992.

Klein, Eckart, Einwirkungen des europäischen Menschenrechtsschutzes auf Meinungsäußerungsfreiheit und Pressefreiheit, AfP 1994, 9ff.

Kommission der EG, Grünbuch: Pluralismus und Medienkonzentration, Komm (92) 480 endg.

Kommission der EG, Mitteilung der Kommission an den Rat und das Europäische Parlament, Reaktionen auf den Konsultationsprozeß zum Grünbuch "Pluralismus und Medienkonzentration im Binnenmarkt", Kom. (94) 353 endg.

Mayer-Tasch, Peter Corn., Die Verfassungen der nicht-kommunistischen Staaten Europas, München 1975.

Müller, Johannes Georg, Staats- und Parteieneinfluß auf die Rundfunkanstalten in Frankreich und Deutschland, Frankfurt 1987.

Ossenbühl, Fritz, Rundfunk zwischen nationalem Verfassungsrecht und europäischem Gemeinschaftsrecht, Baden-Baden 1986.

Petersen, Nikolaus, Rundfunkfreiheit und EG-Vertrag, Baden-Baden 1994.

Rao, Giusseppe, Briefing. The Montadori La Repubblica Case, International Media Law 4/1990, S. 31 f.

Rudolf, Walter, Die französische Menschenrechtserklärung und ihre Wirkungen in Deutschland, in: Denninger, Erhard et al. (Hrsg.), Kritik und Vertrauen - Festschrift für Peter Schneider zum 70. Geburtstag, Frankfurt a.M 1990.

Schwartländer, Johannes, Willoweit, Dietmar (Hrsg.), Meinungsfreiheit - Grundgedanken und Geschichte in Europa und USA, Forschungsgruppe Menschenrechte Band 6, Kehl 1986.

Schwartländer, Johannes, Riedel, Eibe (Hrsg.), Neue Medien und Meinungsfreiheit im nationalen und internationalen Kontext, Forschungsprojekt Menschenrechte Band 7, Kehl 1990.

Schwartz, Ivo, Subsidiarität und EG-Kompetenzen. Der neue Titel "Kultur" Medienvielfalt und Binnenmarkt, AfP 1993, 409ff.

Schwartz, Ivo, Rundfunk, EG-Kompetenzen und ihre Ausübung, ZUM 1991, 155 ff.

Selmer, Peter, Gersdorf, Hubertus, Die Finanzierung des öffentlich-rechtlichen Rundfunks auf dem Prüfstand des EG-Beihilfenregiemes, Berlin 1994

Trautwein, Thomas, Grenzen der Dienstleistungsfreiheit im Fernsehbereich, ZUM 1995, 324 f.

Wagner, Christoph, Konzentrationskontrolle im Medien-Binnenmarkt der EG, Wettbewerbsrechtliche und medienspezifische Ansätze, AfP 1992, 1ff.

Wrangel, Phillipp Graf, Das deutsche und italienische Rundfunk- bzw. Medienkartellrecht, Vortrag vor dem 14. Kongreß der Vereinigung für den Gedankenaustausch zwischen deutschen und italienischen Juristen, gehalten am 9. Okt. 1992, hektographierte Fassung.

Herausgegeben von Prof. Dr. Ernst-Joachim Mestmäcker und
Prof. Dr. Christoph Engel

Law and Economics of International Telecommunications – Wirtschaftsrecht der internationalen Telekommunikation

Susanne Stürmer　　　　　　　　Band 31
Netzzugang und Eigentumsrechte in der Telekommunikation
1997, 215 S., geb. mit SU, 76,– DM, 555,– öS, 69,– sFr, ISBN 3-7890-4776-7

Martin Bullinger/
Ernst-Joachim Mestmäcker　　　Band 30
Multimediadienste
Struktur und staatliche Aufgaben nach deutschem und europäischem Recht
1997, 178 S., geb. mit SU, 68,– DM, 496,– öS, 62,– sFr, ISBN 3-7890-4633-7

Christoph Engel　　　　　　　　Band 29
Kabelfernsehen
1996, 165 S., geb. mit SU, 66,– DM, 482,– öS, 60,– sFr, ISBN 3-7890-4432-6

Christoph Engel　　　　　　　　Band 28
Medienordnungsrecht
1996, 144 S., geb. mit SU, 58,– DM, 423,– öS, 52,50 sFr, ISBN 3-7890-4397-4

Karl-Ernst Schenk/
Bent Lüngen/ Henrik Prößdorf　　Band 27
Telekommunikation in der Transformation
Handlungsoptionen, kontroverse Reformen und wirtschaftliche Wirkungen
1996, 217 S., geb. mit SU, 76,– DM, 555,– öS, 69,– sFr, ISBN 3-7890-4127-0

Jens Neitzel　　　　　　　　　　Band 26
Die Auslandstätigkeit der Deutschen Telekom
Eine Untersuchung anhand des Europäischen Wettbewerbsrechts unter besonderer Berücksichtigung strategischer Allianzen und Gemeinschaftsunternehmen
1996, 227 S., geb. mit SU, 79,– DM, 577,– öS, 72,– sFr, ISBN 3-7890-4265-X

Brigitte Haar　　　　　　　　　　Band 25
Marktöffnung in der Telekommunikation
Zum Verhältnis zwischen Wirtschaftsaufsicht und Normen gegen Wettbewerbsbeschränkungen im US-amerikanischen Recht, im europäischen Gemeinschaftsrecht und im deutschen Recht
1995, 372 S., geb. mit SU, 128,– DM, 934,– öS, 114,– sFr, ISBN 3-7890-4008-8

Michael Esser-Wellié　　　　　　Band 24
Das Verfassungs- und Wirtschaftsrecht der Breitbandkommunikation in den Vereinigten Staaten von Amerika
Zusammenhänge zwischen technischer Konvergenz und Wettbewerb
1995, 266 S., geb. mit SU, 88,– DM, 642,– öS, 80,– sFr, ISBN 3-7890-3750-8

**NOMOS Verlagsgesellschaft
76520 Baden-Baden**

Susanne Stürmer

Netzzugang und Eigentumsrechte in der Telekommunikation

Die Deregulierung im Bereich der Telekommunikation, wie sie die Europäische Kommission verfolgt, wirft vielfältige Fragen zur Gestaltung der vertikalen Integration auf. Auch für andere netzgebunden produzierende Industrien, die ganz oder teilweise dereguliert werden sollen, besteht noch erheblicher Klärungsbedarf.

Auf der Grundlage einer institutionsökonomischen Argumentation untersucht die Autorin die Implikationen vertikaler Eigentumsstrukturen in einer ehemals vollständig monopolistischen Industrie und leitet praxisnahe Folgerungen ab. Die Darstellung zielt in erster Linie auf die Industriestrukturen in der Telekommunikation ab, bedient sich aber auch anderer Beispiele und ist auf jede netzgebundene Industrie übertragbar.

Die Monographie richtet sich an einen an Fragen der Deregulierungspolitik interessierten Leserkreis, der die Verbindung mikroökonomisch fundierter Analysen mit praxisrelevanten Fragestellungen sucht.

Die Autorin hat mehrjährige Berufspraxis in der Telekommunikationsbranche und war als Beraterin an in- und ausländischen Deregulierungsvorhaben beteiligt.

1997, 215 S., geb. mit Schutzumschlag, 76,– DM, 555,– öS, 69,– sFr,
ISBN 3-7890-4776-7
(Law and Economics of International Telecommunications – Wirtschaftsrecht der internationalen Telekommunikation, Bd. 31)

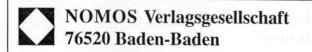

NOMOS Verlagsgesellschaft
76520 Baden-Baden